Münchner Skitourenberge

100 traumhafte Skitourenziele

Markus Stadler

Münchner Skitourenberge

100 traumhafte Skitourenziele

VORWORT

Das Erkunden der winterlichen Gebirgswelt mit Ski gehört zu den einprägsamsten Naturerlebnissen, die wir in unserer hochmodernen Zeit in Mitteleuropa noch finden können. Jeder frische Neuschnee verdeckt die Spuren unserer Vorgänger und oft sogar die Narben des Forst- und Almwegebaus. Wir können uns manchmal fühlen wie die ersten Pioniere des Alpinismus, die sich aufmachten, die einsamen, unbesiedelten Täler und die umliegenden Gipfel zu erforschen. Das weckt Entdeckerfreude – ein Gefühl, das zusammen mit dem meditativen und zugleich konditionell fordernden Aufstieg sowie der Dynamik und Geschwindigkeit der Abfahrt zum Besonderen am Bergsteigen mit Ski zählt. Diese Kombination an Erlebniswelten ist charakteristisch für die Sportart und so verwundert es nicht, dass die Zahl der Skitourenbegeisterten von Jahr zu Jahr zunimmt.

In kaum einer anderen Region wird die absolute Zahl an Skibergsteigern derart hoch sein wie im Großraum München. Die Auswahl an Tourenmöglichkeiten südlich von München ist gewaltig. Um aber die lohnendsten Ziele aus dieser Fülle herauszupicken, bedarf es einiger Erfahrung. Zu dieser tragen auch »Fehltritte« bei, also Touren, deren Nachahmung man nicht empfehlen würde – und die in diesem Buch auch nicht berücksichtigt sind. Während der gut 30 Jahre, in denen ich nun die Alpen auf Ski durchstreife, konnte ich die empfehlenswertesten Skitouren der Ostalpen kennenlernen. Eine subjektive Auswahl davon möchte ich in diesem Buch präsentieren. 100 Skitouren, von denen jede für sich einen besonderen Charakter hat und tolle Wintererlebnisse verspricht.

Mein Dank gilt den zahlreichen Gefährten, die mich – oft nach einem Start zu unmenschlich früher Stunde – begleiteten und geduldig Foto-Stopps und Nachforschungs-Umwege in Kauf nahmen. Bedanken möchte ich mich weiterhin bei den vielen Freunden und Bekannten, die mich mit Tipps, Insider-Infos und Fotos dort unterstützten, wo mir schlechtes Wetter, fehlender Schnee oder andere Widrigkeiten in die Recherche-Suppe spuckten. Besonders erwähnen möchte ich meine Familie, die nicht nur viele Wintertage ohne mich auskommen musste, sondern auch im Sommer und Herbst, wenn ich oft bis spät in die Nacht am Computer schrieb, zeichnete und korrigierte. Auf dem nebenstehenden Bild sieht man allerdings auch, dass die Zeit seit der ersten Auflage dieses Führers fortgeschritten ist. Inzwischen können wir viele Skitourenberge dieses Buches als Familientour besteigen und so aktuelle Fotos beisteuern.

Ich denke, die Mühe hat sich gelohnt. Mit der tatkräftigen Unterstützung des Verlags und der Lektorinnen ist ein Buch entstanden, das eine abwechslungsreiche Fundgrube für Skibergsteiger jeder Leistungsklasse darstellt. Ich wünsche allen Leserinnen und Lesern ebenso traumhafte und unvergessliche Skitourenerlebnisse, wie meine Freunde und ich sie während der Arbeit an diesem Auswahlführer genießen durften.

Markus Stadler

INHALT

Vorwort 5
Inhalt 6
Einführung 12
Allgemeine Hinweise 13
Sicher unterwegs auf Skitour 17

Vom Allgäu bis ins Wetterstein

1 **Großer Daumen, 2280 m**
Überschreitung vom Nebelhorn zum Giebelhaus 24

2 **Großer Wilder, 2379 m**
Über die Nordseite aus dem Ostrachtal 27

3 **Ponten, 2045 m**
Von der Nordseite aus dem Tannheimer Tal 30

4 **Thaneller, 2341 m**
Von Heiterwang durch das Thanellerkar 33

5 **Galtjoch, 2109 m**
Von Rinnen über die Ehenbichler Alm 36

6 **Roter Stein, 2366 m**
Von Bichlbächle über die Nordseite 39

7 **Bleispitze, 2225 m**
Von Bichlbächle über die Westseite 42

8 **Namloser Wetterspitze, 2553 m**
Von Westen über die Almsiedlung Fallerschein 45

9 **Tschachaun, 2334 m**
West-Ost-Überschreitung von Namlos 48

10 **Kleines Pfuitjöchle, 2135 m**
Von Lähn über die Südflanke 51

11 **Branderschrofen, 1880 m**
Von Hohenschwangau auf den Tegelberg 54

12 **Scheinbergspitze, 1926 m**
Von Norden aus dem Graswangtal 56

13 **Kreuzspitze, 2185 m**
Von Norden durchs Hochgrießkar 59

14 **Bad Kohlgruber Hörnle, 1548 m**
Überschreitung des Hörnle-Kammes 62

15	**Hochwannig, 2493 m** Von Biberwier über die Sunnalm 64
16	**Grünsteinumfahrung, 2272 m** Von Biberwier nach Ehrwald 67
17	**Alpspitze, 2628 m** Von Osten über den Bernadeinrücken 71
18	**Hohe Munde, 2592 m** Von Leutasch über die Rauthhütte 76

Die Nordalpen zwischen Isar und Inn

19	**Pleisenspitze, 2567 m** Von Scharnitz über die Pleisenhütte 78
20	**Nördliche Linderspitze, 2372 m** Von Mittenwald durch das Dammkar 81
21	**Schafreuter, 2102 m** Von der Oswaldhütte über die Westseite 84
22	**Juifen, 1988 m** Von Achenkirch über die Falkenmoosalm 87
23	**Gamsjoch, 2452 m** Rundtour aus der Eng 90
24	**Hochglückscharte, 2387 m** Nordkar aus der Eng 93
25	**Kleine Stempeljochspitze, 2529 m** Aus dem Halltal über das Stempeljoch 96
26	**Bärenkopf, 1994 m** Von Norden durch das Skigebiet Zwölferkopf 99
27	**Hochunnütz, 2075 m** Durch das Nordostkar auf den Hauptgipfel 102
28	**Rofanspitze, 2259 m** Von der Bergstation der Rofanbahn 104
29	**Hoher Fricken, 1940 m** Von Garmisch über die Esterbergalm 108
30	**Heimgarten, 1791 m** Von Schlehdorf am Kochelsee 110
31	**Schönberg, 1620 m** Vom Lenggrieser Ortsteil Fleck 113

32 Brauneck, 1554 m
Von Wegscheid über die Florianshütte 116

33 Setzberg, 1708 m
Als Höhepunkt der Plankenstein-Reibn 119

34 Hirschberg, 1670 m
Von Kreuth über die Rauheckalm 122

35 Bodenschneid, 1669 m
Von Neuhaus über die Untere Freudenreichalm 124

36 Rotwand, 1884 m
Rundtour vom Spitzingsee 127

37 Breitenstein Westgipfel, 1575 m
Vom Café Winklstüberl bei Fischbachau 132

38 Lacherspitze, 1724 m
Von der Sudelfeldstraße durchs Lacherkar 134

39 Brünnsteinschanze, 1547 m
Vom Waldparkplatz beim Tatzelwurm 137

40 Großer Traithen, 1851 m
Von der Rosengasse über das Steilner Joch 140

Chiemgau und Berchtesgadener Land

41 Spitzstein, 1596 m
Von Sachrang über das Spitzsteinhaus 143

42 Hochries, 1568 m
Von Frasdorf über die Riesenhütte 146

43 Geigelstein, 1813 m
Von Schleching über die Wuhrsteinalm 149

44 Kampenwand, 1664 m
Von Aschau durch das Skigebiet 152

45 Sonntagshorn, 1961 m
Aus dem Heutal über die Hochalm 155

46 Salzburger Hochthron, 1852 m
Über die Nordseite auf den Untersberg 158

47 Steintalhörnl, 2468 m
Von Hintersee durch das Sittersbachtal 160

48 Drittes Watzmannkind, 2232 m
Von der Wimbachbrücke durchs Watzmannkar 163

49 Schneibstein, 2276 m
Die »Kleine Reibn« von Schönau am Königssee 166

50	**Hoher Göll, 2522 m** Durch das Alpeltal und die Umgäng...............................170
51	**Seehorn, 2321 m** Von Hintertal bei Weißbach 172
52	**Birnhorn, 2634 m** Von Weißbach bei Lofer 175

Aus dem Tiroler Inntal in die Berge zwischen Kaisergebirge und Tuxer Alpen

53	**Ellmauer Tor, 2006 m** Von der Wochenbrunner Alm durch das Kübelkar............ 178
54	**Goinger Törl, ca. 2160 m** Von der Griesner Alm durchs Griesner Kar 181
55	**Heuberg, 1603 m** Vom Walchsee über die Hageralm 186
56	**Großer Galtenberg, 2424 m** Aus dem Alpbachtal über die Kolbentalalm 188
57	**Gamskopf, 2205 m** Vom Alpbachtal durch den Greiter Graben....................191
58	**Feldalphorn, 1923 m** Aus der Wildschönau über die Feldalm........................194
59	**Lodron, 1925 m** Von der Kelchsau über die Lodronalm 196
60	**Schafsiedel, 2447 m** Aus dem Kurzen Grund über die Bamberger Hütte 199
61	**Sonnenjoch, 2292 m** Von der Erlauer Hütte über die Neubergalm......................202
62	**Steinbergstein, 2215 m** Überschreitung aus dem Windautal 204
63	**Floch, 2057 m** Von Osten aus dem Spertental 207
64	**Großer Gebra, 2057 m** Aus dem Auracher Graben über die Wildalm 210
65	**Roßkopf, 2576 m** Von Hochfügen über die Pfundsalm 213
66	**Kellerjoch, 2344 m** Von der Pirchnerast über die Proxenalm 216
67	**Gilfert, 2506 m** Von Innerst über die Nonsalm 220

68	**Hirzer, 2725 m**
	Vom Gasthof Hanneburger im Wattental 223

69	**Malgrübler, 2749 m**
	Vom Gasthof Hanneburger im Wattental 226

70	**Geier, 2857 m**
	Aus der Wattener Lizum über die Lizumer Hütte 228

71	**Glungezer, 2677 m**
	Von Tulfes mit oder ohne Seilbahnunterstützung. 231

72	**Naviser Kreuzjöchl, 2536 m**
	Von Navis über die Naviser Hütte 234

73	**Morgenkogel, 2607 m**
	Aus dem Viggartal über das Meißner Haus. 238

Der Alpenhauptkamm zwischen Silvretta und Brennerpass

74	**Dreiländerspitze, 3197 m**
	Aus dem Jamtal über die Jamtalhütte. 241

75	**Nördliche Augstenspitze, 3228 m**
	Von der Jamtalhütte über den Chalausferner 244

76	**Hoher Riffler, 3168 m**
	Von Flirsch über die Gampernunalm. 247

77	**Glockturm, 3355 m**
	Von der Kaunertalstraße durch das Riffltal 251

78	**Wildspitze, 3770 m**
	Vom Taschachhaus über die Petersenspitze. 254

79	**Bliggspitze, 3454 m**
	Vom Taschachhaus über die Bliggscharte 258

80	**Similaun, 3606 m**
	Von Vent über die Martin-Busch-Hütte 261

81	**Hintere Schwärze, 3624 m**
	Von Vent über die Martin-Busch-Hütte. 265

82	**Hinterer Daunkopf, 3225 m**
	Aus dem Sulztal über die Amberger Hütte 268

83	**Breiter Grieskogel, 3287 m**
	Von Niederthai über die Schweinfurter Hütte 271

84	**Zuckerhütl, 3505 m**
	Aus dem Gletscherskigebiet über das Pfaffenjoch 274

85	**Innere Sommerwand, 3122 m**
	Von der Franz-Senn-Hütte über die Kräulscharte 278

86	**Wildes Hinterbergl, 3288 m** Von der Franz-Senn-Hütte über die Turmscharte 282
87	**Egger Berg, 2280 m** Von Vinaders über den Paulerhof 285
88	**Zischgeles, 3005 m** Von Praxmar über den Nordhang 288
89	**Lisenser Fernerkogel, 3299 m** Von Lisens über den Lisenser Ferner 291
90	**Hoher Seeblaskogel, 3235 m** Von Lisens durch das Längental 294
91	**Winnebacher Weißkogel, 3183 m** Von Lisens über das Westfalenhaus 297
92	**Zwieselbacher Roßkogel, 3082 m** Von Haggen über den Kraspesferner 300

Zillertaler Alpen und Hohe Tauern

93	**Grundschartner, 3065 m** Vom Gasthof In der Au durch den Sundergrund 303
94	**Kuchelmooskopf, 3214 m** Aus dem Zillergrund durchs Zillerkar. 306
95	**Torhelm, 2452 m** Von der Kühlen Rast im Gerlostal 309
96	**Gabler, 3263 m** Von der Finkau über die »Glatze« 312
97	**Großvenediger, 3660 m** Über die Kürsingerhütte im Obersulzbachtal 315
98	**Großglockner, 3798 m** Vom Lucknerhaus über die Stüdlhütte 320
99	**Hoher Sonnblick, 3106 m** Von Kolm-Saigurn über das Schutzhaus Neubau 325
100	**Hocharn 3254 m** Von Kolm-Saigurn aus dem Rauriser Tal 328

Stichwortverzeichnis 330

EINFÜHRUNG

Das Gebiet
München gilt ja gemeinhin als eine der wichtigsten Bergsteigerstädte der Welt. Kaum eine andere Millionenstadt kann mit einer derartigen Vielfalt von Gebirgsformationen in ihrem Einzugsbereich aufwarten wie die bayerische Landeshauptstadt: angefangen bei den Wald- und Wiesenbergen der Voralpen über die schroffen Felsgipfel von Wetterstein, Karwendel und Wildem Kaiser bis hin zu den vergletscherten Dreitausendern des Alpenhauptkammes. In einer Fahrzeit von ein bis zwei Stunden lassen sich die meisten Ausgangspunkte zwischen Salzburg und Oberstdorf erreichen – zumindest mit dem Pkw. Wer sich gar ein Wochenende Zeit nimmt und eine Übernachtung vor Ort einplant, dem steht fast die komplette Nordseite der Ostalpen mit vertretbarem Aufwand zur Auswahl.

Die Intention dieses Buches war, eine umfassende Sammlung der lohnendsten Skitouren im Münchner Einzugsbereich zu erstellen. Allerdings sollte auch der Wintersportler aus Innsbruck, Rosenheim oder Salzburg seine Freude an dem Skitourenführer haben. Obwohl einige Touren für diesen dann weiter entfernt sind, bietet es zahlreiche Anregungen für Urlaube außerhalb der bereits gut bekannten Hausberge. Skitourengeher nördlich der bayerischen Landeshauptstadt haben ohnehin eine weitere Anreise, die in die Ostalpen meist über München führen wird – weshalb die »Münchner Skitourenberge« auch ihre Skitourenberge sind.

Die Routenzusammenstellung richtet sich an alle Könnensstufen. Der Anfänger wird hier genauso fündig werden wie der erfahrene, konditionsstarke Tourengeher. Dem Einsteiger bieten sich neben vielen Genuss- und Übungstouren jede Menge Visionen für die Zukunft – Traumziele, auf die es sich lohnt, hin- zutrainieren oder sie in Begleitung eines Bergführers in Angriff zu nehmen. Der Experte hingegen findet sichere Touren in den Vorbergen für Zeiten mit Neuschnee und Lawinengefahr genauso wie rassige Skitouren an den Paradebergen für die Tage des Winters mit perfekten Bedingungen.

Routenauswahl
Aus der unüberschaubaren Fülle an Tourenmöglichkeiten eine Auswahl zu treffen, war eine große Herausforderung. Die selektierten Ziele verteilen sich nun relativ gleichmäßig auf die Gebirgsgruppen zwischen Allgäu und Berchtesgaden, beziehungsweise zwischen Silvretta und Hohe Tauern. Grundsätzlich wurden für längere Anfahrten auch großzügigere Skitouren ausgewählt. Die kurzen Halbtagestouren finden sich bis auf wenige Ausnahmen alle am Alpennordrand und sind vom Münchner Süden in etwa einer Stunde mit dem Auto erreichbar. Wer eine längere Anreise in Kauf nimmt, dem soll auch mehr geboten werden. Generell wurde versucht, bei langen Anfahrten ein Programm für einen Wochenendaufenthalt anzubieten. Das bedeutet entweder eine sehr umfangreiche Tour mit Hüttenübernachtung, oder es findet sich ein zweites Ziel in der Nähe, das mit einem Quartier im Tal am nächsten Tag in Angriff genommen werden kann.

Darüber hinaus setzt sich das Portfolio aus viel begangenen Modetouren, weniger bekannten Varianten auf populäre Gipfel und Insidertouren, die nur sehr selten in Tourenführern veröffentlicht wurden, zusammen. So reicht das Spektrum von der kurzen Halbtagestour im Bayerischen Oberland über die klassischen Hochwinter-Skitouren im Chiemgau, den Kitzbüheler, Tuxer, Werdenfelser und Lechtaler Alpen bis hin zu den Frühjahrszielen in den Hohen Tauern, Zillertaler, Stubaier und Ötztaler Alpen.

ALLGEMEINE HINWEISE

Schwierigkeitsangaben
In der Kopfleiste jeder Tour finden sich die wichtigsten Daten zur Schwierigkeitseinstufung.

1. Farbe der Tourennummer
Sie gibt Auskunft über die technische Schwierigkeit. Konditionelle Anforderungen werden dabei aber nicht berücksichtigt. Drei Stufen (Farben) werden unterschieden:

Leicht Es handelt sich um eine Skitour ohne besondere technische Schwierigkeiten. Auch Einsteigern, die mit den wichtigsten Grundtechniken des Aufsteigens und Abfahrens im Tiefschnee vertraut sind, ist diese Tour zuzumuten. Steilhänge über 30 Grad sind die Ausnahme und wenn, dann nur kurz und ungefährlich, ebenso enge Waldpassagen. Meist kann die komplette Tour mit Ski durchgeführt werden, eventuelle kurze Fußanstiege sind harmlose Schneestapfer.

Mittel Es handelt sich um eine Skitour für fortgeschrittene Tourengeher. Sowohl das Aufsteigen als auch das Abfahren muss sicher beherrscht werden, zum Teil in schwierigerem Gelände. Längere Steilhänge, die Spitzkehren erfordern, sind die Regel. Enge Waldpassagen oder steile Rinnen erfordern eine sichere Abfahrtstechnik. Gefährliche Passagen mit Absturzgefahr sind in Ausnahmefällen zu bewältigen, zum Teil auch Fußaufstiege über Schrofengelände, das Trittsicherheit mit Tourenskischuhen erfordert. Sofern die Route über Gletscher führt, besteht dort nur eine geringe bis mittlere Spaltensturzgefahr, Gletscherausrüstung kann aber je nach Schneelage bereits erforderlich sein.

Schwierig Es handelt sich um eine Skitour für erfahrene, gut ausgebildete Tourengeher. Aufstiege und Abfahrten erfordern absolut sicheres Beherrschen aller Techniken. Ein Wegrutschen oder Stürzen kann häufig zum Absturz führen. Gipfelanstiege zu Fuß führen manchmal in leichtes bis mittelschwieriges Klettergelände (UIAA I–III).

Traumhafte Bedingungen am Breitenstein (Tour 37).

2. Höhenmeterangabe

Sie zeigt die zurückzulegenden Aufstiegs-Höhenmeter an. Die Angabe bezieht sich auf die jeweilige Standardroute – Varianten, Umwege und Zusatzgipfel werden nicht hinzugerechnet. Gegenanstiege auf der beschriebenen Route sind hingegen darin enthalten. Eine Aufschlüsselung der Höhenmeter für die Varianten findet sich bei Bedarf im Infoteil unter dem Punkt »Anforderungen«.

3. Zeitangabe

Sie bezieht sich nur auf die Aufstiegszeit. Der Zeitbedarf für die Abfahrt muss hinzugerechnet werden. Die Zeitangabe kann dabei immer nur ein sehr grober Anhaltspunkt sein und geht von einer durchschnittlichen Aufstiegsleistung von 400 Hm/Stunde aus. Gut trainierte Bergsteiger werden diese unterbieten können, konditionell weniger starke Tourengeher sollten mehr Zeit einplanen. Bei fehlender Aufstiegsspur kann der Zeitbedarf deutlich größer sein.

4. Expositionssymbol

Die Windrose in der Kopfzeile gibt die Hangrichtung an. Daraus lassen sich sowohl Rückschlüsse auf die Lawinengefahr als auch auf die Schneequalität ziehen. Der weiße Pfeil zeigt in die Himmelsrichtung mit der Haupt-Exposition der Tour. Im hellblauen Bereich werden die Expositionen der Hänge zusammengefasst, die darüber hinaus für die Route von Bedeutung sind, entweder weil sie sich im Einzugsgebiet befinden oder abschnittsweise betreten werden. Bei Touren, bei denen Gletscherausrüstung und entsprechende Erfahrung notwendig oder empfehlenswert ist, befindet sich außerhalb der Windrose eine angedeutete Spaltenzone. Bei den meisten dieser Touren ist eine Begehung mit Seil vor allem bei schlechter Sicht und/oder geringer Schneehöhe auf dem Gletscher (v.a. im Frühwinter) anzuraten. Nähere Informationen zur Spaltengefahr finden sich in der Kurzinfo.

Anreise

Grundsätzlich ist die Anreise per ÖPNV der Fahrt im PKW aus Klimaschutzgründen vorzuziehen. Die Auswahl in diesem Führer wurde aber primär nicht unter dem Gesichtspunkt einer günstigen Erreichbarkeit per ÖPNV getroffen. Daher sind nicht alle vorgestellten Ziele mit Öffis erreichbar. Wir haben im Infoteil zu fast jeder Tour eine kurze Info zur Anreise mit Öffis hinzugefügt. Bei typischen Tagestouren, die nur mit unverhältnismäßig langer Anreise und/oder Taxifahrt erreichbar wären, wurde

Die Seekarlspitze im Rofan (Tour 28) ist ein beliebtes Ziel für Münchner Skibergsteiger.

darauf verzichtet. Wer seine Bergtouren grundsätzlich ohne Auto organisiert, wird aber Wege finden auch die entlegenste Tour zu erreichen und sei es mit einer Übernachtung vor Ort und einer Taxifahrt auf der »letzten Meile«. Um eine Vorstellung vom Zeitaufwand zu geben, wird jeweils die Anreisezeit mit der sinnvollste Verbindung ab München Hbf angegeben. Für die individuelle Anreiseplanung empfehlen wir die Apps von MVV, DB, OEBB und VVT. Generell ist für die Anreise mit Bahn und Bus Gelassenheit und Entschleunigung zu empfehlen. Wer sich ein Wochenende Zeit nimmt und bereits am Freitagabend anreist, kann die meist günstigen Heimreise-Verbindungen der Pendler in die Täler nutzen und hat dann zwei entspannte Tage ohne Stau und Stress nur für die Skitouren vor Ort übrig.

Für die Anreise mit PKW verzichten wir generell auf eine Anreisebeschreibung. Sie lässt sich mit jedem Routenplaner per Internet oder App individuell erstellen.

Tourenbeschreibung

Der einführende Text vermittelt einen Gesamteindruck von der Tour, nennt Besonderheiten und Ziele am Weg. Auch Hinweise auf Sehenswürdigkeiten in der Umgebung und besondere Einkehrpunkte oder Übernachtungsmöglichkeiten finden sich hier. Bietet ein Berg verschiedene Varianten oder Anstiege, so werden Alternativen zur beschriebenen Route erwähnt. Wer vor Ort aus irgendwelchen Gründen (zum Beispiel Lawinenlage) umdisponieren muss, kann vielleicht mit diesen Hinweisen und mit einer guten Karte einen interessanten »Plan B« ausarbeiten.

Tourensteckbrief

Ausgangspunkt: Hier findet sich eine kurze Beschreibung des üblichen Startpunktes der Tour, von dem aus man bei günstigen Bedingungen auch eine Spur

Powderalarm am Hirschberg (Tour 34).

erwarten darf. Meist wird der Talort genannt und – sofern nötig – noch eine kurze Beschreibung, wie man zum jeweiligen Startpunkt kommt. Auf der angegebenen Meereshöhe beginnt die Tour.

Aufstiegszeiten: Die Gesamtzeit aus der Kopfzeile wird in einzelne Etappen aufgeteilt. Bei Rundtouren werden Zeitangaben auch für die Abfahrtsetappen angegeben – ansonsten sind nur die Aufstiegszeiten beschrieben.

Anforderungen: Die technischen Anforderungen (Aufstiegstechnik, Abfahrtstechnik, ggf. Orientierung, Sicherungstechnik) werden hier detailliert wiedergegeben. Die Angaben der Hangsteilheit orientieren sich grob an folgenden Neigungen: flache Hänge < 25 Grad, mäßig- bzw. mittelsteile Hänge 25–35 Grad, steile Hänge 35–40 Grad, sehr steile Hänge > 40 Grad.

Lawinengefährdung: Der Tourengeher bekommt Hinweise auf die allgemeine Lawinengefährdung der Tour sowie Anhaltspunkte für konkrete »Schlüsselstellen«. Die Lawinensituation hängt jedoch stark von der aktuellen Schneelage ab – die eigene Gefahrenbeurteilung muss jeder Tourengeher vor Ort für sich durchführen.

Flotte Abfahrt in gutem Schnee.

Einkehr: Gasthäuser und Hütten am Weg werden hier genannt, sofern sie während der Tourensaison geöffnet sind. Bei Bedarf gibt es darüber hinaus Hinweise auf Einkehrpunkte in den Talorten.
Karten: Hier wird das empfohlene Kartenmaterial genannt – meist ist das eine Alpenvereinskarte oder eine Karte vom Landesamt für Digitalisierung, Breitband und Vermessung (LDBV).
Wald-/Wildschongebiete: Sofern offizielle Empfehlungen für Schutzzonen die Route betreffen, werden diese hier genannt.

Routenbeschreibung
Aufstiegsbeschreibung: Im Beschreibungstext wird der Wegverlauf möglichst genau erläutert. Orts- und Geländebezeichnungen werden dabei anhand des zu Grunde gelegten Kartenmaterials (siehe Infokasten) verwendet. Es handelt sich dabei nur um einen Vorschlag – die aktuellen Schneeverhältnisse können eine geänderte Routenführung erfordern.
Abfahrtsbeschreibung: Adäquat zum Aufstieg wird hier die Route für die Abfahrt erklärt.
Varianten: Sind zur Standardroute (siehe Aufstiegs- und Abfahrtsbeschreibung) sinnvolle und lohnende Varianten möglich, werden diese hier kurz beschrieben.

Kartenausschnitt
Jeder Tourenbeschreibung ist ein Kartenausschnitt mit eingezeichnetem Routenverlauf beigefügt. Die Kartengrundlage dafür sind in der Regel Wanderkarten des Freytag & Berndt-Verlages im Maßstab 1:50.000. Bei guter Sicht und gespurter Tour reichen diese zur Orientierung aus, für eine exakte Tourenplanung und zur vollständigen, eigenverantwortlichen Orientierung wird jedoch eine genauere topografische Karte im Maßstab 1:25.000 oder (falls eine solche nicht für das Gebiet erhältlich ist) im Maßstab 1:50.000 empfohlen. Hinweise dazu gibt es im Infokasten unter dem Punkt »Karten«.

Übersichtsbild
Zu jeder Tour ist ein Übersichtsbild abgedruckt, das zumindest einen Teil des Routenverlaufs zeigt. Es soll die Orientierung zusätzlich erleichtern und darüber hinaus einen Eindruck vom Charakter der Skitour vermitteln.

GPS-Tracks und Koordinaten der Ausgangspunkte
Auf **gps.rother.de** stehen zu diesem Skitourenführer GPS-Tracks und die Koordinaten der Ausgangspunkte zum kostenlosen Download bereit. Dieser QR-Code führt direkt zum Download.
5. Auflage, Passwort: **306505bms**
Die GPS-Tracks können in die **Rother App** importiert werden. In der App kann man unterwegs stets sehen, wo man gerade ist und wo es langgeht. **Anleitungen dazu: rother.de/gps**
Trotz sorgfältiger Prüfung können wir Fehler und zwischenzeitliche Veränderungen nicht ausschließen. Verlassen Sie sich für die Orientierung niemals einzig und allein auf die GPS-Daten, sondern beurteilen Sie die Verhältnisse vor Ort.

SICHER UNTERWEGS AUF SKITOUR

Ausrüstung

Als wichtigstes Fortbewegungsmittel auf Skitour dienen uns Tourenski mit einer zum Aufsteigen geeigneten Tourenbindung. Spätestens für mittelschwere Touren sind passende Tourenskischuhe unverzichtbar. Diese sollten leicht sein aber trotzdem genügend Stabilität für eine ausreichende Kraftübertragung auf den Ski während der Abfahrt bieten. Eine Profilsohle sorgt bei Wegpassagen, die ohne Ski zurückgelegt werden müssen (vor allem Gipfelanstiege), für genügend Halt auf dem Untergrund. Als Standardausrüstung für den hoffentlich nie eintretenden Lawinen-Notfall gehört ein modernes LVS-Gerät immer an die Frau/den Mann, Lawinenschaufel und Sonde, Biwaksack und Erste-Hilfe-Set sollten im Rucksack sein. Bei der Bekleidung hat sich das Zwiebelschalenprinzip bewährt, das einen optimierten Feuchtigkeitstransport weg vom Körper gewährleistet, gleichzeitig aber mit einer wetterfesten Außenschicht Wind und Niederschläge abhält. Die Isolierschicht wird passend zu den jeweiligen Temperaturverhältnissen gewählt – gleiches gilt für die Handschuhe, wobei es sinnvoll ist, ein paar dünnere Fingerhandschuhe für den Aufstieg auszuwählen. Für die Abfahrt und für Notfälle gehört ein wärmeres Paar in den Rucksack. Für Gletschertouren sind zusätzlich Seil, Sitzgurt, mehrere Karabiner und Schlingen für die Spaltenbergung erforderlich. Steile Fußanstiege und Kletterpassagen erfordern nicht selten Steigeisen. Wer damit im Steilgelände stürzt, hat nur mit einem Pickel eine realistische Chance zum Bremsen. Ergänzt wird die Ausrüstung durch hochwerti-

Ausrüstung: Aufstieg mit Tourenski, Tourenbindung, Steigfellen und Harscheisen.

gen Sonnenschutz, gutes Kartenmaterial, eventuell Kompass und GPS sowie genügend Verpflegung.

Lawinenbeurteilung

Im winterlichen Gebirge lauert zusätzlich zu den objektiven Risiken einer Sommerbergtour die Lawinengefahr. Das Beurteilen der Schneedeckenbeschaffenheit erfordert sehr viel Erfahrung und Wissen. Ein angepasstes, defensives Verhalten ist darüber hinaus notwendig, um auf Dauer unfallfreie Skitouren durchführen zu können. Fast alle in diesem Buch beschriebenen Touren führen ins ursprüngliche Hochgebirge, wo keine Sicherungsmaßnahmen (Lawinensprengungen, Absperrungen) getroffen werden. Der Tourengeher ist eigenverantwortlich unterwegs und es obliegt ihm selbst, Gefahrenbereiche zu erkennen und zu meiden.

Die Basis für die Lawinenbeurteilung ist der Lawinenlagebericht. Für die Gebietsabdeckung dieses Führers werden von den Lawinenwarndiensten Bayerns, Tirols und Salzburgs täglich detaillierte Einschätzungen der Lawinensituation herausgegeben. Diese sind übers Internet unter lawinen.org abrufbar. Für fast alle vorgestellten Skitouren dieses Führers kann unter skitourenguru.com eine tagesaktuelle Lawinenrisikoberechnung abgerufen werden.

Die Schneesituation ist allerdings häufig starken regionalen Schwankungen unterworfen und auch während des Tagesverlaufs kann sie sich deutlich ändern. Durch kontinuierliche, eigene Beobachtungen lassen sich anhand typischer Alarmzeichen im Gelände kritische Verhältnisse erkennen:

- frische Schneebrettabgänge
- Setzungsgeräusche (»Wumm-Geräusche«)
- Spannungsrisse an der Schneeoberfläche
- Schneefahnen an Gipfeln und Graten
- frisch zugewehte Spuren
- viel Neuschnee (> 30–50 cm).

Ist eines oder mehrere dieser Alarmzeichen deutlich erkennbar, kann unabhängig von der vom Lawinenlagebericht ausgegebenen Lawinenlage mindestens Warnstufe 3 angenommen werden. Wer dann noch auf Ski im freien Gelände un-

Nicht nur die Lawinenbeurteilung ist wichtig, auch das regelmäßige Trainieren der Verschüttetensuche.

Steile Hänge im Aufstieg zum Hohen Seeblaskogel (Tour 90), hier muss die Lawinensituation passen!

terwegs ist, sollte genau wissen, was er tut. Eine weitergehende Vertiefung der Lawinenkunde ist in diesem Buch nicht möglich, wir verweisen dazu auf Spezialliteratur zum Thema, zum Beispiel:
- Fleischmann, Markus u. a.: Lawinen – Erkennen, Beurteilen, Vermeiden. Bergwelten-Verlag 2021.
- Roth, Eike: Lawinen. Verstehen – Vermeiden – Praxistipps. Rother Bergverlag.

Wetter und Orientierung

Das Wetter beeinflusst das Empfinden und Erleben einer Tour ganz entscheidend. Eine Skitour wird bei Kälte und Schneesturm vollkommen anders wahrgenommen als an einem klaren, milden Sonnentag. Die Anforderungen an Können, Kondition und Konstitution sind bei schlechtem Wetter oft weitaus höher als bei guten Verhältnissen. Erst recht gilt das für die Orientierung. Trotz GPS und gespeichertem Track müssen die lokalen Schneeverhältnisse in die Routenführung mit einbezogen werden, bei fehlender Sicht wird das oft nicht möglich sein. Eine Unternehmung, die das eigene Können bereits stark fordert, sollte nur bei optimalen Bedingungen angegangen werden. Der Alpenverein veröffentlicht täglich einen Bergwetterbericht unter alpenverein.de.

Schneefall bedeutet meist schlechte Sicht – dafür schönen Pulverschnee.

Eindrucksvolle Karwendelkulisse am Aufstieg zur Pleisenspitze (Tour 19).

Gut geplant ist halb erlebt

Eine durchdachte Tourenplanung ist das A und O für eine sichere und reibungslose Skitour. Wer bereits vorweg die wichtigsten Informationen besorgt und sich etwas Gedanken macht, wird die Risiken minimieren sowie Spaß- und Erlebniswert maximieren. Ein einzelner Tourengeher kann mit diesem Führer und ein paar Informationen aus dem Internet eine Tagesskitour mit etwas Übung und Erfahrung in wenigen Minuten ausarbeiten. Etwas aufwändiger wird die Sache, wenn man für eine größere Gruppe oder mehrere Tage mit Übernachtung planen muss.

Tourenauswahl

Nicht jede Skitour lässt sich den gesamten Winter über sinnvoll durchführen. Während im Frühwinter die Schneelage meist sehr unterschiedlich ist und Touren – wenn überhaupt – nur dort möglich sind, wo lokale, größere Schneefälle und ein gutmütiger Untergrund (Wiesen, Forstwege, Pisten) zusammentreffen, gerät mit zunehmendem Anwachsen der Schneedecke im Hochwinter die Lawinenproblematik in den Vordergrund. Skihochtouren auf Gletschern hingegen werden am sinnvollsten im Frühjahr durchgeführt, wenn die Spalten gut eingeschneit sind, und wärmere Temperaturen in den Hochlagen den Aufenthalt angenehmer machen sowie die Setzung des Schnees beschleunigen. Neben der Schneelage stellen die Anforderungen an Kondition und Technik einer Tour, die mit den persönlichen Voraussetzungen in Einklang gebracht werden müssen, ein wichtiges Kriterium für die Tourenauswahl dar. Die farbliche Einteilung im Führer gibt dafür einen groben Anhaltspunkt, genauere Informationen liefern die Zeit- und Höhenmeterangabe sowie der Unterpunkt »Anforderungen« im Infoteil jeder Beschreibung.

Informationssammlung

Die wichtigsten »fixen« Informationen, die zur Planung einer bestimmten Skitour benötigt werden, finden sich in den Tourenbeschreibungen und im Infoteil dieses Führers. Der abgedruckte Kartenausschnitt gibt einen guten Überblick über den Routenverlauf, dieser wird dazu im Text noch einmal detailliert bei »Aufstieg« und »Abfahrt« beschrieben. Wer dazu exakte Geländeinformationen (z. B. Hangsteilheit) haben möchte, sollte einen Blick in die jeweilige Alpenvereinskarte werfen.

Die »variablen« Informationen wie Lawinengefahr, Wetter und Schneelage müssen hingegen kurzfristig abgerufen werden. Über das Internet kann man sich schnell einen guten Überblick verschaffen. Der Lawinenlagebericht wird von den zuständigen Lawinenwarndiensten in der Toursaison täglich veröffentlicht. Der Bergwetterbericht der Wetterdienststelle Innsbruck für den Alpenraum wird für einen Prognosezeitraum von 1 bis 3 Tagen ausreichend genau und inzwischen auch sehr zutreffend erstellt und auf den Internetseiten von DAV und ÖAV publiziert. Am schwierigsten gestaltet sich in der Regel die Abschätzung der Schneelage, da diese lokal sehr unterschiedlich sein kann, und die Interpretation der zahlreichen Quellen viel Erfahrung erfordert. Neben den Informationen aus dem Lawinenlagebericht können hierfür Meldungen in diversen Internetforen (tourentipp.de, alpine-auskunft.at, alpenvereinaktiv.com, gipfelbuch.ch) herangezogen werden. Auch Webcams in Skigebieten oder von Berghütten können hilfreiche Informationen liefern. Am zuverlässigsten sind aber Informationen aus erster Hand (Hüttenwirte, Bergführer, befreundete Tourengeher etc.).

Zuletzt reflektiert man die persönlichen Voraussetzungen, welche die beteiligten Tourengeher mitbringen. Können, Erfahrung, Ausrüstung, Gruppenverhalten und Risikobereitschaft spielen dabei eine wichtige Rolle.

Detailplanung

Nun gilt es, die gesammelten Informationen in einem schlüssigen Handlungs- und Ablaufplan zu bündeln. Von der Anfahrt über die Routenführung bis hin zur Rückreise wird die Tour dabei theoretisch vorweggenommen. Durch Ausarbeitung mehrerer Szenarien erhält man einen »Plan B« für den Fall, dass sich die Verhältnisse vor Ort anders darstellen als angenommen. An wichtigen Stellen der Tour werden sogenannte Checkpunkte gesetzt, wo man sich vor Ort für eine der Handlungsalternativen entscheidet. So ändert man in einer kritischen Situation leichter sein Vorhaben und reduziert damit das Risiko.

Pulverschnee und Zirbenwald sind charakteristisch für Skitouren in den Tuxer Alpen, wie hier am Morgenkogel (Tour 73).

Allgäuer Alpen

1 Großer Daumen, 2280 m
Überschreitung vom Nebelhorn zum Giebelhaus

1.45 Std.
400 m ↑
1500 m ↓

Kurze Skidurchquerung im Oberallgäu

Der Große Daumen unmittelbar oberhalb von Oberstdorf ist im Sommer einer der beliebtesten Gipfel der Allgäuer Alpen. In erster Linie verdankt der Berg dies dem Hindelanger Klettersteig, der am Nebelhorn beginnt und am Großen Daumen endet. Dazwischen müssen etwa 5 Kilometer überwunden werden, die mit Drahtseilen, Leitern und Stiften üppig bestückt sind. Der Rückweg zur Seilbahn führt dann über das wellige Gelände des »Koblat«. Dieses Hochplateau ermöglicht auch dem Skitourengeher im Winter den Zugang zu diesem Gipfel. Skifahrerisch lohnt es sich jedoch nicht, ins Skigebiet zurückzukehren. Stattdessen fährt man nach Osten ins Ostrachtal ab.
In der Kombination von wenigen Höhenmetern im Aufstieg und einer langen, hindernislosen Abfahrt ist der Große Daumen sicherlich einer der interessantesten Skiberge der Allgäuer Alpen. Einziger Wermutstropfen ist der etwas umständliche Rückweg zum Ausgangspunkt. Diese Unternehmung bietet sich daher ideal für eine Anreise mit öffentlichen Verkehrsmitteln an. Mit dem Regionalexpress ist man von München in zweieinhalb Stunden am Bahnhof in Oberstdorf. Am Endpunkt im Ostrachtal steigt man dann in den Bus und kann direkt die Heimreise antreten, ohne erst zurück zum Auto nach Oberstdorf zu müssen.

Ausgangspunkt: Talstation Nebelhornbahn (820 m), in Oberstdorf bzw. Bergstation des Koblat-Sessellifts (2224 m).
ÖPNV: Mit Zug nach Oberstdorf Bhf. (Fahrzeit ca. 2.40 Std.). Gehzeit zum Ausgangspunkt 10 Min.; Rückfahrt vom Giebelhaus: Privatbus bis Hinterstein, Umstieg in Bus nach Bad Hindelang, nochmals Umsteigen nach Sonthofen, dort weiter mit Zug (ca. 3.30 Std.).
Aufstiegszeiten: Bergstation – Abfahrt zum Koblat 15 Min.; Koblat – Daumen 1.30 Std.
Anforderungen: Freies, flaches bis mittelsteiles Skigelände ohne besondere Schwierigkeiten. Abfahrt 1500 Hm.
Hangrichtung: Ost.
Lawinengefährdung: Vor allem am Gipfelhang und für die Abfahrt sind sichere Bedingungen notwendig.
Einkehr: Schwarzenberghütte (1380 m), ab Weihnachten bewirtschaftet, Tel. +49 173 392 7766, Giebelhaus (1087 m) ganzj. bewirtschaftet, Tel. +49 8324 8146, keine Übernachtung.
Karten: f&b WK 351, AV BY4 Allgäuer Hochalpen, LDBV UK50-47 Allgäuer Alpen.

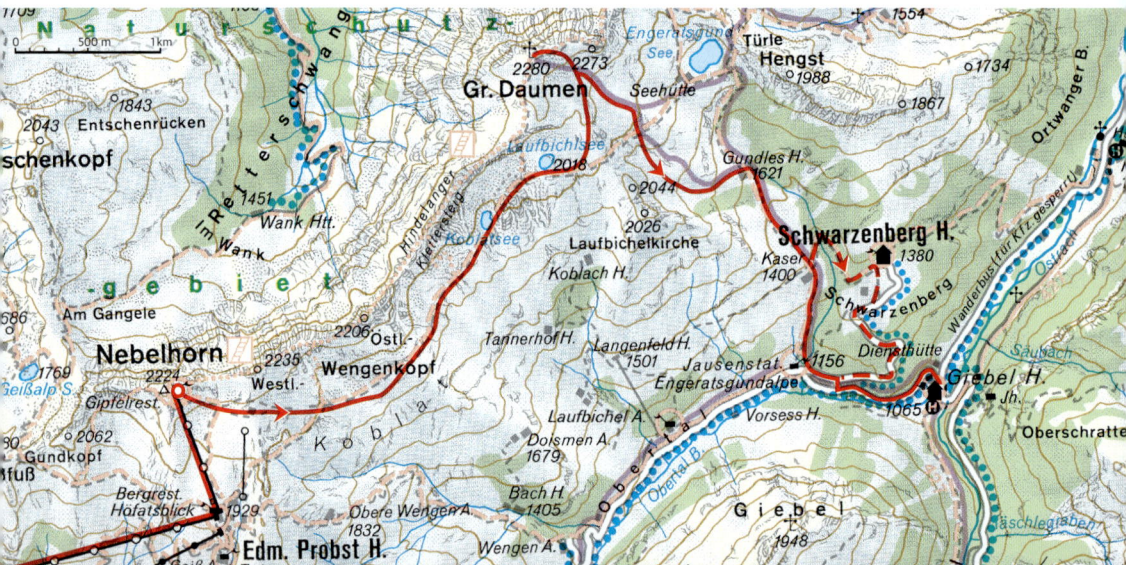

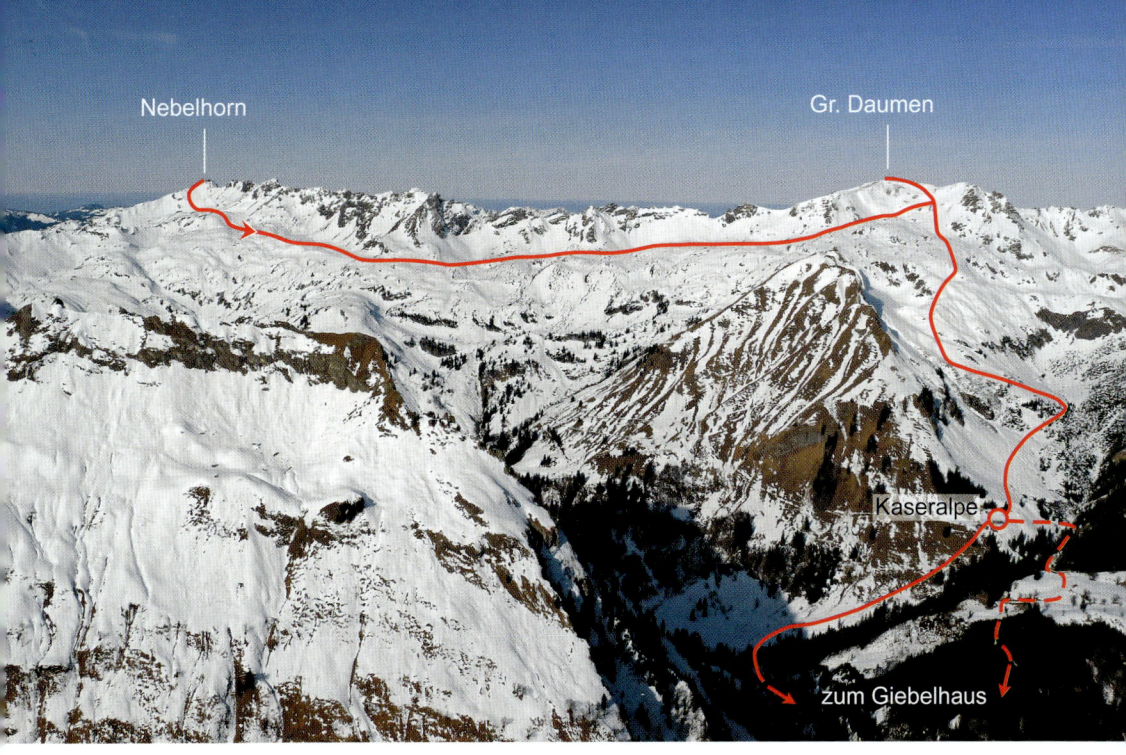

Überblick über den Routenverlauf vom Gipfel des Glasfelderkopfes.

Aufstieg

Auffahrt mit der Nebelhornbahn zum Edmund-Probst-Haus und mit dem Koblat-Sessellift zu dessen Bergstation. Nun fahren wir nach Osten hinab auf die wellige Hochfläche des Koblat (ca. 1940 m), wo wir die Felle aufziehen. Weiter geht es immer auf der Terrasse unterhalb der steilen Flanken der Wengenköpfe nach Nordosten durch schöne Mulden und über kurze Stufen bis unter den steilen Gipfelhang. In der Regel findet sich hier eine Spur – sollte diese fehlen, kann die Orientierung bei schlechter Sicht problematisch sein. Der letzte Hang wird in einem Rechtsbogen hinauf zum Ostgrat und der Gipfel schließlich über diesen erstiegen.

Abfahrt

Der Rückweg zum Nebelhorn ist skifahrerisch wenig lohnend, folgt aber im Wesentlichen der Aufstiegsspur.
Eine lohnende Abfahrt führt hingegen hinab ins Ostrachtal. Der Gipfelhang wird anfangs entlang der Aufstiegsroute abgefahren, bis diese nach rechts wegzieht. Nun geht es über schön kupiertes Gelände geradeaus und leicht links haltend über einen Rücken hinab bis zu einer quer verlaufenden Terrasse. Hier halten wir uns eher rechts und fahren über den Rücken nördlich eines Kares ab. Bevor das Gelände steiler abbricht, orientieren wir uns wieder nach links zur Gundles Alm. Kurz unterhalb der Almhütte queren wir durch die Latschen nach rechts hinaus in die freien Hänge oberhalb der Kaseralpe und weiter bis zu dieser Almhütte. Für die weitere Abfahrt gibt es zwei Möglichkeiten:
1. Von der Almhütte gleich nach rechts in den steilen, nach Südosten exponierten Wiesenhang, der direkt hinabführt zur Engeratsgundalpe. Von dort auf dem Fahrweg talauswärts zum Giebelhaus. Diese Variante apert schneller aus als die folgende.
2. An der Kaseralpe auf dem Fahrweg nach Norden über den Bach zu den Wie-

Die freien Hänge erlauben eine zügige Abfahrt.

sen unterhalb der Schwarzenberghütte. Nun entweder nach links in wenigen Metern zum Einkehren in die Hütte oder gerade über die Wiese hinab zum Fahrweg (Rodelbahn) und über diesen ins Tal zum Giebelhaus.

Rückweg nach Oberstdorf
Vom Giebelhaus fährt man die 8 km mit dem Taxi-Bus hinaus nach Hinterstein (Fahrplan unter www.giebelhaus.de). Sofern man auf dem dortigen, kostenpflichtigen Parkplatz kein weiteres Fahrzeug bereitstehen hat, muss man mit dem Bus nach Sonthofen und mit dem Zug weiter nach Oberstdorf fahren. Taktisch sinnvoll kann es auch sein, das Auto am Bahnhof in Sonthofen zu parken und bereits am Morgen mit der Bahn nach Oberstdorf zu fahren. Noch besser ist es, auch die Anreise nach Oberstdorf mit dem ÖPNV durchzuführen, dann erübrigen sich die Überlegungen, wie man wieder zu seinem Auto kommt.

Variante
Erfahrene, selbstständige Tourengeher können die Tour in eine kleine 2-Tages-Durchqerung mit Übernachtung auf der Schwarzenberghütte einbauen. Bei guten Verhältnissen existieren Übergangsmöglichkeiten durch das Bärgündeletal über das Himmeleck oder durch das Obertal über das Laufbacher Eck ins Oytal, das direkt hinausführt nach Oberstdorf. Zudem lässt sich die Tour auf den Daumen so mit der zum Großen Wilden (siehe Tour 2) kombinieren.

Allgäuer Alpen

2 Großer Wilder, 2379 m
Über die Nordseite aus dem Ostrachtal

4.30 Std. | 1500 Hm

Frühjahrsskitour mit Mountainbike-Anfahrt

Im April oder Mai, wenn viele Tourengeher ihre Ski bereits in den Keller geräumt haben, dann haben die »Bike-Skitouren« Konjunktur. Im Allgäu wird vor allem der Große Wilde gern mit einer Anfahrt mit dem Mountainbike verbunden. Die gesperrte Straße zum Giebelhaus wird zwar von einem Taxi-Shuttlebus befahren. Allerdings fährt der erste Bus am Morgen so spät, dass es für eine Frühjahrsskitour in aller Regel zu spät sein wird. Außerdem wird am tief gelegenen Giebelhaus oft immer noch kein Schnee in Sicht sein, sodass auch die nächsten dreieinhalb Kilometer noch mit dem Bike zurückgelegt werden können. Am Ende der Forststraße bei der Pointhütte oder 10 Minuten weiter im Talschluss sollte dann aber auf Ski umgerüstet werden können. Nun folgen 1000 Höhenmeter durchgehend steiles Gelände mit zwei kurzen – oft heiklen – Stufen, die sicheres Gehen mit Harscheisen erfordern, bei sehr harten Verhältnissen können eventuell sogar Steigeisen hilfreich sein. Faszinierend ist der morgendliche Aufstieg durch das schöne Kar der Gamswanne mit Blick hinaus nach Norden in den Frühling des Oberallgäu. Erst auf den letzten Metern am Grat öffnet sich dann der Blick nach Süden in die Lechtaler Alpen und nach Westen zu den höchsten Gipfeln der Allgäuer Alpen.

Blick von der Pointalm auf die Nordflanke des Großen Wilden.

Aufstieg durch die Gamswanne.

Der benachbarte Schneck mit seiner Ostwand.

Ausgangspunkt: Wanderparkplatz am Ortsende von Hinterstein (890 m) südlich von Bad Hindelang im Oberallgäu.
ÖPNV: Von Sonthofen mit dem Bus nach Hinterstein mit Umstieg in Bad Hindelang oder man fährt die 14 km mit dem (E-)Bike. Faktisch funktioniert diese Tour damit nur mit Übernachtung vor Ort.
Aufstiegszeiten: Hinterstein – Giebelhaus mit MTB 30 Min., Giebelhaus – Pointhütte 1 Std., Pointhütte – Großer Wilder 3 Std.
Anforderungen: Häufig steile Hänge, die sicheres Gehen mit Harscheisen und sichere Abfahrtstechnik erfordern, bei Stürzen besteht an exponierten Stellen Absturzgefahr. Bei ungünstigen Verhältnissen können Steigeisen im Aufstieg hilfreich sein.
Lawinengefährdung: Steile Nordhänge, die eine sichere Lawinenlage erfordern.
Hangrichtung: Nord.
Einkehr: Giebelhaus (1066 m), ganzjährig bewirtschaftet, Tel. +49 8324 8146, keine Übernachtung.
Karten: f&b WK 351, AV BY4 Allgäuer Hochalpen, LDBV UK50-47 Allgäuer Alpen.

Anfahrt mit MTB
Vom Parkplatz wenige Meter zurück nach Hinterstein und links abbiegen an der Ostrach entlang taleinwärts. Die meist recht flache, asphaltierte Straße führt nun in etwa 8 km bis zum Giebelhaus (1066 m). Im Winter wird sie geräumt, sodass sie auch zu dieser Zeit mit dem Bike meist gut befahrbar ist. Sofern auch im weiteren Verlauf noch kein Schnee liegt, folgt man der Straße nach links über die Brücke. Mit deutlich mehr Steigung geht es nun hinein ins Bärgündeletal.

Aufstieg
Spätestens am Ende der Forststraße bei der Pointhütte wird das MTB geparkt. Rechts vom Stierbach geht es noch ein Stück taleinwärts, bis sich der Bach in mehrere Seitenarme aufteilt. Zwischen den beiden Hauptgräben steigen wir anfangs noch flach, dann zunehmend steiler hinauf auf die Felsen des Vorderen Wilden zu. Eine etwas flachere Rampe führt nun nach rechts bis zu einem schrofigen Riegel, der den Übergang in das schöne Nordkar der Gamswanne versperrt. Diese Steilstufe kann eventuell heikel sein und ist manchmal nur zu Fuß überwindbar. Der Weiterweg in der Gamswanne ist dann anfangs wieder deutlich komfortabler, steilt sich aber nach oben zunehmend auf. Ein Felsriegel wird rechts umgangen und die folgende Linksquerung zum Gipfelgrat kann bei hartem Schnee noch einmal heikel sein. Die letzten Meter geht es über den flachen Rücken nach Westen zum höchsten Punkt.

Abfahrt
Die Abfahrt folgt im Großen und Ganzen der Aufstiegsroute. Wegen der schattigen Exposition firnen die Abfahrtshänge erst relativ spät auf. Wenn der Ausstieg aus der Gamswanne im Aufstieg noch gefroren ist, kann man sich bei der Gipfelrast ruhig Zeit lassen.

Allgäuer Alpen

3 Ponten, 2045 m
Von der Nordseite aus dem Tannheimer Tal

2.30 Std. | 950 Hm

Genusstour durch ein schattiges Kar

Die Berge des Tannheimer Tales gehören zu den beliebtesten Zielen der Allgäuer Alpen. Schneesicherheit, schnelle Erreichbarkeit, übersichtliche Routenverläufe und mäßige Anforderungen charakterisieren die Skitouren zwischen Nesselwängle und Oberjoch. Mit zu den bekanntesten und lohnendsten Bergen des Tales gehört der Ponten. Schon vom Tal fällt er mit seinem felsigen Nordgrat auf, und eine schöne Skimulde führt von Schattwald durch das Stuibental und den Westgrat zum aussichtsreichen Gipfel.

Im unteren Teil tangiert man zwar das Skigebiet von Schattwald, aber schon nach 30 bis 40 Minuten lässt man die Pisten hinter sich und findet sich mitten in schönstem Skitourengelände wieder. Sehr einsam ist der Anstieg bei gutem Wetter nicht, aber bis zum Erreichen des Grates bewegt man sich in weitläufigem Gelände, das schon etwas Platz für eigene Spuren bietet.

Konditionsstarke Tourengeher können den Ponten beliebig mit den Nachbarbergen kombinieren. Ideal ist dafür der Bschießer (2000 m), ebenfalls ein beliebter Tourenberg. Weitere Alternativen stellen das Zirleseck (1872 m) und die Rohnenspitze (1990 m) dar. Alle diese Ziele eignen sich auch als eigenständige Tagestouren aus dem Tannheimer Tal.

Ausgangspunkt: Talstation der Wannenjochbahn in Schattwald (ca. 1100 m).
ÖPNV: Mit dem Zug von München über Garmisch nach Reutte und weiter mit Bus nach Schattwald (Fahrzeit 3.30 Std.) Lohnend als Wochenendziel mit Übernachtung.
Aufstiegszeiten: Schattwald – Stuibensenn Alpe 1 Std., Stuibensenn Alpe – Ponten 1.30 Std.
Anforderungen: Bis zur Stuibensenn Alpe einfache Forstwege und Skipisten, im Aufstieg zum Grat teilweise mittelsteile Hänge, bei hartgefrorenem Schnee mit Harscheisen. Dies gilt auch für den Grat, der oft vom Wind hartgepresst oder abgeblasen ist.
Hangrichtung: Nord.
Lawinengefährdung: Die Steilstufe am Talschluss ist des Öfteren schneebrettgefährdet – hier sind sichere Verhältnisse notwendig.
Einkehr: Unterwegs keine. In Schattwald mehrere Gasthöfe und Cafés, z. B. 150 m unterhalb vom Parkplatz Alpengasthaus »Zur Post«, ganzjährig bewirtschaftet, Tel. +43 5675 6601.
Karten: f&b WK 352, AV BY5 Tannheimer Berge.

Blick in die Allgäuer Alpen.

Aufstieg

Vom Parkplatz gehen wir ein kurzes Stück auf der Skipiste bis zu einer Brücke und überqueren diese nach links. Sobald wir den Wald verlassen, orientieren wir uns rechts und folgen nun der Hochspannungsleitung, bis wir wieder

Endlich in der Sonne! Nach dem schattigen Aufstieg durch das Kar freut man sich am Grat über die wärmenden Sonnenstrahlen.

auf die Piste treffen. Mit wenig Höhengewinn folgen wir ihr zur Stuibensenn Alpe. Links an der Alm vorbei ziehen wir durch die Latschen in Richtung Süden in schönem Skigelände zum Talende, wo sich der Hang deutlich aufsteilt. Hier ziehen wir von rechts nach links hinauf zum letzten Hang, der uns weiter auf den Verbindungsgrat von Bschießer und Ponten bringt. Anfangs halten wir uns links vom Grat, zum Schluss auf dem oft vom Wind abgeblasenen Rücken bis zum Skidepot. Die letzten Meter steigen wir unschwierig bis zum höchsten Punkt.

Abfahrt
Die Abfahrt folgt der Aufstiegsroute. Ab der Stuibensenn Alpe auf der Skipiste zurück zum Parkplatz.

Varianten
Für die großzügige Erweiterung der Tour bietet sich der Bschießer (2000 m) an, der dem Ponten nordwestlich vorgelagert ist. Sowohl von der unteren Stui-

Kurz vor der Stuibensennhütte überblickt man den weiteren Wegverlauf.

benalm als auch von der Stuibensenn Alpe führen zwei schöne Mulden hinauf an seinen Nordwestgrat, über den der weitere Gipfelaufstieg verläuft. Bei sicheren Verhältnissen ist für gute Skifahrer eine direkte Abfahrt durch seine steile Ostrinne zur Aufstiegsroute des Ponten möglich.

Eine weitere Alternative wäre das Zirleseck (1872 m) und die Rohnenspitze (1990 m) – wofür man nach der Abfahrt vom Ponten bis zur Stuibensenn Alpe auf einem flachen Ziehweg nach Nordosten ins Pontental quert und von dort nach Süden – zuletzt etwas steiler – hinauf zum Zirleseck steigt. Über den breiten Südgrat ist von hier der Weiterweg zur Rohnenspitze möglich.

Lechtaler Alpen

4 Thaneller, 2341 m
Von Heiterwang durch das Thanellerkar

3.30 Std.

1300 Hm

Anspruchsvolle Skitour in den nördlichen Lechtalern

Der Thaneller bildet den nördlichsten Bergstock der Lechtaler Alpen, ist aber von den restlichen Gebirgszügen des Gebietes durch das Berwanger und das Rotlechtal deutlich abgetrennt. Aufgrund seiner frei stehenden Lage ist er berühmt als hervorragender Aussichtsgipfel. Aber auch der Berg selbst bietet einen imposanten Anblick – zum Beispiel vom Ehrenberg. Dieser Hügel nördlich von Reutte beherbergt ein hochinteressantes Freilichtmuseum über die Ritterzeit im Lechtal. Ein Abstecher bei frühzeitiger Rückkehr von der Skitour lohnt sich dorthin in jedem Fall. Der Aufstieg bis zu den Burgruinen am Ehrenberg dauert etwa 30 Minuten, man sollte sich aber mindestens eineinhalb bis zwei Stunden Zeit für einen Rundgang nehmen. Eine halbe Stunde höher findet sich noch ein zweiter Ausstellungsplatz am Schloßkopf – von dort bietet sich die beste Aussicht auf den Thaneller und auf das Lechtal.

Nun aber zu unserer Skitour. Es handelt sich um eine relativ anspruchsvolle Route, die sichere Verhältnisse voraussetzt, aufgrund der schattigen Lage aber recht schneesicher ist. Das steile Nordkar bietet lange Pulverschnee, wenngleich es relativ windanfällig ist und der Nordwind vor allem im oberen Teil den Pulver oftmals etwas »deckelt«. Der Ausstieg in die Scharte ist ziemlich steil und kann bei wenig Schnee oder harter Schneelage manchmal nur zu Fuß zurückgelegt werden, bei sehr ungünstigen Verhältnissen können sogar Steigeisen empfehlenswert sein. Dafür wechselt man im Anschluss auf die Sonnenseite, und der Gipfelkamm bietet bei guter Schneelage oftmals schöne Firnverhältnisse.

Am exponierten Südhang geht es aussichtsreich zum Gipfel.

Gipfelschau zu den Tannheimer Felsbergen.

Ausgangspunkt: Parkplatz am Karlift (1040 m) auf der nördlichen Talseite von Heiterwang.
ÖPNV: Bahnstrecke München–Garmisch–Reutte bis Bhf. Heiterwang (Fahrzeit 2.15 Std.), von dort zu Fuß in 20 Min. zum Karlift.
Aufstiegszeiten: Karlift – Thanellerscharte 3 Std., Thanellerscharte – Gipfel 30 Min.
Anforderungen: Die engen Passagen durch den Graben erfordern in der Abfahrt sichere Skitechnik. Der Ausstieg aus dem Thanellerkar in die Scharte ist sehr steil (>40 Grad), bei gefrorenem Schnee sind Harscheisen notwendig, manchmal können sogar Steigeisen angenehm sein.
Hangrichtung: Nord, ab der Scharte Süd.
Lawinengefährdung: Im Thanellerkar müssen sichere Verhältnisse herrschen, insbesondere die Rinne hinauf zur Scharte ist im Durchschnitt etwa 35 Grad und an ihrer steilsten Stelle über 40 Grad steil. Allerdings ist die Tour beliebt und wird relativ häufig befahren, bei günstigem Schneedeckenaufbau auch im Hochwinter.
Einkehr: Heidi's Liftstüberl direkt am Parkplatz, geöffnet im Winter zu den Betriebszeiten des Schlepplifts.
Karten: f&b WK 352, AV 4/1 Wetterstein West.
Hinweis: Sehenswertes Freilichtmuseum über die Ritterzeit im Lechtal, wenige Kilometer nördlich vom Ausgangspunkt am Ehrenberg. ehrenberg.at.

Aufstieg

Rechts des Liftes steigen wir über den linken, steileren Ast der Piste auf, bis die beiden Pistenäste wieder zusammenlaufen. Hier queren wir die Skipiste auf die rechte Seite, wo ein Weg in den Wald führt. Diesem folgen wir zu einer Forststraße und weiter bis zu einer Linkskehre. Nun geht es geradeaus in den Graben hinein, der vom Thanellerkar herabzieht. Anfangs links oder rechts des Grabens aufwärts bis zu einer Gabelung. Nun direkt im linken Ast weiter, bis das Gelände weitläufiger wird.

Durch eine schöne Mulde steigen wir nun auf, bis wir nach rechts bequem auf den Latschenrücken gelangen, der sich nach oben im Kar verliert. Über den riesigen Hang steigen wir in angenehmer Neigung hinauf bis an die ersten Felsen links der auffallenden Rinne, die von der Scharte herabzieht. Durch die Rinne geht es zunehmend steiler aufwärts bis zu einer felsdurchsetzten Steilstufe. Diese lässt sich meist überraschend bequem in einer Linksschleife umgehen, und eine kurze, steile Querung (hier bei wenig Schnee oder Vereisung evtl. heikel) bringt uns nach rechts unter die Scharte. Die letzten Meter geht es wieder etwas flacher hinauf in die Einsenkung.

Von der Scharte folgen wir dem Westgrat (Vorsicht, eventuell Wechten!) oder bleiben etwas in der Südflanke und erreichen so ohne weitere Schwierigkeiten den Gipfel.

Abfahrt

Die Abfahrt folgt im Wesentlichen der Aufstiegsroute. Im Thanellerkar gibt es bei hoher Schneelage viele Variationsmöglichkeiten, bei wenig Schnee bleibt man am besten im Bereich der Aufstiegsspur.

Von der Burgruine am Ehrenberg lässt sich der Routenverlauf gut einsehen.

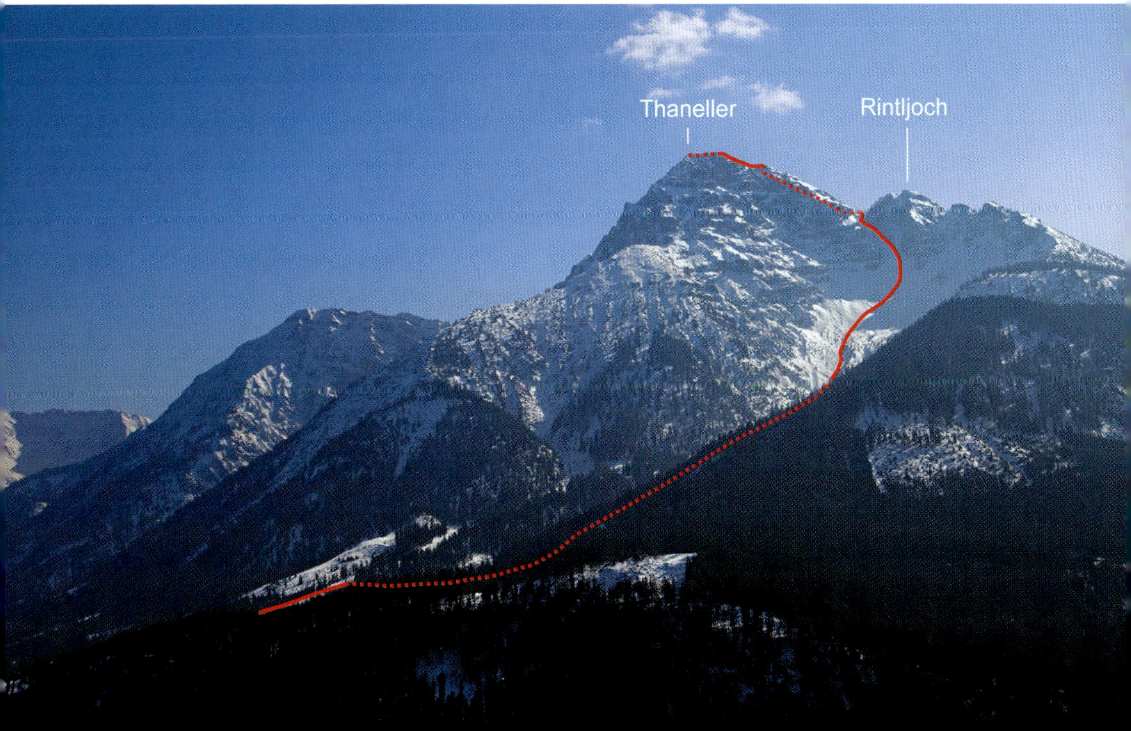

Lechtaler Alpen

5 Galtjoch, 2109 m
Von Rinnen über die Ehenbichler Alm

3.00 Std.

1100 Hm

Moderate Wald- und Wiesenskitour

Die steilen Grasberge in den nördlichen Lechtaler Alpen lassen bei viel Neuschnee und kritischer Lawinenlage oft nicht mehr viele Möglichkeiten für Tourengeher. Überall, wo flachere Hänge zu finden wären, wurden im Tal von Berwang Skilifte gebaut. Nur jenseits des Rotlechtales – dem tief eingeschnittenen Graben, der westlich von Rinnen durch eine noch nicht von einer öffentlichen Straße erschlossenen Schlucht hinauszieht ins Lechtal – schwingt sich ein sanfter Wald- und Wiesenberg auf. Der dichte Waldgürtel auf den unteren 600 Höhenmetern wird hier durch Forststraßen, Almwiesen und Waldschneisen in einer für Tourengeher sehr angenehmen Weise unterbrochen. Da auch oberhalb der Waldgrenze mäßig steile Hänge und sanfte Gratrücken den Routenverlauf bilden, ist eine Lawinengefährdung auf dieser Route selten. Diese Tatsachen, zusammen mit dem relativ hohen Ausgangspunkt und der daraus resultierenden Schneesicherheit, machen aus dem Galtjoch eine beliebte Hochwinterskitour, die auch bei schlechtem Wetter gut frequentiert wird.

Das haben sich die Pächter der Ehenbichler Alm zunutze gemacht. Zur Skitourenzeit verwöhnen sie die Tourengeher am Wochenende mit heißen Getränken und leckeren Speisen. Insbesondere bei kaltem und ungemütlichem Wetter lockt natürlich die warme Stube. Allerdings sollte man erst nach dem Gipfel dort Rast machen – ansonsten kann es passieren, dass der Begrüßungsschnaps zu sehr in die Beine fährt und aus den 500 Höhenmetern zum höchsten Punkt gefühlte 1000 Höhenmeter werden. Aber auch in der Abfahrt erfordern einige kurze Waldpassagen noch eine Restmenge Koordination, was bei der Getränke-Order berücksichtigt werden sollte.

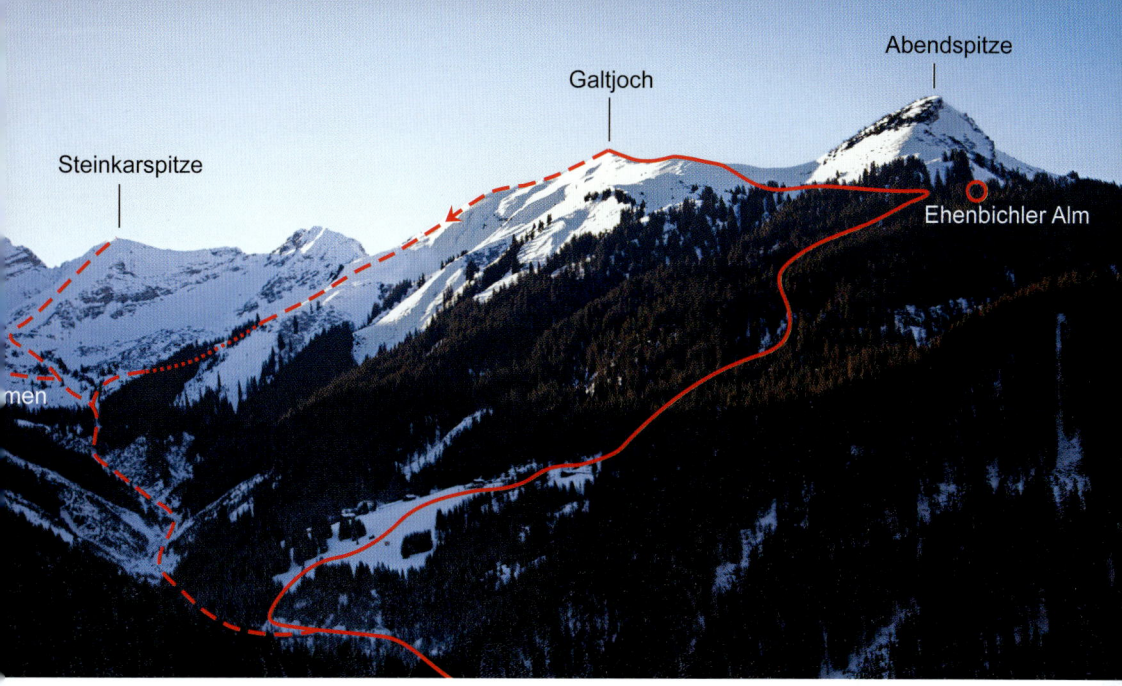

Das Rotbachtal mit Galtjoch und Steinkarspitze.

Ausgangspunkt: Lift-Parkplatz am südlichen Ortsausgang von Rinnen (1260 m), westlich von Berwang. Man kann auch steil hinabfahren nach Rauth (1145 m) und dort kurz vor der Rotlechbrücke parken (wenige Parkplätze, oft Schneeketten erforderlich). Das erspart nach der Tour den Gegenanstieg.
ÖPNV: Mit dem Zug auf der Strecke München–Garmisch–Reutte bis Ehrwald, dann mit Bus Richtung Berwang zur Bushaltestelle Berwang-Rinnen (Fahrzeit 2.45 Std. von München).
Aufstiegszeiten: Rauth – Ehenbichler Alm 1.45 Std.; Ehenbichler Alm – Galtjoch 1 Std., Gegenanstieg Rauth – Rinnen 15 Min.
Anforderungen: Überwiegend freie Wiesen und Forststraßen, unterhalb der Ehenbichler Alm längere Waldpassagen, die im Aufstieg Spitzkehren und in der Abfahrt einigermaßen sichere Skitechnik erfordern. Bei fehlender Spur unterhalb der Ehenbichler Alm schwierige Orientierung.
Hangrichtung: Ost und Südost, der Hang hinab nach Rauth ist ein Westhang.
Lawinengefährdung: Bei richtiger Spuranlage kaum problematisch – höchstens bei sehr kritischen Verhältnissen ist an wenigen Abschnitten Vorsicht geboten.
Einkehr: Ehenbichler Alm (1640 m), Ende Dezember bis Anfang April bewirtschaftet, Montag Ruhetag. Tel. +43 676 3511681.
Karte: f&b WK 352.

Aufstieg

Vom Parkplatz in Rinnen über die Straße und jenseits über die Wiesen ca. 100 Höhenmeter Abfahrt hinab zum Rotlech, den man etwas südlich von Rauth erreicht. Sind die Wiesen aper, steigt man besser über die Fahrstraße nach Rauth ab, diese beginnt direkt in Rinnen.
Auf der Forststraße nach links (Süden) bis zur Brücke (1157 m). Hier überschreiten wir den Rotlech und folgen der nun gemütlich ansteigenden Forststraße, bis rechts ein kurzer steiler Weg durch einige Bäume hindurch zu den freien Wiesen der Rotbachalm führt. Eher rechts haltend steigen wir nun auf zum Waldrand, wo wir wieder auf die Forststraße treffen. Bereits nach wenigen Metern verlassen wir die Straße wieder links und kürzen entlang des Sommerwegs Richtung Norden eine Kehre der Straße ab. Kurz nach dem erneuten Queren der Forststraße befinden wir uns in einer teilweise mit Jungwald bewachsenen Waldschneise. Durch sie etwas steiler (wieder entlang des Sommerwegs) auf-

Vom Aufstieg an der Rotbachalm erkennt man im Hintergrund die typischen steilen Lechtaler Grasberge.

wärts in flacheren, lichten Hochwald. Durch diesen zuerst eher links, dann rechts haltend hinauf zur Ehenbichler Alm. Dieser Abschnitt kann bei fehlender Spur Orientierungsschwierigkeiten bereiten, wobei aber fast immer Spuren sichtbar sein dürften.

Von der Alm nun nach Westen durch Waldschneisen und lichten Wald über eine Stufe aufwärts und nach links über den Bach. Bei viel Neuschnee ist hier etwas Abstand von den steilen Hängen der Abendspitze rechter Hand ratsam. Auf einem Rücken steigen wir nach Westen hinauf in die Mulde unter dem Sattel zwischen Abendspitze und Galtjoch. Nun über einen mittelsteilen, aber gut gestuften Hang hinauf auf den Ostrücken des Galtjochs. Dem meist breiten, zwischendurch aber auch etwas schmaleren Grat folgen wir nun bis zum großen Gipfelkreuz.

Abfahrt
Die Abfahrt folgt im Wesentlichen der Aufstiegsspur. Unten angekommen in Rauth, wartet der Gegenanstieg hinauf zum Parkplatz in Rinnen.
Jetzt muss man sich entscheiden zwischen erneutem Auffellen und dem gemütlichen Anstieg über die Wiese oder dem Aufstieg über die Straße mit Ski am Rucksack beziehungsweise auf der Schulter.

Varianten
Bei sicheren Bedingungen gibt es auch die Möglichkeit, nach Süden zur Raaz-Galtalpe (1750 m) abzufahren. Die weitere Abfahrt hinab auf der linken Seite des Rotbachs bis zur Aufstiegsspur braucht aber eine ordentliche Unterlage – ansonsten besteht noch die Möglichkeit, nach links zum Jochle (1852 m) aufzusteigen und nach Kelmen abzufahren, was allerdings 7 km vom Ausgangspunkt entfernt liegt.
Konditionsstarke könnten von der Raaz-Galtalpe noch die Steinkarspitze (2218 m) mit ihrem weithin leuchtenden Ostrücken dranhängen (zusätzlich 500 Höhenmeter).

Lechtaler Alpen

6 Roter Stein, 2366 m
Von Bichlbächle über die Nordseite

3.00 Std.

1100 Hm

Beliebter Gipfel mit gewaltigem Skihang

Der Rote Stein liegt unmittelbar gegenüber der Bleispitze und fällt sowohl von dort, als auch von Berwang als steiler Skiberg sofort ins Auge. Drei verschiedene Routen führen auf den Gipfel, wobei der hier beschriebene Anstieg von Bichlbächle der beliebteste und aufgrund seiner schattigen Lage auch der schneesicherste ist. Allerdings benötigt man in dem steilen Riesenhang sichere Lawinenverhältnisse. Die sind aber auch bei den beiden anderen Anstiegen nötig, insbesondere bei der Route, die in Gröben bei Berwang startet und durch die steile Westflanke zum Nordgrat führt. Bei guter Schneelage ist der Anstieg vom Fernpass durch das Kälbertal ähnlich beliebt wie der Nordhang. Hier entspannt sich die Lawinensituation oftmals etwas früher (ist dafür aber stärker der tageszeitlichen Erwärmung ausgesetzt) und der Gipfelanstieg ist ebenfalls weniger problematisch. Dieser leichtere Gipfelanstieg kann aber auch auf unserer Route erreicht werden, indem man unter der Ostseite des Gipfelaufbaus nach Süden quert.

So stellt der Rote Stein ein Paradeziel für viele verschiedene Schneelagen und Könnensstufen dar und lässt sich an einem Wochenende ideal mit der benachbarten Bleispitze (siehe Tour 7) verbinden. Übernachtungsmöglichkeiten gibt's neben dem Gasthof Bergmandl in Bichlbächle vor allem in Berwang in größerer Zahl.

Die lange Steilstufe liegt hinter uns.

Von der Bleispitze lässt sich der Nordhang des Roten Stein gut einsehen.

Ausgangspunkt: Bichlbächle im Außerfern – zwischen Bichlbach und Berwang links abbiegen auf schmaler, steiler Bergstraße (evtl. Ketten). Kleiner Parkplatz auf der rechten Straßenseite in der Linkskurve vor dem Dorf (ca. 1250 m). Weitere Parkbuchten unterhalb und oberhalb bei der Brücke.

ÖPNV: Mit dem Zug auf der Strecke München–Garmisch–Reutte bis Ehrwald, dann mit Bus Richtung Berwang zur Bushaltestelle Bichlbach-Kleinstockach (Fahrzeit 2.30 Std. von München). Von dort in 20 Min. zu Fuß hinauf zum Ausgangspunkt.

Aufstiegszeiten: Bichlbächle – Roter Stein 3 Std.

Anforderungen: Steiler Hang mit teilweise 35 Grad Neigung. Bei wenig Schnee im unteren Teil mit vielen Latschen durchsetzt. Gipfelanstieg bei Vereisung heikel (dann sind Steigeisen ratsam).

Hangrichtung: Nord, im oberen Drittel teilweise Nordost.

Lawinengefährdung: Für den steilen Nordhang sind sichere Verhältnisse erforderlich. In schneereichen Wintern mit guten Verhältnissen wird die Route recht häufig befahren.

Einkehr: Unterwegs keine. In Bichlbächle Gasthof Bergmandl, ganzjährig geöffnet, günstige Übernachtungsmöglichkeiten; Tel. +43 5674 8219.

Karte: f&b WK 352, AV 4/1 Wetterstein West.

Aufstieg

Links vom Bach zieht vom Parkplatz in der Kurve ein Ziehweg nach Süden in den Talschluss. Hier setzt ein breiter, gut 300 Höhenmeter hoher und auf längeren Strecken etwa 35 Grad steiler Latschenhang an. Die Latschen sollten weitgehend verschneit sein, um diesen Abschnitt im Aufstieg und vor allem in der Abfahrt genießen zu können. Den Hang überwinden wir ungefähr in seiner Mitte und erreichen auf etwa 1850 m eine flachere Terrasse. Hier ziehen wir nach rechts in das nach Osten geöffnete Kar. Auf dem oder links des Rückens in Karmitte geht es nun bis unter die nächste Steilstufe. Hier gäbe es die Möglichkeit, über einen steilen Hang nach links über eine Scharte in die Ostseite zu wechseln, wo man auf die Aufstiegsroute vom Fernpass trifft und über die einfachere Südseite zum Gipfel aufsteigen könnte. Der kürzere Weg führt jedoch rechts hinauf zum Ansatz des Nordgrats; die letzten Meter steigen wir nochmal steil auf in eine Scharte, wo wir das Skidepot errichten. Nun am Grat oder anfangs links davon über Schnee und verschneite Felsen (bei Vereisung heikel, dann Steigeisen von Vorteil) zum Gipfel.

Abfahrt

Die Abfahrtsroute folgt dem Aufstiegsweg, wobei in dem weitläufigen Gelände bei guter Schneelage viel Platz zur Verfügung steht. Bei wenig Schnee hingegen kann der Latschengürtel nur im Bereich einiger schmaler Rinnen angemessen überwunden werden.

Variante

Den eher anspruchsvollen Nordgrat kann man umgehen, indem man unter der Ostflanke auf die Südseite quert und dort über die Route vom Fernpass weitersteigt zum Skidepot. Hier erreicht man in einfacherem Gelände zu Fuß den Gipfel. Durch die Ostseite führt eine steile Rinne, durch die sichere Skifahrer bei guten Verhältnissen vom Gipfel abfahren können.

Im unteren Teil ist der Hang mit Latschen durchsetzt.

Lechtaler Alpen

7 Bleispitze, 2225 m
Von Bichlbächle über die Westseite

2.30 Std.

1000 Hm

Steiler Grasberg mit schönen Skihängen

Die Bleispitze oberhalb von Bichlbach offenbart sich von allen Seiten als steiler Grasberg. Kein Baum und kein Strauch wächst an seinen Gipfelflanken und so drängt sie sich als Skiberg geradezu auf. Zwei beliebte Anstiege führen auf seinen Gipfel, wobei der hier beschriebene von Bichlbächle der kürzere ist, dafür aber im unteren Teil einige Waldpassagen aufweist, die bei geringer Schneelage unangenehm sein können. Eine solide Unterlage sollte also schon vorhanden sein, um auf dieser Skitour seinen Spaß zu haben.

Dafür ist aber dieser Anstieg etwas weniger von Lawinen bedroht als die Route von Obergarten (siehe Variante). Am Anstieg selbst bewegt man sich überwiegend in flacherem bis mittelsteilem Gelände. Mit vernünftiger Routenwahl sollte die Tour auch bei mäßiger Lawinengefahr in der Regel sicher durchführbar sein. Allerdings finden sich am Fuße der eindrucksvollen Grashänge meist ebenso eindrucksvolle Lawinenkegel, was erahnen lässt, wie es hier nach starken Neuschneefällen zugeht.

Das kleine Bergdorf Bichlbächle ist der Ausgangspunkt für diese Skitour. Wer mehrere Tage hier verweilen möchte (vom gleichen Ausgangspunkt lässt sich auch der »Rote Stein« angehen), findet im Gasthof Bergmandl schöne und günstige Zimmer. Der Ort liegt abseits der Touristenströme, und so findet man hier Ruhe und Gemütlichkeit. Wer mehr Action um sich braucht, kann auch im nahe gelegenen Berwang zu etwas höheren Preisen aus einer Vielzahl an Hotels und Gasthöfen auswählen und abends ins Après-Ski eintauchen.

Die letzten Meter zum Gipfel mit Blick auf die Kohlbergspitze.

Die Westflanke der Bleispitze im Abendlicht.

Ausgangspunkt: Bichlbächle im Außerfern – zwischen Bichlbach und Berwang links abbiegen auf schmale, steile Bergstraße (evtl. Ketten). Kleiner Parkplatz auf der linken Seite vor den ersten Häusern (1278 m).
ÖPNV: Besser erreichbar ist die Variante: Mit dem Zug von München über Garmisch bis Bahnhof Lermoos (Fahrzeit 2 Std.). Von dort zu Fuß in 20 Min. nach Obergarten.
Aufstiegszeiten: Bichlbächle – Bichlbächler Alm 1 Std., Bichlbächler Alm – Sommerbergjöchle 1 Std., Sommerbergjöchle – Bleispitze 30 Min.
Anforderungen: Das steile Waldstück bis zur Bichlbächler Alm stellt im Aufstieg die anspruchsvollste Passage dar, Spitzkehren sollten hier solide beherrscht werden – ansonsten meist weitläufiges, mittelsteiles Skigelände mit nur kurzen bewachsenen Passagen. Die Waldschneise in der Abfahrt ist ebenfalls steil, aber weitgehend baumfrei.
Hangrichtung: West und Nordwest bis zum Sommerbergjöchle, dann Süd.
Lawinengefährdung: Bei richtiger Spuranlage kann man kleinräumiger Lawinengefahr gut ausweichen. Bei kritischen Verhältnissen können allerdings große Lawinen entstehen und dann auch vermeintlich harmlose Wegabschnitte bedrohen.
Einkehr: Unterwegs keine. In Bichlbächle Gasthof Bergmandl, ganzj. geöffnet, günstige Übernachtungsmöglichkeiten; Tel. +43 5674 8219.
Karten: f&b WK 352, AV 4/1 Wetterstein West.

Aufstieg

Unmittelbar links des Kaltbrunnbaches steigen wir taleinwärts, bis das Tal nach rechts abbiegt. Von links ziehen hier einige große Lawinenstriche herab in den Bachgrund. Rechts vom Bach erblicken wir bald eine auffallende Schneise. Über diese und den waldigen Rücken links davon (rechts eines steilen Grabens) führt der Sommerweg hinauf zur Bichlbächler Alm. Meistens ist es am sinnvollsten, sich ungefähr entlang der Sommerwegtrasse zu halten und in einigen steilen Kehren in den bald flacheren und weniger dichten Wald aufzusteigen. Dort wo das Gelände flacher wird, hält man sich links, überquert einen Graben und erreicht bald die Bichlbächler Alm. Nun orientieren wir uns relativ weit links in dem riesigen Kar, das unter den Nordwänden der Gartner Wand eingelagert ist. Entlang eines wald- und latschenbewachsenen Rückens folgen wir wiederum dem Verlauf des Sommerwegs.

Abgeblasene Grashänge am Südrücken.

Ohne größere Schwierigkeiten leitet uns der Rücken durch zunehmend freieres Gelände hinauf bis in die Höhe des Sommerbergjöchle. Dieses lassen wir gleich rechts liegen und steigen direkt auf zu dem Südrücken der Bleispitze. Dieser geht kurz in einen schmaleren Grat über und nach einigen Metern abrutschen ins »Sättele-Joch« folgen wir dem Südwestgrat hinauf zum Gipfelkreuz.

Abfahrt
Im oberen Teil entlang der Aufstiegsroute ins Sommerbergjöchle. Nun durch das weite Kar hinab zur Bichlbächler Alm. Von hier quert man am besten leicht ansteigend nach Westen, bis man zu einer großen Waldschneise gelangt. Durch diese fährt man hinab nach Bichlbächle.

Variante von Obergarten
Die Bleispitze kann auch von Lermoos durch das Gartnertal bestiegen werden. Dann ist die Tour auch gut mit Öffi-Anreise machbar – der Eingang ins Gartnertal ist vom Bahnhof Lermoos in 20 Min. zu Fuß erreichbar. Bis zur Gartner Alm (1399 m) Forststraße mit Querung mehrer Lawinenstriche, danach schönes Skigelände zum Sommerbergjöchle.

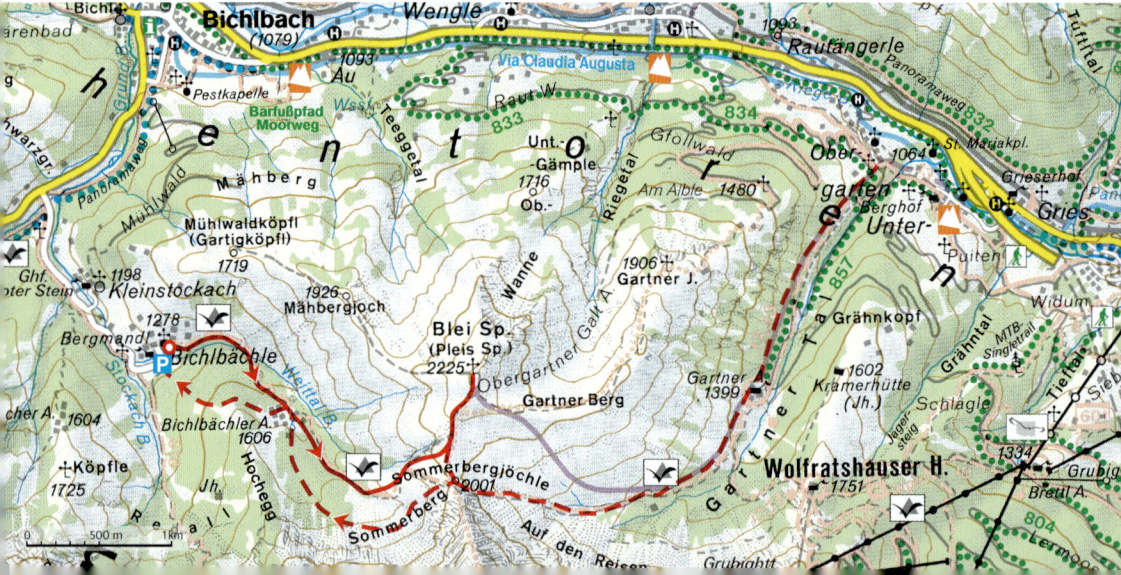

Lechtaler Alpen

8 Namloser Wetterspitze, 2553 m
Von Westen über die Almsiedlung Fallerschein

4.15 Std.

1400 Hm

Traumhafter Skigipfel der Lechtaler Alpen

Das kleine Bergdorf Namlos tief drinnen in den Lechtaler Alpen gehört sicherlich zu den entlegensten Orten Tirols. Aufgrund der Verbindungsstraße von Berwang ist es aber über Garmisch trotzdem einigermaßen gut erreichbar. 2024 verzeichnete die Gemeinde insgesamt 58 Einwohner und dürfte damit auch zu den kleinsten Gemeinden Österreichs zählen. Unter Skitourengehern hat das Örtchen aber sehr wohl einen Namen, und zur Hauptsaison im Spätwinter und im Frühjahr beherbergen die beiden Gasthäuser regelmäßig Tourengruppen – insbesondere aus dem schwäbischen und bayerischen Raum.

Der Berg, der die Tourengeher hierher zieht, ist fraglos die Namloser Wetterspitze. Mit ihren steilen Grasflanken und Felsabbrüchen sieht sie von Norden wilder aus, als sie dann ist. Trotzdem ist der Zustieg oft von Lawinen bedroht, eine sichere Schneelage sollte daher abgewartet werden. Während der hier beschriebene Anstieg von Fallerschein noch nicht allzu kritisch ist, erfordert die Einfahrt in die steilen Osthänge des Obernamloskares nicht nur besseres Skikönnen, sondern auch eine besonders stabile Schneedecke. Dafür erwarten uns dort in der Regel unverspurte Hänge und ein etwas längeres Schiebestück im unteren Teil. Die Westabfahrt hingegen ist weniger steil, dafür läuft die Spur bis Fallerschein überwiegend gut, und in der Ferienhaussiedlung bietet der ein oder andere Hüttenbesitzer eine gemütliche Bank an der Sonne mit Tee oder Bier an.

Am Gipfelhang hoch über dem Fallerscheintal.

Ausgangspunkt: Parkplatz am Beginn der (gesperrten) Straße nach Fallerschein, etwa 2 km unterhalb von Namlos (nach der »Hohen Brugg'n«), ca. 1180 m. Parkmöglichkeit für etwa fünf bis acht Autos auf der linken Straßenseite.
ÖPNV: Nicht möglich – nur mit Taxi ab Berwang.
Aufstiegszeiten: Parkplatz – Fallerschein 30 Min., Fallerschein – Butzenjoch 2.30 Std., Butzenjoch – Namloser Wetterspitze 1.15 Std.
Anforderungen: Bis zum Butzenjoch skitechnisch relativ einfach mit flachen Ziehwegen und mittelsteilem, freiem Skigelände. Der etwas steilere Südhang zum Gipfel ist öfter verharscht. Dann sind Harscheisen kein Luxus, auch sollten Spitzkehren beherrscht werden. Die Abfahrtsvariante durchs Obernamloskar ist steiles Skigelände, das eine sichere Skitechnik erfordert – außerdem ist die Orientierung für die richtige Abfahrtslinie bei fehlender Spur nicht einfach.

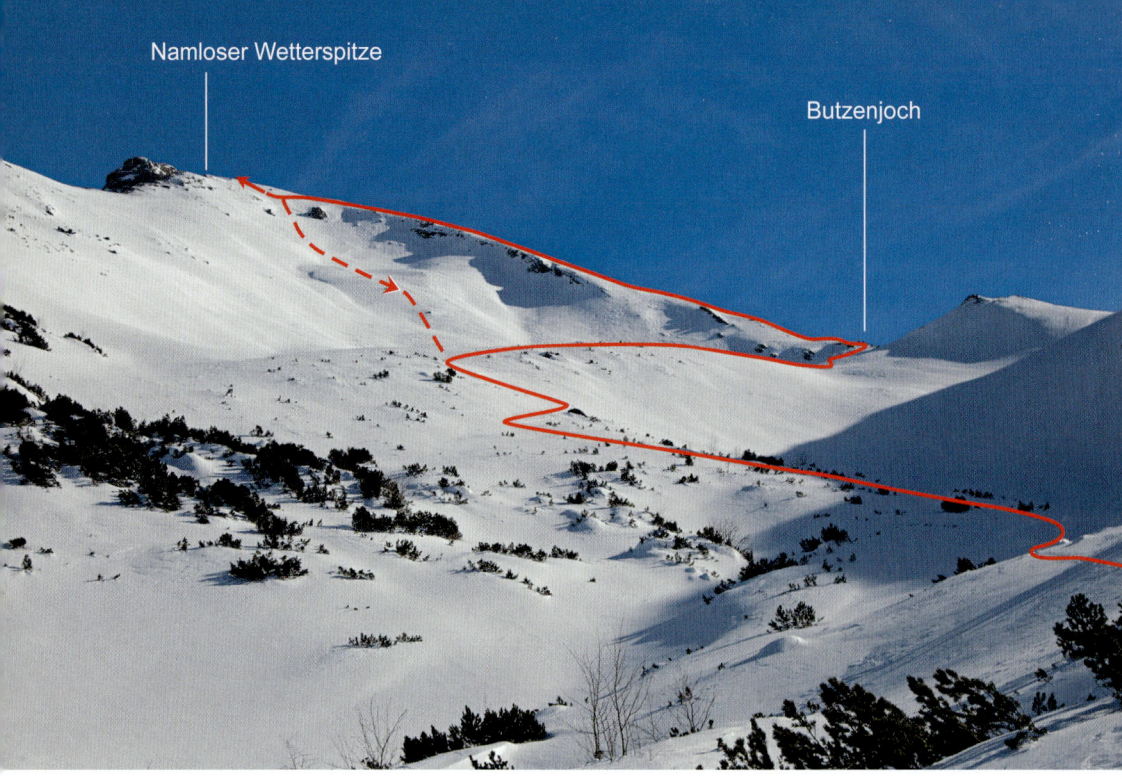

Blick von der Aufstiegsroute auf das Butzenjoch und die »Wanne«.

Hangrichtung: Unten Nord, dann West, oben Südwest.
Lawinengefährdung: Bei richtiger Spurwahl betritt man auf der Westroute bis zum Butzenjoch kaum kritische Hänge, die bei Warnstufe 2 ausgelöst werden können. Sobald jedoch großflächige Lawinen zu erwarten sind oder Selbstauslösungen aus den steilen Flanken drohen, wird auch dieser Abschnitt gefährlich. Am steilen Gipfelhang hängt es dann sehr von den aktuellen Verhältnissen ab, aufgrund der vielen Befahrungen und der südwestseitigen Exposition sind die Verhältnisse aber in der Regel ebenfalls oft sicher. Die Abfahrt ins Obernamloskar erfordert hingegen in der NO-Flanke des Grubigkopf auf ca. 300 Höhenmeter eine stabile Schneedecke – und ist daher deutlich seltener möglich.
Einkehr: In Fallerschein bieten einige Hüttenbesitzer an schönen Wochenenden Getränke und einfache Brotzeiten an. Reguläre Einkehr unterwegs gibt es keine, erst wieder die Gasthäuser in Namlos.
Karten: f&b WK 352, AV 3/4 Lechtaler Alpen.

Aufstieg

Auf der flachen Forststraße bis zum Almdorf Fallerschein gehen wir meist entlang einer Schneewiesel-Spur. Nun bleibt man immer mehr oder weniger rechts vom Bach und steigt gemächlich Richtung Süden. An einer Talverengung durch ein Waldstück folgen wir dem Sommerweg. Im Anschluss queren wir die Lawinenstriche, die von rechts aus der Übelwand und vom Egger Muttekopf herabziehen bis in den Talschluss. Hier folgen wir dem Talverlauf nach links und über eine etwas steilere Stufe gelangen wir zu dem Flachstück unter der »Wanne«. Nach rechts erreichen wir so problemlos das Butzenjoch – ein Plateau unter der mächtigen Südwestflanke der Namloser Wetterspitze. Den steilen und weitläufigen Gipfelhang geht man anfangs an seinem linken Rand an und zieht erst in seinem oberen, flacheren Abschnitt deutlich nach rechts auf den Gipfelaufbau zu. Die letzten Meter zum Kreuz werden je nach Schneelage meist zu Fuß zurückgelegt.

Abfahrt

Bereits kurz nach der Rechtsquerung des Gipfelhanges kann man nach rechts steil in die Wanne einfahren, sofern die Lawinenlage dies zulässt. Die restliche Abfahrt verläuft mehr oder weniger in der Nähe der Aufstiegsspur bis Fallerschein. Die 2 km hinaus zum Parkplatz werden dann teilweise im Skatingschritt zurückgelegt.

Variante

Abfahrt nach Osten durchs Obernamloskar: Vom Gipfel direkt am Südgrat abwärts bis kurz vor die Scharte vor dem Grubigkopf. Nun auf etwa 300 Höhenmetern steil (30–40 Grad) hinab in das Obernamloskar. Wo das Kar flacher wird, hält man sich besser nach rechts und erreicht so den flachen Rücken mit der Hirtenhütte. Durch lichten Wald über eine weitere Steilstufe abwärts ins

Abfahrtspause in Fallerschein.

Obernamlosbödele. Nun geht es durch das Brennhüttental auf der linken Bachseite talauswärts, bis man auf eine flache Forststraße trifft. Über weitere drei Kilometer (teilweise schiebend oder skatend) nach Namlos. Wer sein Auto am Parkplatz unten bei Fallerschein hat, den erwarten nun noch zwei Kilometer Fußmarsch.

Lechtaler Alpen

9 | Tschachaun, 2334 m
West-Ost-Überschreitung von Namlos

3.15 Std.

1120 Hm

Abgelegener Tourenberg in ursprünglicher Berglandschaft

Während die große Masse der Skitourengeher von Namlos in Richtung Wetterspitze oder zur Engelspitze unterwegs ist, sind die meisten anderen Tourenziele lechtalertypisch relativ einsam. Insbesondere für denjenigen, der ein ganzes Wochenende in dem kleinen Bergdorf verbringt, bietet sich daher der Tschachaun als gutes Kontrastprogramm an. Steigt man am ersten Tag eines Aufenthaltes auf diesen Berg, so lässt sich von seinem Gipfel darüber hinaus die anspruchsvolle Ostabfahrt der Wetterspitze gut studieren. Sofern diese am nächsten Tag überschritten werden soll, stellt dies natürlich ein schlagkräftiges Argument für den Tschachaun dar.

Aber auch sonst hat dieser unscheinbare Gipfel – eingelagert zwischen Heiterwand und Namloser Wetterspitze – einiges zu bieten. Bereits der landschaftlich wunderschöne Anmarsch am Brentersbach entlang und durch das Brennhüttental zum Imster Grubigjöchl ist für sich allein schon eine lohnende Unternehmung. Kurz vor dem Gipfel erreichen wir dann einen Ort namens »Schnecken-Laibdieb«, dessen Bezeichnung eines der vielen ungeklärten Rätsel der Lechtaler Alpen darstellt. Am Gipfel bietet sich uns dann ein famoser Rundblick in einer wilden, einsamen Gebirgslandschaft. Und sofern wir die Abfahrt durch das Faselfeiltal wählen, erhalten wir eine realistische Chance auf weite, unverspurte Pulverhänge.

Gipfelwechte am Tschachaun, links dahinter die Namloser Wetterspitze.

Ausgangspunkt: Parkplätze am Beginn der Fahrstraße ins Brentersbachtal (ca. 1220 m) am südlichen Ortsende von Namlos.
ÖPNV: Nicht möglich – nur mit Taxi ab Berwang.
Aufstiegszeiten: Namlos – Eingang ins Brennhüttental 1 Std., Brennhüttental – Imster Grubigjöchl 1 Std., Imster Grubigjöchl – Tschachaun 1.15 Std.
Anforderungen: Anfangs flache Forststraße. Durchs Brennhüttental schmaler, aber eher flacher Sommerweg durch einen Latschenhang (wählt man diese Abfahrt, dann ist hier sichere Skitechnik hilfreich). Oberhalb dann freies Skigelände mit einigen kurzen Steilstufen, die auch Spitzkehren erfordern können. Abfahrt nach Osten über freie Hänge und einen schmalen Ziehweg.
Hangrichtung: Brennhüttental ost -und nordseitig, Gipfelanstieg west- und südseitig, Abfahrt nordseitig.
Lawinengefährdung: Bei der Gefahr von größeren Spontanlawinen sind einige Abschnitte der Route (vor allem das Brennhüttental) akut bedroht. Schneebrettgefahr besteht bei kritischen Bedingungen in erster Linie knapp oberhalb des Imster Grubigjöchls, am Gipfelaufbau und am Kromsattel bei der Einfahrt ins Faselfeiltal.
Einkehr: Unterwegs keine. In Namlos mehrere Gasthäuser, z. B. Berggasthof Kreuz, Tel. +43 5674 8256.
Karten: f&b WK 352, AV 3/4 Lechtaler Alpen.

Aufstieg

Entlang der Fahrstraße recht flach links des Baches taleinwärts. Nach etwa drei Kilometern teilt sich das Tal, rechts zweigt hier das Brennhüttental ab. Bereits einige Hundert Meter vor der Abzweigung geht's rechts hinab ins Bachbett und an geeigneter Stelle auf die andere Seite. Nun steigen wir immer rechts vom Bach durch Latschenfelder auf, am besten meist entlang des Sommerwegs. Bald wird die enge Schlucht etwas harmloser und das letzte Stück zum Obernamlosbödele legen wir am besten im Talgrund zurück. Am Obernamlosbödele teilt sich das Tal erneut. Diesesmal halten wir uns links und erreichen durch eine schöne Mulde das Imster Grubigjöchl. Links vom Joch trennt uns nun ein kurzer Steilhang von dem plateauähnlichen Gelände zwischen Tschachaun und Heiterwand, auf dem sich auch besagter Schnecken-Laibdieb und etwas dahinter die Anhalter Hütte befinden. Von links nach rechts ansteigend erreichen wir diese Terrasse und in gleicher Richtung weiterquerend das

Im schattigen Faselfeiltal.

Flachstück vor dem Kromsattel. Noch vor der Einschartung können wir bereits wieder links ansteigend den Südostrücken erreichen, der uns zum höchsten Punkt leitet.

Abfahrt
1. Wie Aufstieg. Als Variante kann vom Gipfel auch direkt durch die steile Südwestrinne zum Imster Grubigjöchl abgefahren werden.
2. Durch das Faselfeiltal: Vom Gipfel fahren wir hinab zum Kromsattel. Nun geht es nach Osten hinein in den schattigen Nordhang unter den Felsen der Heiterwand. Die anfangs noch recht steile Mulde leitet zunehmend flacher hinab in den Talgrund des Faselfeiltales. Unterhalb der Hirtenhütte treffen wir auf einen Ziehweg, der in flotter Fahrt hinausführt ins Brentersbachtal, wo wir wieder auf die Aufstiegsspur treffen. Das letzte Stück zum Parkplatz läuft in der Regel besser als man es im Aufstieg vermuten würde.

Tiefblick zum Tschachaun von der Namloser Wetterspitze.

Ammergauer Alpen

10 Kleines Pfuitjöchle, 2135 m
Von Lähn über die Südflanke

2.30 Std.

1020 Hm

Viel begangener, einfacher Skiberg

Am Südrand der Ammergauer Alpen findet sich gleich eine ganze Handvoll lohnender Skitouren. Der Kamm vom Daniel bis zur Kohlbergspitze fällt nach Süden mit mäßig steilen Hängen ab – allerdings sind diese bis in mittlere Lagen überwiegend stark bewaldet. Besonders im sanften Almgelände oberhalb von Lähn finden sich viele Waldschneisen, sodass es nicht verwunderlich, dass hier die lohnendsten und beliebtesten Skitouren des Kammes zu finden sind. Darüber hinaus startet man direkt am örtlichen Bahnhof, sodass sich diese Touren für die umweltfreundliche Anreise mit der Bahn anbieten.

Das Kleine Pfuitjöchle ist davon die beliebteste Tour, die auch bei weniger sicheren Bedingungen meist noch gefahrlos durchführbar ist. Nur im Gipfelhang sind gute Sicht und überlegte Spuranlage notwendig, um nicht in ein Schneebrett zu geraten. Im unteren und mittleren Teil bewegt man sich durchgehend in perfektem, mittelsteilem Skigelände, das die Lichtungen des waldigen Hanges geschickt miteinander verbindet. Der »Gipfel« ist eine unscheinbare Kuppe knapp links des eigentlichen Pfuitjöchle.

Wem dieser Endpunkt als Tourenziel nicht ausreicht, der kann dem Grat (großteils zu Fuß) nach Westen zum Gipfel der Hochschrutte folgen. Von dort besteht die Möglichkeit, zur Pitzenegg-Route und über diese zurück zum Ausgangspunkt abzufahren. Eine weitere Variationsmöglichkeit im oberen Teil besteht im (deutlich steileren) Aufstieg nach rechts zum Großen Pfuitjöchle. Beide Varianten setzen aber sichere Tourenverhältnisse und entsprechende Erfahrung voraus. Im Gegensatz zur Standardroute kann man hier nicht mit einer angelegten Spur rechnen. Eine weitere Alternative führt als eigenständige Route durch den Graben links unseres Aufstiegs hinauf zum Pitzenegg – wohl die am zweithäufigsten begangene Route in diesem Tourenbereich.

Ausgangspunkt: Parkplatz am Bahnhof in Lähn, 1112 m, zwischen Lermoos und Reutte.
ÖPNV: Mit dem Zug von München über Garmisch Richtung Reutte in gut 2 Std.
Aufstiegszeiten: Lähn – Pfuitjöchle 2.30 Std.
Anforderungen: Durchgehend mittelsteiles Wiesen- und Waldgelände. Skifahrerisch sind einige kurze Engstellen im Wald etwas kniffliger, aber meist pistenähnlich ausgefahren. In dem selten vorkommenden Fall einer fehlenden Spur kann die Orientierung für die optimale Waldschneisenkombination und bei schlechter Sicht im Gipfelhang etwas problematisch sein.
Hangrichtung: Süd.
Lawinengefährdung: Bei ungünstigen Verhältnissen ist Vorsicht am Gipfelhang geboten – ansonsten ist die Route kaum gefährdet.
Einkehr: Unterwegs keine. In Lähn gleich neben dem Parkplatz: Landgasthof Krone, Tel. +43 5674 5133.
Karten: f&b WK 352, AV 4/1 Wetterstein West.

Oben: Überblick über die Skiberge von Lähn.
Rechts: Im Föhnsturm am Gipfelgrat.

Aufstieg

Vom Parkplatz über die Gleise nach Norden zum ersten freien Wiesenhang. Hier steigen wir rechts haltend auf, um oberhalb eines Waldgürtels auf einem relativ flachen Stück weiter nach rechts queren zu können. Schöne Wiesenhänge mit einzelnen lichten Baumbeständen führen nun gerade hinauf bis zu einem Absatz vor einer dichteren Waldzone. Hier halten wir uns an Schneisen nach rechts und erreichen eine Forststraße. Sie führt nach rechts über einen Graben. Wir überqueren den Graben entlang des Sommerwegs oberhalb der Straße und erreichen so den Rücken rechts davon. Über diesen (»Bergegg«) geht es nun hinauf in freies Gelände. Flachere Mulden leiten uns hier links haltend unter den letzten, steileren Hang. Durch kupiertes Gelände ziehen wir nach links hinauf ins Joch und zur kleinen Graterhebung links davon, die in aller Regel den Endpunkt markiert.

Abfahrt

Abfahrt vom Kleinen Pfuitjöchle entlang der Aufstiegsroute. Dabei gibt es immer wieder nette Variationsmöglichkeiten, die irgendwann alle in Lähn enden.

Varianten

Vor Erreichen des Grates zweigt rechts der etwas steilere Aufstieg zum Großen Pfuitjöchle ab. Vom Kleinen Pfuitjöchle lässt sich über den Grat unschwierig, in aller Regel aber nur zu Fuß, der Gipfel der Hochschrutte erreichen. Von hier bietet sich eine Abfahrtsmöglichkeit am Westgrat hinab in Richtung Wiesjoch. Noch vor der Einsattelung kann man links über mittelsteile Hänge abfahren in die »Obere Wies«. Links haltend führen nun schöne Hänge ins Wiestal. Je nach Schneelage rechts oder links vom Bach talauswärts zurück nach Lähn. Für diese Abfahrt ist eine hohe Schneelage von Vorteil.

Ammergauer Alpen

11 Branderschrofen, 1880 m
Von Hohenschwangau auf den Tegelberg

2.45 Std.

1050 Hm

Pistenskitour mit Neuschwansteinblick und alpinem Finale

Pistentouren kommen immer mehr in Mode – so auch am Tegelberg bei Schwangau. Das kleine, aber feine Füssener Skigebiet hoch über dem Forggensee wird vor allem von Einheimischen gerne als Frühwinterziel, als schnelle Feierabend-Skitour oder als Familienausflugsziel genutzt. Während dann ein Teil der Familie mit der Gondelbahn hinaufschwebt zum Tegelberghaus und mehrmals die lange Piste abfährt, nutzt der andere Teil den schön angelegten Tourenaufstieg für eine Einheit Konditionstraining. Im Gegensatz zu weniger weitsichtigen Seilbahnbetreibern weiter im Osten der Bayerischen Alpen waren die Verantwortlichen der Tegelbergbahn schon von Anfang an auf Kooperation mit den Tourengehern aus. So ist nicht nur eine eigene Aufstiegsroute markiert worden, sondern in Zusammenarbeit mit der Firma Dynafit auch ein umfangreicher Skitourenlehrpfad angelegt worden. Große Schautafeln bringen dem Skibergsteiger informative Inhalte zur Lawinenkunde, zur Aufstiegstechnik und zum Umweltschutz nahe.

Wer Pistentouren generell negativ gegenübersteht, wird vielleicht am Tegelberg noch eines Besseren belehrt. Natürlich muss man sich im Verlauf der markierten Aufstiegsroute an einigen Stellen mit Gegenverkehr auseinandersetzen, und die Menschenmassen am Ausgangspunkt sowie an der Bergstation fabrizieren am Wochenende einen derben Geräuschpegel. Über weite Strecken geht man jedoch abseits der Piste, anfangs sogar mit Blick auf Schloss Neuschwanstein. Oberhalb der Bergstation lässt sich dann beim Weiterweg zum Branderschrofen tatsächlich noch richtiges Skitourenfeeling erschnuppern.

Schwangau mit dem Tegelberg.

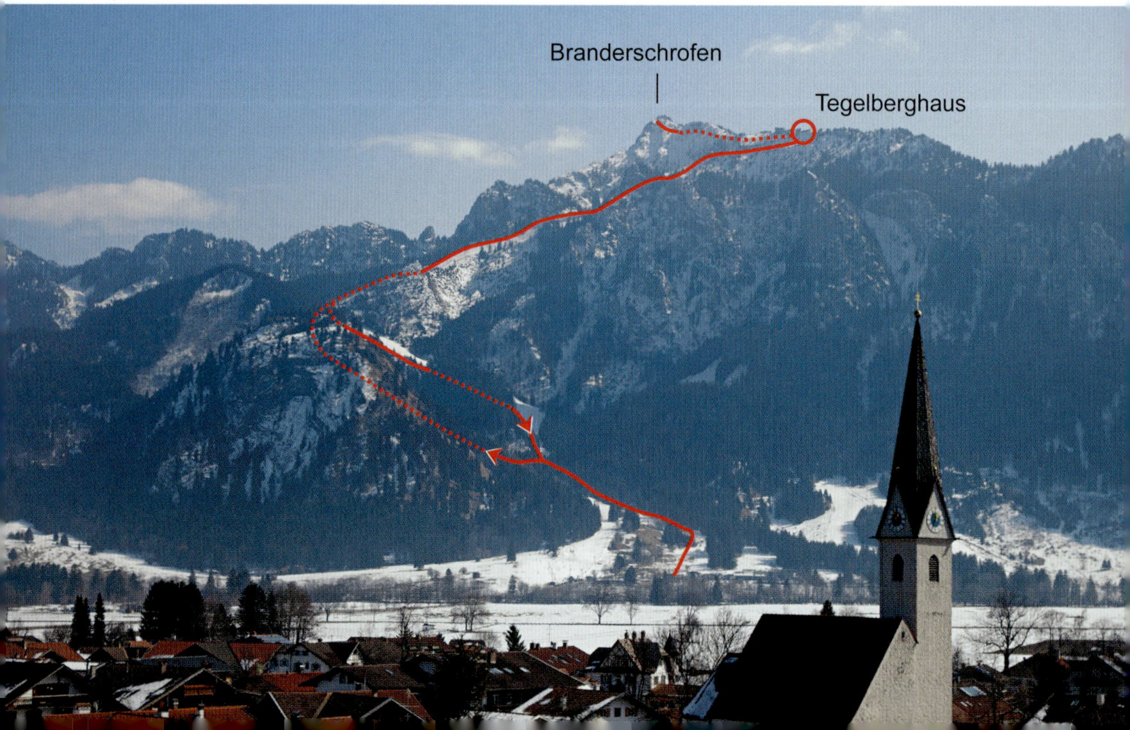

Ausgangspunkt: Parkplatz an der Talstation der Tegelbergbahn (ca. 830 m) unmittelbar östlich von Schwangau.
ÖPNV: Von München umständlich mit dem Zug nach Weilheim und mit Bus mit Umstieg in Rottenbuch nach Schwangau-Tegelbergbahn in ca. 2.30 Std.
Aufstiegszeiten: Talstation – Rohrkopfhütte 1.15 Std., Rohrkopfhütte – Tegelberghaus 1 Std., Tegelberghaus – Branderschrofen 30 Min.
Anforderungen: Aufstieg bis zum Tegelberghaus entlang der Skipiste oder auf mittelsteilen Wegen und Hängen entlang der markierten Skiroute, zum Skidepot über mittelsteiles, licht bewaldetes Gelände. Gipfelanstieg zu Fuß entlang eines z.T. mit Drahtseil gesicherten Weges in steiler Flanke, der bei ungünstigen Bedingungen lawinengefährdet oder vereist und dann heikel sein kann.
Hangrichtung: Nordwest und Nord, Gipfelanstieg Süd.
Lawinengefährdung: Bei geöffnetem Skigebiet bis Skidepot kaum lawinengefährdet. Gipfelanstieg in der steilen Südseite bei viel Schnee

evtl. problematisch.
Einkehr: Tegelberghaus (1707 m), ganzjährig bewirtschaftet. Tel. +49 8362 8980. Weitere Gastronomiebetriebe im Bereich des Skigebiets, insbesondere die Rohrkopfhütte, Tel. +49 8362 8309.
Karten: f&b WK 352, AV BY6 Ammergauer Alpen West, LDBV UK50-50 Werdenfelser Land.

Aufstieg
Vom Parkplatz geht man links der Talstation geradeaus hinauf zur Piste und diese überquerend nach rechts an den Waldrand. Hier führt ein Ziehweg (gelbe Markierungen) durch eine Hohlgasse aufwärts und trifft bald wieder auf die Piste. Diese muss nun überquert werden (Achtung, hier kommen gelegentlich Abfahrer mit hoher Geschwindigkeit angerauscht) zu einer großen Tafel des Tourengeher-Lehrpfades. Der weitere Aufstieg führt nun im Wald links der Piste südwestexponiert hinauf bis zur Rohrkopfhütte. In diesem Abschnitt kann in schneearmen Wintern oft wenig oder kein Schnee liegen – dann muss man wohl oder übel entlang der Piste aufsteigen.
Von der Rohrkopfhütte müssen wir an dem Sattel leicht abwärts nach links (Osten), wo ein breiter Weg in anfangs flachen Kehren hinaufführt zu einem Sattel. Ein kurzes steiles Stück wird nun links der Piste in Spitzkehren bewältigt und an einem Sattel queren wir die Piste erneut. Dort steigen wir ein Stück am Sommerweg auf, bis wir endgültig am rechten Rand der Piste die letzten Meter zum Tegelberghaus zurücklegen. Der Weiterweg zum Branderschrofen führt nun rechts an der Bergstation vorbei – zuerst entlang des breiten Wanderwegs bis zu einem flachen Sattel, dann links hinauf zum Skidepot am Beginn des schmalen Westgrates. Am Grat oder anfangs in der steilen Flanke am Sommerweg knapp südlich unterhalb, die letzten Meter steil auf der Nordseite hinauf zum aussichtsreichen Gipfel. Bei Lawinengefahr oder eisiger Schneeoberfläche kann der Weg vom Skidepot zum Gipfel problematisch sein.

Abfahrt
Entlang der Aufstiegsroute zum Tegelberghaus. Die weitere Abfahrt führt über die Piste bis hinab zur Talstation. Abfahrtsvarianten abseits der Piste gibt es in begrenztem Rahmen nur oberhalb der Rohrkopfhütte.

Ammergauer Alpen

12 Scheinbergspitze, 1926 m
Von Norden aus dem Graswangtal

2.30 Std.

980 Hm

Wenig lawinengefährdeter Ammergauer Skitourenklassiker

Die waldigen Ammergauer Alpen sind kein typisches Skitourengebirge wie beispielsweise die ähnlich hohen Kitzbüheler Alpen oder auch viele Regionen der Bayerischen Voralpen. Trotzdem finden sich einige tolle Tourenklassiker und der bekannteste davon ist sicherlich die Scheinbergspitze. Auch hier dominieren waldige Flanken, aber bei der Anfahrt von Ettal sticht die schöne weiße Gipfelpyramide ins Auge. Der Weg dorthin führt entlang von Forstwegen oder durch lichten Wald und ist vor allem bei Pulverschnee ein Wintermärchen allererster Güte.

Das Wintermärchen im Graswangtal wusste auch der »Märchenkönig« Ludwig II. zu schätzen. Nur wenige Kilometer vom Ausgangspunkt entfernt steht das Schloss Linderhof, das der bayerische »Kini« noch zu seinen Lebzeiten gestalten ließ. Ein Besuch nach der Skitour lohnt sich hier, auch wenn im Winter nur das Schloss besichtigt werden kann, die Bauten im Schlosspark sind leider nicht geöffnet. Dafür ist aber auch der Besucherandrang in der Regel deutlich geringer als zur Hochsaison im Sommer. Regen Besucherandrang muss man an der Scheinbergspitze am Wochenende durchaus einkalkulieren – zumindest im Januar und Februar bei guten Schneeverhältnissen. Dann ist der (wirklich nicht kleine) Parkplatz am Ausgangspunkt oft rappelvoll und selbst am ersten Tag nach Neuschneefällen sind mittags die gängigen Abfahrtsvarianten oft komplett verspurt. Tiefschneefreunden bleibt hier nur sehr früher Aufbruch oder antizyklisches Verhalten. Während der Woche oder auch etwas später im Jahr, etwa ab Mitte März, sind deutlich weniger Tourengeher an diesem ausgesprochenen »Münchner Modeskiberg« unterwegs, und dann lässt sich auch hier die winterliche Ruhe genießen.

Die Scheinbergspitze aus dem Graswangtal.

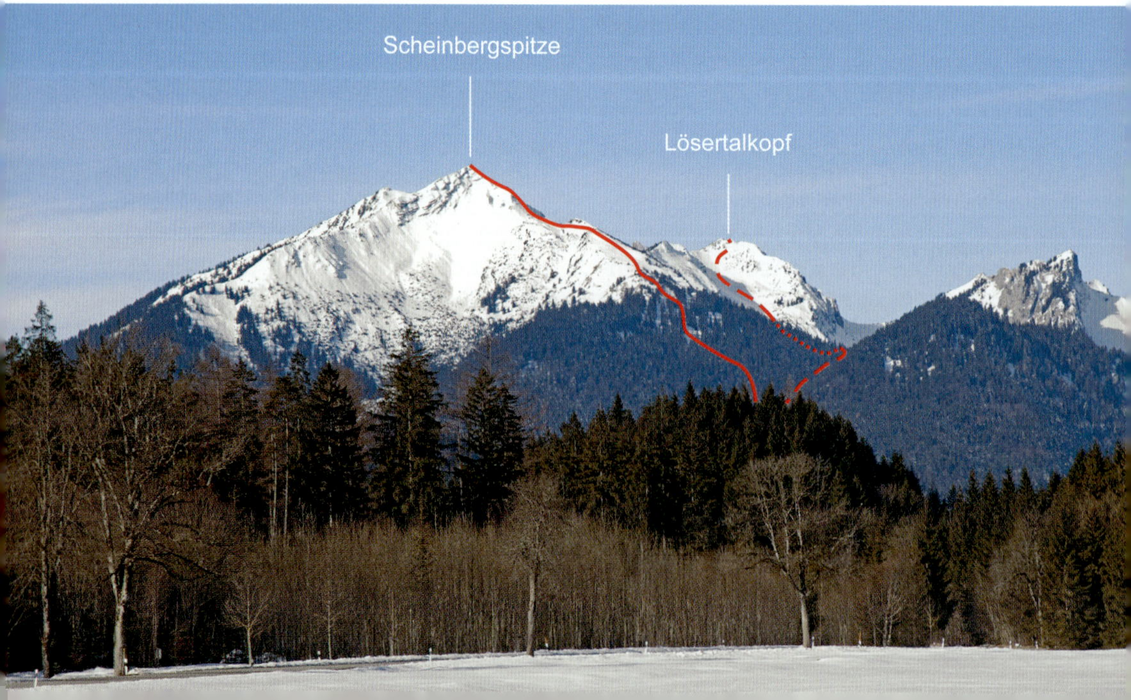

Das anspruchsvollste Stück ist der Gipfelanstieg.

Ausgangspunkt: Von Ettal ins Graswangtal und nach etwa 12 km zum großen Parkplatz auf der rechten Straßenseite am Eingang des Sägertales (ca. 950 m).
ÖPNV: Von München mit Zug nach Oberau und weiter mit dem Bus zur Haltestelle am Schloss Linderhof ca. 2.30 Std. Von dort 30 Min. zu Fuß zum Ausgangspunkt.
Aufstiegszeiten: Parkplatz – Hundsfällgraben 30 Min., Hundsfällgraben – Skidepot 1.45 Std., Skidepot – Gipfel 15 Min.
Anforderungen: Aufstieg bis zum Skidepot über Forststraßen und mittelsteilen, nicht besonders dichten Wald; im oberen Teil freie Wiesen. Gipfelanstieg erfordert Trittsicherheit und leichte Kletterei; bei Vereisung heikel, dann evtl. Steigeisen ratsam.

Hangrichtung: Nordost und Ost, Variante nordwestseitig.
Lawinengefährdung: Normalroute bei überlegter Routenwahl kaum lawinengefährdet. Die Abfahrt durch das Sägertal setzt sichere Verhältnisse voraus.
Einkehr: Keine.
Wald-/Wildschongebiete: Der Bereich südlich der Skiroute ist ein Schongebiet, das nicht betreten und befahren werden sollte. Insbesondere gilt das für den Osthang des Gipfelaufbaus.
Karten: f&b WK 352, AV BY6 Ammergauer Alpen West, LDBV UK50-50 Werdenfelser Land.
Hinweis: Schloss Linderhof von König Ludwig II. befindet sich nur wenige Kilometer nördlich des Ausgangspunktes und ist einen Besuch wert.

Aufstieg

Vom Parkplatz führt eine Brücke über die Linder und nach gut 100 Metern gabelt sich die Forststraße. Nach links überschreiten wir nun den Sägertalbach und folgen der Straße bis zur zweiten Linkskehre. Hier führt oft ein Abkürzer direkt durch den Wald und trifft ein Stück oberhalb wieder auf die Forststraße. In seinem weiteren Verlauf nach Südwesten führt der Forstweg nun über den Hundsfällgraben – gleich danach zweigt rechts ein Ziehweg ab (Markierung). Auf diesem steigen wir nun immer links oberhalb des Grabens auf, bis der Wald nach etwa 100 Höhenmetern lichter wird. Hier zweigen wir links ab und steigen hinauf auf den bewalde-

Kurz vor dem Skidepot.

ter kann man am Nordostgrat noch mit Ski bis zum Skidepot aufsteigen. Die letzten 100 Höhenmeter an dem teils schmalen und stellenweise felsigen Grat werden dann zu Fuß zurückgelegt. Bei Vereisung kann dieser unter Umständen heikle Stellen aufweisen – auch wenn im oberen Teil ein kurzes Drahtseil den Aufstieg erleichtert.

Abfahrt
Entlang der Aufstiegsroute oder bereits etwas weiter oben vom Aufstiegsrücken durch eine der zahlreichen Schneisen hinab in den Hundsfällgraben.

Variante
Vom Skidepot wenige Meter am Grat abwärts bis zur tiefsten Einsattelung. Nun nach Westen (anfangs rechts, dann links haltend) steil hinab in Richtung Lösertal. Sobald man in dem flacheren Karboden angekommen ist, hält man sich links. Die nächste Steilstufe hinab in den Lösertalgraben wird am besten weit links überwunden. Im Graben angekommen kann man entweder mit einem kurzen Gegenanstieg ins Joch zwischen Hundsfällkopf und Scheinbergspitze aufsteigen und so zur Normalabfahrt zurückkehren, oder am Sommerweg links des Lösertalgrabens ins Sägertal queren und durch dieses anfangs auf einem Ziehweg, dann auf einer flachen Forststraße hinausfahren zum Parkplatz. Im Lösertalgraben könnte auch noch der Lösertalkopf (1859 m) mit seinem schönen, aber steilen NO-Hang angehängt werden.

ten Rücken zwischen Hundsfällgraben und Scheinberggraben. Auf dem zunehmend freier und breiter werdenden Rücken geht es nun hinauf, bis man zu dem schon von unten sichtbaren Nordosthang kommt. Die oberste Kuppe wird links umgangen und wenige Me-

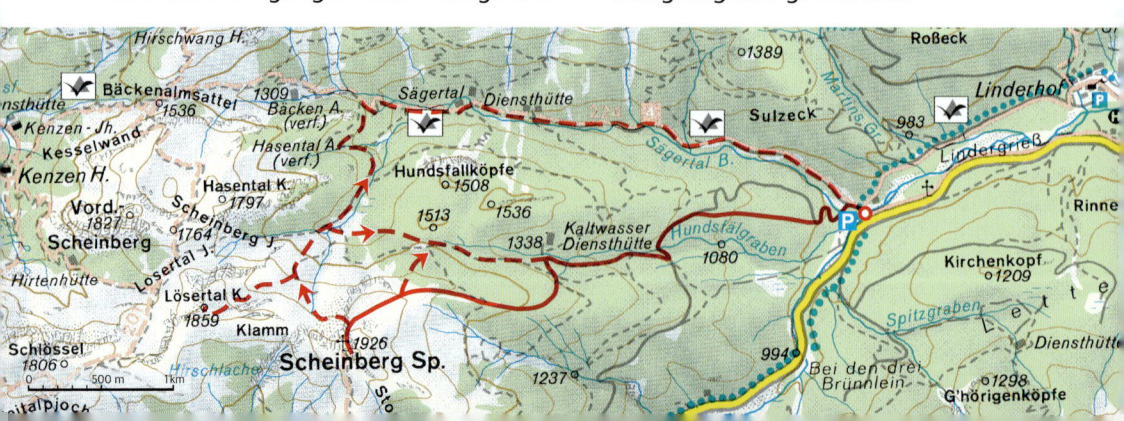

Ammergauer Alpen

13 Kreuzspitze, 2185 m
Von Norden durchs Hochgrießkar

3.00 Std.

1150 Hm

Alpiner Anstieg in den Ammergauer Alpen

Der höchste Berg der Ammergauer Alpen auf bayerischer Seite ist an sich kein richtiger Skitourenberg. Der Gipfelanstieg ist nur zu Fuß möglich und erfordert bis zu einer Stunde Schneestapferei in teils schrofigem Gelände. Nur bei hoher, sicherer Schneelage lässt sich bis an die Gipfelfelsen mit Ski aufsteigen, wobei dann aber immer noch etwa 100 Höhenmeter Fußaufstieg verbleiben. Das skifahrerische Schmankerl verbirgt sich weit unterhalb im eindrucksvollen Hochgrießkar. Ein gewaltiger, 350 Höhenmeter hoher Hang zieht hier in idealen 30 bis 35 Grad Neigung hinauf bis zum Grat des Schwarzenkopf. Auch die Rinne, die hinabführt ins Tal, bietet schönes Skigelände, ist allerdings oft buckelpistenähnlich eingefahren.

Die reinen Skifahrer werden daher ihr Ziel meist im Schwarzenkopf (1897 m) sehen – insbesondere bei geringer bis durchschnittlicher Schneelage, wenn die dichten Latschenfelder zum Nordwesthang der Kreuzspitze nicht ausreichend verschneit sind, um mit Ski darüber abfahren zu können. Die Alpinisten hingegen werden sich bei gutem Wetter den Aufstieg auf diesen traumhaften Aussichtsberg nicht nehmen lassen. Der Gipfelaufbau ist nicht allzu schwierig, allerdings stellenweise ausgesetzt und bei Vereisung können durchaus heikle Passagen dabei sein, die dann mit Steigeisen angenehmer zu bewältigen sind.

Am latschenbewachsenen Grat des Schwarzenkopf – hinten die Geierköpfe.

Anforderungen: Die Rinne im unteren Teil ist zwar nicht sehr steil, aber oft recht schmal, teilweise bewachsen und häufig zur Buckelpiste ausgefahren. Sie erfordert daher im Aufstieg wie in der Abfahrt Routine. Das Hochgrießkar wird nach oben hin bis zu 40 Grad steil, daher ist hier sichere Skitechnik erforderlich. Der steile, exponierte Gipfelanstieg kann bei Vereisung heikel sein. Alpine Erfahrung ist dort angebracht, Steigeisen können hilfreich sein.
Hangrichtung: Unten Nord, Hochgrießkar Nordost, Gipfelanstieg Nordwest.
Lawinengefährdung: Im Hochgrießkar sollten sichere Verhältnisse herrschen. Die Ausweichroute über den Kamm ist zwar etwas sicherer, aber auch hier gibt es einige Steilrinnen, in denen oft Triebschnee darauf wartet, als Schneebrett abzugehen. Das Kar wird jedoch inzwischen recht häufig befahren, was sich eher günstig auf die Schneedeckenstabilität auswirkt. Auch am Gipfelaufbau ist insbesondere nach Südwind Vorsicht geboten.
Einkehr: Keine.
Karten: f&b WK 352, AV BY6 Ammergauer Alpen West, LDBV UK50-50 Werdenfelser Land.

Ausgangspunkt: Von Ettal ins Graswangtal. Nach etwa 15 Kilometern zum Parkplatz auf der rechten Straßenseite, 50 m nach dem Hinweisschild auf die Staatsgrenze (ca. 1070 m).
ÖPNV: Nicht möglich – nur mit Taxi von Linderhof oder Ettal.
Aufstiegszeiten: Parkplatz – Schwarzenkopf 2.15 Std., Schwarzenkopf – Kreuzspitze 45 Min.

Blick ins Hochgrießkar und zur Kreuzspitze.

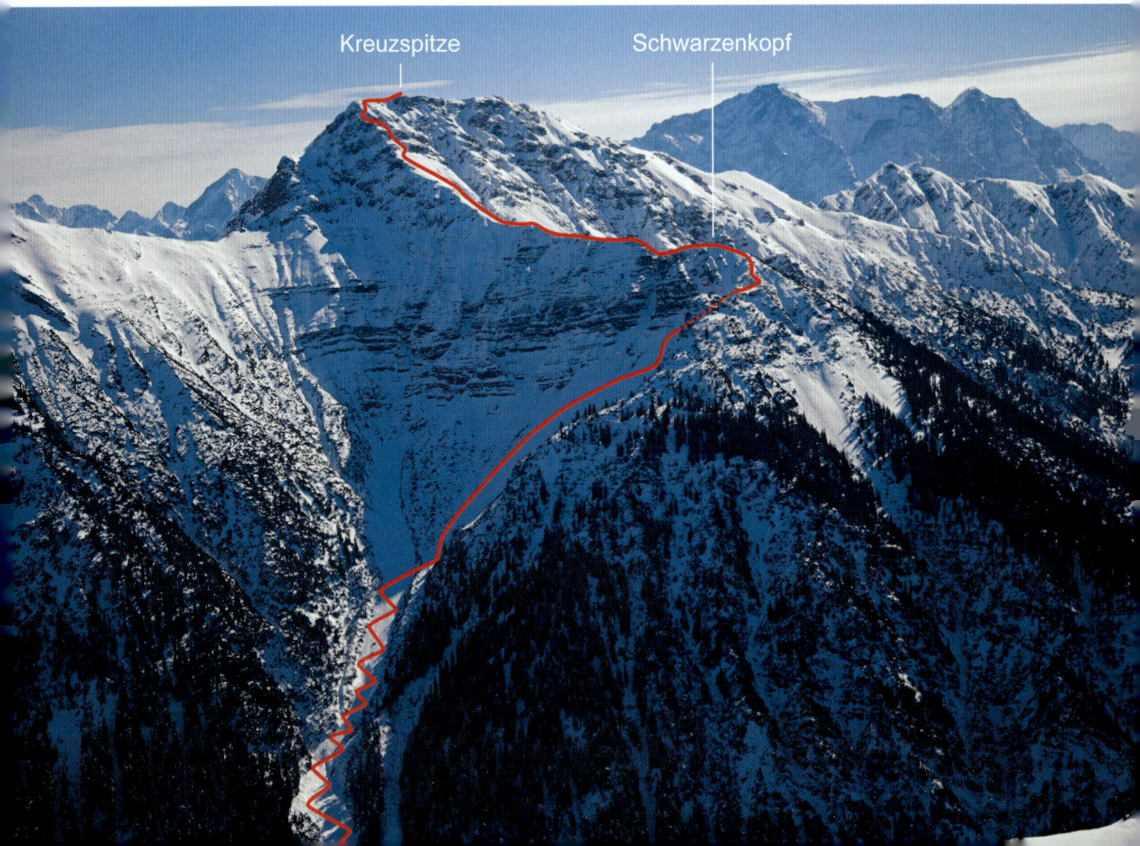

Aufstieg

Vom Parkplatz überqueren wir die Straße und gehen an ihr etwa 30 Meter zurück in Richtung Ettal. Nun durch eine Waldschneise nach Süden und auf einem Steiglein 20 Höhenmeter hinab ins Neualpgrieß. Das ausgetrocknete Flussbett überqueren wir und halten uns jenseits links, leicht ansteigend durch den Wald, bis wir die breite Schotterrinne (das sogenannte Hochgrieß) erreichen, die vom Hochgrießkar herabzieht.

Ohne Orientierungsprobleme geht es nun gut gestuft hinauf ins Kar. Wo sich die Rinne langsam weitet (ca. 1500 m) überschreiten wir einen Latschenrücken nach rechts und erreichen den flachen Karboden. Hier wenden wir uns nach rechts und steigen in Richtung Westen auf bis unter die breite Rinne, die zwischen den Felsen herabzieht. Im oberen Teil der Rinne halten wir uns rechts hinaus auf eine Schulter im Gratabsatz. Nun geht es durch einige Latschengassen in der NW-Seite weiter aufwärts bis zum höchsten Punkt des Schwarzenkopf (1897 m).

Es ist auch ein Anstieg über den Nordrücken des Schwarzenkopfes entlang des Sommerwegs möglich, allerdings sollte dort genügend Schnee liegen, um bequem durch die Latschen zu kommen.

Ab dem Schwarzenkopf wird der Weiterweg zum Gipfel meist entlang des Sommerwegs zu Fuß zurückgelegt, da anfangs dichte Latschenfelder das Gehen mit Ski erschweren und der nachfolgende NW-Rücken oft abgeblasen ist. Bei viel Schnee kann aber mit Ski noch ein gutes Stück aufgestiegen werden.

Die Gipfelfelsen überwindet man anfangs eher rechts durch eine Schneerinne und umgeht einen sperrenden Felsriegel in einer Linksschleife, kurz ausgesetzt, in der Nordseite. Ein schmaler, aber einfacher Grat führt schließlich zum Gipfelkreuz. Bei guter Stapfspur ist der Anstieg relativ problemlos, bei Vereisung kann es jedoch durchaus einige heikle Stellen geben.

Abfahrt

Nur wenig westlich unterhalb des höchsten Punktes des Schwarzenkopf zieht eine steile Rinne (ca. 40 Grad) hinab in das Hochgrießkar. Es ist aber natürlich auch die etwas flachere Abfahrt entlang der Aufstiegsroute möglich, die ein Stück weiter nördlich ins Kar hinabführt.

Im unteren Teil des Hochgrieß.

Ammergauer Alpen

14 Bad Kohlgruber Hörnle, 1548 m
Überschreitung des Hörnle-Kammes

2.15 Std.
700 Hm

Aussichtsreiche, einfache Voralpenskitour

Das »Hörnle« ist einer der von München aus am schnellsten erreichbaren Skitourenberge. Über die A96 ist man ruck, zuck in Murnau und von dort ist Bad Kohlgrub nicht mehr weit. Für Zugfahrer dauert es dank der etwas behäbigen Werdenfelsbahn zwar mit gut 1.30 Std. deutlich länger, dafür hat man am Gipfel die Freiheit, zu entscheiden, ob man wieder zurück zum Ausgangspunkt oder nach Süden nach Unterammergau abfährt. Aber auch bei den Einheimischen Tourengehern ist der Berg sehr beliebt – sodass an einem schönen Wochenendtag ganze Scharen an Skitourenfreunden zur Hörnlehütte aufsteigen. Aufgrund der Lawinensicherheit, der geringen konditionellen Anforderungen und der einfachen Abfahrt über die Piste eignet sich der Berg darüber hinaus hervorragend für Anfänger.

Es gibt eine ganze Reihe an Aufstiegsmöglichkeiten und jeder hat hier seine Lieblingsroute. Bei guter Schneelage im Hochwinter ist vor allem der Aufstieg von Unterammergau über die Südseite beliebt, allerdings apern die sonnigen Hänge schnell aus. Deutlich schneesicherer ist die schattige Piste nach Bad Kohlgrub. Diese lässt sich sogar mit einem sehr schönen, ruhigen Aufstieg kombinieren, der nicht nur fast komplett ohne Skigebietsberührung auskommt, sondern auch noch eine reizvolle Überschreitung des Hörnle-Kammes bietet. Auf die obligatorische Einkehr in der Hörnlehütte muss man aber auch auf dieser hier vorgestellten Route nicht verzichten. Einziger Wermutstropfen sind die fehlenden Tiefschneefreuden. Mit Ausnahme einiger kurzer Hänge am Gipfel führt die Abfahrt komplett über die Piste. Aber man kann nicht immer alles haben …

Ausgangspunkt: Talstation der Hörnlebahn in Bad Kohlgrub (ca. 900 m).
ÖPNV: Von München mit dem Zug nach Bad Kohlgrub (gut 1.30 Std.), in 20 Min. zu Fuß zum Ausgangspunkt.
Aufstiegszeiten: Talstation – Hinteres Hörnle 1.45 Std., Hinteres Hörnle – Mittleres Hörnle 30 Min.
Anforderungen: Aufstieg und Abfahrt überwiegend flache bis mittelsteile Ziehwege und Pisten – nur der nordseitige Waldaufstieg zum Elmauberg führt durch etwas steileren Wald, wo einige Spitzkehren notwendig sind.
Hangrichtung: Vorwiegend nordseitig.
Lawinengefährdung: Es handelt sich um eine weitestgehend lawinensichere Tour.
Einkehr: Hörnlehütte (1390 m), bewirtschaftet von Dezember bis März, Tel. +49 8845 229.
Karten: AV BY7 Ammergauer Alpen Ost, LDBV UK50-49 Pfaffenwinkel – Ammergauer Alpen Nord.

Aufstieg

Von der Seilbahn rechts der Piste ein kurzes Stück aufwärts, bis eine Fahrstraße kreuzt. Dieser folgen wir nach links (die Piste kreuzend), wo sie in die Rodelbahn mündet. Nun auf der Rodelbahn aufwärts bis zu einer Rechtskehre. Hier folgen wir geradeaus der flachen Forststraße, die in einen Graben hinein-

Morgenstimmung über dem Murnauer Moos.

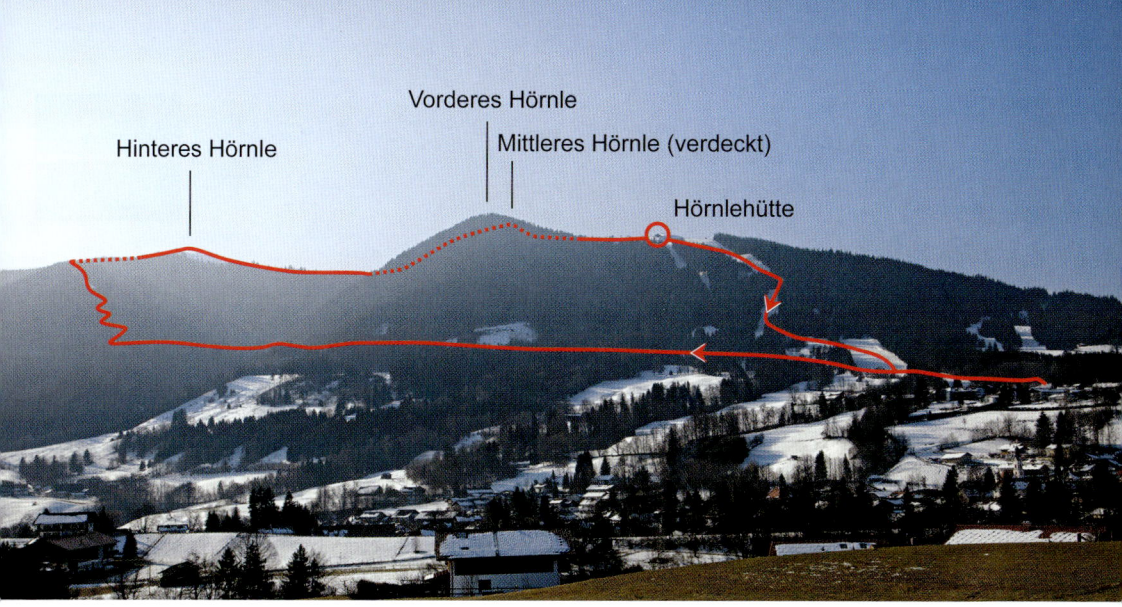

Blick über Bad Kohlgrub zum Hörnle.

und jenseits leicht ansteigend wieder herausführt. Dort wo die Straße wieder flach wird, zweigt rechts ein Sommerweg ab. Wir folgen diesem anfangs steil durch den Wald hinauf bis zu einem Rücken, wo die Bäume lichter werden. Nun über den schönen Kamm hinauf zum Elmauberg und wenige Meter hinab zu einem Sattel. Wir steigen noch ein Stück weiter an dem Nordhang auf, bis eine Wegtrasse nach links hinausführt zu den schönen Osthängen des Hinteren Hörnle. Nach Südwesten geht es nun ohne Probleme zum Gipfelkreuz.

Abfahrt

Vom Gipfel fahren wir nach Westen hinab zur Hörnlealm. Hier können wir entweder im Skatingschritt auf dem Fahrweg das Mittlere Hörnle rechts umgehen, oder wir ziehen noch einmal die Felle auf und steigen auch auf diesen Gipfel. Nach einer kurzen Abfahrt treffen die beiden Varianten im Sattel zwischen dem Mittleren und Vorderen Hörnle wieder zusammen. Auf einem Ziehweg geht es nun nach Westen zur Hörnlehütte. Rechts der Hütte beginnt die Piste, über die verschiedene Wege hinabführen zur Talstation.

Variante

Eine schöne Überschreitung ergibt sich mit der Abfahrt vom Mittleren Hörnle nach Süden. Meist freie und mäßig steile Hänge führen bis zum Ortsrand von Unterammergau. Nach 10 Min. Fußmarsch ist man am Bahnhof und kann mit dem Zug zurück nach Bad Kohlgrub fahren. Diese Tour kann natürlich auch in die umgekehrte Richtung durchgeführt werden.

Wetterstein / Mieminger Gebirge

15 Hochwannig, 2493 m
Von Biberwier über die Sunnalm

4.00 Std.
1600 Hm

Steiles Nordkar mit Schneegarantie bis ins Frühjahr

Der Hochwannig ist in der Mieminger Kette weit nach Südwesten vorgeschoben. Er wird von dieser durch das Marienbergjoch und das Biberwierer Skigebiet getrennt. In seiner Nordseite befindet sich das riesige Kar »'s Bergle«, in dem sich schneesicher bis weit ins Frühjahr hinein Skitouren unternehmen lassen. Die Talabfahrt auf den Pisten des Skigebiets ist dank Kunstschnee ebenfalls viel länger möglich, als sie es auf natürliche Weise wäre. Den Aufstieg können die Lifte verkürzen. Geht man den Hochwannig nach einem schneereichen Winter Anfang Mai an, darf man die vollen 1600 Höhenmeter aber aus eigener Kraft zurücklegen, weil dann der Skibetrieb eingestellt ist. Einen guten Überblick über den Aufstieg zum Gipfel hat man von der Sunnalm knapp unter der Bergstation des Sessellifts. Das anfangs gemächliche Kar steilt sich in der oberen Hälfte mächtig auf, und auf den letzten 200 Höhenmetern weist der Hang 35 bis 40 Grad auf. Bei verharschter Oberfläche im Frühjahr ist hier sichere Gehtechnik erforderlich, ein Ausrutscher kann sonst sehr schnell wieder unten im Karboden enden. Ab der felsgezackten Scharte jedoch geht es die letzten 50 Höhenmeter überraschend bequem zum Gipfel – oft mit Ski bis zum höchsten Punkt. Der Ausblick entschädigt dann vollumfänglich für den anstrengenden Aufstieg. Fast zwei Kilometer scheinbar senkrecht unterhalb befinden sich die meist bereits grünen Wiesen bei Nassereith, südlich anschließend die Nordkare der Ötztaler und Stubaier Alpen. Und in die andere Richtung fällt der Blick auf die Südabstürze des Zugspitzmassivs und der Mieminger Kette.

Ausgangspunkt: Parkplätze der Marienbergbahn oder 100 m weiter unterhalb am Cube-Hotel am südlichen Ortsende von Biberwier (1012 m).
ÖPNV: Mit der Bahn von München bis Ehrwald-Zugspitzbahnhof, mit Bus weiter nach Biberwier, Haltestelle Marienbergbahn (Fahrzeit ca. 2.15 Std.).
Aufstiegszeiten: Biberwier – Sunnalm 1.30 Std., Sunnalm – Hochwannig 2.30 Std.
Anforderungen: Die steile Rinne im oberen Teil des Kares erfordert bei harten Verhältnissen sichere Gehtechnik und meist Harscheisen, evtl. sogar Steigeisen. Bei Benutzung der Seilbahn reduziert sich der Aufstieg auf 950 Höhenmeter. Für die Abfahrt ist gutes Skikönnen erforderlich.
Hangrichtung: Nord.
Lawinengefährdung: Eine Skitour für sichere Schneelage. Bereits die Querung ins Kar kann von Spontanlawinen aus den Nordflanken der Handschuhspitzen bedroht sein, vor allem am Nachmittag. Die steile Nordrinne (bis 40 Grad) hinauf zur Scharte braucht unbedingt sichere Verhältnisse.
Einkehr: Skihütten im Bereich des Skigebiets während des Pistenbetriebs: Sunnalm (1620 m), Tel. +43 5673 22565220; Waldhaus Talblick (1158 m), Tel. +43 660 1434618.
Karten: f&b WK 352, AV 4/1 Wetterstein West.

Aufstieg zur Sunnalm
1. Mit der Bergbahn in zwei Sektionen zur Bergstation knapp oberhalb der Sunnalm.
2. Vom Parkplatz entlang der Skipiste zur Mittelstation und von dieser anfangs rechts, dann links der Lifttrasse, bis der Ziehweg nach rechts zur Sunnalm führt.

Aufstieg zum Gipfel
Von der Sunnalm nach Osten zuerst flach, dann abwärts zur Talstation eines Schlepplifts (wer über die Piste aufgestiegen ist, lässt die Felle an den Skiern). Nun geht's in leichtem Auf und Ab – anfangs eher abwärts – hinein in das Kar »'s Bergle«. Spätestens im Karboden (ca. 1600 m) ziehen auch die Liftfahrer ihre

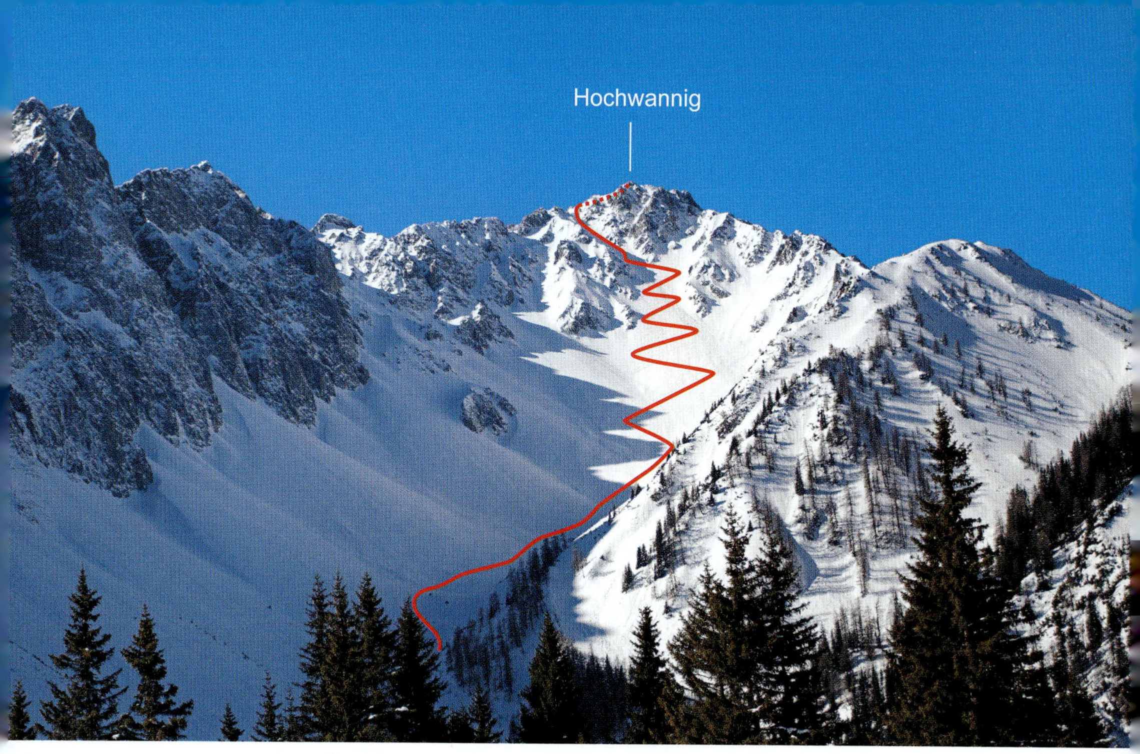

Oben: Von der Sunnalm bietet sich ein schöner Blick ins Nordkar.
Folgende Seite: Am Eingang ins Kar nach der Querung aus dem Skigebiet.

Felle auf. Nun steigen wir immer dem tiefsten Punkt der Mulde folgend in einem leichten Rechtsbogen auf bis zu einem kurzen Flachstück. Hier fällt der Blick bereits auf die steile Rinne mit dem weiteren Aufstieg. Über den anfangs gemächlich geneigten Hang aufwärts und dann zunehmend steiler bis unter die Rinne. Bei harten Verhältnissen findet sich hier oft eine Fußspur, dann kann es schneller und angenehmer sein, die Ski an den Rucksack zu schnallen. Ansonsten mit Harscheisen, bei sicherem Pulver aber oft auch bequem mit Ski hinauf in die Scharte. Jenseits durch eine überraschend bequeme Mulde nach Westen zum Gipfel.

Abfahrt
Die Abfahrt folgt der Aufstiegsroute. Im Karboden müssen nochmal die Felle aufgezogen werden und in 10 – 15 Minuten legt man so den Gegenanstieg ins Skigebiet bis zur Sunnalm zurück. Auf der Skipiste zurück zum Parkplatz.

Wetterstein / Miemminger Gebirge

16 Grünsteinumfahrung, 2272 m
Von Biberwier nach Ehrwald

3.45 Std.
800 m↑
1700 m↓

Klassische Rundtour in grandioser Landschaft

Jede Region hat ihre klassische Rundtour, die aufgrund vielfältiger landschaftlicher Eindrücke und/oder lohnender Skihänge besonders beliebt ist. So wie in den Bayerischen Voralpen die »Rotwand-Reibn« oder in den Berchtesgadener Alpen die »Kleine Reibn« viel begangene Tagestouren darstellen, findet sich auch in der Ehrwalder Region ein solches Schmankerl. Die sogenannte »Grünstein-Umfahrung« nutzt dabei geschickt die schönsten Karmulden der Miemminger Berge aus und verbindet sie zu einer großzügigen Skirunde. Nutzt man für den Aufstieg bis zum Marienbergjoch die dortigen Liftanlagen, dann kommt man mit nur 800 Aufstiegshöhenmetern auf fast 1700 Abfahrtsmeter.

Wie die meisten anderen Rundtouren bietet auch die Grünsteinumfahrung viele Variationsmöglichkeiten und kleine »Fleißaufgaben« am Weg, die bei guten Verhältnissen von konditionsstarken und motivierten Tourengehern gerne angehängt werden. Sehr wenig befahren wird hingegen die »logischste« Abfahrt über die Biberwierer Scharte zurück zum Ausgangspunkt. Vermutlich liegt das daran, dass es die steilste und bei geringer Schneelage in dem Waldgürtel die unangenehmste Abfahrt ist. Für erfahrene Tourengeher bei guter Schneelage ist dies jedoch sicherlich eine überlegenswerte Alternative.

Aber auch die anderen Abfahrten und Kare haben ihre Vorzüge. Das Gelände ist meist deutlich weitläufiger, weniger bewachsen und im unteren Teil erleichtern Forststraßen und Langlaufloipen die Talabfahrt. Dafür muss man aber rechtzeitig im Tal sein, um mit dem Skibus zurück zum Ausgangspunkt zu kommen, sofern man nicht mit öffentlichen Verkehrsmitteln angereist ist oder am Endpunkt ein Fahrzeug deponiert hat. Auch ein Gipfel liegt am Weg, der aber nur zu Fuß bestiegen werden kann. Der Hintere Tajakopf kann aus dem Hinteren Tajatörl in etwa einer halben Stunde erreicht werden.

Ausgangspunkt: Unterer Parkplatz der Marienbergbahn in Biberwier (1012 m).
ÖPNV: Mit der Bahn von München bis Ehrwald-Zugspitzbahnhof, mit Bus weiter nach Biberwier, Haltestelle Marienbergbahn (Fahrzeit ca. 2.15 Std.).
Zeitangaben: Marienbergjoch – Hölltörl 45 Min., Hölltörl – Abfahrt zur Hölle 15 Min.; Hölle – Grünsteinscharte 1.15 Std., Grünsteinscharte – Tajatörl 30 Min.; Tajatörl – Abfahrt nach Ehrwald 1 Std.
Anforderungen: Auf der Standardroute überwiegend mittelsteile Hänge ohne besondere Schwierigkeiten, nur die Grünsteinscharte ist nordseitig kurz etwas steiler und im Frühjahr oft verharscht. Die Varianten, insbesondere die Wankspitze und die Abfahrt über die Biberwierer Scharte erfordern sichere Skitechnik und alpine Erfahrung.
Hangrichtung: Bis zur Grünsteinscharte vorwiegend süd-, danach nordseitig.
Lawinengefährdung: Nach Neuschneefällen und bei starker Erwärmung sind mehrere Abschnitte der Route von Spontanlawinen bedroht. Ansonsten begeht man auf der Standardroute überwiegend mittelsteile Hänge, die zudem häufig befahren werden, sodass die Schneebrettgefahr nur bei eher kritischer Lawinenlage eine Rolle spielt. Am problematischsten ist die Querung von der Grünsteinscharte zum Tajatörl, die im Zweifel besser weiter unten im Flachstück des Kares erfolgt. Die meisten Varianten oder »Fleißaufgaben« erfordern absolut sichere Verhältnisse.
Einkehr: Auf der Hauptroute keine. Gastronomiebetriebe gibt es in den Skigebieten am Anfang und am Ende der Tour.
Karten: f&b WK 352, AV 4/2 Wetterstein Mitte.

Viel Betrieb im Aufstieg zur Grünsteinscharte.

Aufstieg
Von Biberwier mit der Bergbahn in zwei Sektionen zur Bergstation knapp oberhalb der Sunnalm. Kurze Abfahrt zur Talstation des Jochlifts und mit diesem weiter hinauf ins Marienbergjoch.
Auf der anderen Seite des Jochs queren wir zuerst flach nach Osten, dann mäßig ansteigend weiter am Sommerweg durch die Latschenfelder zu den freien Hängen unterhalb des Grünstein. Ein letzter kurzer Anstieg bringt uns hinauf ins Hölltörl. Die erste Abfahrt des Tages führt nun durch das schöne ostseitige Kar hinab bis zur »Hölle«. Bei etwa 1800 m können wir uns bereits links halten (bei Gefahr von Nassschneelawinen aus der SO-Flanke des Grünstein nicht zu hoch queren) in den Karboden, wo erneut die Felle aufgeklebt werden. Jetzt steigen wir das nahezu perfekte Südkar anfangs noch recht flach, nach oben hin in einer angenehmen, gleichmäßigen Neigung von etwa 30 Grad hinauf zur Grünsteinscharte.

Abfahrt
Von der Scharte kurz etwas steiler hinab, bis wir nach rechts zu einer Querfahrt ins obere Drachenkar ansetzen können. Unter dem Hinteren Tajatörl müssen dann noch einmal kurz die Felle aufgezogen werden für etwa 50 Höhenmeter in die Scharte. Diese wird durch einen Felsturm geteilt. Etwas kürzer ist der Übergang über die rechte Einschartung, man kann aber auch links aufsteigen. Von dort bietet sich die Möglichkeit, in etwa 30 Minuten zu Fuß auf den Hinteren Tajakopf (2408 m) aufzusteigen. Ab dem Hinteren Tajatörl geht's nun endgültig bergab. Im flachen Karboden bleibt man links und gelangt so durch eine Schneise hinab zu einer Langlaufloipe. Auf dieser geht es nun nach rechts hinaus ins Skigebiet und über die

Piste hinab nach Ehrwald. Wer ein Auto in Biberwier hat, für den fahren mehrere Buslinien dorthin.

Varianten

1. Natürlich kann man auch mit Ski zum Marienbergjoch aufsteigen. Man hält sich immer entlang der Skipiste zur Mittelstation und von dieser anfangs rechts, dann links der Liftanlagen, bis der Ziehweg nach rechts zur Bergstation führt. Hier gerade hinauf ins Marienbergjoch (knapp links der Hochspannungsleitung).
2. Vom Hölltörl kann man nach Süden über den steilen Nordhang in etwa 15 Minuten zum Höllkopf aufsteigen.
3. Nach der Abfahrt in die Hölle bieten sich zwei Möglichkeiten für weitere Fleißaufgaben: die westseitigen Hänge zum Stöttltörl (ca. 200 Hm) oder der anspruchsvolle Aufstieg über die Wankreise auf die Wankspitze (400 Hm).
4. Abfahrtsvariante über die Biberwierer Scharte: Von der Grünsteinscharte fährt man geradeaus hinab ins Drachenkar

Steile Einfahrt an der Grünsteinscharte.

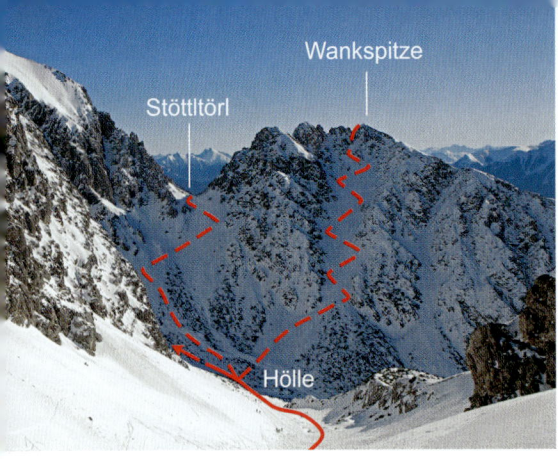

Blick vom Hölltörl in die »Hölle« und zur Wankspitze.

In der Grünsteinscharte sieht man schon das Hintere Tajatörl.

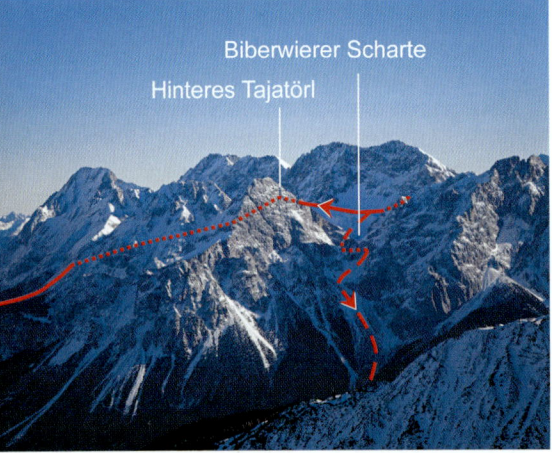

Die Biberwierer Scharte von Westen.

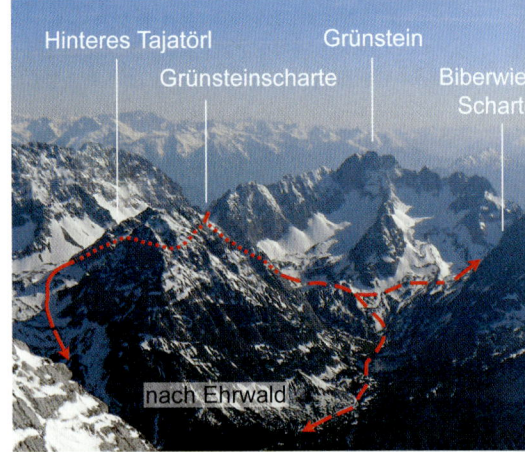

Die Mieminger Nordkare vom Schneefernerkopf.

bis zum Drachensee knapp unterhalb der Coburger Hütte. (Man könnte hier auch weiter abfahren bis zum Seebensee und von dort aufsteigen, oder hinaus ins Skigebiet von Ehrwald queren). Vom See nun mit Fellen wenige Meter zur Hütte aufsteigen und unter den Nordwänden des Drachenkopf zuerst leicht abwärts, dann wieder aufwärts nach Westen ins Schwärzkar. Vom flachen Karboden geht es ohne Schwierigkeiten in die markante Biberwierer Scharte. Jenseits zuerst steil durch die Rinne hinab. Bereits nach etwa 100 Höhenmetern wird der Hang etwas flacher und breiter. Hier müssen wir nach rechts queren, da in der Fortsetzung der Rinne ein Felsabbruch folgt. Rechts des Abbruchs hinab und durch schöne Hänge und Lawinenschneisen in den Wald. Hier auf einer Höhe von ca. 1340 m scharf nach links queren, bis wir zur Trasse einer ehemaligen Versorgungsbahn für das Bergwerk kommen. Auf dieser schmal und relativ steil hinab zur Forststraße, die zurückführt zum Parkplatz in Biberwier.

Weitere Abfahrtsvarianten: Neben der Abfahrt durchs Drachenkar und zum Seebensee (von dort auf der Loipe mit Gegenanstieg ins Skigebiet) kann man im Brendelkar auch zur Igelsscharte aufsteigen und durch das Igelskar abfahren zur Loipe.

Wetterstein / Mieminger Gebirge

17 Alpspitze, 2628 m
Von Osten über den Bernadeinrücken

3.00 Std.
1100 m↑
2500 m↓

Exponierte Skitour 2000 Meter über Garmisch-Partenkirchen

Die Alpspitze ist nicht nur das Wahrzeichen von Garmisch-Partenkirchen, sondern bietet Skitourengehern auch ein anspruchsvolles Ziel. Aufgrund des vorgelagerten Skigebiets leiden zwar Ursprünglichkeit und Ruhe ein wenig, dafür ermöglichen aber die Liftanlagen einen verkürzten Aufstieg und beschneite Pisten eine Talabfahrt bis ins Frühjahr.

Einen leichten Aufstieg auf die steile Gipfelpyramide gibt es im Winter nicht. Selbst die einfachste Route über den Bernadeinrücken und das Oberkar erfordert am Gipfelaufbau leichte Kletterei und Schneegestapfe an einem ausgesetzten Grat. Eine Steigerung stellen die Direktanstiege über die Schöngänge oder gar über die Alpspitz-Ferrata dar, die im Winter und Frühjahr ebenfalls regelmäßig durchgeführt werden. Das begehrteste Ziel für die abfahrtsorientierten Gipfelaspiranten stellt die direkte Ostabfahrt dar, die bei guten Verhältnissen steil (gut 45 Grad) hinabführt ins Oberkar. Insbesondere im Frühjahr muss man hier jedoch sehr früh dran sein, da die Flanke nahezu ab Sonnenaufgang beschienen wird. Eine Übernachtung im Kreuzeckhaus oder in der Stuibenhütte sind dann gute Alternativen zu dem späten Betriebsbeginn der Bahn (8.30 Uhr) oder einem sehr frühen Anmarsch durchs Skigebiet und dem Direktaufstieg über die Schöngänge.

Ausgangspunkt: Parkplatz an der Kreuzeckbahn (750 m) in Garmisch-Partenkirchen.
ÖPNV: Mit der Werdenfelsbahn von München nach Garmisch-Partenkirchen, Umstieg am Bahnhof in die Zugspitzbahn und damit weiter bis zur Haltestelle Kreuzeckbahn (Fahrzeit knapp 2 Std.).
Aufstiegszeiten: Bernadeinlift – Skidepot 2 Std.; Skidepot – Gipfel 1 Std.
Anforderungen: Der Aufstieg über den Bernadeinrücken bis zum Skidepot ist mittelschwierig mit einigen etwas steileren Waldpassagen. Vom Skidepot zum Gipfel ist teilweise leichte, aber exponierte Gratkletterei erforderlich. Die Direktabfahrt erfordert absolut sichere Skitechnik im steilen, felsdurchsetzten Gelände. Der Aufstieg über die Schöngänge ist insgesamt steiler und schwieriger und meist nur mit Steigeisen begehbar, da die Drahtseile im Winter unter Schnee und Eis begraben sind. Ohne Benutzung der Lifte summieren sich die Aufstiegsmeter auf 2500 Hm.
Hangrichtung: Ost, Talabfahrt Nord.
Lawinengefährdung: Im unteren Teil ist der Normalanstieg höchstens kleinräumig lawinengefährdet, im Oberkar kann aber die Aufstiegsroute von Spontanlawinen aus der Gipfelflanke erreicht werden. Der Gratanstieg sollte sichere Verhältnisse aufweisen. Absolut sichere Bedingungen sind für die Direktabfahrt (Tageserwärmung beachten) sowie die steilen Direktvarianten im Aufstieg notwendig.
Einkehr: Kreuzeckhaus (1650 m), zu den Betriebszeiten der Bahn durchgehend bewirtschaftet, Tel. +49 8821 2202; weitere Gastronomiebetriebe im Skigebiet.
Karten: f&b WK 322, AV 4/2 Wetterstein Mitte, LDBV UK50-50 Werdenfelser Land.

Abfahrt ins Oberkar.

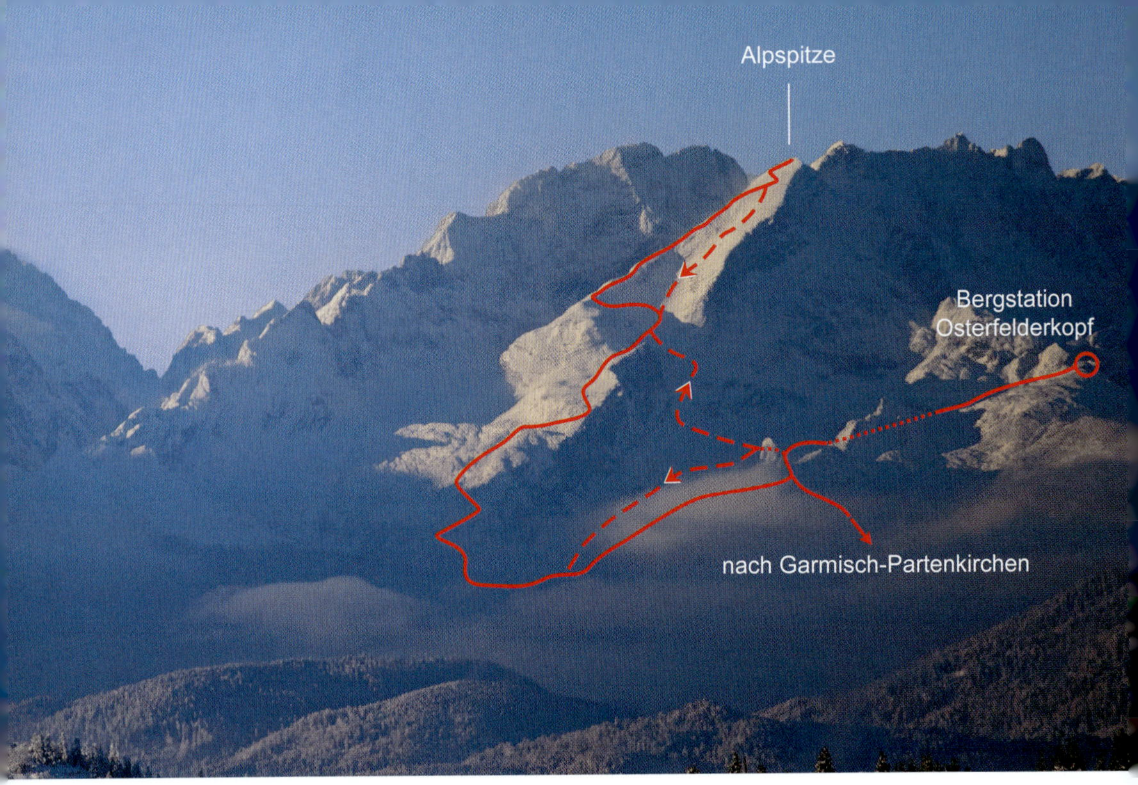

Die Alpspitze von Nordosten.

2000 Meter über Garmisch-Partenkirchen.

Aufstieg

Auffahrt mit der Alpspitzbahn zum Osterfelderkopf. Nun auf der Osterfelder-Abfahrt in Richtung Südosten hinab bis zum Flachstück am oberen Ende des Bernadeinliftes. Über die Bernadeinpiste, oder (bei sicherer Schneelage schöner, aber nicht präpariert) bereits 30 m vorher rechts haltend durch das schattige Kar unter den Bernadeinwänden hinab bis kurz vor die Talstation des Bernadeinliftes. Hier führt ca. 80 m vor dem Lifthäuserl rechts der Weg zur Stuibenhütte in den Wald. Mit Fellen geht's nun den Weg ca. 5 Minuten entlang bis zum Wegweiser »Alpspitze«, wo wir rechts abzweigen. Durch lichten Wald steigen wir nach Südwesten auf den flachen Ostrücken hinauf, der die Rückseite der Bernadeinwände bildet. Durch Latschenfelder führt der Aufstieg nun recht gemächlich weiter in Richtung Stuibensee. Noch vor Erreichen des Sees biegen wir vor einer Steilstufe durch einen Graben rechts ab und über einen kurzen steileren Hang gelangen wir auf ein weiteres Plateau. Eine leichte Linksquerung bringt uns ins Oberkar, wo von rechts der Direktaufstieg über die Schöngänge heraufkommt. Im Kar ziehen wir in angenehmer Neigung auf die steile Ostflanke zu, bis sich links ein flacher Aufstieg auf den Gratrücken ergibt. Am Grat so weit wie möglich mit Ski, bis diese an den Rucksack kommen oder zurückgelassen werden. Die nächsten 250 Höhenmeter entlang des teilweise felsigen und exponierten Grates können nur zu Fuß zurückgelegt werden. An den schwierigsten Stellen erleichtern Drahtseile den Aufstieg, diese können aber bei viel Schnee gänzlich darunter verschwinden. Die letzten 150 Höhenmeter können wieder mit Ski hinauf zum höchsten Punkt ein Stück südlich des Gipfelkreuzes zurückgelegt werden.

Abfahrt
1. Abfahrt vom Gipfel direkt über den Osthang bis zum Steilabbruch. Dieser wird meist in seiner Mitte überwunden und hat auf etwa 100 Höhenmeter eine Neigung von ca. 45 Grad. Je nach Schneelage ist diese Passage mehr oder weniger felsdurchsetzt. Im Oberkar treffen wir wieder auf die Aufstiegsroute. Auf ihr weiter talwärts, wobei wir kurz nach dem Kar auch rechts über einen kurzen Steilhang ins Grieskar hinausqueren könnten.

Am Bernadeinlift angekommen, können wir entweder mit dem Schlepplift zurückkehren ins Skigebiet oder die 300 Höhenmeter entlang der Piste aufsteigen. Nun nach Norden zum Kreuzeck und über die Olympiaabfahrt oder die steilere und oft eisige Kandahar zum Ausgangspunkt.

Herrliche Landschaftseindrücke oberhalb des Stuibensees.

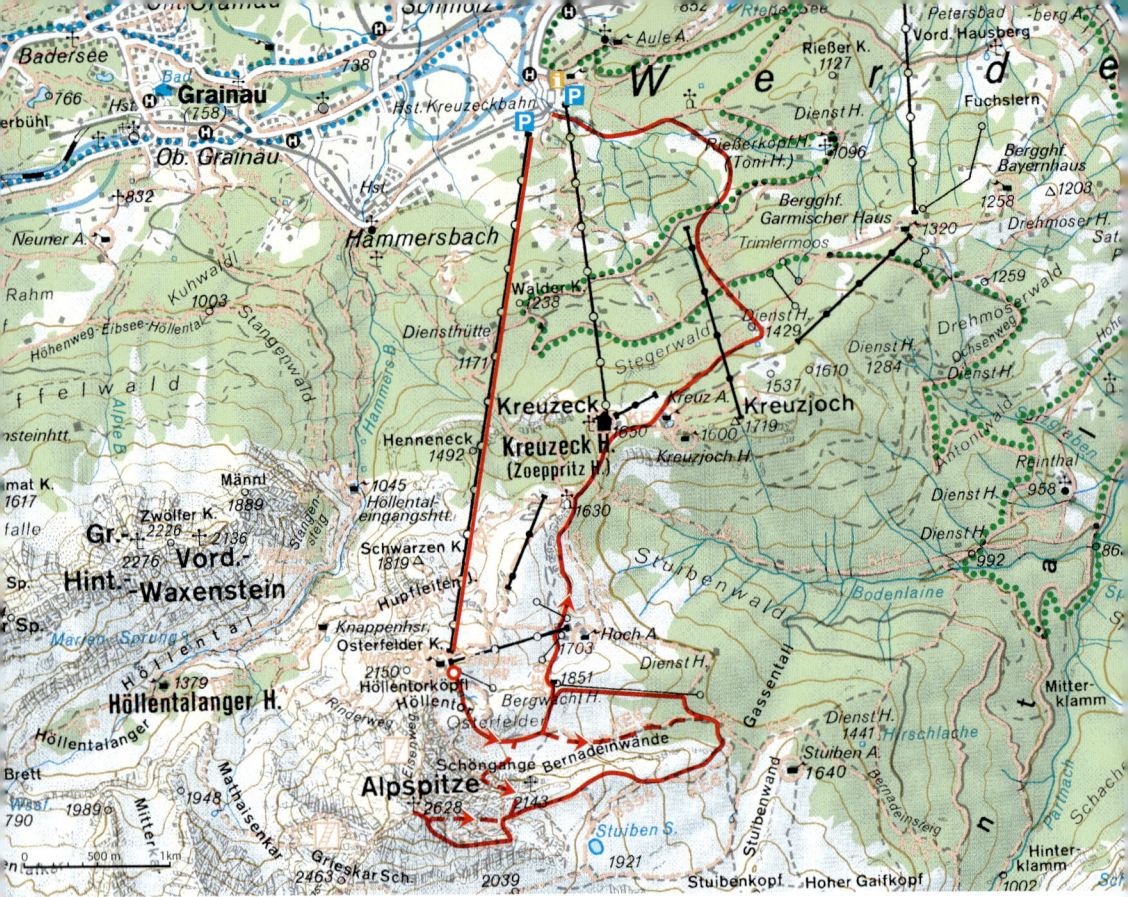

2. Wenn die Direktabfahrt aufgrund der Lawinenlage oder wegen zu geringer Schneelage nicht machbar sein sollte, muss man wieder über den Grat hinab. Sofern die Ski nicht am Gratanfang deponiert sind, sind einige Abschnitte auch fahrbar, für die Kletterstellen schnürt man die Ski aber am besten an den Rucksack.

Variante
Aufstieg vom Tal und über die Schöngänge: Für konditionsstarke Bergsteiger besteht auch die Möglichkeit, vom Tal aus auf die Alpspitze zu steigen. Das ist insbesondere hinsichtlich des späten Betriebsbeginns der Bergbahn von Vorteil, wenn die Gipfelflanke für eine Direktabfahrt sonst zu sehr aufweichen würde. Ausgangspunkt ist ebenfalls die Kreuzeckbahn. Der Aufstieg erfolgt über die Olympiaabfahrt zur Tröglhütte und von dort durch den Tourengeher-Tunnel und den Winterwanderweg zum Kreuzeck. Im Kreuzeckhaus der DAV-Sektion Garmisch-Partenkirchen ist auch eine Übernachtung möglich. Über den Verbindungsgrat geht's der ausgeschilderten Skitourenroute entlang in leichtem Auf und Ab zur Hochalm und weiter hinauf zum Bernadeinschlepper.
Nun steigen wir direkt nach Süden an die überhängenden Felsen der Bernadeinwände heran und auf einer steilen Rampe nach rechts aufwärts, bis Drahtseile durch eine Rinne nach links hinaufleiten. Auf einer abschüssigen Schneerampe quert man links hinauf zum Grat, wo man die Normalroute am unteren Ende des Oberkars erreicht. Für diesen Aufstieg sind oftmals Steigeisen notwendig.

Rechts: Luftige Gratpassage im Aufstieg zur Gipfelflanke.

Wetterstein / Mieminger Gebirge

18 Hohe Munde, 2592 m
Von Leutasch über die Rauthhütte

3.45 Std.

1400 Hm

Exponierte Ostflanke hoch über dem Inntal

Die Hohe Munde gehört zu den eindrucksvollsten Berggestalten, die sich entlang des Oberinntales zwischen Innsbruck und Landeck erheben. Der östliche Eckpfeiler der Mieminger Berge ragt 2000 Meter hinter Telfs auf. Bereits von Weitem fällt ihr ebenmäßiger Ostrücken ins Auge, der oft den ganzen Winter in blendendem Weiß erstrahlt. Respekt flößt jedoch seine Steilheit und die Exponiertheit ein, was sich noch verstärkt, wenn man bei hart gefrorenem Harsch im Hang steht und nach unten ins Tal blickt.

Lange Zeit war die Skitour zur Hohen Munde berüchtigt als »Extremtour« für »ganz wilde Hunde«. In den letzten Jahren haben sich die Relationen jedoch ein wenig verschoben. Verbesserte Ausrüstung, regelmäßiges Training und mehr Informationen sorgten dafür, dass Skitouren heute regelrechte Modetouren wurden, in die sich früher nur Spitzenbergsteiger oder einige mutige und erfahrene Einheimische wagten. Ähnlich verhält es sich mit der Hohen Munde. Der Berg ist deshalb nicht leichter geworden, aber die Tourengeher eindeutig zahlreicher. Mit sicherer Gehtechnik ist die Hohe Munde bei guten Verhältnissen jedoch sicherlich eine Traumtour für jeden ambitionierten Skibergsteiger.

Bis vor einigen Jahren führte ein Lift die ersten 500 Höhenmeter hinauf zur Rauthhütte. Der Betrieb der Bahn wurde jedoch inzwischen eingestellt, und so ist die Pistenschneise jetzt fest in der Hand der Tourengeher und ermöglicht einen bequemen Zugang zur eigentlichen Skitour und eine genussreiche Abfahrt nach der Einkehr auf der Hütte. Der Hüttenaufstieg wird von Einheimischen auch gerne am Abend während der Woche als Hüttenskitour unternommen.

Ausgangspunkt: Parkplatz »Rauthhütte« an der Talstation des stillgelegten Liftes in Leutasch-Moos (ca. 1180 m).
ÖPNV: Mit der Bahn von München über Garmisch nach Mittenwald oder Seefeld und von dort mit Bussen weiter nach Leutasch, Haltestelle Moos (Fahrzeit 2.30 bis 3 Std.). Aufgrund der langwierigen Anfahrt wird meist eine Übernachtung in Leutasch erforderlich sein.
Aufstiegszeiten: Leutasch – Rauthhütte 1.15 Std, Rauthhütte – Hohe Munde 2.30 Std.
Anforderungen: Bis zur Rauthhütte einfache Skitour entlang einer ehemaligen, wenig steilen Piste. Danach folgt ein steiler und sehr exponierter Osthang, der sichere Gehtechnik im Aufstieg und gutes Abfahrtskönnen erfordert.
Hangrichtung: Ost.
Lawinengefährdung: Bis zur Rauthhütte ist die Tour lawinensicher. Der weitere Aufstieg ist vor allem im mittleren und oberen Teil nur bei Firnverhältnissen oder absolut sicherer Hochwinter-Schneelage empfehlenswert.
Einkehr: Rauthhütte (1600 m), während der Tourensaison geöffnet, aber keine Übernachtungsmöglichkeit, Tel. +43 664 2815611.
Karten: f&b WK 322, AV 4/3 Wetterstein Ost.

Ein früher Aufbruch ist an der Hohen Munde fast immer erforderlich.

Der eindrucksvolle Ostrücken der Hohen Munde.

Aufstieg

Vom Parkplatz links der Lifttrasse auf die Pistenschneise. Die Schneise umgeht die Felsstufe der »Mooser Schrofen« in einem weiten Linksbogen und führt so zur Rauthhütte (1600 m). Der folgende, dichte Latschengürtel wird je nach Schneelage unterschiedlich überwunden. Meist empfiehlt es sich, die ersten gut 100 Höhenmeter von der Hütte rechts haltend aufzusteigen, um dann auf einer flachen Terrasse unterhalb des sich aufsteilenden Rückens nach links zu queren. Der Osthang ist hier noch sehr breit und recht kupiert – bei überlegter Ausnutzung des Geländes lässt sich hier eine ökonomische Aufstiegsspur legen. Bald jedoch wird der Hang steiler und schmäler und bricht dann bei der »Hohen Klamm« sehr exponiert zum Inntal hin ab. Hier ist sowohl im Aufstieg als auch dann in der Abfahrt Ausrutschen verboten. Die letzten 100 Höhenmeter legt sich der Rücken wieder zurück und es geht bequemer hinauf auf das geräumige Plateau des Ostgipfels. Der selten durchgeführte Übergang zum deutlich höheren Westgipfel (2659 m) bietet eine Steigerung der Exponiertheit.

Abfahrt

Entlang der Aufstiegsroute.

Karwendelgebirge

19 Pleisenspitze, 2567 m
Von Scharnitz über die Pleisenhütte

4.15 Std.

1600 Hm

Beliebter Karwendelklassiker mit uriger Einkehr

Für eingefleischte Anhänger »echter« Karwendelskitouren ist die Pleisenspitze eine etwas ambivalente Unternehmung. Einerseits handelt es sich um einen ausgezeichneten Skiberg mit freien, ideal geneigten Hängen, der vom Gipfel eindrucksvolle Tief- und Einblicke in die langen Karwendeltäler bietet. Andererseits ist es mit der Einsamkeit, die viele der abgelegenen Unternehmungen im Zentrum der Gebirgsgruppe kennzeichnet, nicht weit her. Bei guten Bedingungen in schneereichen Wintern sind die Waldschneisen unterhalb der Pleisenhütte in der Regel buckelpistenähnlich ausgefahren und selbst in der weitläufigen Gipfelflanke findet sich nach einigen Schönwettertagen kaum noch unverspurtes Gelände. Als dickes Plus kann die Skitour dafür die urige Einkehrmöglichkeit auf der eben erwähnten Pleisenhütte verbuchen. Toni Gaugg, genannt »Pleisentoni«, erbaute diese Hütte in den 50er-Jahren mit einem eindrucksvollen Arbeitseinsatz – er musste sämtliches Baumaterial und Werkzeug herauftragen. Heute kümmert sich sein Sohn Sigi um die zahlreichen Gäste. Während der Skitourensaison ist die Hütte an Wochenenden bewirtschaftet und man kann bei Kaspressknödl und Radler auf der aussichtsreichen Terrasse ausgiebig Sonne tanken oder sich bei kaltem Wetter in der kleinen Gaststube aufwärmen. Wem die 1600 Höhenmeter als Tagestour zu stramm sind, der kann sogar übernachten und den Anstieg auf zwei Etappen aufteilen.

Auf halber Strecke lockt die herrlich gelegene Pleisenhütte mit einer Einkehr.

Ausgangspunkt: Wanderparkplatz am Ortsende von Scharnitz, am Eingang der Karwendeltäler (970 m).
ÖPNV: Von München mit dem Zug über Garmisch und Mittenwald bis Scharnitz (Fahrzeit 2 Std.). Gehzeit zum Ausgangspunkt 10–15 Min.
Aufstiegszeiten: Scharnitz – Pleisenhütte 2.15 Std; Pleisenhütte – Pleisenspitze 2 Std.
Anforderungen: Unterhalb der Pleisenhütte teils steiler, schmaler Ziehweg oder enge, buckelpistenähnliche Waldschneisen. Oberhalb weitläufiges, bei guter Sicht unproblematisches Skigelände.

Hangrichtung: Fast ausnahmslos Süd- und Südwesthänge.
Lawinengefährdung: Bei überlegter Spuranlage sind nur der Hang unter der Hütte sowie die Stufe aus dem Vorderkar bei ungünstigen Bedingungen problematisch, dazu vielleicht noch der Gipfelaufbau, aber der ist meist eher abgeblasen. In guten Wintern wird die Standardroute andauernd häufig befahren.
Einkehr: Pleisenhütte (1757 m), während der Skitourensaison an Wochenenden bewirtschaftet, Tel. +43 664 9158792, www.pleisenhütte.at.
Karten: f&b WK 322, AV 5/1 Karwendelgebirge West.

Die Pleisenspitze, von der Hütte aus aufgenommen.

Der Beginn einer langen Abfahrt – am Gipfelhang.

Aufstieg

Auf den ersten eineinhalb flachen Kilometern vom Parkplatz bis zum Wiesenhof ist die Straße geräumt und meist mit Split bestreut, sodass man die Ski trägt. Etwa 400 Meter nach der Brücke über den Karwendelbach zweigt links eine Forststraße ab (Ausschilderung »Pleisenhütte«), die nach einem Steilstück wieder flacher wird und in einen Graben führt. Jenseits der Brücke kann man entweder nach links dem Fahrweg folgen oder die Kehren entlang einer Wegtrasse durch den Wald abkürzen. Auf etwa 1600 Meter wendet sich der Weg deutlich nach rechts und quert auf Höhe der Waldgrenze einen etwas steileren Hang zu einem markanten Geländerücken, auf dem die Pleisenhütte steht. Von der Hütte führt die Route rechts haltend aufwärts in den Eingang des Vorderkars und aus dem flachen Karboden bald wieder rechts hinaus auf den schon von Weitem sichtbaren, endlos langen Südwestrücken, die »Pleisen«, dem wir in mäßig steiler Neigung bis zum Gipfelaufbau folgen. Das letzte Stück steilt sich wieder etwas auf und ist oft abgeblasen oder hart. Dann macht es Sinn, die letzten Meter zu Fuß zurückzulegen.

Abfahrt

Entlang der Aufstiegsroute, wobei sowohl oberhalb als auch unterhalb der Hütte vielfältige Variationsmöglichkeiten bestehen. Wer nicht auf dem schmalen Ziehweg abfahren möchte, der findet bei hoher Schneelage mit etwas Spürsinn mehrere Waldschneisen, die direkt in den Wassergraben und zur Brücke der Forststraße hinabführen.

Ausschilderung an der Pleisenhütte.

Karwendelgebirge

20 Nördliche Linderspitze, 2372 m
Von Mittenwald durch das Dammkar

3.45 Std. | **1400 Hm**

Deutschlands »längste Pistenskitour«

Deutschlands bekannteste »Freirideabfahrt« befindet sich in einem wilden Felskessel des Karwendel hoch über Mittenwald. Während im Hochwinter bei guter Schneelage die Gäste der Karwendelbahn dieses felsgesäumte Steilkar zur Buckelpiste einfahren, sind im Frühjahr die Skitourengeher hier wieder unter sich. Dann müssen die Ski auf den unteren 350 Höhenmetern meistens getragen werden, was den Attraktivitätsgrad für die echten »Freerider« so stark schmälert, dass sie sich anderen Zielen zuwenden. Einsam ist es dann zwar im Dammkar immer noch nicht, man kommt sich als Tourengeher aber nicht mehr vor wie ein Geisterfahrer in einer Einbahnstraße. Spätestens zur Revision der Seilbahn (in der Regel im Mai, manchmal auch schon im April) geht ohne eigene Aufstiegsleistung nichts mehr.

Etwas surreal mutet nach dem Aufstieg durch den wilden Felskessel das Ambiente am Ende des Kars an. Zuerst durchschreitet man einen 400 m langen Tunnel (während der Seilbahnrevision unbeleuchtet – dann unbedingt Stirnlampe mitnehmen) und erreicht die Bergstation der Karwendelbahn. Daneben befindet sich das Natur-Informationszentrum Karwendel in Form eines überdimensionalen Fernrohrs. Was tut man nicht alles für seine Touristen …

Auf alle Fälle stehen nun zwei Gipfel zur Auswahl. Am häufigsten wird die Nördliche Linderspitze bestiegen. Auch die Westliche Karwendelspitze kann bei guten Verhältnissen bis kurz unter den Gipfel mit Ski begangen werden. Aussicht, Tiefblick und die Abfahrt durch das schattige Dammkar sind von beiden Gipfeln garantiert.

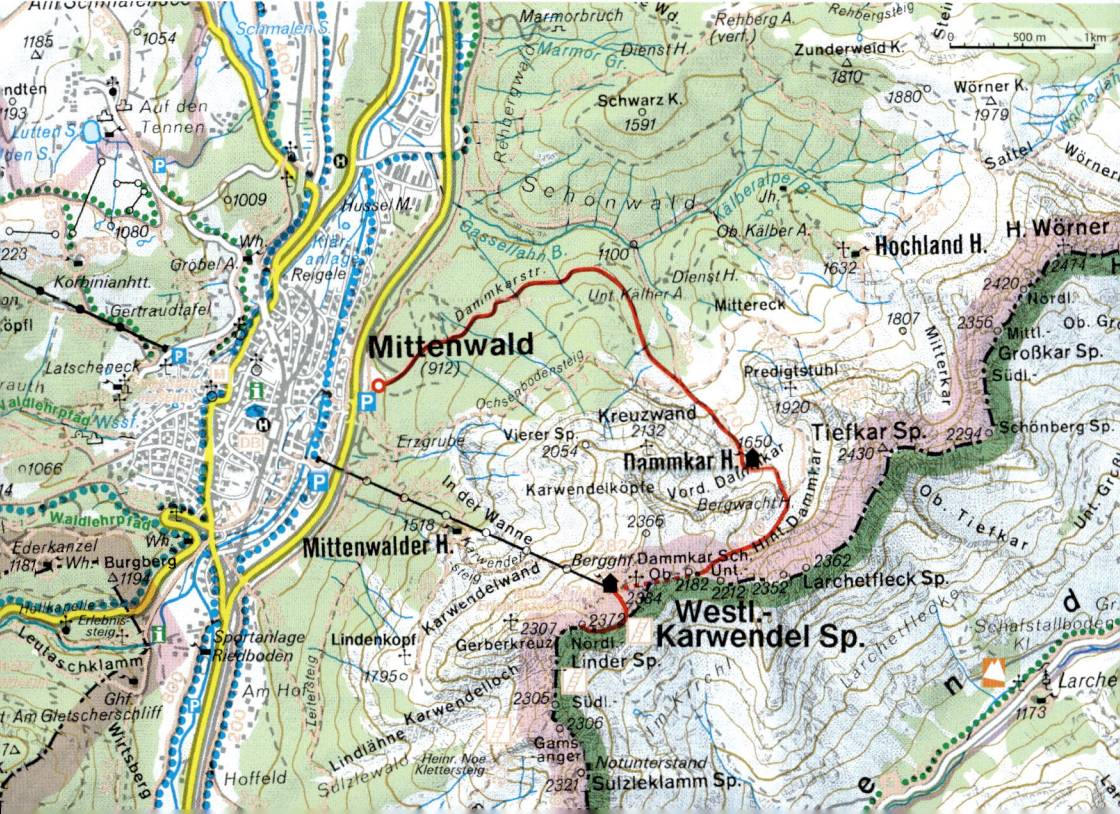

Wilde Felskulisse im Hinteren Dammkar.

Ausgangspunkt: Wanderparkplatz Raineck in Mittenwald an der Auffahrt zur B2 in Richtung Garmisch (950 m).
ÖPNV: Mit der Werdenfelsbahn von München über Garmisch bis Mittenwald (Fahrzeit knapp 2 Std.). Vom Bahnhof zu Karwendelbahn und durch eine Unterführung zum Beginn der Forststraße 5–10 Min.
Aufstiegszeiten: Mittenwald – Bankerl 1 Std., Bankerl – Dammkarhütte 45 Min., Dammkarhütte – Dammkarscharte 1.30 Std., Gipfelanstieg 30 Min.
Anforderungen: Nach dem anfänglichen Ziehweg durchgehend mittelsteile bis steile Hänge, oft buckelpistenählich eingefahren, häufig Harscheisen empfehlenswert. Gipfelanstieg wenig schwieriger Fußaufstieg.
Hangrichtung: Meist Nordnordwest, im oberen Teil Nordost.
Lawinengefährdung: Das Dammkar wird von der Lawinenkommission überwacht und bei Bedarf werden Lawinen abgesprengt. Während der Sprengarbeiten ist kein Aufstieg möglich – dies wird u. a. unten an der Schranke der Forststraße durch Sperrschilder kundgetan. Im Zweifel (z. B. bei sehr frühem Aufbruch nach Neuschnee) sollte man sich über die Hotline der Karwendelbahn informieren – siehe Hinweis).

Einkehr: Restaurant an der Bergstation der Karwendelbahn.
Karten: f&b WK 322, AV 5/1 Karwendelgebirge West, AV BY10 Karwendelgebirge Nordwest.
Hinweis: Über Fahrzeiten der Seilbahn und Lawinensprengungen informiert die Bandansage der Karwendelbahn unter Tel. +49 8823 5396.

Alpines Stilleben am »Bankerl«.

Karwendelgebirge

Aufstieg
Unmittelbar gegenüber vom Parkplatz beginnt eine Forststraße mit Schranke. Auf dieser anfangs steil, bald jedoch recht flach nach Nordosten, später nach Süden bis zum Bankerl bei der Talstation der Materialseilbahn. Im Frühjahr beginnt hier meistens der Schnee. Nun steigen wir, uns rechts haltend, hinauf in das »Kanonenrohr« – eine steile Rinne, die uns hinaufführt zur Dammkarhütte. Hier zweigt rechts das Viererkar ab, das ebenfalls eine lohnende Skitour darstellt und in der Viererscharte endet. Ein kurzes Flachstück bringt uns zum Bergwachthang und ab dem Bergwachthütterl geht's nach rechts weiter ins Hintere Dammkar. Das schmale Kar zieht nun in anfangs gemächlicher Neigung, bald aber zunehmend steiler (kurz ca. 35 Grad) nach Westen hinauf bis zur Dammkarscharte. Von hier führt ein leicht ansteigender Tunnel nach Westen zur Bergstation der Karwendelbahn.

Der Gipfelanstieg zur Nördlichen Linderspitze beginnt am Bergrestaurant. Man steigt nach Osten hinauf zum Panoramaweg und folgt diesem bis zum Aussichtspunkt. Der restliche Gipfelanstieg entlang des Grates soll nach den Empfehlungen des DAV für naturverträgliches Skibergsteigen nur zu Fuß erfolgen.

Abfahrt
Entlang der Aufstiegsroute.

Variante
Alternativ ist auch der Aufstieg zur Westlichen Karwendelspitze über ihren Westhang von der Bergstation der Karwendelbahn mit Ski bis knapp unter den Gipfel möglich. Die letzten Meter werden dann – teils in leichter Kletterei – zu Fuß zurückgelegt.

Blick auf die nördliche Karwendelkette und einige Abschnitte des Routenverlaufs.

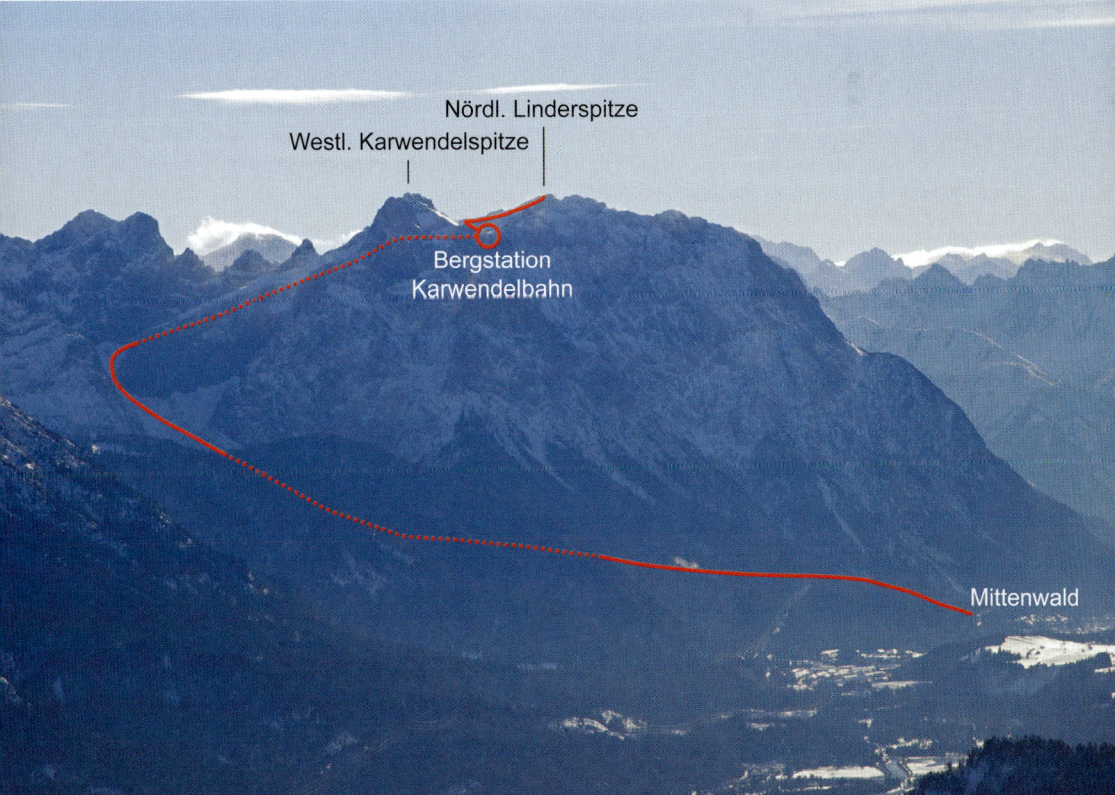

Karwendelgebirge

21 Schafreuter, 2102 m
Von der Oswaldhütte über die Westseite

3.15 Std. | 1230 Hm

Paradeskiberg am Rande des Karwendelgebirges

Die nördlichen Karwendelberge haben optisch mit dem Rest der Gebirgsgruppe recht wenig gemeinsam. Die Gipfelregionen sind geprägt von sanften Formen, in tieferen Lagen findet sich viel Wald. Dieser Wald ist auch dafür verantwortlich, dass hier nur relativ wenige Skitourenberge zu finden sind – nur wo Forststraßen hindurchführen, ist auch mit Ski ein bequemer Aufstieg und eine zügige Abfahrt möglich. Weite Teile des Areals zwischen Vorderriß und Achenkirch sind im Winter nur schlecht erreichbar. Die Fahrstraße in das abgelegene Bächental ist für den öffentlichen Verkehr gesperrt, aber immer gut geräumt. Viele Tourenmöglichkeiten im Talschluss lohnen im Prinzip die Anfahrt auf der flachen Straße mit dem Bike, dies wird aber nur von wenigen Individualisten genutzt.

Der Schafreuter als höchster Berg dieser Gebirgsgruppe hingegen ist ein ausgesprochener Modeberg, an dem oft Hunderte von Tourengehern an einem Wochenende unterwegs sind. Seit der Errichtung einer Forststraße ist er von der Straße nach Hinterriß bequem und direkt erreichbar und bietet in seiner oberen Hälfte hervorragende Skihänge. Auch die Lawinensituation ist recht gut kalkulierbar – die wenigen etwas steileren Hänge werden nach jedem Neuschneefall schnell wieder komplett eingefahren, wodurch sich nur selten zusammenhängende Schwachschichten ausbilden können.

Aufgrund seiner isolierten Position ist der Schafreuter ein vorzüglicher Aussichtsberg mit tollem Blick auf die Felsketten und die langen Täler des Naturschutzgebietes Karwendel. In Verbindung mit der schnellen Erreichbarkeit aus dem Münchner Raum, dem recht unproblematischen Aufstieg und der bei guten Verhältnissen sehr lohnenden Abfahrt handelt es sich daher sicherlich um eine der schönsten Skitouren der Bayerischen Alpen zwischen Inn und Lech.

Ausgangspunkt: Von Vorderriß etwa 5 Kilometer auf der Straße in Richtung Hinterriß, bis kurz nach der Oswaldhütte links eine Forststraße beginnt. Parkmöglichkeiten rechts der Straße (870 m).
ÖPNV: Im Winter nicht möglich.
Aufstiegszeiten: Parkplatz – Mooslahneralm 1.30 Std., Mooslahneralm – Schafreuter 1.45 Std.
Anforderungen: Skitechnisch relativ problemlose Skitour, nur zwischen Mooslahneralm und Gipfelhang kann es in der waldigen Passage kurzzeitig etwas enger hergehen. Der Übergang vom Vorgipfel zum Gipfelkreuz ist einigermaßen exponiert und kann überwechtet sein.
Hangrichtung: West, oben zum Teil Nordwest.
Lawinengefährdung: Bei überlegter Routenwahl ist der Anstieg fast immer unkritisch – einige steilere Mulden sollten allerdings bei erheblicher Lawinengefahr gemieden werden.
Einkehr: Keine.
Karten: f&b WK 322, AV BY12 Karwendelgebirge Nord.

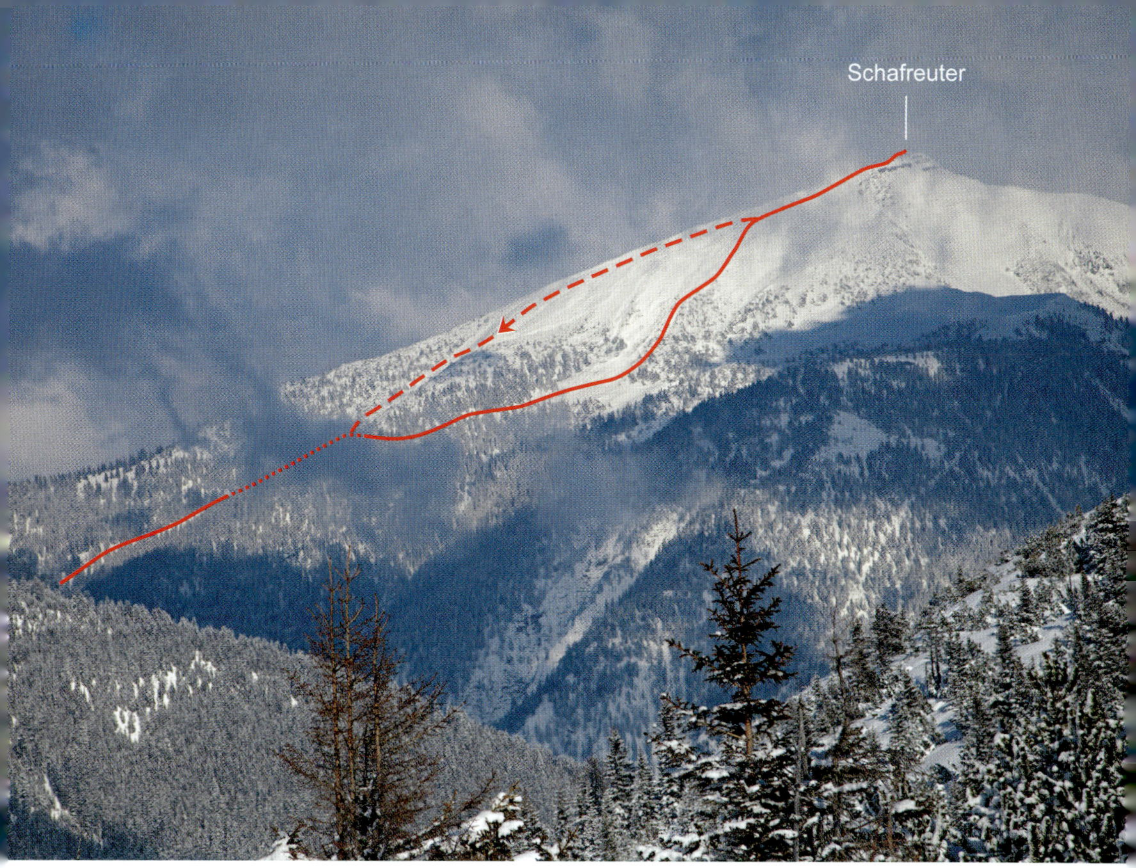

Blick vom Hochalpl zum Schafreuter.

Aufstieg

Wir folgen der Forststraße, wobei am Anfang einige Kehren auf steilerer Trasse abgekürzt werden können. Die Neigung der Straße erlaubt einen passablen Höhengewinn. Auf einer Höhe von etwa 1300 m führt sie uns recht nah an den Kälbergraben heran. Es folgen drei Kehren relativ nah beisammen, wobei wir an der zweiten Linkskehre die Straße nach rechts verlassen. Durch einen Graben mit lichtem Wald erreichen wir die Wiesen der Mooslahneralm. Rechts vom Graben steigen wir nun auf und ziehen bald wieder nach links durch ein Waldstück in eine weite Mulde. Diese steilt sich nach oben hin zunehmend auf, weshalb wir uns bald rechts halten und auf der Trasse des Sommerwegs hinausqueren auf den rechten Begrenzungsrücken. Bei viel Schnee nun über den anfangs noch mit Latschen und ein-

Über den Wolken am Gipfelgrat.

Winteridylle im Karwendel.

Oberhalb der Mooslahneralm.

zelnen Bäumen bestandenen Rücken aufwärts. Sind die Latschen nicht zugeschneit, quert man besser am Sommerweg noch weiter nach rechts bis in die nächste freie Mulde, an deren rechtem Rand wir dann hinaufsteigen zu dem breiten Westrücken. Dort treffen wir wieder auf die andere Variante. Nun folgen wir dem immer flacher werdenden Rücken hinauf bis zum schmalen Gipfelgrat. Je nach Schneelage noch ein Stück mit Ski oder zu Fuß hinüber zum Gipfelkreuz (Vorsicht auf Wechten!).

Abfahrt
Die Abfahrt folgt im Wesentlichen der Aufstiegsroute. Im oberen Teil gibt es mehrere Möglichkeiten, spätestens an der Forststraße unter der Mooslahneralm treffen alle Varianten wieder zusammen.

22 Juifen, 1988 m
Von Achenkirch über die Falkenmoosalm

3.15 Std.
1100 Hm

Moderate Genusstour in den Vorbergen des Karwendel

Der äußerste Nordosten des Karwendelgebirges ähnelt in seiner Erscheinung schon sehr den Voralpen jenseits des Achenpasses. Gerade deswegen handelt es sich hierbei aber um perfekte Hochwintertouren, wo oft bereits im Frühwinter reger Andrang herrscht. Sie befinden sich nämlich in einer klassischen Nordstaulage, wo die Schneewolken bei starken Nord- oder Nordwestwinden ausgequetscht werden wie eine Zitrone. Deshalb können hier die Niederschläge besonders ergiebig ausfallen, und so kann bereits ein erster kräftiger Wintereinbruch für passable Tourenverhältnisse sorgen. Am Juifen und an der Hochplatte besteht zwar der Untergrund aus mehr Gras als Felsen, aber die Waldschneise oberhalb der Falkenmoosalm verlangt dann doch eine vernünftige Schneeauflage. Sollte sich die Schneemenge vor Ort als etwas knapp bemessen herausstellen, bietet sich südlich noch eine Alternative an, die weniger Ansprüche an die Unterlage stellt: Der Christlumkopf (1758 m) kann über das Skigebiet von Achenkirch entlang der Skipisten bestiegen werden, was vor allem vor Beginn der Liftsaison interessant sein kann.

Der Juifen hingegen ist mehr als ein klassisches Saisonanfangsziel – er ist ein Skiberg für den ganzen Winter. Der abwechslungsreiche Aufstieg führt auf einen der markantesten Gipfel in der Umgebung und das Gipfelpanorama – insbesondere hinein ins Herz des Karwendel – ist absolut sehenswert. Die Abfahrt beinhaltet zwar einige Flachstücke und Querungen, wartet aber auch mit schönen und oftmals sogar wenig verspurten Hängen auf. Mit der benachbarten Hochplatte existiert ein attrakiver »Plan B«, falls die Kondition oder das Wetter nicht so mitspielen wie erwartet. Dieser kleinere Nachbargipfel wird sogar häufiger besucht als der große Bruder, da der Anstieg direkter ist und die Abfahrt insgesamt lohnender. Dass sich Achenkirch aus dem Großraum München über den Sylvensteinspeicher oder den Achenpass relativ schnell und problemlos erreichen lässt, ist für die Beliebtheit dieser Skitouren sehr förderlich, weshalb der große Parkplatz an schönen Wochenenden regelmäßig voll ist.

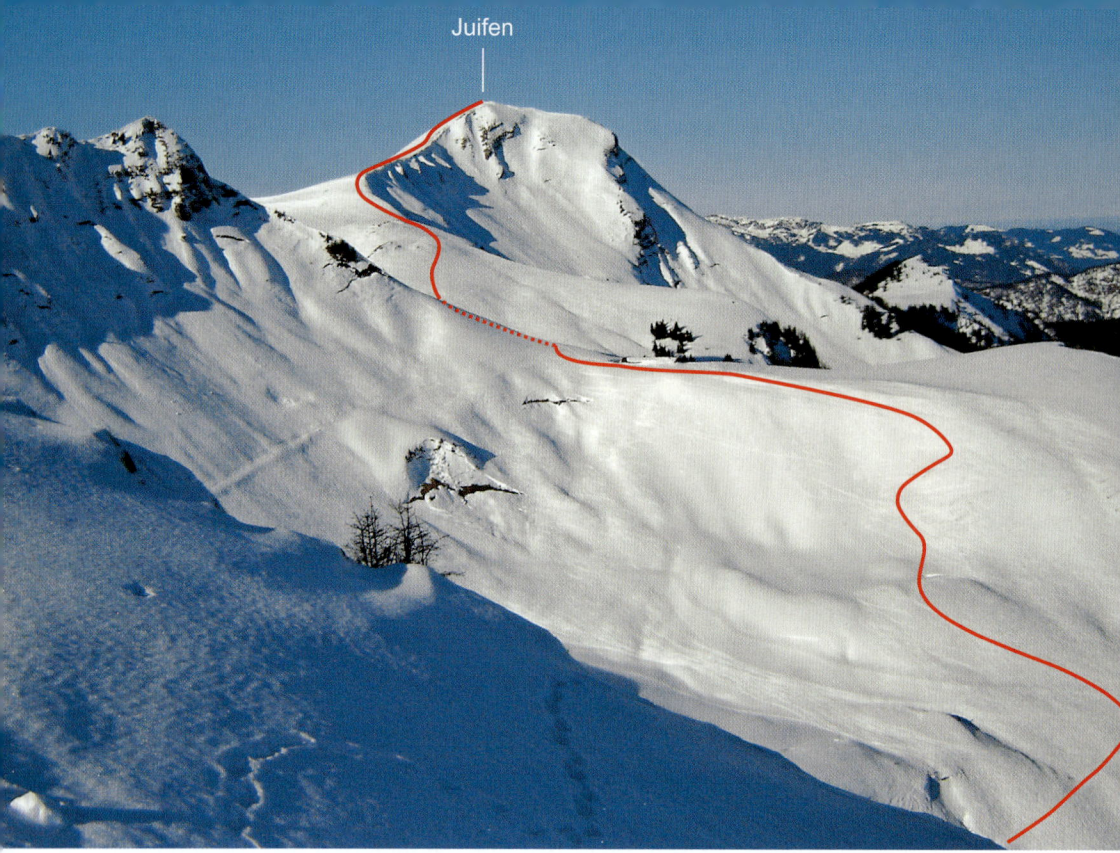

Vom Aufstieg zur Hochplatte bietet sich ein guter Überblick über den Routenverlauf zum Juifen.

Ausgangspunkt: Etwa 2 Kilometer südlich von Achenwald (noch vor der Abzweigung Achenkirch-Nord) befindet sich an der Achensee-Bundesstraße rechts ein großer, gebührenpflichtiger Parkplatz (890 m).
ÖPNV: Ausgangspunkt ist die Bushaltestelle Achenkirch-Abzweigung Steinberg. Erreichbar vom Bahnhof Tegernsee mit dem Bus Richtung Achensee oder von der Bahnstrecke Rosenheim–Innsbruck ab Jenbach mit Bus. Von der Haltestelle nach Norden und links hinauf zu den Wiesen am Anfang der Skiroute (10 Min.Gehzeit).
Aufstiegszeiten: Parkplatz – Falkenmoosalm 1.15 Std., Falkenmoosalm – Abzweigung Hochplatte 30 Min., Abzweigung Hochplatte – Lämpereralm 45 Min., Lämpereralm – Juifen 45 Min.

Anforderungen: Überwiegend flache bis mittelsteile Forstwege und Wiesenhänge in Aufstieg und Abfahrt. Bei schlechter Sicht und fehlender Spur kann die Orientierung zum Juifen Probleme bereiten.
Hangrichtung: Vorwiegend Ost.
Lawinengefährdung: In der Querung zur Großzemmalm sollte keine Gefahr aus den steilen Nordwesthängen der Hochplatte drohen. Ansonsten ist der Anstieg relativ lawinensicher. An der Hochplatte ist bei kritischen Verhältnissen der Gipfelhang mit Vorsicht zu beurteilen.
Einkehr: Mehrere Gasthöfe in Achenkirch am Ausgangspunkt.
Karten: f&b WK 321, AV BY14 Mangfallgebirge Süd.

Aufstieg

Vom Parkplatz über die linke Straße kurz hinauf zu einer flachen Wiese und über diese in südwestlicher Richtung zwischen einigen Häusern hindurch zu einer Forststraße. Dieser folgen wir nach links aufwärts bis zur ersten Rechtskehre, wo wir uns geradeaus an einen schmaleren Ziehweg halten. Der führt nun etwas steiler durch den Wald hinauf zu den Wiesen der Falkenmoosalm. Hier treffen wir wieder auf die Forststraße. Hinter der Almhütte führt eine Schneise durch ein etwas steileres Waldstück hinauf auf den Gratrücken, der von der Hochplatte nach Norden zieht. Zum Juifen halten wir uns hier rechts und folgen dem Forstweg (anfangs leicht bergab!) in die steile Nordwestflanke der Hochplatte bis hinüber zur Großzemmalm. Schöne Skihänge führen nun hinauf zur Lämpereralm, von wo aus wir die leuchtend weißen Flanken des Juifen erblicken. Wir queren flach hinüber ins Marbichler Joch und steigen hinauf zum Südrücken unseres heutigen Skigipfels. Auf dem breiten Grasrücken, der allerdings oftmals etwas abgeblasen ist, geht es ohne Probleme zum Gipfelkreuz.

Abfahrt
Die Abfahrt folgt im Wesentlichen der Aufstiegsroute, wobei das variantenreiche Gelände je nach Lawinenlage viel Spielraum für etwas Abwechslung lässt.

Varianten
Die kürzere Variante für diese Tour führt zur Hochplatte. Dabei folgen wir dem

Am Nordrücken der Hochplatte.

gemächlichen Rücken oberhalb der Falkenmoosalm bis unter den Gipfelhang, wo es in einer leichten Linksschleife steiler zum höchsten Punkt geht.
Wer noch konditionelle Reserven hat, kann am Juifen durchaus den ein oder anderen höchstwahrscheinlich unverspurten Traumhang abfahren und durch erneutes Anfellen wieder zur Route aufsteigen. Insbesondere hinab ins Bächental finden sich dafür tolle Möglichkeiten.
Für die Abfahrt nutzt man unterhalb der Falkenmoosalm in der Regel die Forststraße.

Die letzten Meter über den abgeblasenen Gipfelhang des Juifen.

Karwendelgebirge

23 Gamsjoch, 2452 m
Rundtour aus der Eng

4.30 Std.

1650 Hm

Eindrucksvolle Skitour im Angesicht der Laliderer Wand

Nur wenige der zahlreichen Karwendelberge sind wirkliche Skiberge. Zu steil und schroff sind meist die Gipfelaufbauten, weshalb die typische Karwendeltour durch ein Kar in eine Scharte führt. Der wuchtige Bergstock des Gamsjoch hingegen weist gerade in seinem oberen Teil einen weithin sichtbaren Parade-Skihang auf. Wer gegenüber im viel besuchten Hochglückkar unterwegs ist, kann den Abfahrtsgenuss bei Idealfirn an diesem 600-Meter-Südhang erahnen. Zusammen mit der weiteren Abfahrt ins Laliderer Tal und dem Rückweg übers Hohljoch ist das Gamsjoch sicherlich eine der lohnendsten Skitouren im Karwendel. Das gilt auch aufgrund seiner guten Erreichbarkeit, denn sobald Anfang Mai die Mautstraße in die Eng öffnet, entfallen hier die sonst in diesem Gebirge häufig üblichen Talhatscher bzw. Mountainbike-Anfahrten. Obwohl diese Tour weit mehr zu bieten hat als das gegenüberliegende, überlaufene Hochglückkar, steuern nur wenige Kenner den Berg an. Zu wenig einladend sieht die steile Lawinenrinne aus, durch die der Anstieg führt. Tatsächlich geht aber der Aufstieg oftmals besser als erwartet, insbesondere wenn eine gut angelegte Stapfspur ein schnelles Höherkommen mit den Ski am Rucksack ermöglicht. Nach dem etwas herben Einstieg erwarten uns in der oberen Hälfte dann aber ideales, wenn auch zwischendurch recht steiles Skigelände und ein hervorragender Aussichtsgipfel.

Gewaltige Kulisse bei der Abfahrt vom Hohljoch.

Die Abfahrt über die Aufstiegsroute ist nicht nur wenig lohnend, sondern ab dem späten Vormittag auch gefährlich, da sich die Lawinen aus den umgebenden Flanken genau in dieser Rinne sammeln. Aber auch aus skifahrerischen und landschaftlichen Gründen ist die Abfahrt ins Laliderer Tal zu bevorzugen. Endlose Hänge ziehen hinab in das zu dieser Jahreszeit einsame Tal. Nichts ist mehr zu erahnen vom Trubel gegenüber im Hochglückkar. Und wem Gegenanstiege bisher ein Gräuel waren, wird hier vielleicht bekehrt. Gemütliche, weite Almböden leiten uns hinauf ins Hohljoch – die gewaltige Mauer der Laliderer Wände immer im Blick. Eine unvergleichliche Landschaft – nur für uns ganz alleine. Die Osthänge jenseits hinab in den Enger Grund werden in der Regel erst zur Mittagszeit oder später erreicht. Der Schnee in den Osthängen ist dann meist schon sehr weich und recht tief. So werden sie kaum noch eine skifahrerische Offenbarung darstellen – aber das macht die Kulisse mehr als wett.

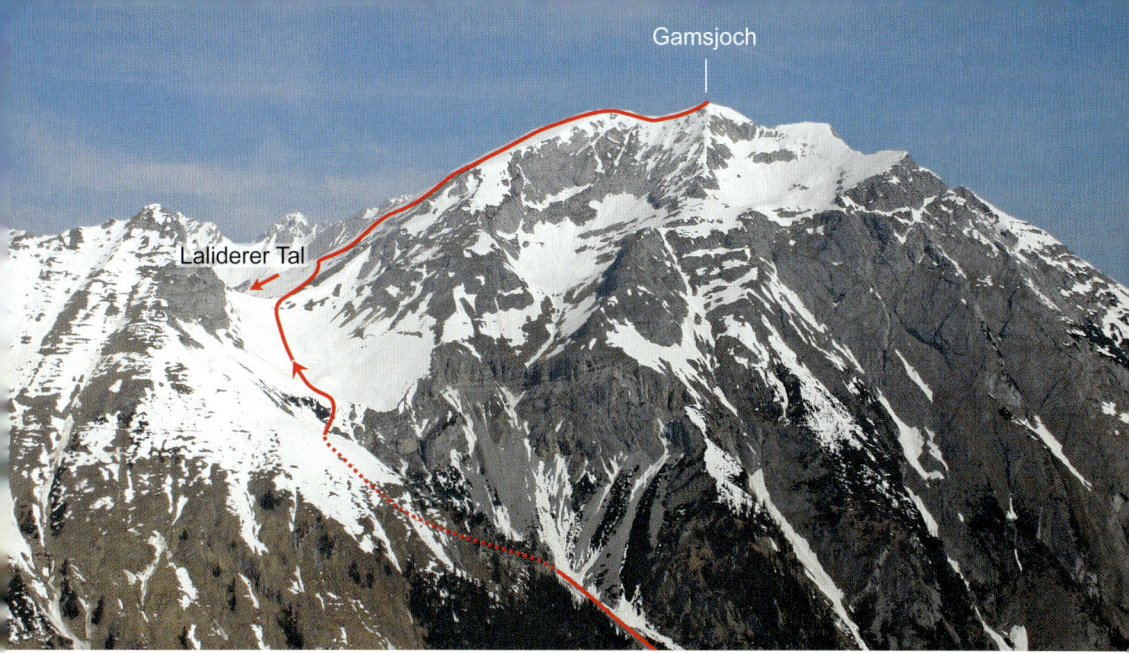

Blick aus dem Hochglückkar zum Gamsjoch.

Ausgangspunkt: Großparkplatz am Alpengasthaus Eng (1203 m) im Karwendel.
ÖPNV: Zur Skitourenzeit nicht möglich.
Aufstiegszeiten: Gasthaus Eng – Gumpenjöchl 2 Std., Gumpenjöchl – Gamsjoch – 1.15 Std., Abfahrt ins Laliderer Tal 1 Std., Laliderer Tal – Hohljoch 1.15 Std., Hohljoch – Abfahrt zum Gasthaus in der Eng 45 Min.
Anforderungen: Anspruchsvolle Skitour, die über weite Strecken in steilen Hängen und in teils schwierigem Gelände verläuft. Sichere Skitechnik im Aufstieg und in der Abfahrt sowie alpine Erfahrung sind hierfür notwendig.
Hangrichtung: Bis zum Gumpenjöchl ostseitig, Gipfelhang südseitig, Abfahrt ins Laliderer Tal und Aufstieg zum Hohljoch westseitig, Abfahrt vom Hohljoch süd- und ostseitig.
Lawinengefährdung: Insbesondere die Aufstiegsrinne oberhalb der Engalmen ist sehr stark von Lawinen bedroht. In die Ostseite scheint früh die Sonne, sodass sich oftmals bereits am frühen Vormittag die ersten Lawinen lösen und dann durch die unteren 600 Hm dieser Rinne ins Tal donnern. Eine absolut sichere Lawinenlage und ein früher Aufbruch sind daher Voraussetzung – der Weiterweg stellt demgegenüber kaum noch ein Problem dar.
Einkehr: Auf der Tour keine. Am Endpunkt das Alpengasthaus in der Eng, bewirtschaftet ab Öffnung der Mautstraße (i.d.R. Anfang Mai), Tel. +43 5245 231, eng.at.
Hinweis: Die Mautstraße in die Eng öffnet i.d.R. Anfang Mai. In den letzten Wintern war die Straße aber oft schon deutlich früher schneefrei und mit MTB befahrbar.
Karten: f&b WK 321, AV 5/2 Karwendelgebirge Mitte.

Aufstieg zum Gamsjoch

Vom Alpengasthaus ein kurzes Stück taleinwärts, bis man nach rechts über den Bach zu den Engalmen gelangt. Nun halten wir uns geradeaus nach Westen an den Ausgang eines tiefen Lawinengrabens. Durch die Rinne je nach Schneelage anfangs oft mühsam über Lawinenschnee aufwärts (manchmal besser zu Fuß mit Ski am Rucksack) bis unter eine Steilstufe. Diese wird in einer Linksschleife bewältigt, und wir erreichen nun deutlich flacher das Gumpenkar. Die Richtung beibehaltend steigen wir zuletzt wieder etwas steiler hinauf ins Gumpenjöchl (1974 m). Der Weiterweg in der riesigen Südwestflanke quert zuerst weit nach Westen. Eine steilere Stufe wird hier im Bereich des Sommerwegs überwunden. Auf der etwas flacheren Gipfelabdachung geht es dann weiter zum Südgipfel. Der Übergang zum Hauptgipfel ist unschwierig, aber oft überwechtet, und wird in der Regel zu Fuß absolviert.

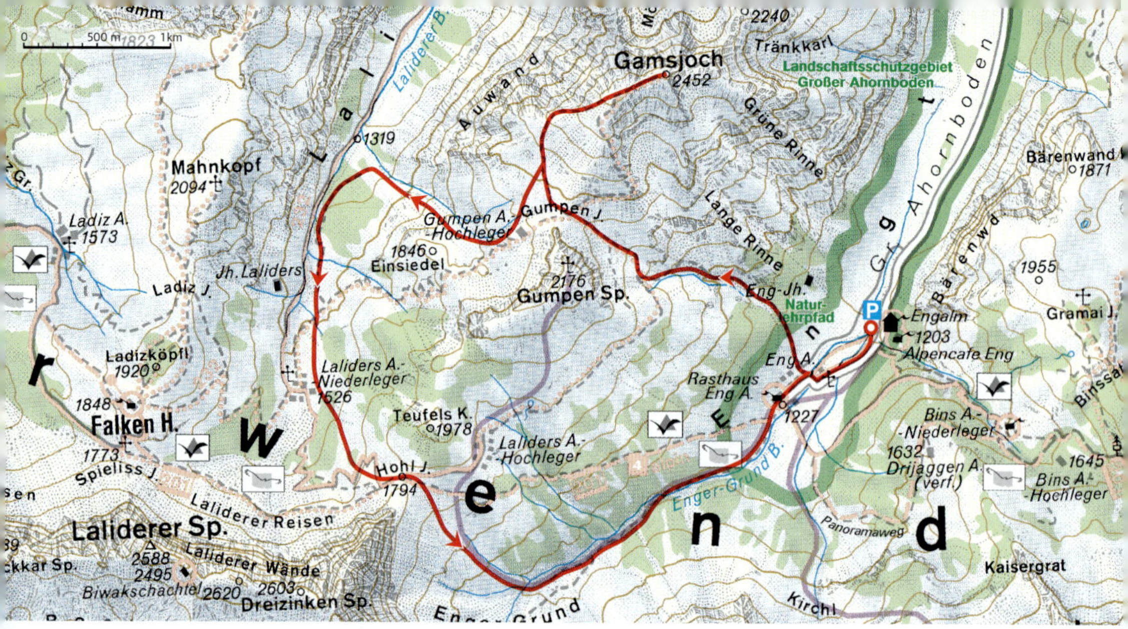

Abfahrt ins Laliderer Tal
Der obere Teil ist südsüdwestseitig ausgerichtet, im unteren Teil sind es hauptsächlich Westhänge, daher dauert es oft relativ lang, bis der Schnee auffirnt. Am Anstiegsweg fährt man bis etwa 100 Hm oberhalb des Gumpenjöchl ab. Nun muss man nicht nach links queren, sondern kann geradeaus hinab zur Gumpenalm schwingen. Dort hält man sich deutlich links und fährt auf der linken Bachseite durch Latschengassen bis auf ca. 1600 m ab. Die folgende Steilstufe wird eher nach links querend überwunden, bevor es durch lichten Wald in den Talgrund bis auf ca. 1360 m hinabgeht.

Aufstieg zum Hohljoch
Links vom Bach einem Ziehweg entlang durch überwiegend freies Almgelände talaufwärts bis zur Laliders Alm. Nun am besten gleich links der Alm nach Osten etwa 60 Höhenmeter aufwärts, bis das Gelände steiler wird. Hier zieht nach Süden eine Art Rinne aufwärts, die in das flache Gelände unterhalb des Hohljoch leitet. Der letzte Hang führt uns nochmals etwas steiler hinauf nach Osten ins Hohljoch (1795 m). Hier sollten wir uns eine ausgiebige Pause gönnen – zum Kräftesammeln und Landschaft genießen.

Abfahrt in die Eng
Man fährt zuerst ein Stück nach Osten ab, bis man direkt nach Süden in den Enger Grund unter das riesige Fels-Amphitheater von Dreizinkenspitze, Grubenkarspitze und Spritzkarspitze einfahren kann. Am Bach entlang geht es nun zuerst rechts, dann links vom Wasserlauf hinaus zur Engalm und zum Parkplatz.

Die letzten Meter zum Hohljoch.

Karwendelgebirge

24 — Hochglückscharte, 2387 m
Nordkar aus der Eng

3.00 Std.
1170 Hm

Bekannteste Frühjahrsskitour im Karwendel

Das riesige Nordkar des Hochglück ist den ganzen Winter über ein einsames Tourenrevier. Zu abgelegen sind diese Hänge ganz hinten im Enger Tal. Erst Anfang Mai, wenn der Schlagbaum in Hinterriß geöffnet wird und die Blechkarawane in die Eng wieder rollt, ändert sich dies schlagartig. Was im Wilden Kaiser das Griesner Kar, ist im Karwendel das Hochglückkar: der perfekte Saisonausklang in den Nordalpen. Während auf den schneefreien Wiesen der Engalmen bereits die Krokusse blühen, liegt in der schattigen Nordflanke noch meterhoch der Schnee, nach schneereichen Wintern lässt sich die Tour oft noch bis Anfang Juni halbwegs lohnend als Skitour durchführen.

Die Beliebtheit dieser Skitour geht neben der grandiosen Landschaft mit Sicherheit auch auf die relativ geringen Anforderungen zurück. Der Höhenunterschied mit 1100 Metern liegt für den Massengeschmack genau richtig, und die Hänge sind zwar teilweise steil, aber meist mit genügend Auslauf, sodass ein Sturz in der Regel ungefährlich ist. Nicht zuletzt ist auch die Lawinengefahr gut kalkulierbar. Durch die schattige Ausrichtung ist bei Frühjahrsverhältnissen bis Mittag kaum mit Lawinen zu rechnen, was zeitlich auch für die Genießer zu schaffen sein sollte.

Einen kleinen Wermutstropfen – neben dem großen Andrang – hat die Tour aber: Auf ein Gipfelerlebnis muss der Genuss-Tourengeher verzichten. Der Übergang von der Hochglückscharte zum höchsten Punkt erfordert Sicherheit im brüchigen, winterlichen Schrofengelände und wird fast nie durchgeführt. Der übliche Gipfelanstieg für erfahrene Skibergsteiger führt in einer Variante durch das linke Seitenkar und eine 45 Grad steile Rinne bis knapp unter den Gipfel. Von dort ist das letzte Gratstück viel kürzer und weniger heikel als von der Östlichen oder Westlichen Hochglückscharte und wird regelmäßig, aber trotzdem weit weniger als die Scharten besucht.

Trinkpause im Kar – rechts die Spritzkarspitze.

Der obere Teil des Hochglückkares.

Ausgangspunkt: Großparkplatz am Alpengasthaus Eng (1203 m) im Karwendel.
ÖPNV: Zur Skitourenzeit nicht möglich.
Aufstiegszeit: Gasthaus Eng – Hochglückscharte 3 Std.
Anforderungen: Aufstieg und Abfahrt verlaufen überwiegend über mittelsteile, teilweise auch steile Hänge, die an engeren Passagen oft Buckelpistencharakter aufweisen. Eine solide Skitourentechnik in Aufstieg und Abfahrt ist daher hilfreich. Die Variante zum Hochglückgipfel überwindet insgesamt 1380 Hm und verläuft durch eine steile Schneerinne, die oft Steigeisen erfordert. Am Gipfelaufbau leichte bis mittelschwierige Kletterei.
Hangrichtung: Nord.
Lawinengefährdung: Zur üblichen Jahreszeit in den ersten Maiwochen bei Frühjahrsverhältnissen in der Regel relativ sichere Tour, sofern man zeitig (bis Mittag) wieder abfährt. An sehr warmen Tagen oder nach einem Neuschneefall können allerdings auch zu dieser Zeit einige Hänge von Lawinen bedroht sein.
Einkehr: Siehe Tour 23.
Karten: Siehe Tour 23.
Hinweis: Siehe Tour 23.

Aufstieg

Vom Alpengasthaus Eng folgen wir dem Fahrweg in Richtung Engalmen bis zur Brücke. Nach der Brücke wandern wir rechts vom Bach an einigen für das Tal charakteristischen Ahornbäumen vorbei auf die düstere Nordwand der Spritzkarspitze zu. Am Talschluss beim Wasserreservoire steigen wir rechts vom Bach immer steiler bergauf bis zu einer Terrasse. Hier halten wir uns links bis unter den folgenden Steilhang, der links von einem Felsriegel begrenzt wird. Im Zickzack zwischen Latschen und einigen Felsen hindurch über den meist stark eingefahrenen Steilhang hinauf in die flachen Karböden oberhalb. Nun ziehen wir durch schön kupiertes Gelände wieder tendenziell nach rechts auf die bereits sichtbare Scharte zu, die von einem Fels-Gendarmen in die Westliche und Östliche Hochglückscharte getrennt wird. Häufiger wird die westliche Scharte bestiegen, wobei die letzten, recht steilen Meter meist zu Fuß zurückgelegt werden.

Abfahrt
Man fährt im Großen und Ganzen entlang der Aufstiegsroute wieder ab.

Variante
Wer den Gipfel des Hochglück besteigen möchte, hält sich beim Erreichen der flachen Karböden links und steigt in das engere und etwas steilere östliche Hochglückkar auf. In dem immer enger und steiler werdenden Kar so weit wie möglich mit Ski. Auf ca. 2400 m errichten wir ein Skidepot. Sichere Skifahrer können die Bretter bei guten Verhältnissen an den Rucksack schnallen und noch bis zur Scharte mitnehmen. Durch eine etwa 45 Grad steile Rinne geht es nun hinauf in die Scharte und von dort nach links über den relativ einfachen Grat (je nach Schneelage Stellen I bis II) zum Gipfel. Oftmals werden ab dem Skidepot Steigeisen hilfreich oder notwendig sein.

Blick auf Grubenkarspitze und Hohljoch aus dem flachen Talboden.

Karwendelgebirge

25 Kleine Stempeljochspitze, 2529 m
Aus dem Halltal über das Stempeljoch

5.00 Std.
1800 Hm

Feiner Skigipfel im südlichen Karwendel

Das Karwendelgebirge beherbergt eine Vielzahl grandioser Skitourenmöglichkeiten. Die meisten davon sind nur wenig bekannt – auch die wenigen, die dem Durchschnittstourengeher zugemutet werden können. Ein vielfältiges Skitourenrevier versteckt sich über dem Inntal hinter der dunklen Schlucht des Halltals. Die einheimischen Tourengeher wissen es seit jeher zu schätzen, und die Haller Winterbergsteiger können hier zu rund einem Dutzend Touren beinahe von ihrer Haustüre starten. Die Bandbreite reicht von relativ harmlosen Unternehmungen wie dem Thaurer Zunterkopf bis hin zu den Extremklassikern an den Lafatschern oder der Speckkarspitze.

Gemeinsam haben die meisten Routen den Start im Halltal. Die früher in dieses eindrucksvolle Karwendeltal führende Straße wurde nach einem größeren Murenabgang 2010 für den öffentlichen Verkehr ganzjährig gesperrt und ist nur noch für Berechtigte befahrbar. Ein relativ teurer Taxidienst nimmt meist erst Mitte Mai den Betrieb auf. Im Winter wird die Straße als (sehr steile) Rodelbahn genutzt und ermöglicht damit einen zwar langen, aber bequemen Zugang zum eigentlichen Beginn der Touren im abgeschirmten Talschluss. Sobald man die Rodelbahn hinter sich lässt, überwiegt der Einsamkeitsfaktor, da die Touren im Halltal allein schon aufgrund des langen Zustiegs nicht dem Geschmack der breiten Masse entsprechen. Das beliebteste Ziel ist noch die Stempeljochspitze, die aber von Absam schon eine solide Kondition erfordert.

Darüberhinaus lässt sich die Stempeljochspitze auch aus dem Innsbrucker Skigebiet durchs Hafelekar und über die Mannlscharte erreichen. Vom Endpunkt an der Bettelwurfsiedlung fährt man anschließend mit dem Bus wieder zurück nach Innsbruck.

Aufstieg über den aussichtsreichen Gipfelrücken.

Ausgangspunkt: Von Hall in Tirol zum Beginn des Halltals. Großer Parkplatz mit Infozentrum am Beginn der Halltalstraße nördlich von Absam (800 m).
ÖPNV: Mit der Bahn von München bis Innsbruck und mit Bus zur Haltestelle Eichat-Bettelwurfsiedlung, 250 m unterhalb des Parkplatzes (Fahrzeit ca. 2.30–3 Std.).
Aufstiegszeiten: Parkplatz am Halltaleingang – Herrenhäuser 2 Std., Herrenhäuser – Issanger – 30 Min., Issanger – Stempeljoch 1.45 Std., Stempeljoch – Kleine Stempeljochspitze 45 Min.
Anforderungen: Bis in das Stempelkar problemlos auf einer meist steilen Straße (Rodelbahn). Das Kar wird nach oben hin kontinuierlich steiler – die letzten 200 Höhenmeter erfordern eine sichere Spitzkehrentechnik im Aufstieg und solides Abfahrtskönnen. Der Gipfelrücken ist wieder etwas flacher, auf den letzten 100 Höhenmetern aber teilweise relativ schmal und exponiert. Zu Fuß ist er einfach, mit Ski sollten aber Können und Verhältnisse stimmen.
Hangrichtung: Süd und Ost, im Stempelkar bewegt man sich aber auch im Einzugsgebiet großer Nordhänge.
Lawinengefährdung: Das Stempelkar wird jeden Winter mehrmals von gewaltigen Lawinen geflutet – an solchen Tagen hat man dort nichts zu suchen. Sichere Schneebedingungen sind Grundvoraussetzung für diese Tour. In der Regel wird die Tour im Frühjahr angegangen, dann ist früher Aufbruch ratsam.
Einkehr: Gasthaus St. Magdalena, Tel. +43 664 2204659. Am Knappenhäusl gibt es einige Getränke mit Selbstbedienungskasse. Unterhalb vom Ausgangspunkt gibt es den Alpengasthof Walderbrücke, Tel. +43 650 5703391.
Hinweis: Die ehemalige Mautstraße ins Halltal ist seit 2010 für den öffentlichen Verkehr gesperrt. Taxis dürfen erst ab etwa Mitte Mai fahren.
Karten: f&b WK 322, AV 5/2 Karwendelgebirge Mitte.

Aufstieg

Trotz des recht langen Zustiegs durch das Halltal handelt es sich um keinen typischen Karwendelhatscher. Auf der steilen Straße gewinnen wir schnell an Höhe und erreichen so zügig die Herrenhäuser auf 1500 m. Der Weiterweg zum Issjöchl folgt weiter der Straße, wobei aber die Kehren direkt durch den Graben abgekürzt werden. Am Joch halten wir uns links und queren leicht fallend (ca. 40 Höhenmeter) hinein in den Boden des Isstales. Der Weiterweg ist nun klar ersichtlich und folgt im-

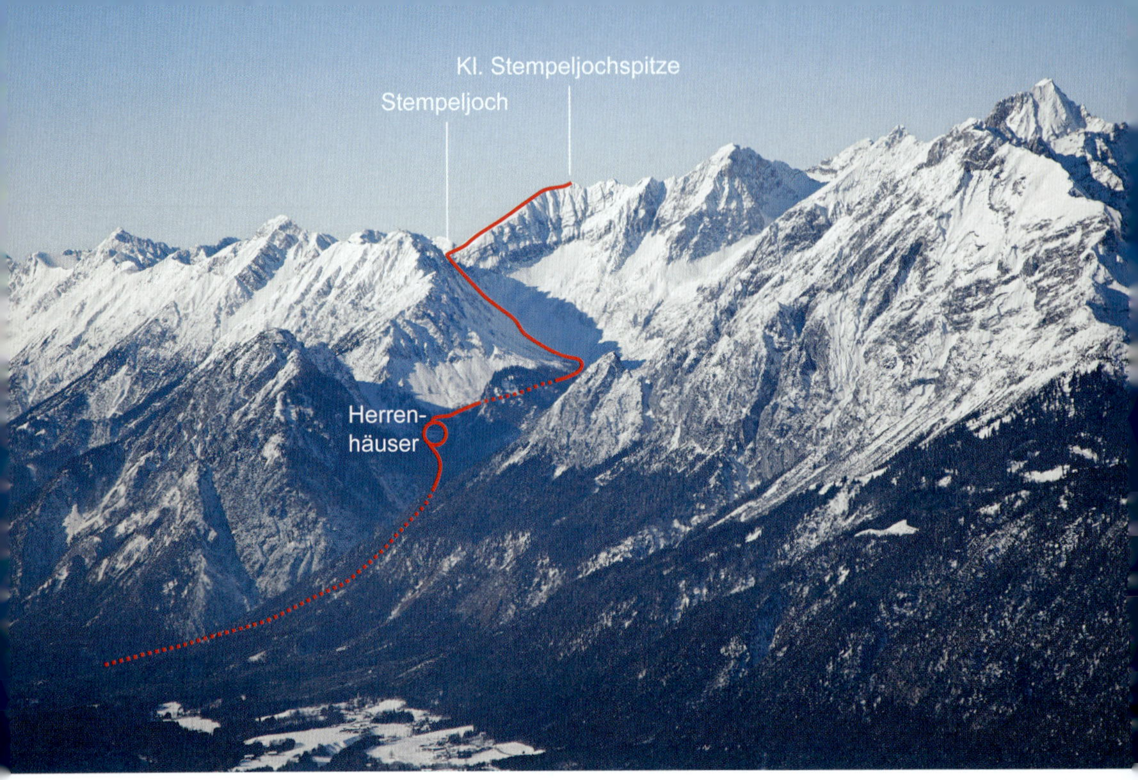

Blick aus den Tuxer Alpen ins Halltal.

mer der tiefsten Karmulde nach Süden hinauf bis ins Stempeljoch (2215 m). Die letzten 200 Höhenmeter sind bis zu 40 Grad steil und erfordern sichere Spitzkehrentechnik. Bei hartem Schnee und guter Fußspur ist es oft besser, die Ski an den Rucksack zu schnallen.

An der Scharte wenden wir uns nach rechts und ein sonniger Südosthang bringt uns hinauf zum breiten Südostgrat. Hier ist Vorsicht auf die oft gewaltigen Wechten geboten. Bei guten Verhältnissen können wir mit Ski bis zum Gipfel steigen.

Abfahrt

Die Abfahrt folgt im Großen und Ganzen der Aufstiegsroute. Um den Gegenanstieg zum Issjöchl zu umgehen, gibt es zwei Möglichkeiten:

1. Eine sehr hoch angesetzte Querung der Stempelreise nach rechts zum Grat oberhalb vom Jöchl.
2. Die direkte Abfahrt durchs Isstal. Dafür ist aber eine hohe Schneelage Voraussetzung, da ein größerer Latschengürtel überwunden werden muss.

Kurze Tragepassage am Stempeljoch.

Karwendelgebirge

26 Bärenkopf, 1994 m
Von Norden durch das Skigebiet Zwölferkopf

2.30 Std.

1050 Hm

Steile Aussichtswarte über dem Achensee

Aufgrund der grandiosen Tiefblicke auf den dunkelblauen Achensee ist der Bärenkopf in den letzten Jahren zu einem beliebten Instagram-Motiv geworden. Der einstmalige Skiberg für Einheimische und Kenner ist inzwischen kein Geheimtipp mehr und wird im Sommer und Winter viel besucht. Dabei erscheint der Gipfel auf den ersten Blick nicht sehr skitauglich, sondern präsentiert sich als recht waldiger Geselle. Bei genauerer Betrachtung erkennt man aber die kleine, wenig befahrene Skipiste im unteren Teil und Waldschneisen und Latschengassen im oberen Abschnitt, die eine relativ hindernislose Abfahrt ermöglichen. Da der Untergrund auch oberhalb der Piste nur aus Gras und Almrausch-Gesträuch besteht, ist auch keine außergewöhnlich hohe Schneelage erforderlich, um ohne Steinkontakte abfahren zu können. Während des Pistenbetriebs sollte man früh am Tag starten, um diesen Abschnitt bereits hinter sich zu haben, wenn um 9 Uhr die Lifte öffnen.

Der Bärenkopf ist jedoch kein Anfängerberg. Die Lawinenlage muss passen, zumindest in der steilen Flanke im oberen Teil, um nicht durch die markante Rinne talwärts gespült zu werden. Auch Spitzkehren sollten die Begeher gut beherrschen, um in den teilweise engen Latschengassen zügig und kraftsparend aufzusteigen. Dass deren Befahrung auch skifahrerisches Können voraussetzt, versteht sich von selbst. Sind alle diese Voraussetzungen gegeben, dann steht einem erlebnisreichen Tourentag nichts mehr im Wege – und den guten Kaiserschmarrn im Gasthof Hubertus am Ausgangspunkt hat man sich im Anschluss redlich verdient.

Tiroler »Fjordlandschaft« – Aufstieg zum Bärenkopf hoch über dem Achensee.

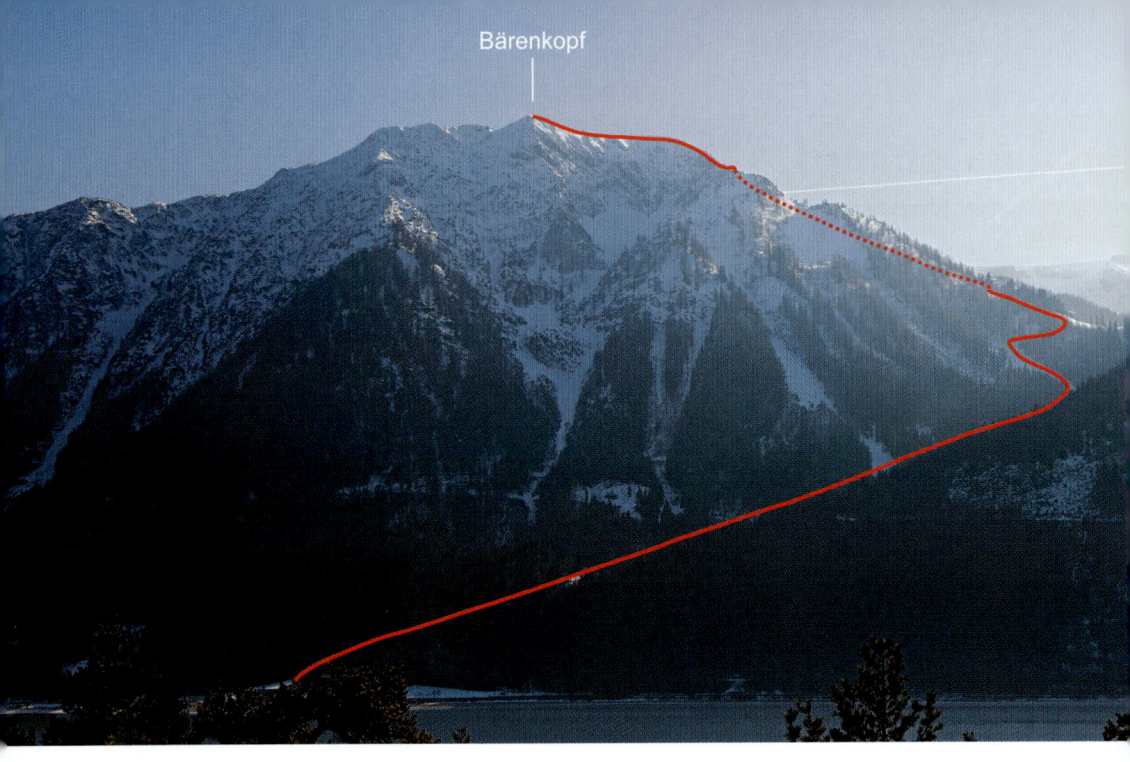

Blick über den Achensee auf die Nordflanke des Bärenkopfs.

Ausgangspunkt: Gasthof Hubertus; gebührenpflichtiger Parkplatz (929 m) von Maurach am Achensee kommend nach der Lawinengalerie und noch vor dem Gasthaus auf der linken Straßenseite. Die Parkplätze beim Gasthof sind für Gäste reserviert.
ÖPNV: Mit dem Zug von München über Rosenheim Richtung Innsbruck bis Jenbach und mit Bus nach Pertisau, Haltestelle GH Hubertus (Fahrzeit ca. 2.45 Std.).
Aufstiegszeiten: Gasthof Hubertus – Bärenbadalm 1.15 Std., Bärenbadalm – Bärenkopf 1.15 Std.
Anforderungen: Bis zur Bärenbadalm mittelsteile Skipiste, danach teils recht steile und stellenweise bewaldete Hänge, die eine routinierte Technik im Aufstieg und in der Abfahrt erfordern.
Hangrichtung: Nord, oben West.
Lawinengefährdung: Auf der ersten Hälfte weitgehend lawinensicher, oberhalb sind aber stabile Verhältnisse notwendig. Vor allem bei Querung der markanten Lawinenrinne und weiter oben in ihrem Einzugsgebiet ist Vorsicht geboten.
Einkehr: Gasthof Hubertus direkt am Ausgangspunkt, Tel. +43 5243 5233, hubertus-achensee.at.
Karten: f&b WK 321, AV 5/3 Karwendelgebirge Ost.

Aufstieg

Hinter dem Gasthof endet ein Seitenast der Skipiste vom Zwölferkopf. Dieser folgen wir anfangs recht flach aufwärts bis zur Kreuzung einer Forststraße (hier führt der Ziehweg nach Westen zur Talstation). Nun auf dem rechten, anfangs schmalen Pistenabschnitt etwas steiler hinauf, bis es wieder flacher wird. Sofern Gegenverkehr zu erwarten ist, kann man hier nach links in den Wald ausweichen und auf einer alten Wegtrasse im Zickzack aufsteigen. Die Piste erreichen wir dann wieder am oberen Ende, wo sie scharf nach rechts abbiegt, hinaus zu den Wiesen der Bärenbadalm. Noch vor Verlassen des Waldes biegen wir links von der Piste ab und steigen über einen waldigen Rücken entlang des Sommerwegs weiter auf. Der Weg quert bald nach rechts zu einer tiefen Lawinenrinne. Diese überqueren wir und erreichen auf der anderen Seite einen licht bewaldeten und im oberen

Teil mit Latschen bestandenen Rücken. In mäßiger Steilheit über den Rücken aufwärts, bis er sich deutlich aufsteilt. Hier zieht eine Rampe nach links hinauf zum Grat. Nun je nach Schneesituation entweder bis zu einer kleinen Scharte im Grat und den stellenweise schmalen, latschenbewachsenen Grat (etwas mühsam) aufwärts, oder nach rechts in die Westflanke und dort hinauf zum Grat. Bald erreichen wir ein geräumiges Hochplateau, über das es jetzt problemlos und aussichtsreich nach Nordosten zum Gipfelkreuz geht.

Abfahrt
Bei hoher und sicherer Schneelage sind im oberen Teil viele Abfahrtsvarianten möglich. Meist fährt man nach Querung der Lawinenrinne rechts davon durch lichten Wald hinab zur Bärenbadalm und quert dann nach rechts zur Piste. Auch eine Direktabfahrt vom nordwestlichsten Gratabsatz zur Piste ist möglich.

Karwendelkulisse mit Sonnjoch (links) und Schaufelspitze.

Rofangebirge

27 Hochunnütz, 2075 m
Durch das Nordostkar auf den Hauptgipfel

2.45 Std.

1050 Hm

Anspruchsvolle Skitour für sichere Schneelage

Der Unnütz ist ein frei stehender Gebirgsstock nördlich des Achensees, der überraschenderweise oft übersehen wird. Sowohl im Sommer als auch im Winter werden seine drei Gipfel deutlich weniger besucht als zum Beispiel die Berge im gegenüberliegenden Rofanstock. Ob es am Namen liegt? Besonders die Skitour durch das Nordostkar braucht sich keinesfalls verstecken. Sie ist vergleichsweise schneesicher und ermöglicht mehrere Varianten. Allerdings handelt es sich nicht um eine Unternehmung für Anfänger. Das persönliche Können sollte genauso passen wie die Schneelage, die nicht zu gering sein sollte, damit der etwas rustikale Graben im unteren Teil eine solide Altschneeunterlage aufweist. Besonderes Augenmerk muss auch auf die Lawinensituation gelegt werden. Im oberen Teil bewegt man sich in teils sehr steilen, oft lawinengefährdeten Nordosthängen. Sind alle Voraussetzungen erfüllt und die Schneeverhältnisse günstig, steht einer grandiosen Skitour mit einem Vier-Sterne-Panorama inklusive Tiefblick auf den Achensee nichts mehr im Wege.

Ausgangspunkt: Obere Bergalm an der Straße Achenkirch–Steinberg. Parkplatz auf der rechten Seite kurz vor der Alm, Bushaltestelle »Waldfrieden« ca. 700 m vorher.
ÖPNV: Steinberg ist von München aus nur umständlich und teils mit sehr langen Umstiegs-Aufenthalten erreichbar. Mit Zug bis Jenbach und weiter mit dem Bus nach Achenkirch am Achensee, von dort verkehren mehrmals täglich Busse nach Steinberg (Fahrzeit 3–4 Std.).
Aufstiegszeiten: Parkplatz – Abzweigung Vorderunnütz 1.30 Std., Abzweigung Vorderunnütz – Gratscharte 1 Std., Gratscharte – Hochunnütz 15 Min., Gesamt 2.45 Std.
Anforderungen: Mehrere steile Stufen und enge Steilrinnen erfordern sichere Spitzkehrentechnik, bei Hartschnee sehr sicheres Gehen mit Harscheisen, evtl. auch mit Steigeisen erforderlich. Sichere Skitechnik für die Abfahrt.
Hangrichtung: Nordost.
Lawinengefährdung: Nur bei sicherer Schneelage durchführen. Der Kamm ist oft stark überwechtet, dann auch Wechtenbruchgefahr einkalkulieren! Große Lawinen können das gesamte Kar hinabfließen.
Einkehr: Unterwegs keine, in der Nähe des Ausgangspunkts Gasthof Waldhäusl (in Richtung Steinberg), Tel. +43 5248 206.
Karte: AV BY14 Mangfallgebirge Süd, f&b WK 321.

Aufstieg

Vom Parkplatz auf der Forststraße geradewegs nach Süden auf das Kar zwischen Zwölferkopf und Hochunnütz zu. Vom Ende der Straße dem Graben weiter folgen, eine Steilstufe links umgehen in das flache, weite Kar. Der nächste Aufschwung wird durch eine schmale, enge Rinne überwunden, vor der nächsten Engstelle zweigt die Variante zum Vorderunnütz (2078 m) ab. Zum Hochunnütz behalten wir die Richtung bei und steigen durch die folgende Rinne in vielen engen Spitzkehren hinauf in den letzten flachen Karboden. Hier könnte

Beste Aussicht auf den letzten Metern zum Gipfel.

man auf einer Rampe nach rechts an den Nordostgrat und über diesen zu Fuß auf den Gipfel steigen. Passen die Bedingungen steigt man mit Ski geradewegs nach Südwesten durch eine zuletzt steile Rinne in die Scharte zwischen Vorderunnütz und Hochunnütz hinauf. Der breite Grat nach Norden zum Gipfel birgt dann keine Probleme mehr. Bei genug Schnee ist er unschwierig mit Ski begehbar, oft ist er aber abgeblasen und steinig, sodass man die Ski besser trägt oder – falls man über die Aufstiegsroute wieder abfahren möchte – sie an geeigneter Stelle zurücklässt.

Abfahrt

Die einfachste Abfahrt folgt dem Anstiegsweg. Fährt man vom Gipfel über den flachen Nordhang etwa 70 Hm ab, kann man rechts über eine sehr steile Rinne in das Kar zwischen Hoch- und Hinterunnütz einfahren. Es führt ebenfalls hinab zum Ausgangspunkt.

Der Unnütz von Norden.

Rofangebirge

28 Rofanspitze, 2259 m
Von der Bergstation der Rofanbahn

1.30 Std.
450 m ↑
1600 m ↓

Kurze Genusstouren im Miniaturgebirge mit Option auf Riesenabfahrt

Das Rofangebirge über dem Achensee ist zwar in seiner Ausdehnung nur sehr klein, aber auf dem Karstplateau findet sich ein Skitourenparadies in Miniaturformat. Wer erst einmal an der Erfurter Hütte ist, der hat gleich mehrere Skigipfel zur Auswahl, wobei alle nur wenige Hundert Höhenmeter entfernt sind. Die ganzen Bergspitzen sitzen hier auf einem etwa 1000 Meter hohen Sockel, der rundherum mit steilen Wald- und Grasflanken oder sogar senkrechten Felswänden abbricht. Den Zugang zu diesem Tourengebiet erledigen die meisten Tourengeher mit der Rofanseilbahn, die in 15 Minuten hinaufschwebt zur Bergstation. Natürlich lässt sich auch über die Piste aufsteigen, allerdings sollte man dann zeitig am Morgen – noch vor Betriebsbeginn der Bahn – dran sein, da der schmale Ziehweg im unteren Teil bei Gegenverkehr unangenehm oder sogar gefährlich sein kann.

Die Rofanspitze ist der nordöstlichste Eckpfeiler des Plateaugebirges und mit Ski relativ einfach zu besteigen. Skifahrerisch ist die Tour vor allem dann interessant, wenn die Abfahrt nach Wiesing möglich ist – dafür sollte aber die Schneedecke bis ins tief gelegene Inntal hinabreichen. Aber auch der Rückweg über das Plateau und die Abfahrt über die Piste kann bei der richtigen Routenwahl schöne Abfahrten bereithalten. Die Aussicht ist ohnehin bemerkenswert – die Tiefblicke ins Inntal und vor allem zum Achensee, dem »Fjord Tirols«, sowie die Ausblicke hinein ins Karwendel und zum Zillertaler Alpenhauptkamm suchen ihresgleichen. Da dies alles mit relativ wenig Kraftaufwand und meist auch recht lawinensicher erreichbar ist, lässt sich die Rofanspitze guten Gewissens in die Kategorie »Wellness-Skitour« einordnen.

Traumhaftes Wetter im Aufstieg zur Seekarlspitze (Variante).

Überblick über die Route mit ihren Varianten.

Ausgangspunkt: Talstation der Rofan-Seilbahn in Maurach am Achensee (985 m).
ÖPNV: Mit dem Zug von München über Rosenheim Richtung Innsbruck bis Jenbach und mit Bus weiter zum Achensee bis zur Haltestelle Maurach-Rofanseilbahn. Fahrzeit 2.30–2.45 Std.
Aufstiegszeiten: Bergstation – Rofanspitze 1.30 Std., Rofanspitze – Seekarlspitze 1 Std.
Anforderungen: Bei Besteigung der Seekarlspitze sind 750 Hm, beim Aufstieg von Maurach zusätzliche 900 Hm zu bewältigen. Der Aufstieg zur Rofanspitze führt durch wenig steiles Karstgelände. Einige kurze, steilere Engstellen können für Anfänger mühsam sein. Die Abfahrt von der Seekarlspitze weist eine kurze Steilstufe auf, in der sichere Skitechnik angebracht ist. Die Talabfahrt nach Wiesing ist lang und fuhrt teilweise über steile Hänge, in schneereichen Wintern kann sie an Engstellen Buckelpistencharakter aufweisen. Beide Varianten Schwierigkeit »rot«.

Hangrichtung: West und Süd.
Lawinengefährdung: Der Weg zur Rofanspitze ist bis zur Grubascharte weitgehend lawinensicher. Der folgende Südhang ist zwar deutlich steiler, ist aber aufgrund der sonnseitigen Exposition am frühen Vormittag auch meist stabil, außer nach Neuschneefällen oder bei intensiver Sonneneinstrahlung. Sichere Bedingungen hingegen sind für die Wiesinger Abfahrt notwendig. In Wintern mit guter Schneelage wird diese jedoch häufig befahren, weshalb dann auch auf dieser Route nur nach Neuschneefällen oder bei starker Erwärmung ernsthafte Lawinengefahr droht.
Einkehr: Erfurter Hütte (1831 m), bewirtschaftet von Weihnachten bis Ostern, Tel. +43 5243 5517, erfurterhuette.at.
Hinweis: Betriebsbeginn der Bahn ist 8.30 Uhr; Ermäßigung für Kinder, Jugendliche und Alpenvereinsmitglieder (nur mit Ausweis!).
Karten: f&b WK 321, AV 6 Rofan.

Aufstieg zur Rofanspitze

Von der Bergstation rutschen wir wenige Meter nach Norden hinab und steigen am rechten Rand der Piste hinauf auf einen Geländerücken mit der Mauritzalm. Jenseits geht es neben einem Kinderlift wieder leicht bergab in eine Mulde. Nun zieht die Route entlang des Sommerwegs nach Osten über einen weiteren kleinen Rücken unter ein felsgesäumtes Südkar. Jetzt wenden wir uns kurz nach Süden und steigen durch eine Mulde entlang der »Grubastieg« auf, bis uns ein Durchschlupf nach Norden auf das plateauähnliche Gelände der »Gruba« bringt. In leichtem Auf und Ab ziehen wir unsere Spur nun nach Nordosten ziemlich direkt auf die markante Grubascharte zu, hinter der bereits der Gipfel der Rofanspitze erkennbar ist. Von der Scharte queren wir anfangs fast waagrecht nach Osten und steigen im rechten Teil des Südhangs ohne weitere Probleme hinauf zum Gipfel.

Abfahrt/Rückweg zur Erfurter Hütte über die Seekarlspitze

1. Abfahrt entlang der Aufstiegsspur, wegen vieler Querungen und mehrerer kurzer Gegenanstiege allerdings skifahrerisch wenig lohnend.
2. Schöner, aber deutlich länger ist es, wenn man zuerst noch auf die Seekarlspitze steigt und von dort zur Hütte abfährt: Zuerst fahren wir über die Grubascharte entlang der Aufstiegsroute ab bis in das flache Gelände unter der gelben Südwand des Rosskopf. Hier werden die Felle erneut aufgezogen und wir steigen über die kupierten Osthänge auf den Nordrücken der Seekarlspitze. Über den ideal geneigten Rücken geht's nun ohne Probleme zum Gipfel. Die Abfahrt führt nach Süden in Richtung Seekarl. Ohne den tiefsten Punkt zu erreichen, umfahren wir die Mulde links oder rechts (hier Vorsicht bei Gefahr von Wechtenbruch oberhalb der Steilhänge!) und müssen evtl. einige Meter im Grätenschritt aufsteigen. Weiter fahren wir immer links der Steilhänge des Spieljochs nach Süden ab, bis sich nach rechts eine überraschende Möglichkeit ergibt, durch eine steile Rinne in ein schönes Kar einzufahren (nur bei sicheren Verhältnissen, sonst links bleiben

und ca. 100 Höhenmeter weiter unten ins Kar queren). Durch dieses hinab zur Aufstiegsspur und nach rechts zur Mauritzalm (der dortige kurze Gegenanstieg lässt sich auch mithilfe des Mini-Kinderlifts bewältigen) und zur Erfurter Hütte.

Abfahrt nach Wiesing
Ein Highlight für erfahrene Skitourengeher ist die sogenannte Wiesinger Abfahrt. Sie sollte jedoch in den tieferen Lagen noch genügend Schnee aufweisen, um Spaß daran zu haben. Außerdem ist diese Route öfter lawinengefährdet als die oben genannten Abfahrten. Auch der Rückweg zum Ausgangspunkt muss organisiert werden, falls man nicht mit dem ÖPNV anreist.
Die Abfahrt beginnt unmittelbar am Gipfel der Rofanspitze. Wir fahren etwas nach Südosten und dann nach Süden zu einem Flachstück auf etwa 2000 m. Hier halten wir uns leicht rechts und fahren durch eine Mulde hinab zur Schermsteinalm. Wir fahren jetzt direkt nach Süden, bis nach rechts ein steiler Hang zwischen zwei Felsriegeln hinabführt zur Alpiglalm. Über die folgenden Südhänge geht es hinab zum Waldrand und am Ziehweg (kann auch durch eine Schneise abgekürzt werden) zu einer Jagdhütte. Unterhalb der Hütte führt der Weg nach rechts hinaus in die mehr ostseitig exponierten Flanken des Ebnerjochs. Eine weitere schöne Mulde führt nun endgültig zum Waldrand und auf dem Fahrweg rutschen wir hinab bis zu einer Abzweigung. Hier halten wir uns rechts und erreichen so die Wiesen von Astenberg. Sofern hier noch Schnee liegt, anfangs rechts der Straße, dann links davon hinab und durch ein kurzes Waldstück zum Ortsrand der Rofansiedlung von Wiesing mit Bushaltestelle unter der Überführung der Achensee-Bundesstraße. Am besten reist man gleich mit Bahn und Bus an, dann muss man nach der Tour nur noch nach Hause fahren. Um wieder zum Ausgangspunkt zurückzukommen,

Im Gipfelhang der Seekarlspitze – hinten der Hochiss.

fährt etwa stündlich ein Bus hinauf nach Maurach. Sollte es zeitlich nicht passen, kann man von der Bundesstraße noch 400 m weiter in den Ortskern von Wiesing wandern und dort beim sehr empfehlenswerten Dorfwirt auf den Bus warten (Haltestelle Wiesing-Dorf).

Variante
Aufstieg ohne Seilbahnunterstützung:
Der untere Teil bis zur Buchauer Alm verläuft großteils entlang eines schmalen Ziehwegs, der bereits bewältigt sein sollte, bevor die ersten Abfahrer herunterkommen, wenn das Skigebiet in Betrieb ist. Die Skipiste beginnt beim oberen Parkplatz und führt anfangs unterhalb der Bahn zwischen den letzten Häusern des Ortes aufwärts, dann durch eine Waldschneise rechts haltend, bis man zu einem quer verlaufenden Forstweg gelangt. Hier gehts nach rechts entlang eines breiten Ziehwegs in einigen Kehren hinauf zur Buchauer Alm (1450 m). Hinter der Alm vorbei und noch ein kurzes Stück durch den Wald zur Talstation eines Sessellifts. Nun entlang der breiteren Piste links herum oder steiler rechts über die schwarze Piste hinauf zur Bergstation bzw. zur Erfurter Hütte (1831 m).

Estergebirge

29 Hoher Fricken, 1940 m
Von Garmisch über die Esterbergalm

3.30 Std.

1200 Hm

Ruhige Alternative gegenüber vom Wank

Im Estergebirge, zwischen Loisach und Walchensee, sind die Skitourenmöglichkeiten nicht allzu üppig gesät. Die Gipfel selbst wären meist gut mit Ski besteigbar, müssen jedoch mit langen Forststraßenhatschern oder rustikalen Waldabfahrten verdient werden. Dies gilt, allerdings in etwas abgemilderter Form, auch für den Hohen Fricken. Wer den eindrucksvollen Gipfel 1300 Meter über Farchant mit Tourenski erklimmen möchte, sollte knapp zwei Stunden Zustieg entlang einer Rodelbahn und dem Fahrweg zur Hinteren Esterbergalm einkalkulieren. Dann aber führen die restlichen 700 Höhenmeter sehr zügig zum Gipfel, der uns mit einem fabelhaftem Wettersteinblick belohnt. Sowohl für den Aufstieg als auch für die Abfahrt bieten sich zwei Varianten an, die jedoch beide sichere Schneeverhältnisse erfordern.

Ausgangspunkt: Parkplatz bei der Talstation der Wankbahn (810 m).
ÖPNV: Von München mit der Werdenfelsbahn bis Garmisch und mit Bus Nr. 4 zur Haltestelle Wankbahn (Fahrzeit knapp 2 Std.).
Aufstiegszeiten: Parkplatz – Esterbergalm 1.30 Std., Esterbergalm – Hintere Esterbergalm 15 Min., Hintere Esterbergalm – Fricken 1.45 Std.
Anforderungen: Bis zur Esterbergalm flache bis mäßig steile Fahrstraße. Gipfelanstieg teils steil und bewaldet, erfordert sichere Gehtechnik im Aufstieg und Routine bei Waldabfahrten.

Hangrichtung: Bis zur Esterbergalm west- und nordseitig, danach Osthänge.
Lawinengefährdung: Die Ostflanke des Fricken ist nach oben hin sehr steil; vor allem die Schlusshänge sind oft lawinengefährdet, aber auch die steilen Waldlichtungen unterhalb sollten nicht unterschätzt und mit Vorsicht befahren werden.
Einkehr: Esterbergalm, ab Weihnachten bewirtschaftet, Montag bis Mittwoch Ruhetag. Tel. +49 8821 3277.
Karten: f&b WKD 4, AV BY9 Estergebirge.

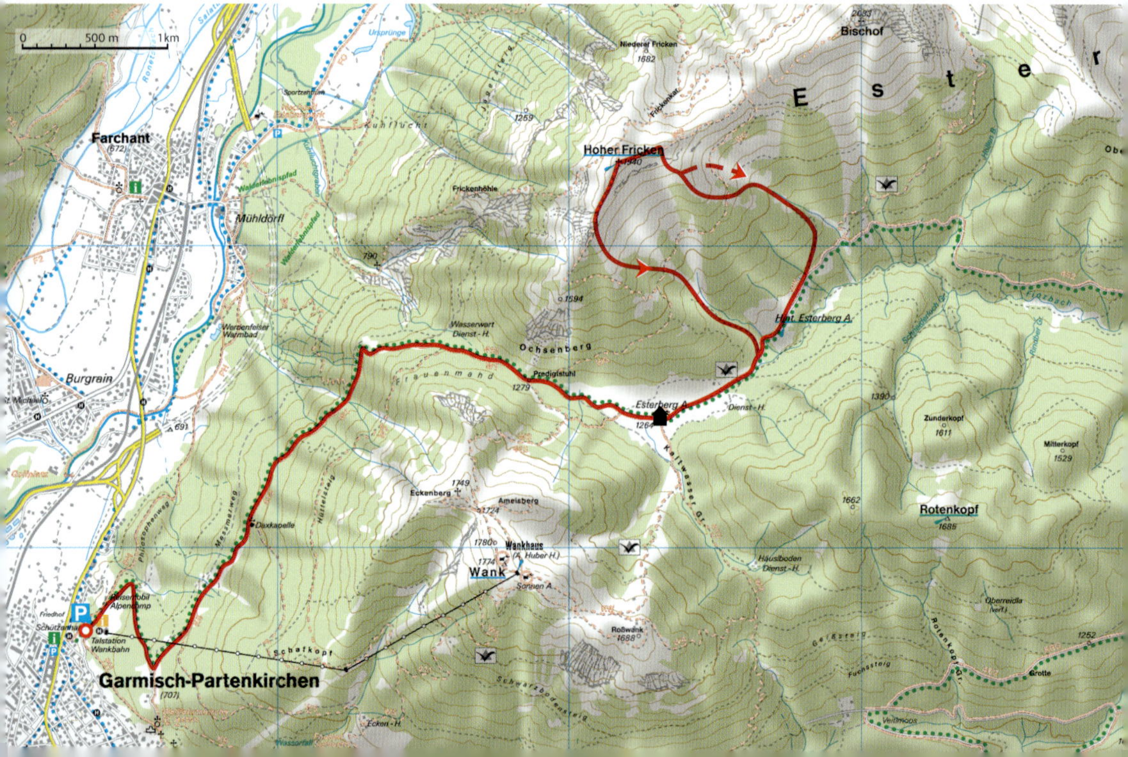

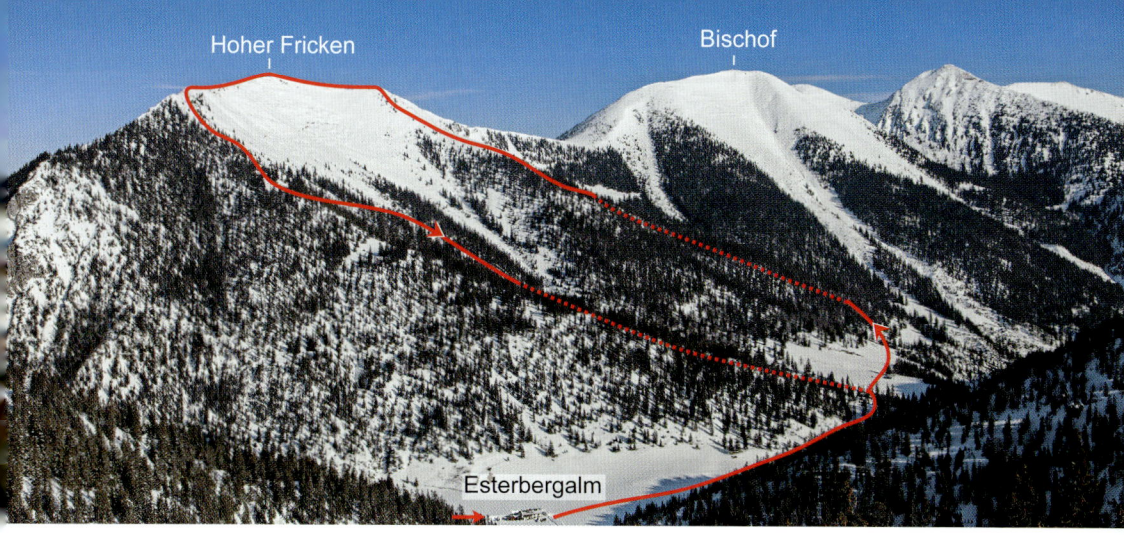

Tiefblick vom Wank auf die Esterbergalm und den Routenverlauf zum Fricken.

Aufstieg

Vom Parkplatz führt die als Rodelbahn genutzte Fahrstraße an der Daxkapelle vorbei und anschließend, mehrere steile Gräben querend, durch die Nordwestflanke des Wank. Nach einer Doppelkehre biegt sie nach Osten ab und führt hinauf in einen waldigen Sattel. Dort zweigt nach rechts die Spur zum Wank ab. Wir bleiben auf der Straße, die leicht abwärts in den weiten Talkessel der Esterbergalm leitet. An den Gebäuden vorbei folgen wir dem flachen Tal nach Osten und erreichen durch einen kurzen Waldgürtel links haltend die Hintere Esterbergalm. Wir bleiben auf der Wegtrasse in Richtung Krottenkopf und überschreiten einen kleinen Bachgraben. Danach können wir die Spur etwas steiler legen und gelangen durch lichten Wald in ein Tälchen, das nach Nordwesten führt. Der mäßig steilen Mulde folgen wir bis etwa 1500 m und orientieren uns dann links auf den hier noch teils bewaldeten Rücken zu, der vom P. 1648 nach Osten zieht. Diesem folgen wir über freie Hänge bis zu einem kurzen Flachstück und erreichen schließlich über einen steilen Südosthang den Gipfelgrat, der flach nach Westen zum höchsten Punkt leitet.

Genialer Blick vom Gipfel zum Wetterstein.

Abfahrt

Entweder entlang der Aufstiegsroute (mit mehreren Variationsmöglichkeiten) oder am Kreuz vorbei dem Südwestgrat ein gutes Stück folgen, bis man nach links in die Ostflanke einfahren kann, die steil hinabführt in den Tränkgraben und zur Hinteren Esterbergalm.

Variante

Die Überschreitung des Gipfels kann auch mit dem Aufstieg entlang der oben beschriebenen Abfahrtsroute aus dem Tränkgraben begonnen werden. Dann kann man bei der Abfahrt noch oberhalb des P. 1648 m duch den Nordosthang in die Mulde einfahren, die hinabführt zum Wald. Konditionsstarken bieten sich Kombinationsmöglichkeiten mit Bischof oder sogar Krottenkopf an.

Bayerische Voralpen

30 Heimgarten, 1791 m
Von Schlehdorf am Kochelsee

3.00 Std.

1170 Hm

Über eine lange Forststraße und ein schönes Kar zum Aussichtsberg

Herzogstand und Heimgarten sind das untrennbare Gipfelduo über dem Kochelsee. Beide werden auch im Winter gerne von Bergsteigern aufgesucht. Am Herzogstand ist allerdings das »Skitourenfeeling« aufgrund der Bergbahn etwas getrübt – außerdem weist der südseitige Latschenhang nur selten gute Bedingungen auf. Leider ist aber auch der Heimgarten nicht ohne Manko zu haben. Eine sehr lange Forststraße im unteren Teil schmälert für die Tiefschneefans den Wert der Tour in nicht unerheblichem Maße. Das gilt sowohl für die hier beschriebene Route von Schlehdorf, erst recht jedoch für die Anstiege von Ohlstadt.

Die Vorzüge des Heimgarten dürfen aber keinesfalls unterschlagen werden. Das Gipfelpanorama sucht seinesgleichen. Die freie Sicht nach Süden auf Karwendel, Wetterstein und in die Ammergauer Alpen gehört genauso dazu wie die Tiefblicke auf Walchensee und Kochelsee. Die Schau hinaus ins Murnauer Moos und ins Münchner Land laden an schönen Tagen zu einer langen Gipfelbrotzeit ein. Im Gegensatz zu vielen anderen Münchner Hausbergen hält sich der Andrang am Heimgarten in Grenzen. Auch wenn man selten alleine sein wird, so ziehen doch nicht die Karawanen bergwärts, die man am Spitzingsee oder am Brauneck beobachtet. Die Forststraße erlaubt auch bei sparsamer Schneelage eine bequeme Abfahrt bis ins tief gelegene Schlehdorf, und wenn viel Schnee im schattigen Nordkar liegt und die Latschen gut eingeschneit sind, dann findet sich dort genug Platz für die eigene Spur.

Unterschätzen sollte man den Heimgarten jedoch nicht. Für einen Voralpenberg handelt es sich um eine ausgewachsene Skitour mit fast 1200 Höhenmetern und einiger Strecke, die zu bewältigen ist. Im oftmals verblasenen Gipfelhang sollte man seine Ski auch durch etwas schmalere Latschengassen zirkeln können. Auch sind einige Hänge zu begehen, die bei kritischer Lawinenlage durchaus abrutschen können. Dafür ist Potenzial für ein ausgefülltes Rahmenprogramm vorhanden. Nach der Skitour können sich Saunafans im Trimini in Kochel ausgiebig aufwärmen und entspannen, Kunstfreunden kann hingegen das dortige Franz-Marc-Museum für einen Besuch empfohlen werden.

Ausgangspunkt: In Schlehdorf beim Klosterbräu rechts am Kochelsee entlang nach Raut zu Parkmöglichkeiten entlang der Straße am Beginn der ehemaligen Rodelbahn (620 m).

Gipfelschau zum Karwendel.

ÖPNV: Von München mit der Werdenfelsbahn nach Murnau oder Kochel und mit der Buslinie zwischen den beiden Orten bis Schlehdorf (Fahrzeit ca. 1.30 Std.). Von dort etwa 30 Min. Gehzeit zum Ausgangspunkt.

Aufstiegszeiten: Raut – Forststraßen-Ende (Punkt 1251 m) 1.30 Std., Forststraßen-Ende – Heimgarten 1.30 Std.

Anforderungen: Bis zur Waldgrenze breite und meist flache Forststraße. Danach gestuftes Gelände mit kurzen steilen Passagen, wofür Spitzkehren beherrscht werden sollten. Am Gipfelgrat oft enge Latschengassen, die gutes Skikönnen erfordern.

Hangrichtung: Nord und Nordost, Gipfelhang Nordwest.

Lawinengefährdung: Bis zum Ende der Forststraße unproblematisch. Im weiteren Verlauf erfordern mehrere Hänge bei kritischer Lawinenlage Vorsicht. Die ostseitige Querung um das Rauchköpfel durchschreitet einige steilere Rinnen und der letzte Hang hinauf in den flachen Karboden wird oft stark eingeblasen. Genauso sollte man bei viel Neuschnee in der Karmulde mit Lockerschneelawinen aus der Gipfelflanke rechnen.
Einkehr: Keine.
Karten: AV BY9 Estergebirge, LDBV UK50-49 Pfaffenwinkel – Ammergauer Alpen Nord.

Aufstieg

In Raut der rechten Fahrstraße (ehem. Rodelbahn) folgend hinauf zum Wald. Einige Kehren etwas steiler hinauf bis zu einer Lichtung. Hier nach rechts auf einem Waldweg steil durch den Wald aufwärts, bis wir am Rauteck wieder auf die Forststraße treffen. Nun auf der teils recht flachen Straße bis zum Punkt 1251 m. Hier nach rechts über den Bach und über kupierte Wiesen ein Stück aufwärts, bis wir nach links die etwas stei-

Der Blick hinaus ins bayerische Flachland begleitet uns am Gipfelgrat.

Im Schneetreiben dem Gipfel entgegen.

leren Osthänge des Rauchköpfel queren können. Durch lichten Wald und einen steilen Latschenhang geht es hinein in den ebenen Karboden unter den felsigen Nordabstürzen des Heimgarten. Leicht rechts haltend geht es nun über die breiten Nordhänge auf eine offensichtliche Mulde zu, die sich nach oben in einer engen Rinne zum Grat rechts des Gipfels hinaufzieht. Durch die Mulde aufwärts, bis sie steiler wird, und nach rechts über eine Rippe zu einem flachen Latschenhang. Über diesen hinauf zum Grat und nach links ohne weitere Orientierungsschwierigkeiten durch Latschengassen auf den Gipfel.

Abfahrt

Die Abfahrt folgt bis zum Beginn der Forststraße der Aufstiegsroute. Bei guten Verhältnissen können sichere Skifahrer auch direkt durch die steile Rinne in die Nordmulde einfahren. Weiter unten ist der Abkürzer durch den Wald in der Abfahrt nicht empfehlenswert. Hier fährt man entlang der Straße ab, die bis auf einige kurze Stücke gut »läuft«.

Blick über den Kochelsee zum Heimgarten.

Bayerische Voralpen

31 Schönberg, 1620 m
Vom Lenggrieser Ortsteil Fleck

2.30 Std.

900 Hm

Viel begangene Voralpenskitour mit Steilhangoption

Unmittelbar gegenüber vom Skigebiet Brauneck versteckt sich jenseits des Isartales eine unscheinbare, aber nette Skitour, die von München aus schnell erreichbar ist. Der Schönberg ist der südwestlichste Gipfel der Tegernseer Berge und mit seiner abgeflachten Graskuppe ein prädestiniertes Skitourenziel. Während die Anstiege von Osten ziemliche »Hatscher« sind, lässt er sich von Westen flott besteigen. Allzu großen Hoffnungen auf winterliche Einsamkeit sollte man sich aber auch bei dieser Unternehmung nicht hingeben. Daher fällt es kaum ins Gewicht, dass die Aufstiegsroute durch den Waldgürtel bei fehlender Spur nicht ganz einfach zu finden ist – es wird bei passender Schneelage fast immer eine Spur vorhanden sein. Ausreichende Schneefälle, die etwas Unterlage schaffen, sollte man auf jeden Fall abwarten, da sonst im Mittelstück Steinkontakte unvermeidlich sind.

Ideal ist der Schönberg im Hochwinter bei möglichst viel Pulverschnee. Dann können sogar die Waldpassagen skifahrerisch Spaß machen. Vorsicht ist bei unsicherer Lawinensituation im Gipfelbereich geboten. Während bei überlegter Routenwahl fast immer ein ein Aufstieg möglich ist, erfordern besonders die Abfahrtsvarianten sichere Verhältnisse.

Der Schönberg von Nordwesten, vom Aufstieg zum Brauneck.

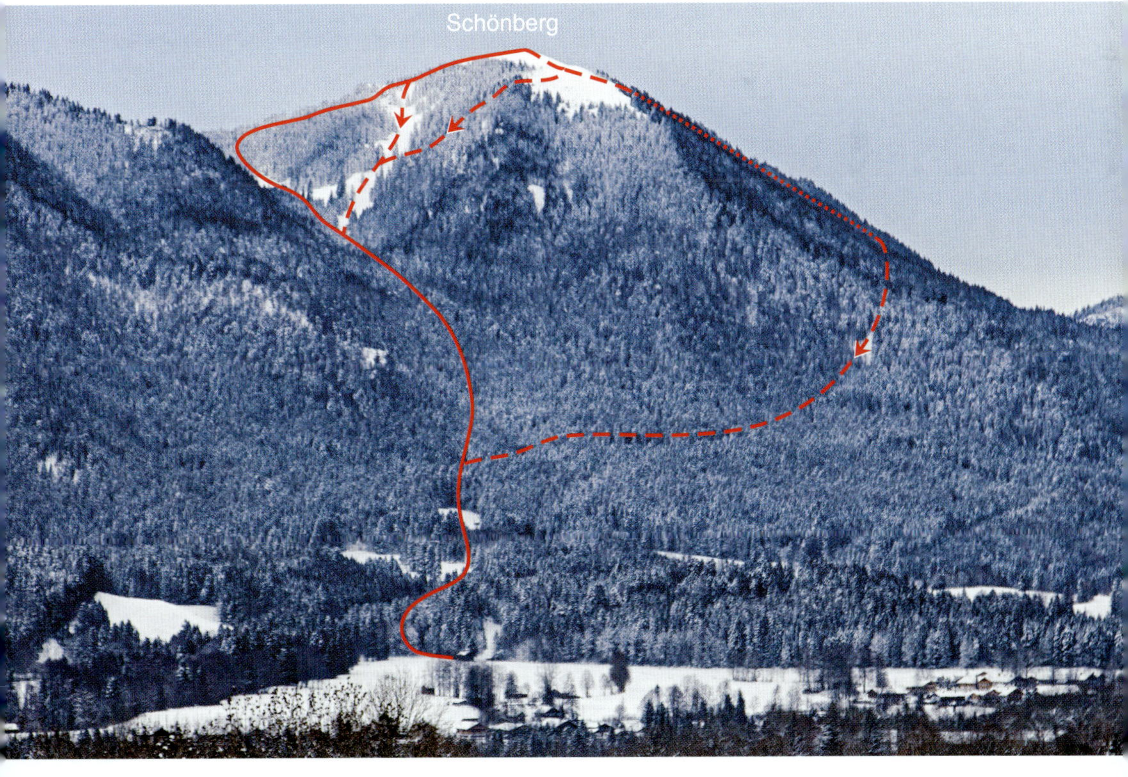

Felsformationen am Nordgrat.

Ausgangspunkt: Von der B13 südlich von Lenggries in den Ortsteil Fleck abbiegen und der Straße knapp 1 km bis zum Parkplatz am Waldrand folgen (720 m).
ÖPNV: Nicht optimal erreichbar. Mit Zug nach Lenggries. Vom Bahnhof 1 Std. Gehzeit, oder mit Skibus bis Wegscheid, dann 30 Min. Gehzeit.
Aufstiegszeiten: Parkplatz – Bauernrast an der großen Tanne 30 Min., Bauernrast – Mariaeck 1.30 Std., Mariaeck – Schönberg 30 Min.
Anforderungen: Aufgrund der vielen Waldpassagen sollte das Skifahren einigermaßen beherrscht werden, ansonsten keine weiteren Schwierigkeiten.
Hangrichtung: Hauptrichtung West, Gipfelhang Nord.
Lawinengefährdung: Bis Mariaeck im Allgemeinen unkritisch. Im Gipfelanstieg evtl. kleinräumige Schneebrettgefahr beachten. Die Direktabfahrt erfordert sichere Bedingungen.
Einkehr: Keine.
Karte: AV BY13 Mangfallgebirge West.

Aufstieg

Vom Parkplatz folgt man am Fahrweg der Ausschilderung »Schönberg« durch den ersten Waldgürtel und zieht dann gerade über die anschließende Lichtung, bis man wieder auf die Straße trifft. Nach einem Stück auf dieser links vom Bach zweigt man rechts ab und gelangt an einem Haus vorbei auf eine weitere Lichtung. Leicht ansteigend folgt hinter dem nächsten Waldgürtel eine weitere Wiese und man kommt zur

Voralpenpanorama mit Roß- und Buchstein.

sogenannten Bauernrast bei einer großen Tanne. Leicht rechts haltend kreuzt man erneut die Forststraße und ein steiler Weg führt durch den Alpeltalgraben nach rechts hinauf zur Trasse des Sommerwegs. Diesem folgt man durch den Wald aufwärts, bis er sich auf etwa 1200 m wieder zu lichten beginnt. Hier bleibt man auf der rechten Talseite und steigt durch die Mulde weit hinauf bis kurz vor den Grat (»Mariaeck«). Nun biegen wir in eine etwas steilere Mulde rechts ab und umgehen einen felsigen Steilaufschwung rechts, um zuletzt direkt am Grat auf das weiträumige Gipfelplateau des Schönbergs zu gelangen (das Kreuz befindet sich ein gutes Stück westlich unterhalb).

Blick über die Jachenau bis in die Ammergauer Alpen.

Abfahrt

Neben der Aufstiegsroute gibt es mehrere Abfahrtsvarianten. Am besten fährt man entlang des Nordgrats (Aufstiegsroute) bis kurz vor die Felstürme ab und hält sich dann links durch eine steile Mulde, die direkt in den Graben hinabführt. Noch steiler ist der Nordhang, wenn man direkt vom Kreuz einfährt. Auch eine Abfahrt über die Südwestflanke zur Forststraße ist möglich.

Bayerische Voralpen

32 Brauneck, 1554 m
Von Wegscheid über die Florianshütte

2.15 Std.

850 Hm

Pistenskitour mit wenig Pistenkontakt

Das Brauneck als östlichste Erhebung des Benediktenwand-Kammes ist ein traditionsreiches Skigebiet im Hinterland von Bad Tölz. Bekannte Skigrößen wie Martina Ertl, Michaela Gerg und Hilde Gerg lernten hier die richtige Technik für ihre späteren Erfolge bei Weltcups und Olympiaden. Der Berg ist bis oben hin mit Seilbahnen und Liften überzogen, und mehrere Skipisten durchschneiden die ansonsten dicht bewaldeten Hänge – eigentlich nicht gerade beste Voraussetzungen für einen »Skitourenberg«. Trotzdem steigen an jedem schönen Winterwochenende ganze Hundertschaften von Tourengehern hinauf auf den Lenggrieser Hausberg.

Dabei ist die vorgestellte Route keine typische Pistenskitour. Der Aufstieg von Wegscheid tangiert die Piste nur kurz einige Male. Nur auf gut 50 Höhenmetern zwischen der Brauneckalm und der Bergstation lässt sich das Skigebiet im Aufstieg nicht vermeiden. Dafür lohnt es sich danach aber noch, auch die restlichen Meter hinaufzusteigen zum Brauneckhaus und zum Gipfel – wegen der Aussicht und wegen der Sonnenterrasse. Bei schlechtem Wetter lockt eine warme Stube mit einer kräftigen Suppe.

Die Abfahrt erfolgt dann über die Pisten des Skigebietes. Besonders im Frühwinter, wenn die Grundlage für Skitouren im rauen Gelände noch fehlt, bietet sich das Brauneck daher optimal an. Zu dieser Zeit treffen sich hier alle. Die alten »Skitourenhasen«, die schon mit den Hufen scharren für die »richtigen« Skitouren im Hoch- und Spätwinter. Die »Skitourenrenner«, die ihr tägliches Trainingspensum absolvieren, mal »kurz aufs Brauneck« gehen und zwei Stunden später wieder daheim bei der Familie sind. Und natürlich die »Gelegenheits-Tourengeher« oder »Touren-Anfänger«, die wenig Erfahrung in der Lawinenbeurteilung haben und sich lieber im sicheren Umfeld eines Skigebiets bewegen. So kann am Brauneck jeder auf seine Weise glücklich werden.

Morgenstimmung nach einem kräftigen Wintereinbruch im Oktober.

Ausgangspunkt: Großer Parkplatz am Skigebiet Brauneck bei den Draxlliften im Lenggrieser Ortsteil Wegscheid (720 m); ausgewiesener Bereich für Tourengeher.

ÖPNV: Mit der Oberlandbahn von München nach Lenggries (1 Std.). Weiter mit dem Skibus nach Wegscheid oder zu Fuß in 20 Min. nach Untermurbach und mit Ski in 5 Min. zum Ausgangspunkt.

Aufstiegszeiten: Draxllifte – Florianshütte 1.30 Std., Florianshütte – Brauneck 45 Min.

Anforderungen: Problemlose Skitour, die fast immer gespurt ist und nur wenige, etwas steilere Stellen im Aufstieg aufweist, an denen man Spitzkehren üben kann. Die Abfahrt erfolgt über die Skipiste.

Hangrichtung: Unten Ost, oben Süd.

Lawinengefährdung: Weitgehend lawinensichere Skitour im Bereich des Skigebiets. Bei sehr kritischen Verhältnissen ist evtl. die nordseitige

Schöne Aussicht ins Wettersteingebirge.

Querung des »Kotigen Stein« in der beschriebenen Direktvariante mit Vorsicht zu genießen.
Einkehr: Brauneckhaus (1545 m), ganzjährig bewirtschaftet, Übernachtung nur mit Reservierung, Tel. +49 8042 8786, brauneckgipfelhaus.de.

Karten: AV BY11 Isarwinkel, Benediktenwand, LDBV UK50-52 Tölzer Land – Starnberger See.
Hinweis: Für die kurzen Abschnitte entlang der Skipiste bitte die DAV-Regeln für Skitouren auf der Piste und eventuelle Regelungen vor Ort beachten.

Aufstieg
Am Lifthäuserl gehen wir links vorbei hinaus auf die große Wiese. Links einer Baumreihe steigen wir gemächlich bergauf zur Waldgrenze, wo wir auf einen Ziehweg treffen. Links einer Hütte führt eine Brücke über den Bach und durch lichten Wald steil hinauf zur Skipiste. Weiter geht es nun immer parallel zur Skipiste links im Wald entlang einer alten (nicht in der AV-Karte verzeichneten) Wegtrasse. Diese führt an einem Holzstadel vorbei und tangiert mehrmals die Piste, bis wir eine flache Einsattelung westlich des »Blaickenberg« erreichen. Durch den Zaun hindurch rutschen wir leicht abwärts hinaus auf eine große Almwiese. Die Spur quert die Wiese nahezu waagrecht und führt dann nach rechts ansteigend durch den Wald zu einer Schneise und weiter durch Wald zur Florianshütte. Hier geht es nach rechts hinauf zur Bergstation des Liftes.
Auf einem Ziehweg halten wir uns nun links zu einem weiteren Schlepplift und steigen entlang des Sommerwegs nach rechts kurz etwas steiler hinauf zur Piste bei der Brauneckalm. Von hier geht es die letzten 100 Höhenmeter im Skigebiet hinauf zur Bergstation und links vorbei zum Brauneckhaus, das wenige Meter unter dem Gipfel steht.

Abfahrt
Eine Abfahrt entlang der beschriebenen Aufstiegsroute ist wegen des vielen Waldes nicht sinnvoll, die Abfahrt erfolgt daher durch das Skigebiet über die Familienabfahrt oder über die Kotalm und Waxensteinabfahrt.

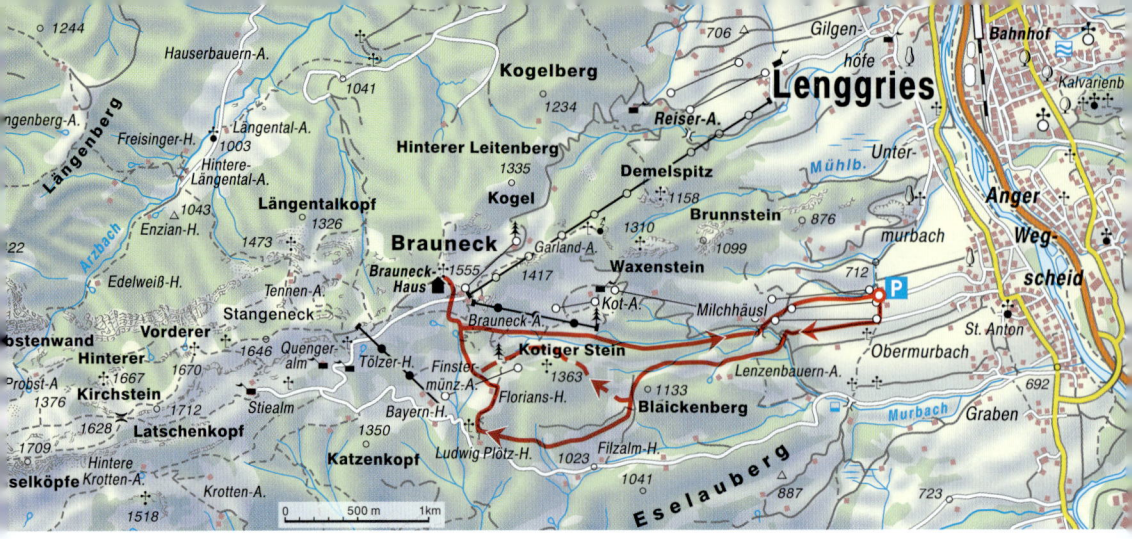

Varianten

Beim Zaundurchschlupf westlich des Blaickenberg können wir auch direkt rechts an den Waldrand und im Wald rechts haltend aufwärts zu einer Lichtung steigen. Ein kurzer Steilhang und eine anschließende Rechtsquerung in der steilen Nordflanke des »Kotigen Stein« führen uns in einen Sattel mit Lift, wo von links die Originalroute heraufleitet. Diese Querung ist der einzige Abschnitt, der bei sehr kritischen Verhältnissen lawinengefährdet sein könnte.

Bei zeitigen Schneefällen im Herbst, noch vor Öffnung des Skigebiets, wird in der Regel direkt über die Skipisten aufgestiegen. Vom Milchhäusl führt dazu auch ein Forstweg rechts vom Bach aufwärts und erreicht die Piste wieder bei der Kreinbauern Alm. Über die Kotalm geht's dann direkt und steil zur Brauneckalm. Des Weiteren lässt sich ebenfalls steil und direkt auch entlang der Weltcupabfahrt von der Talstation des Zielhanglifts in der Nähe der Kabinenbahn aufsteigen.

Ostansicht des Brauneck.

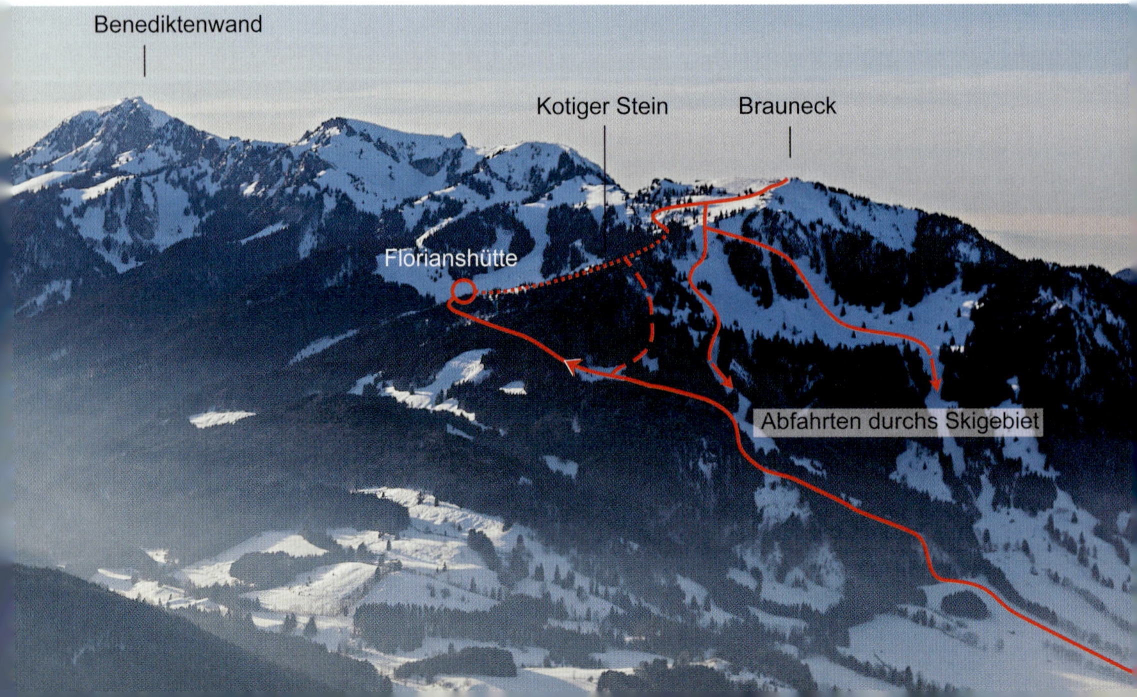

Bayerische Voralpen

33 Setzberg, 1708 m
Als Höhepunkt der Plankenstein-Reibn

3.45 Std.

1300 Hm

Versteckte Tegernseer Skigipfel mit vielen Variationsmöglichkeiten

Gut versteckt hinterm Wallberg reihen sich rund um den felsigen Plankenstein einige schöne Skihänge, die sich vielfältig kombinieren lassen. Wem der Hirschberg zu überlaufen ist, der findet hier eine ruhigere Alternative im Tegernseer Tal. Mit etwas Gespür kann der Tourengeher bei sicheren Verhältnissen am Röthenstein, am Grubereck oder am Setzberg oft sogar mehrere Tage nach dem letzten Schneefall noch unverspurte Flecken entdecken und mit Ausdauer und Motivation überraschend viele Höhenmeter sammeln. Die Felswände des Plankenstein bieten einen reizvollen Kontrast zum Tiefblick auf den Tegernsee, der einem Fjord gleich zu unseren Füßen liegt.

Ausgangspunkt: Am Tegernsee in Rottach rechts nach Enterrottach und auf der Mautstraße bis zum Parkplatz Kistenwinterstube.
ÖPNV: Mit der Bayerischen Regiobahn (BRB) von München bis Tegernsee und mit dem Bus in Richtung Monialm bis zur Haltestelle Kistenwinterstube (Fahrzeit 1.45 Std.).
Aufstiegszeiten: Parkplatz – Sieblialm 30 Min.; Sieblialm – Riederecksattel 1 Std; Riederecksattel – Plankensteinsattel 45 Min.; Plankensteinsattel – Setzberg 1.30 Std.
Anforderungen: Einige steilere, enge Waldpassagen sowie mehrmaliges Umrüsten zwischen Aufstieg und Abfahrt erfordern Skitourenroutine und durchschnittliches skifahrerisches Können. Für die Nordostflanke des Setzberg ist ein versierter Fahrstil erforderlich.
Hangrichtung: Überwiegend Nordost bis Nordwest.
Lawinengefährdung: Mit überlegter Routenwahl lässt sich die Runde meist durchführen, bei kritischen Verhältnissen kann der Aufstieg zum Plankensteinsattel problematisch sein. Auch am Setzberg ist dann Vorsicht geboten.
Einkehr: Wallberghaus (1512 m), von Nov. bis Weihnachten geschlossen, Mo und Di Ruhetag.
Karten: AV BY15 Mangfallgebirge Mitte.

Abfahrt vom Plankensteinsattel – rechts hinten sieht man bereits den Setzberg.

Schneisen im Hochwald bieten auch bei schlechtem Wetter passable Sichtbedingungen.

Aufstieg zum Plankensteinsattel

Vom Parkplatz auf dem als Rodelbahn genutzten Fahrweg in gemächlicher Steigung etwa eineinhalb Kilometer aufwärts bis zu einer Abzweigung. Hier hält man sich links und steigt über flache Wiesen an der Sieblialm vorbei in den Siebligraben. Bald wird es etwas steiler, und man folgt durch lichten Wald und zwischen großen Felsblöcken hindurch ungefähr dem Verlauf des Sommerwegs bis auf den Rücken bei der Riedereckalm. Rechts haltend geht es dann flacher in den Riederecksattel. Für die folgende kurze Abfahrt hinab zum Riederecksee werden die Felle in der Regel abgenommen. Unter den plattigen Südwänden des Plankenstein steigt man vom See durch eine perfekte, aber teils steile Skimulde hinauf in den Plankensteinsattel.

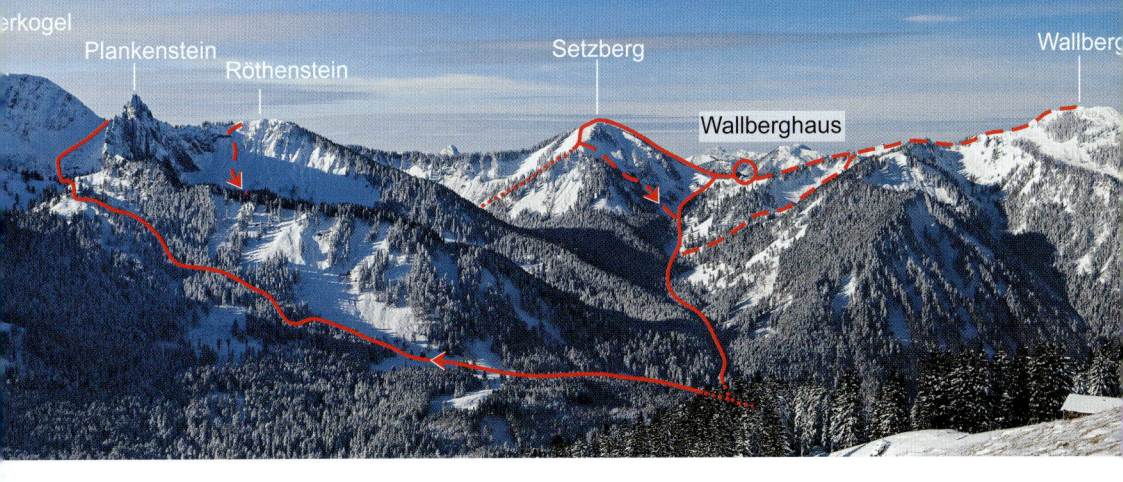

Blick von der Bodenschneid auf die Plankenstein-Reibn.

Routenverlauf zum Setzberg

Am Sattel angekommen verstaut man die Felle abermals im Rucksack und sucht sich eine Rinne für die Abfahrt zum Röthensteinsee aus – am besten hält man sich dazu eher links in der NW-Flanke des Risserkogel. Am tiefsten Punkt angekommen müssen einige Meter im Treppenschritt aufgestiegen werden, bevor die Abfahrt zur Röthensteinalm fortgesetzt werden kann. Kurz vor der Almhütte orientiert man sich nach links und steigt über den steilen Südosthang des Setzberg hinauf bis zu einem Absatz am Ostgrat. Über den Rücken geht es dann nach links zum Gipfelkreuz.

Abfahrt

Bei sicheren Bedingungen kann man auf verschiedenen steilen Varianten durch die Ostflanke des Setzberg in den Pfenniggraben abfahren. Bei ungünstigem Schneedeckenaufbau bietet die Nordflanke in Richtung Wallberghaus die sicherere Abfahrt. Sobald der Talboden erreicht ist, fährt man auf der linken Bachseite hinab zur Almstraße und auf dieser flott zum Ausgangspunkt.

Varianten

Neben der Nordostabfahrt am Setzberg findet man am Weg zahlreiche Abstecher, die bei guter Schneelage lohnende Tiefschneeabfahrten bieten, wie zum Beispiel am Röthenstein oder am Grubereck. Sogar der Wallberg lässt sich für Konditionsstarke noch in die Runde integrieren.

Die Felszacken des Plankensteins säumen den Aufstieg in den Plankensteinsattel.

Bayerische Voralpen

34 Hirschberg, 1670 m
Von Kreuth über die Rauheckalm

2.15 Std.

900 Hm

Beliebte Skitour im gern besuchten Tegernseer Tal

Das Tegernseer Tal stellt einen Prototyp für ein Münchner Naherholungsgebiet dar. Augenfällig wird das bereits bei der Anreise, wenn wir noch vor der Ampel an der Kreuzstraße das erste Mal im Stau stehen. Ärgerlicherweise bewegt sich auch auf den nachfolgenden 15 Kilometern bis Rottach-Egern das (Münchner) Autokennzeichen vor uns nur im Schritttempo voran. Wir schwimmen mit in einer durchgehenden Autoschlange, die sich – wie fast jedes Wochenende – ins Tal wälzt. Schlagartig wird uns dann bewusst: ein Geheimtipp ist die Region nicht mehr.

Auch der Hirschberg ist sicherlich keine Insidertour, auch wenn der allergrößte Teil der Besucher andere Interessen und Ziele im Tal verfolgt. Alleine wird man auf der Tour und am Gipfel daher fast nie sein. Wer es ruhiger sucht, der müsste längere Talmärsche auf sich nehmen – wie zur Schwarzentenn und zur Hochplatte oder zum Risserkogel über die Lange Au. Nichtsdestotrotz darf der Hirschberg in diesem Buch natürlich nicht fehlen, seine Beliebtheit hat schon ihre Gründe. Hoch und aussichtsreich ragt er über dem Tegernsee auf und bietet eine lohnende, aufgrund der Piste im unteren Abschnitt auch relativ schneesichere Skitour. Die Anforderungen an das Skikönnen halten sich in Grenzen, und auch die Lawinengefahr muss man hier nur sehr selten fürchten.

Sollte sich auf der Rückfahrt talauswärts das zähe Spiel der Anreise wiederholen, so lässt es sich auch als Chance auffassen, die Lokalitäten am Wegesrand einer näheren Betrachtung zu unterziehen. Neben dem berühmten Bräustüberl von Tegernsee locken nämlich noch zahlreiche Cafés und Wirtschaften zu einer gemütlichen oder zünftigen Einkehr. Und das gehört zum Hirschberg auch irgendwie dazu.

Blick vom Wallberg auf den Hirschberg.

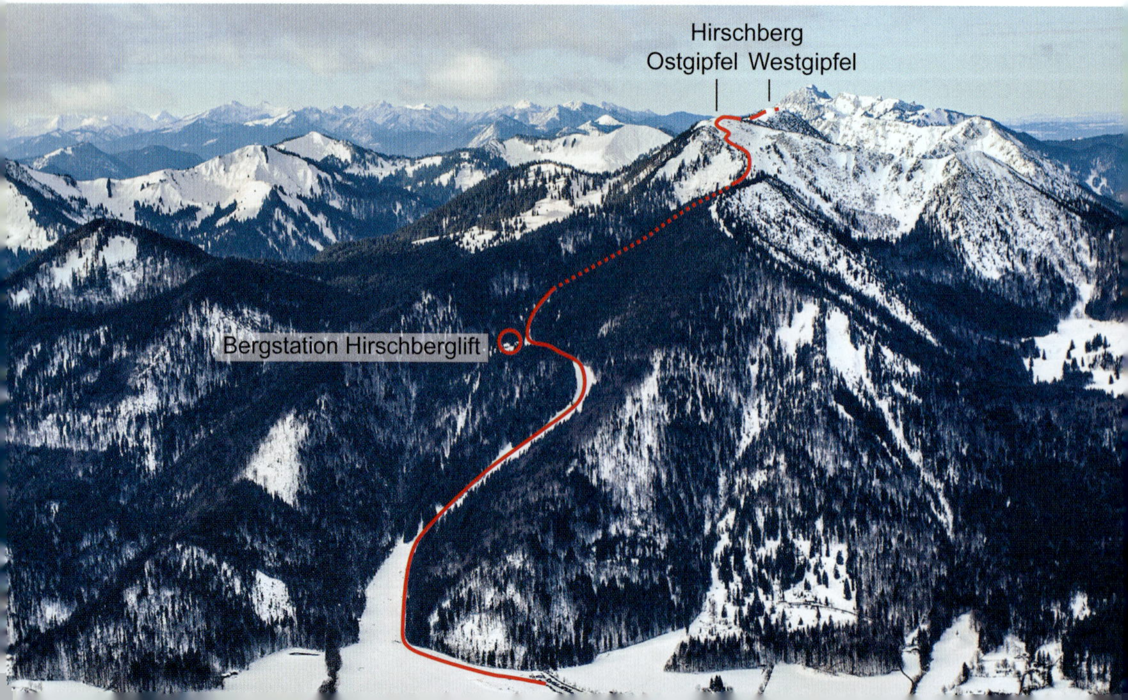

Ausgangspunkt: Vom Tegernsee in Richtung Kreuth und 2 Kilometer vor dem Ortskern nach rechts zum Ortsteil Point abbiegen. Großer Parkplatz an den Hirschbergliften (775 m).
ÖPNV: Mit der Bayerischen Regiobahn (BRB) von München bis Tegernsee und mit dem Bus nach Kreuth bis zur Haltestelle Brunnbichl (Fahrzeit 1.30 Std.), von dort 5 Min. Gehzeit zum Ausgangspunkt.
Aufstiegszeiten: Parkplatz – Bergstation des Lifts 45 Min., Bergstation – Rauheckalm 45 Min., Rauheckalm – Vorgipfel 30 Min., Vorgipfel – Hauptgipfel 15 Min.
Anforderungen: Im unteren Teil eine breite, eher wenig befahrene Piste, die aber stellenweise nicht ganz flach ist und Spitzkehren erfordern kann. In der Folge meist flache bis mittelsteile Hänge, die in der Abfahrt ausreichend Platz bieten.

Hangrichtung: Ost.
Lawinengefährdung: Die Skitour ist nur sehr selten lawinengefährdet und selbst bei kritischen Verhältnissen mit überlegter Routenwahl meist noch sicher durchführbar. Bei viel Neuschnee ist aber im Schlusshang Vorsicht angebracht. Im Kessel unterhalb der Rauheckalm sollte dann respektvoller Abstand vom steilen Osthang gehalten werden.
Einkehr: Unterwegs keine. Große Auswahl an Cafés und Gasthäusern im Tegernseer Tal.
Karten: AV BY13 Mangfallgebirge West, LDBV UK50-53 Mangfallgebirge.
Wald-/Wildschongebiete: Die Abfahrt über den steilen Osthang oder den Südostrücken sollte aus Rücksicht auf die dort lebenden Raufußhühner unterbleiben. Der Übergang zum Gipfel soll nur entlang des Wegs erfolgen.

Aufstieg

Am Rande der Skipiste steigen wir zuerst flach, dann zunehmend steiler aufwärts. Nach dem letzten Steilstück erreichen wir bald die Bergstation des letzten Schlepplifts. Diese lassen wir links liegen und folgen einer Lichtung durch eine Mulde nach Westen. Nach zwei kurzen Engstellen mit etwas mehr Bäumen erreichen wir eine große Lichtung mit Blick auf den steilen Osthang. Hier gibt's zwei Möglichkeiten. Die flachere Variante führt nach rechts in den Wald, wo wir auf einen Ziehweg treffen. Diesem folgen wir in einigen Kehren hinauf zur Rauheckalm. Die etwas steilere Variante führt noch ein Stück über die Lichtung nach Westen und dann nach rechts über einen mittelsteilen Hang in einigen Spitzkehren ebenfalls zur Alm.
Von der Rauheckalm folgen wir dem anfangs flachen, dann langsam steiler werdenden Rücken nach Westen bis in den breiten Gipfelhang. Ein letzter Aufschwung ist noch zu überwinden, bis wir unvermittelt auf einem geräumigen Plateau stehen. Oftmals wird der Ostgipfel zum Ziel erklärt – der höchste Punkt befindet sich 500 m weiter westlich und ist mit einem großen Kreuz versehen.

Abfahrt
Entlang der Aufstiegsroute.

An der Rauheckalm im Hintergrund der Gipfelhang.

Bayerische Voralpen

35 Bodenschneid, 1669 m
Von Neuhaus über die Untere Freudenreichalm

2.45 Std.
850 Hm

Eine der stilleren Touren der Spitzingseer Berge

Die Bodenschneid zwischen Spitzingsee und Tegernsee reiht sich optisch gut in die umliegenden Wald- und Wiesenberge ein. Auf der Nord- und Westseite dienen das Bodenschneidhaus und die beiden Firstalmen als Stützpunkte für eine zünftige Einkehr, und vielfältige Aufstiegsmöglichkeiten bieten sich für fast jede Schneelage und jeden Geschmack an. Trotzdem ist die Bodenschneid weniger frequentiert als viele andere Skiberge rund um den Spitzingsee. Das gilt zumindest für die Anstiege und Abfahrtsrouten, da sich die Tourengeher hier gut verteilen – am geräumigen Gipfel wird man bei schönem Wetter selten alleine sein. Das hat aber auch seinen Grund. Neben dem Tiefblick auf Spitzing-, Tegern- und Schliersee sowie das Bayerische Oberland bietet sich eine freie Aussicht auf den Alpenhauptkamm.

Drei verschiedene Aufstiegsrouten führen auf diesen Gipfel, jeweils mit verschiedenen Variationsmöglichkeiten. Jeder dieser Anstiege hat seinen eigenen Charakter und der Kenner wird seine Route passend zur jeweiligen Schneelage wählen. Die direkteste Route führt von der Mautstraße oberhalb Enterrottach von Westen über einen steilen Waldweg und den schönen Südosthang der Bodenalm zum Gipfel. Für die Abfahrt kann man dazu dann nach Süden ins Skigebiet queren. Der schneesicherste Anstieg beginnt am Spitzingsee – über die Firstalm steigt man unter der Felswand der Krettenburg entlang zum Nordosthang und durch eine steile Mulde zum Gipfelgrat. Der nachfolgend beschriebene Weg von Neuhaus ist der längste, aber auch abwechslungsreichste Anstieg und bietet eine schöne Rundtour. Wenn man den Gipfelhang zur Bodenalm noch anhängt, lassen sich mit einer Tour die lohnendsten Hänge der Bodenschneid kennenlernen. Zudem reduziert man den Kontakt mit dem Skigebiet des Spitzingsees und den oft zahlreichen Schlittenfahrern auf der Naturrodelbahn auf ein Minimum. Darüber hinaus finden sich zwei Einkehrmöglichkeiten am Weg – die Obere Firstalm mit einer herrlichen Sonnenterrasse vor dem Anstieg zum Gipfel und das gemütliche Bodenschneidhaus vor der Talabfahrt entlang der Rodelbahn.

Die Nordostseite der Bodenschneid von der Brecherspitze.

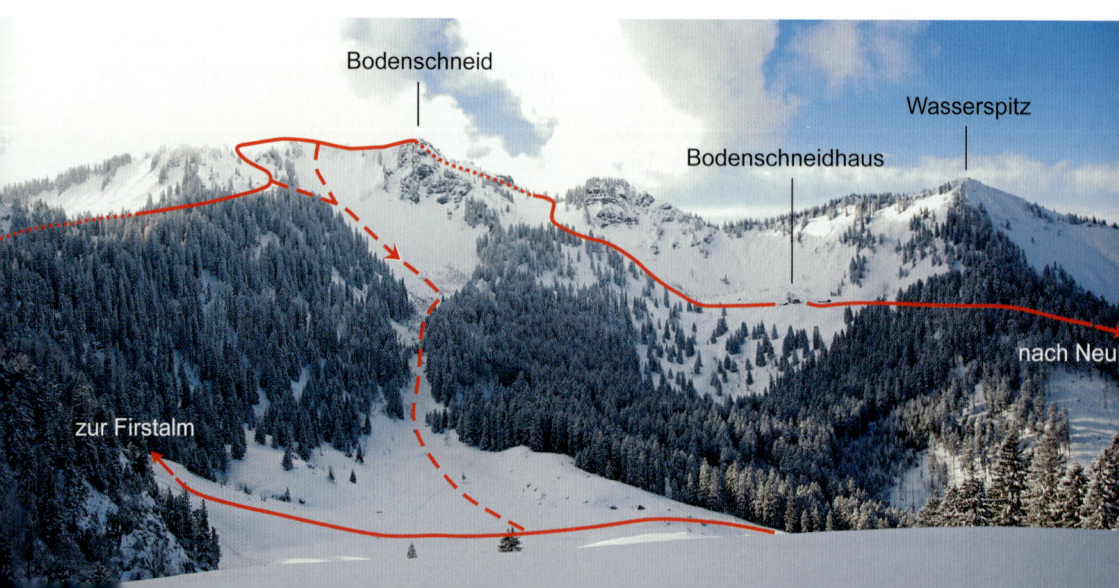

Ausgangspunkt: Wanderparkplatz am Ende der Dürnbachstraße in Neuhaus (850 m).
ÖPNV: Mit der Bayerischen Regiobahn (BRB) von München bis Neuhaus (Fahrzeit ca. 1 Std.). Gehzeit bis zum Ausgangspunkt ca. 10 Min.
Aufstiegszeiten: Neuhaus – Untere Freudenreichalm 1.30 Std., Untere Freudenreichalm – Firstalm 30 Min., Firstalm – Bodenschneid 45 Min.
Anforderungen: Typische Voralpenskitour, anfangs Forststraße, dann mittelsteile Hänge und ein kurzes Steilstück zum Grat, teilweise Spitzkehren und einigermaßen gute Skitechnik erforderlich.
Hangrichtung: Nord, ab Freudenreichalm Nordost.
Lawinengefährdung: Am Gipfelhang sind relativ sichere Bedingungen erforderlich. Dieser wird zwar häufig befahren, ist aber recht steil und bei West- und Südwind oft mit Triebschnee beladen. Im Zweifel besser auf die benachbarte Brecherspitze ausweichen.
Einkehr: Obere Firstalm (1369 m), ganzjährig bewirtschaftet, Tel. +49 8026 7302, firstalm.de; Bodenschneidhaus (1365 m), ganzjährig geöffnet, Tel. +49 8026 4692, bodenschneidhaus.de.
Karten: AV BY15 Mangfallgebirge Mitte, LDBV UK50-53 Mangfallgebirge.

Die letzte steile Mulde zum Grat ist geschafft.

Aufstieg

Ein Forstweg führt rechts vom Bach durch das anfangs enge Tal aufwärts. Dieser Weg wird zwar als Rodelbahn genutzt, kann manchmal aber auch sehr gründlich bis auf den Schotter geräumt sein. Nach etwa einer halben Stunde kreuzen wir eine Forststraße. Diese führt nun nach links in einen flachen Kessel mit lichtem Wald. Bei einer Linkskurve verlassen wir die Straße geradeaus, marschieren flach in den Talboden und schließlich nach links hinauf zur Unteren Freudenreichalm. Südlich der Alm führt eine etwas steilere Schneise schräg nach links durch den Wald hinauf zu einer weiteren Mulde mit einer Almhütte. Hier könnte man links den schönen Westhang der Brecherspitze unter die Bretter nehmen. Wir hingegen ziehen rechts am Gebäude vorbei nach Süden zur Oberen Firstalm. Sofern wir die lockende Sonnenterrasse verschmähen, lassen wir die Wirtschaft links liegen und queren ohne Höhengewinn unter der Felswand der Krettenburg nach Westen, bis wir rechts durch lichten Wald bequem in den Sattel zwischen Krettenburg und Bodenschneid aufsteigen können. Links haltend erreichen wir bald wieder freies Gelände und stehen bereits am Fuße des Nordosthanges der Bodenschneid. Durch eine anfangs noch mäßig steile Mulde oder den mit einigen Bäumen und Latschen bestückten Rücken rechts davon steigen wir in Spitzkehren dem Grat entgegen bis unter einen sperrenden Felsriegel. Links davon ermöglicht eine steile Mulde den Ausstieg – hier sollte kein frischer Triebschnee eingeblasen und die Schneedecke stabil genug aufgebaut sein! Am Grat angekommen, wenden wir uns nach rechts und stehen bald darauf am Gipfelkreuz.

Abfahrt

Sofern noch genug Zeit und Kondition vorhanden ist, sollte man bei guten Pulver- oder Firnbedingungen unbedingt

Schöner Ausblick ins Mangfallgebirge am Gipfelkamm.

den traumhaften Südwesthang hinab zur Bodenalm fahren und anschließend zurück zum Gipfel steigen. Ansonsten beginnen wir mit der direkten Abfahrt. Man kann natürlich entlang der Aufstiegsroute abfahren, was aber aufgrund der vielen Querungen und Flachstücke nicht besonders lohnend ist. Schöner ist es, vom Gipfel links vom Grat bis in eine Scharte abzufahren und dann durch den schönen Nordhang direkt hinabzuschwingen zum Bodenschneidhaus. Von dort kann man gemütlich auf der Rodelbahn hinausrutschen nach Neuhaus.

Variante

Auch die Abfahrt zur Freudenreichalm ist möglich. Die Direkteinfahrt in den Nordhang (meist Wechte) ist jedoch nur bei absolut sicherer Lawinenlage für gute Skifahrer machbar – ansonsten fährt man auf der Aufstiegsroute noch über den ersten Hang ab, bis man nach links in den flacheren unteren Teil des Nordhangs queren kann. Von hier führt nach rechts eine Rinne hinab zur Unteren Freudenreichalm.

Bayerische Voralpen

36 Rotwand, 1884 m
Rundtour vom Spitzingsee

4.30 Std.

1100 Hm

Variantenreiches »Felle rauf – Felle runter«

Das Gebiet um den Spitzingsee gehört zu den meistfrequentierten Skitourenrevieren im gesamten Bayerischen Alpenraum. Da ist es natürlich ein Muss, auch in diesem Auswahlführer eine Tour von diesem Ausgangspunkt vorzustellen. Während die Westseite des Talkessels nahezu komplett in der Hand der Liftgesellschaften ist, wurde das gegenüber liegende Skigebiet am Taubenstein vor einigen Jahren geschlossen. Die Berge sind jetzt wieder fest in der Hand der Tourengeher, aber man sollte nicht denken, dass hier jetzt Ruhe eingekehrt ist. Hunderte Tourengeher verteilen sich täglich auf die zahlreichen Skigipfel und kanalisieren sich im Unteren Lochgraben, der es daher mit jeder Buckelpiste in einem Skigebiet aufnehmen kann. Beliebt ist auch die hier vorgestellte Rotwand-Runde, wobei sich die Massen aber auf der variantenreichen Tour besser verteilen.

Die Basisversion dieser landschaftlich und skifahrerisch lohnenden Unternehmung besteht dabei im Aufstieg vom Spitzingsee zum Rotwandgipfel mit Abfahrt ins Großtiefental. Der Weg zur Talabfahrt durch den Lochgraben führt anschließend mit zwei Gegenanstiegen über Miesingsattel und Taubensteinsattel. Oft werden dieser Rundtour noch eine oder mehrere »Fleißaufgaben« hinzugefügt, wie der Aufstieg zur Auerspitze, zum Hochmiesing oder gar zur Aiplspitze. Der Variantenreichtum auf der Rotwandreibn wird allerdings von zahlreichen Wildschutzgebieten eingeschränkt.

Herrliche Winterlandschaft an der Kümpfelscharte, im Hintergrund der Hochmiesing.

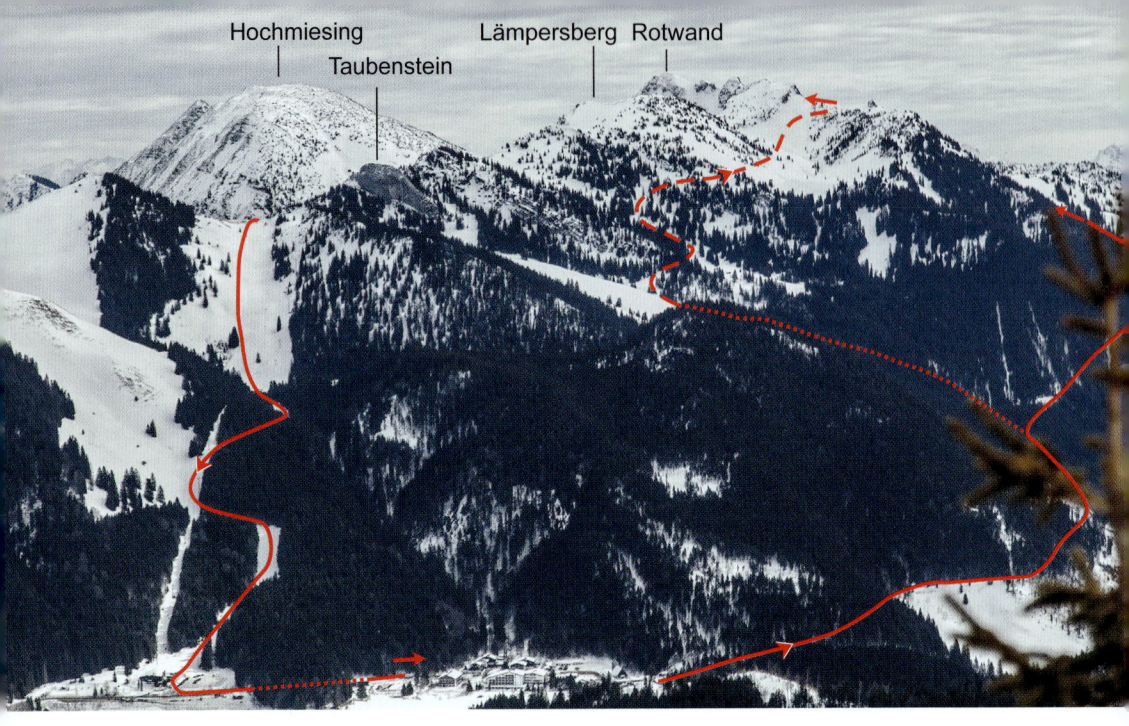

Blick von der Bodenschneid zum Spitzingsee und zum Taubenstein.

Ausgangspunkt: Spitzingsee – Parkplatz (gebührenpflichtig) bei der Kirche, weitere Parkplätze im Bereich der Talstation der Taubensteinbahn (1050 m).
ÖPNV: Mit der Bayerischen Regiobahn (BRB) von München bis Schliersee, weiter mit dem Bus zum Spitzingsee bis zur Haltestelle Kirche (Fahrzeit 1.15 Std.).
Aufstiegszeiten: Spitzingsee – Rotwand 2.30 Std., Rotwand – Kleintiefental 1 Std., Kleintiefental – Taubensteinsattel 30 Min., Taubensteinsattel – Spitzingsee 30 Min.
Anforderungen: Die Standardroute verläuft über flache bis mittelsteile Forstwege und Wiesenhänge – die Varianten erfordern vor allem in der Abfahrt meist sichere Skitechnik.
Hangrichtung: Bis zur Rotwand West bis Süd – danach alle Hangrichtungen.
Lawinengefährdung: Nach starken Neuschneefällen oder bei starker Erwärmung muss an der Südseite der Rotwand – zwischen Klammalm und Rotwandhaus – mit Lawinengefahr gerechnet werden. Ansonsten ist die Tour – bei überlegter Routenwahl – kaum lawinengefährdet.
Einkehr: Rotwandhaus (1737 m), ganzjährig geöffnet, Tel. +49 8026 3959880, Taubensteinhaus (1567 m), im Winter von Anfang Dez. bis Ostern bewirtschaftet, Tel. +49 8026 7070.
Karten: AV BY15 Mangfallgebirge Mitte, LDBV UK50-53 Mangfallgebirge.
Wald-/Wildschongebiete: Das Rotwandgebiet ist ein wichtiger Lebensraum für Raufußhühner. Eine ganze Reihe von meist kleinräumigen Schutzzonen sind zu meiden. Auf unserer Route betrifft dies in erster Linie die Variante am Lämpersberg vorbei, wo der Gipfelkamm nicht betreten werden darf. Über weitere Schutzzonen informieren die Alpenvereinskarte BY 15 sowie aufgestellte Informationstafeln.

Aufstieg zum Rotwand-Gipfel

Vom Parkplatz begeben wir uns zur Straße hinab und folgen ihr nach links zur Abzweigung nach Valepp. Etwa 50 m nach der Schranke zweigt links eine leicht ansteigende Straße ab. Dieser folgen wir etwa 1,5 Kilometer bis zur Bergwachthütte. Nun biegen wir nach rechts ab und folgen dem kurvigen Forstweg (meist mit Schneewiesel-Spur) bis zu einer scharfen Linkskurve, in der sich links über den Fußweg eine Kehre abschneiden lässt. Den weiteren Weg gibt wieder der Fahrweg vor, wobei wir etwa 200 Meter nach der nächsten Linkskehre nochmal rechts hinauf zu einem Sattel bei der Klammalm abschneiden können. Jetzt sehen wir dann bereits das Rotwandhaus. Die folgende Querung der steilen Südhänge stellt (allerdings nur bei sehr kritischen Verhältnissen) einen der wenigen potenziell lawinengefährdeten Hänge dieser Runde dar. Noch vor Erreichen der Hütte zweigen wir links ab und steigen in wenigen Kehren hinauf zum Rotwandgipfel.

Abfahrt ins Großtiefental
Vom Gipfel schwingen wir den kurzen Südhang hinab zur Scharte vor dem Rotwandhaus. Der kürzeste Weg führt nun entlang des Sommerwegs in einer Querung des Südhanges nach Osten (Vorsicht bei Schneeverfrachtungen in die Südhänge) in die Kümpfelscharte und von dieser durch schöne Mulden nach Nordosten hinab zur Großtiefentalalm.

Weiterweg zum Taubensteinsattel
Von den Almhütten steigen wir durch schön kupiertes Gelände nach Nordwesten auf bis in den Miesingsattel.

Ohne Felle geht es nun über einen kurzen steileren Hang wieder nach Westen hinab, bald halten wir uns aber rechts und erreichen die Kleintiefentalalm. Hier fahren, wir uns links haltend, ab, schieben einige Meter einen kurzen Gegenanstieg hinauf und jenseits geht es noch einmal ein Stück hinunter in einen schattigen Talkessel. Hier werden erneut die Felle aufgezogen und nach Norden geht's hinauf zum bereits sichtbaren Taubensteinhaus. Von hier führt eine leicht ansteigende und meist als Piste präparierte Querung nach Westen hinüber zum Taubensteinsattel.

Abfahrt
Entlang der ehemaligen Skipiste über den ersten Hang hinab zu einem längeren Skatingstück. Danach über den meist buckelpistenartig ausgefahrenen Unteren Lochgraben zum Spitzingsee. Endpunkt ist die Bushaltestelle an der Talstation der Taubensteinbahn. Der Rückweg zur Kirche führt in 5 Minuten am Gehweg entlang der Straße durch den Tunnel.

Das Rotwandhaus bietet eine von mehreren Einkehrmöglichkeiten auf der Rotwand-Reibn.

Die felsigen Ruchenköpfe bieten eine imposante Kulisse auf der Rotwand-Reibn.

Varianten

1. **Aufstieg zur Rotwand:** Diese kann etwas anspruchsvoller, aber schöner über die Wallenburgalm erreicht werden: Von der Bergwachthütte gleich am Beginn der Straße zum Rotwandhaus nach links zu einer Lichtung. Über sie zur Unteren Wallenburgalm und über einen steileren Hang rechts aufwärts zur Oberen Wallenburgalm. Der Gipfel des Lämpersberg (der Gipfelkamm ist Wildschutzgebiet) wird dabei links liegen gelassen. Den Kamm zwischen Rotwand und Klammstein überschreiten wir anschließend bei Punkt 1802 m und queren über die Südseite unter den Gipfelhang, wo wir auf die Originalroute treffen.

2. **Abfahrt von der Rotwand ins Großtiefental:** Direkter und steiler als die Originalvariante über die Kümpfelscharte, bei sicherer Schneelage aber lohnender, ist die Ostrinne (Nebelrinne). Vom Gipfel fahren wir am Südgrat hinab bis zu einem flachen Absatz. Hier zweigt links die steile und im oberen Teil etwa 20 m schmale Rinne ab. Die Einfahrt ist meist mehr oder weniger stark überwechtet und die ersten knapp 100 Höhenmeter sind im Durchschnitt 40 Grad steil. Danach weitet sich der Hang und in perfekter Neigung schwingen wir hinab ins Großtiefental. Wenn wir uns dem weißen Rausch nicht vollständig hingeben wollen, können wir noch deutlich vor den Almhütten nach links queren und dort bereits die Felle für den Aufstieg zum Miesingsattel aufziehen.

3. **Auerspitze:** Am Rotwandhaus fährt man direkt nach Osten durch die (oben meist überwechtete) Rinne hinab in die Mulde südlich der Kümpfelscharte.

Bayerische Voralpen

Durch Mulden und Latschengassen steigen wir nach Osten auf zur Auerspitze. Der Nordhang hinab zur Großtiefentalalm gehört bei Pulverschnee oft zu den schönsten Abfahrten im Rotwandgebiet.

4. **Hochmiesing:** Vom Miesingsattel steigen wir über den latschenreichen Südrücken hinauf auf den geräumigen Gipfel. Die Abfahrt führt direkt nach Westen, im oberen Teil durch flache Mulden und Latschengassen, bis man die gut 30 Grad steile und 200 m hohe Westrinne erreicht, die hinabführt ins Kleintiefental.

5. **Aiplspitze:** Etwas ab vom Schuss, aber ein lohnender Tourenabschluss für Konditionsstarke. Von der Kleintiefentalalm fährt man entlang des Talbodens abwärts, bis links das Krottental abzweigt. Über die Krottentalalm und den Südostgrat geht's zum Gipfel. Nach der Abfahrt zur Krottentalalm muss ein Gegenanstieg zum Tanzeck bewältigt werden, bevor man über die Südwestseite zur Schönfeldalm und zur Taubensteinpiste abfahren kann. In der Light-Version dieser Variante lässt man die Aiplspitze aus und steigt gleich aufs Tanzeck.

Pulverschnee im Großtiefental.

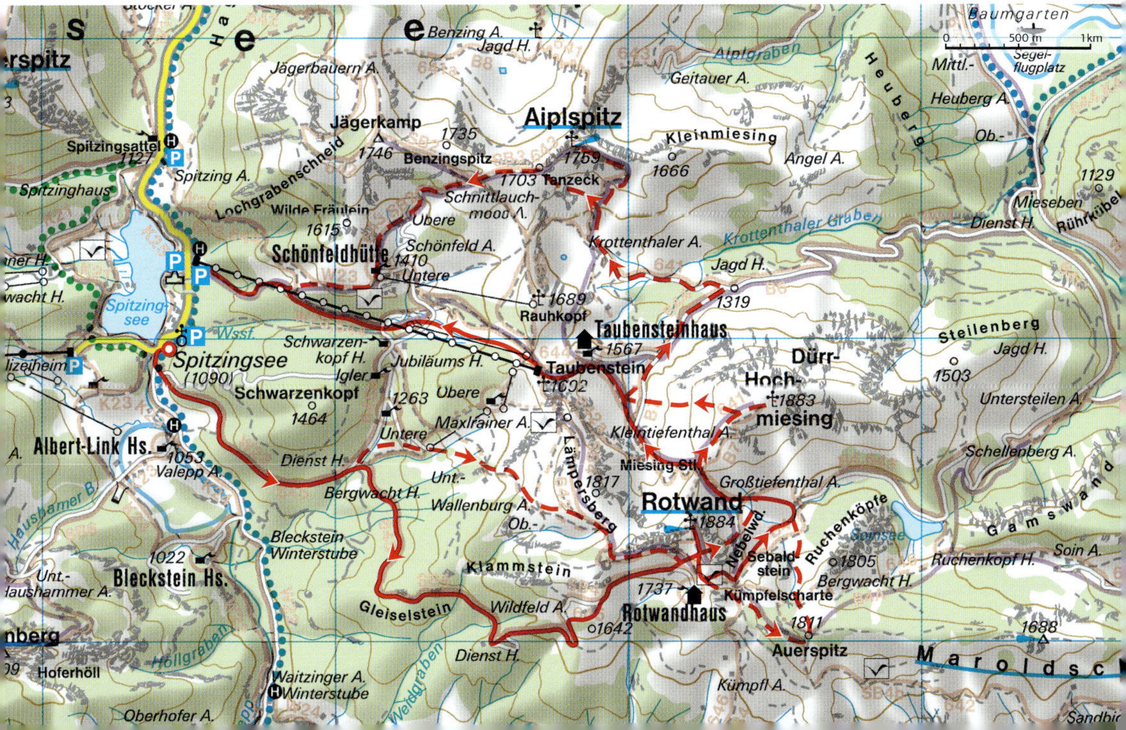

Bayerische Voralpen

37 Breitenstein Westgipfel, 1575 m
Vom Café Winklstüberl bei Fischbachau

2.00 Std.
770 Hm

Aussichtsreicher Umweg zum Tourenabschlusskuchen

Der Breitenstein gehört aufgrund seiner schnellen Erreichbarkeit zu den beliebtesten Hochwinter-Skitouren des Oberlandes. Der frei stehende Gipfel in Sichtweite des Wendelstein bietet eine lohnende Skitour über schöne Wiesenhänge. Die Lawinengefahr ist hier bei überlegter Routenwahl nur äußerst selten ein Thema, da man sich die meiste Zeit in Hängen unter 30 Grad tummelt. Der etwas steilere westseitige Gipfelhang wird meist eher ab- als eingeblasen und ist aufgrund der häufigen Begehungen nach jedem stärkeren Schneefall sofort wieder komplett eingefahren.

Der Berg eignet sich daher und auch aufgrund der geringen Anforderungen an Skitechnik und Kondition durchaus für Einsteiger. Allerdings sollte man geduldig eine solide Unterlage für die Tour abwarten. Vor allem ab der Bucheralm sind die Wiesen alles andere als steinfrei, was aber von vielen Tourengehern hartnäckig ignoriert wird. Daher dürfte der Breitenstein einer der übelsten Belag-Schädiger weit und breit sein. Obwohl die Skitour an sich bei guten Verhältnissen wirklich lohnend ist, wartet die eigentliche Attraktion erst nach der Tour wenige Meter unterhalb des Parkplatzes. Dort befindet sich der berühmte Kuchentempel des Winklstüberls. Die verbrauchten Kalorien lassen sich dort innerhalb kurzer Zeit in Form der wirklich anständig großen Tortenstücke wieder nachfüllen – und dazu gleich noch eine ordentliche Reserve für die Zukunft. Wer das Abnehmen als Motiv fürs Skitourengehen braucht, sollte also hinterher besser woanders einkehren.

So viel Schnee wie im Dezember 2023 hat es am Breitenstein selten.

Der Breitenstein vom Jägerkamp aus gesehen.

Ausgangspunkt: Tourengeherparkplatz ca. 100 m links oberhalb vom Winklstüberl, 1 Kilometer nördlich von Fischbachau (810 m).
ÖPNV: Nicht möglich.
Aufstiegszeiten: Winklstüberl – Bucher Alm 1 Std., Bucher Alm – Breitenstein 1 Std.
Anforderungen: Durchgehend flache bis mittelsteile Wiesenhänge und Ziehwege. Nur in der Querung am Sommerweg zum Gipfelhang geht es kurzzeitig recht eng her.
Hangrichtung: West.
Lawinengefährdung: Bei richtiger Spuranlage nur in Extremsituationen lawinengefährdet – am ehesten im Gipfelhang nach sehr starken Neuschneefällen.
Einkehr: Winklstüberl (780 m), unterhalb vom Parkplatz, täglich geöffnet, Tel. +49 8028 742, winklstueberl.de.
Karten: AV BY16 Mangfallgebirge Ost, LDBV UK50-53 Mangfallgebirge.
Wald-/Wildschongebiete: Der Übergang zum Ostgipfel sollte vermieden werden oder zumindest unten herum über die Hubertushütte erfolgen.

Aufstieg
Vom Parkplatz steigt man über eine mäßig geneigte Wiese gerade aufwärts zu einem Durchschlupf durch einen schmalen Waldgürtel. Über die folgende Wiese hält man sich leicht rechts, eine Straße überquerend und geradeaus hinauf zum Wald, wo man wieder auf einen Fahrweg trifft. Dieser führt aufwärts zu einer Lichtung, man überquert eine Forststraße und steigt nach Norden über einen freien Stockhang hinauf zu einem bewaldeten Gratrücken. Diesem nach rechts entlang folgend gelangt man zu einer Lichtung. Nun geht's ohne Orientierungsschwierigkeiten aufwärts, an der Bucher Alm vorbei, bis sich der Hang aufsteilt. Zwischen einzelnen Bäumen hindurch erreichen wir eine Felswand, die den Weiterweg versperrt. Hier zieht der steinige Sommerweg nach rechts durch den Wald bis unter den freien Schlusshang. Über diesen steigen wir aufwärts, und durch eine kleine Einschartung finden wir uns plötzlich auf dem Gipfelplateau. Nach links erreicht man in wenigen Metern den bereits seit Längerem sichtbaren Westgipfel.

Abfahrt
Entlang der Aufstiegsroute.

Bayerische Voralpen

38 Lacherspitze, 1724 m
Von der Sudelfeldstraße durchs Lacherkar

1.45 Std.

700 Hm

Beliebte Einsteigertour im Wendelsteingebiet

Nicht nur die großen Touren und bekannten Gipfel bescheren dem Skitourengeher schöne Tage im Gebirge. Gelegentlich möchte man einfach an einem halben Tag einen gemütlichen Berg besteigen und am Gipfel das Panorama genießen. Bei der Abfahrt freut man sich vielleicht sogar, wenn die Trasse bereits gut eingefahren ist, zum Beispiel, weil die Schneequalität ansonsten wenig Spaß machen würde. Auch Einsteigern bietet die Lacherspitze eine gutmütige Tour, die nur bei kritischer Lawinenlage einige kurze Problemstellen aufweisen kann, aber die meiste Zeit unkritisch zu begehen ist. Dazu ist die Route fast immer gespurt, und durch die südseitige Exposition sind die Temperaturen hier auch an kalten Hochwintertagen erträglicher als zum Beispiel gegenüber am schattigen Traithen. Dafür ist es aber mit der Bergeinsamkeit nicht sehr weit her. Aber manchmal kann ja auch der gesellschaftliche Aspekt einer Skitour seine Reize haben.

Ausgangspunkt: Von Bayrischzell auf der Sudelfeldstraße Richtung Oberaudorf. Etwa 800 Meter nachdem die Straße wieder bergab führt, befindet sich auf der linken Seite der große Parkplatz des Skigebiets oberhalb des Wedellifts (gebührenpflichtig für Tourengeher). Fährt man die Straße noch 100 m weiter bergab, gibt es vor der Brücke kostenlosen Platz für etwa zehn Autos.
ÖPNV: Mit der Bayerischen Regiobahn (BRB) von München bis Bayrischzell und mit Skibus zum Sudelfeld, Haltestelle Wedellift-Bergstation (Fahrzeit ca. 1.45 Std.).
Aufstiegszeiten: Parkplatz – Talstation Ma-

Der Ausstieg aus dem Kar führt unterhalb des felsigen Gipfelaufbaus vorbei.

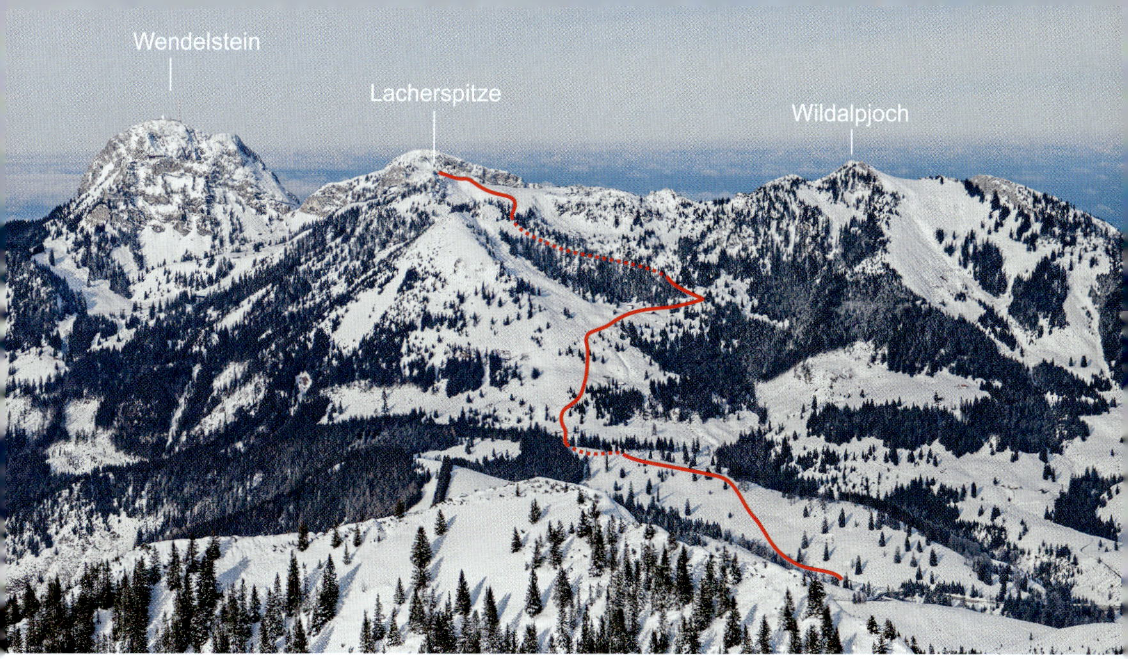

Die Südseite der Wendelsteingruppe mit dem Verlauf der beschriebenen Route.

terialseilbahn 30 Min.; Materialseilbahn – Eingang Lacherkar 30 Min.; Eingang Lacherkar – Lacherspitze 45 Min.
Anforderungen: Unschwierige Skitour mit durchgehend flachen bis mäßig steilen Hängen.
Hangrichtung: Überwiegend Süd, im Lacherkar ostseitig.
Lawinengefährdung: Bei richtiger Spuranlage selten schneebrettgefährdet. Bei Gefahr größerer Spontanlawinen ist im Bereich der Lacheralmen und im Lacherkar Vorsicht geboten.
Einkehr: Auf Tour keine; mehrere Gasthäuser am Sudelfeld in der Nähe des Ausgangspunktes.
Karten: f&b WK 301, AV BY16 Mangfallgebirge Ost.
Wald-/Wildschongebiete: Die Kuppe südlich der Lacherspitze – der Tagweidkopf – ist Wildschongebiet, das gilt insbesondere auch für den Osthang oberhalb der Lacheralmen. Ebenso soll die Westseite der Lacherspitze, südlich des Lacherliftes, nicht befahren werden.

Aufstieg

Vom Parkplatz steigt man nach Nordwesten über einen freien Hang hinauf zu einem sanften, mit vereinzelten Bäumen bestandenen Rücken. Diesem folgt man kurz links aufwärts, bis man flach in das dahinter liegende Tälchen queren kann und jenseits über einen kurzen Hang zur

Kaiserliches Panorama an den Lacheralmen.

Talstation der Bundeswehr-Materialseilbahn gelangt. Über freie Hänge steigt man nun geradewegs nach Norden auf und kürzt so die Kehren der Fahrstraße ab, bis man kurz vor den Lacheralmen wieder auf die Straße trifft. Ihr folgt man zwischen den Hütten hindurch bis zu ihrem Ende an einem großen ebenen Platz. Leicht links haltend geht es nun zum schmalen Eingang des Lacherkares. Durch eine breite Rinne steigt man nach Westen auf. Etwa 100 Höhenmeter bevor man den felsigen Gipfelaufbau erreicht, orientiert man sich nach rechts, wo baumbestandenes, gestuftes Gelände einen meist sicheren Aufstieg zum Nordostgrat erlaubt. Am Grat oder knapp rechts davon gelangt man bei guter Schneelage bis wenige Meter vor das Gipfelkreuz; die letzten Schritte kraxelt man zu Fuß zum höchsten Punkt.

Abfahrt
Die Abfahrtsroute folgt in etwa der Aufstiegslinie. Unbedingt vermeiden sollte man aus Naturschutzgründen den Bereich südlich der Lacherspitze rund um den Tagweidkopf.

Firnbedingungen an der Lacherspitze.

Bayerische Voralpen

39 Brünnsteinschanze, 1547 m
Vom Waldparkplatz beim Tatzelwurm

2.00 Std.

700 Hm

Moderate Voralpenskitour mit Blick aufs Inntal

In den Bayerischen Voralpen finden sich eine ganze Reihe lohnender Skitouren, die auch für den Einsteiger in diese Sportart ruhigen Gewissens empfohlen werden können. Eine der schönsten davon ist sicherlich die Brünnsteinschanze oberhalb vom Gasthof Tatzelwurm im Sudelfeldgebiet. Im Gegensatz zu vielen anderen leichten Skitouren verläuft sie weitab von Pistenrummel und führt trotzdem auf einen netten, aussichtsreichen Gipfel. Dass die Abfahrt eine gesunde Mischung aus breiten, hindernislosen Hängen und bequemen Forststraßenpassagen bietet, ist ein weiterer Pluspunkt. Zu guter Letzt sind meist weniger Leute unterwegs als auf vergleichbaren Skitouren im Spitzingseegebiet. Aber auch für die »alten Hasen« unter den Tourengehern hat diese Tour einiges zu bieten. Bei schlechtem Wetter oder

Kurz vor der Seelacher Alm verlässt man endgültig den Wald.

erheblicher Lawinengefahr ist sie ein gern aufgesuchtes Ausweichziel der Einheimischen. Zusammen mit den benachbarten Hügeln weiter westlich oder dem Übergang und der anschließenden Einkehr auf dem Brünnsteinhaus lässt sich auch für konditionsstärkere Tourengeher ein ausgefülltes Tagesprogramm zusammenstellen.

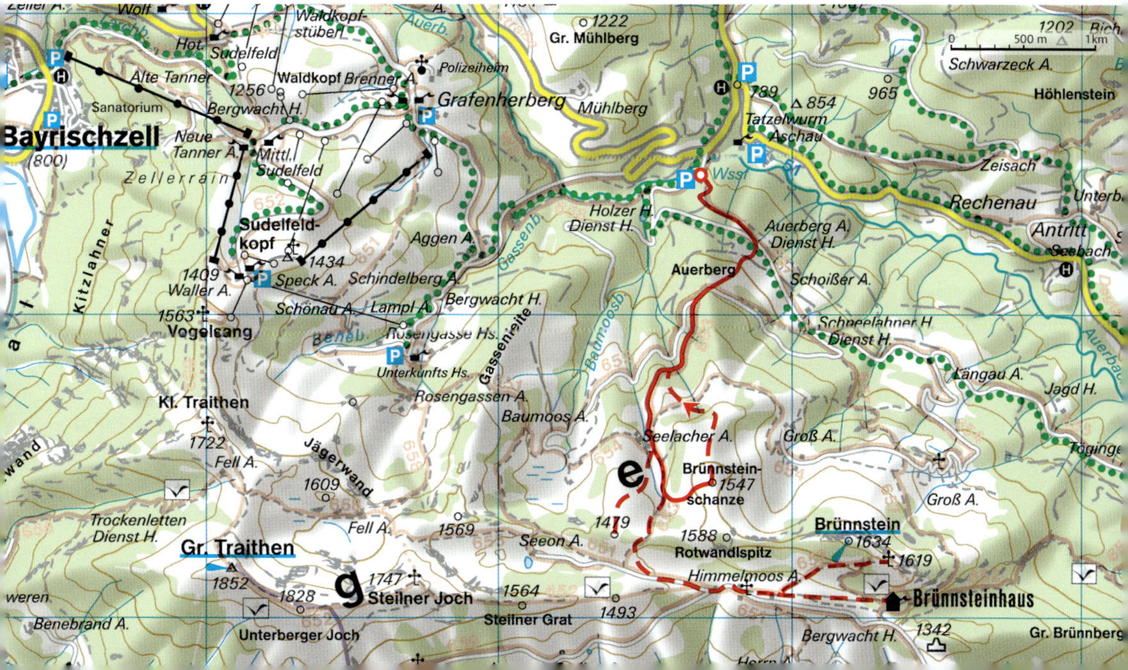

Viele Variationsmöglichkeiten bietet das weitläufige Skigelände westlich der Seelacher Alm.

Ausgangspunkt: Waldparkplatz 200 m oberhalb der Kreuzung beim Gasthaus Tatzelwurm (ca. 800 m). Bei viel Schnee ist dieser oft nicht oder kaum geräumt. Dann muss man direkt am großen Parkplatz an der Kreuzung der Tatzelwurmstraße parken und zu Fuß 5 Minuten zum Ausgangspunkt gehen.
ÖPNV: Im Winter nicht möglich.

Aufstiegszeiten: Waldparkplatz – Seelacher Alm 1.15 Std., Seelacher Alm – Brünnsteinschanze 45 Min.
Anforderungen: Einfache Skitour, die sich auch für Anfänger eignet. Meist Forstwege und flache bis mittelsteile Wiesenhänge.
Hangrichtung: Nord und Nordost.
Lawinengefährdung: Bei sehr kritischen Verhältnissen können im oberen Bereich kurz vor und nach der Seelacher Alm einige Hänge grundsätzlich problematisch sein. Dies ist aber extrem selten und lässt sich mit geschickter Spuranlage meist umgehen.
Einkehr: Auf der Standardroute keine. Möglich ist aber ein Abstecher zum Brünnsteinhaus (1342 m), vom 26.12. bis Anfang März geöffnet, Tel. + 49 8033 1431, bruennsteinhaus.de.
Karten: AV BY16 Mangfallgebirge Ost, LDBV UK50-53 Mangfallgebirge.
Wald-/Wildschongebiete: Der komplette Osthang in den Kessel der Großalm ist Schongebiet, das nicht befahren/begangen werden soll.

Pause auf der Familienskitour zur Brünnsteinschanze.

Die Westhänge der Brünnsteinschanze.

Aufstieg

Gleich links am Parkplatz führt ein Ziehweg durch den Wald aufwärts zu den Wiesen der Schoißer Alm. Eine Forststraße kreuzend geht es noch vor der Alm rechts geradeaus den breiten Wiesenhang hinauf. Das Steilstück wird dabei erst unten rechts bis zum Waldrand umgangen und mit einer anschließenden Querung nach links kommt man wieder in flacheres Gelände, wo man bald wieder auf eine Forststraße trifft. Dieser folgt man einige Meter nach rechts zu einer Gabelung, an der wir der linken Straße aufwärts folgen und nach Verlassen des Waldes die Seelacher Alm erreichen. Von der Alm geht's noch ein Stück taleinwärts, bis am linksseitigen Hang der Wald endet. Hier können wir über einen kurzen steileren Hang nach Osten aufsteigen und gelangen so bald zur flachen Gipfelkuppe.

Abfahrt

Bis zur Seelacher-Alm gibt's verschiedene Varianten. Neben dem Anstiegsweg können wir auch zuerst nach Norden zu einem Flachstück und von dort nach links direkt zur Alm abfahren. Eine weitere Variante führt komplett über den Nordrücken abwärts und im unteren Teil links haltend steil zur Forststraße.

Varianten

Westlich der Seelacher Alm gibt es noch einige ähnliche Hügel, die sich vorzüglich mit der Brünnsteinschanze kombinieren lassen. Wenn man von der Seelacher Alm geradewegs nach Süden geht, gelangen wir zu einem Durchstieg durch den Kamm, der auf die Südseite führt. Dort können wir über ein breites Plateau nach links (Osten) zum Brünnsteinhaus wandern oder sogar den Brünnstein (Gipfelanstieg zu Fuß, je nach Schneelage anspruchsvoll) besteigen.

Bayerische Voralpen

40 — Großer Traithen, 1851 m
Von der Rosengasse über das Steilner Joch

2.15 Std. | 850 Hm

Anspruchsvoller Voralpenberg überm Sudelfeld

Der Große Traithen ist der höchste Berg des Landkreises Rosenheim und der Paradeskiberg des Sudelfeldgebiets für fortgeschrittene Tourengeher. Es gibt zwar viele Varianten, aber der einzige wirklich leichte Anstieg vom Ursprungtal ist ein arger Forststraßenhatscher und wird nur selten begangen. Auch der landschaftlich zwar sehr schöne, aber etwas verwickelte Anstieg vom Tatzelwurm ist sehr länglich und daher nicht recht beliebt. Mit Abstand am häufigsten wird unser Berg deshalb von der Rosengasse über seine steile Nordseite bestiegen.

Hier führt eine sehr schöne Rundtour über das Steilner Joch und den langen, aussichtsreichen Ostgrat zum Gipfel. Sichere Lawinenlage ist für die teilweise gut 40 Grad steilen Hänge aber erforderlich und eine hohe Schneelage obendrein, damit die ausgedehnten Latschenfelder ordentlich verschneit sind. Der Traithen bietet neben der Standardroute noch einige steile Abfahrtsvarianten durch die Nordflanke. Der Nordhang des Unterberger Jochs ist dabei inzwischen schon fast so etwas wie die Standardabfahrt, erfordert aber trotzdem absolut sichere Bedingungen und sturzfreies Skifahren.

Da im Traithen-Gebiet (noch) viele Raufußhühner leben, sollte man sich an die gängigen und offiziell zulässigen Aufstiege und Abfahrten halten, um den armen Tieren ihr Leben nicht noch schwieriger zu machen, als es eh schon ist. In der neuen Alpenvereinskarte sind die zu meidenden Schongebiete genau eingezeichnet. Insbesondere sollte die komplette Jägerwand unbedingt geschont werden! Nur so haben die seltenen Tierarten hier im Traithengebiet eine Überlebenschance.

Skigebiet Sudelfeld und Großer Traithen.

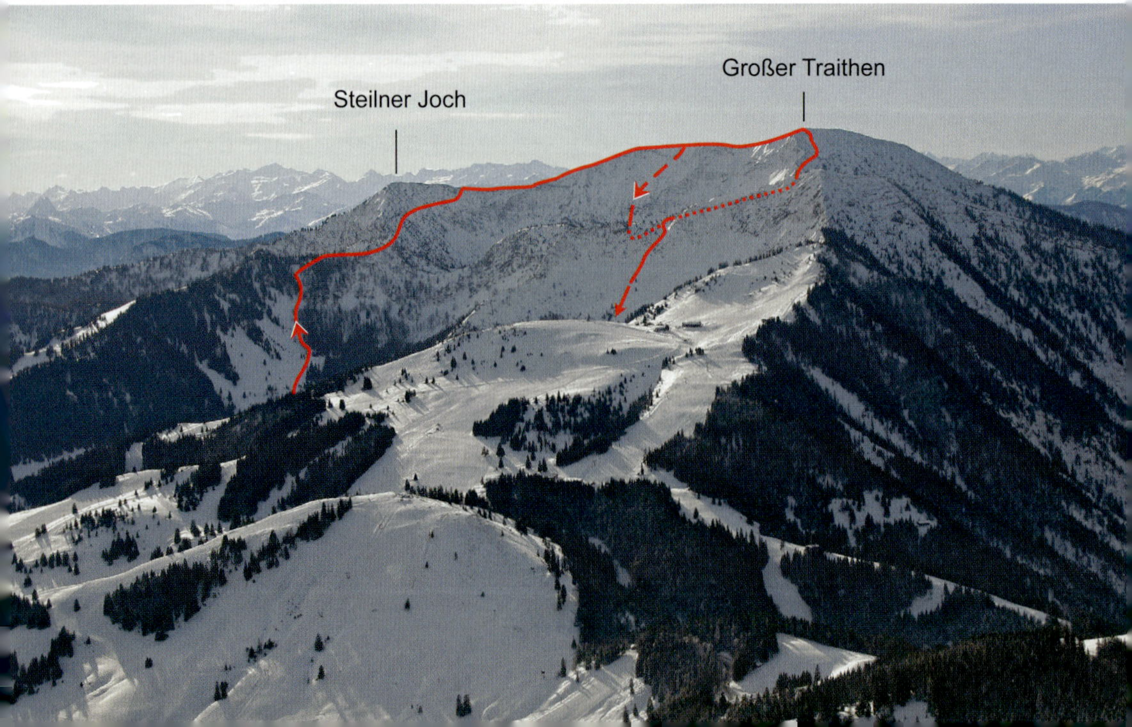

Ausgangspunkt: Gasthaus Rosengasse (1050 m). Am Skigebiet Sudelfeld fährt man bis zur Grafenherberge und dann auf schmaler Straße weiter erst abwärts, dann wieder aufwärts zum Gasthaus Rosengasse (bei Schneefall u. U. Schneeketten!). Parkplatz gebührenpflichtig. Die direkte Zufahrt von der Sudelfeldstraße ist seit einigen Jahren gesperrt!
ÖPNV: Der Ausgangspunkt ist im Winter nicht direkt erreichbar. Man kann von Bayrischzell mit dem Skibus zum Sudelfeld fahren und zu Fuß in ca. 30 Min. entlang der Straße oder aus dem Skigebiet zur Rosengasse gelangen.
Aufstiegszeiten: Rosengasse – Steilner Grat 1.45 Std., Steilner Grat – Großer Traithen 30 Min.
Anforderungen: Standardroute auf mittelsteilen bis steilen Hängen und vor allem bei wenig Schnee mit vielen engen Latschengassen, die sichere Spitzkehrentechnik und Wendigkeit bei der Abfahrt erfordern. Die Varianten sind sehr steil und erfordern absolut sicheres Abfahrtskönnen.
Hangrichtung: Nord.
Lawinengefährdung: Sowohl die Aufstiegs- als auch die Abfahrtsroute weisen Steilhänge bis zu 40 Grad Neigung auf, die sichere Verhältnisse erfordern. Die als Abfahrt beschriebene Route durch den »Stopselzieher« wird häufig befahren und ist daher in der Regel etwas sicherer.
Einkehr: Gasthaus Rosengasse (1100 m) am

Bester Pulverschnee im Gipfelhang.

Ausgangspunkt, ganzjährig bewirtschaftet, Tel. +49 8023 640.
Karten: AV BY16 Mangfallgebirge Ost, LDBV UK50-53 Mangfallgebirge.
Wald-/Wildschongebiete: Der gesamte Bereich der Jägerwand – zwischen der Aufstiegsroute und der Abfahrtsroute – ist ein Wildschongebiet.

Aufstieg
Von der Rosengasse steigen wir nach Süden aufwärts zur Rosengassenalm. Nun halten wir uns links, über einen kurzen Hang erreichen wir eine Rampe und auf dieser geht's nach Süden bis zu ihrem Ende. Ein steiler Westhang (nur bei sicheren Verhältnissen!) leitet nun in Spitzkehren aufwärts, bis man nach rechts in eine Mulde queren kann, durch die wir den Grat erreichen. Dort, wo sich der Rücken aufsteilt, gibt's zwei Möglichkeiten: Bei hoher Schneelage am bequemsten nach links durch Latschen leicht abwärts in die große Mulde nordöstlich unter dem Steilner Joch. Durch die Mulde erreichen wir nach Westen bequem den breiten Sattel. Bei zu wenig Schnee in der Südflanke bleibt trotz der dort lebenden Raufußhühner nur der Weg direkt über den Latschenrücken dorthin. Vom Sattel steigen wir den breiten, latschendurchsetzten Rücken etwa bis 100 Hm unter den höchsten Punkt aufwärts. Hier wird der Hang rechts von uns deutlich flacher und mit einer waagrechten bis leicht ansteigenden Querung gelangen wir zu einem markanten Felsen (Vorsicht bei hartem Schnee!). Direkt hinter dem Felsen leitet nach links eine kurze Rinne hinauf zum Grat. Nun wandern wir den aussichtsreichen Grat entlang – zuerst flach, dann wieder ansteigend – zum Unterberger Joch. Von hier rutschen wir erst noch ein Stück mit Fellen bergab und steigen dann die letzten Meter zum schon länger sichtbaren Gipfelkreuz des Großen Traithen.

Abfahrt
Vom Gipfel sucht man sich seinen Weg durch Latschengassen nach Nordwes-

Der aussichtsreiche Gratübergang vom Steilner Joch zum Gipfel des Großen Traithen.

ten und dann nach Norden hinab zum Sattel zwischen Großem und Kleinem Traithen. Hier quert man um den nächsten nördlichen Buckel östlich herum und fährt weiter querend nach Norden zu einer Scharte östlich des Kleinen Traithen hinab. Von hier führt nach Norden anfangs eine kurze Mulde hinab, die dann in eine gut 40 Grad steile Rinne, den sogenannten Stopselzieher, übergeht. Die Rinne läuft in einem breiten Hang aus, und in einer leichten Linksschleife gelangen wir hinab zur Piste, die vom Sudelfeld nach rechts zur Rosengasse führt.

Varianten

In den Nordhängen des Großen Traithen gibt es mehrere steile bis sehr steile Abfahrtsvarianten. Die meistbefahrene führt direkt vom Unterberger Joch hinab bis zu einem Steilabbruch, vor dem es dann gilt, rechtzeitig nach links in das große Kar hinauszuqueren. Vom tiefsten Punkt muss dann allerdings mit Fellen noch einmal aufgestiegen werden zur Einfahrt des »Stopselziehers«. Noch etwas steiler sind zwei Rinnen zwischen Unterberger Joch und Gipfel, die bei genügend Schnee ebenfalls fahrbar sind.

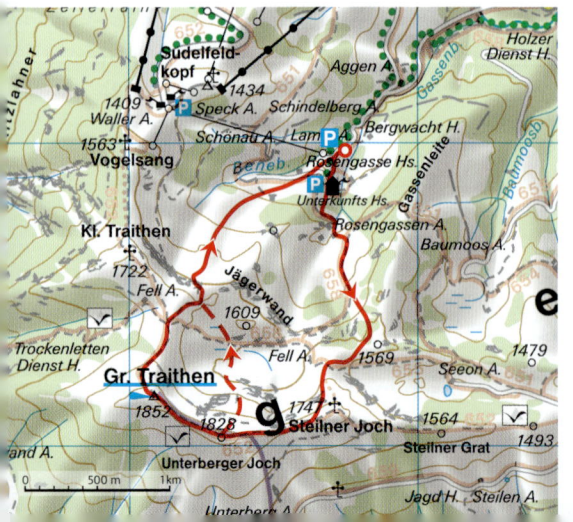

Chiemgauer Alpen

41 Spitzstein, 1596 m
Von Sachrang über das Spitzsteinhaus

2.15 Std.

850 Hm

Skitour mit Ausblick für Genießer

Der Spitzstein befindet sich am südwestlichen Rand der Chiemgauer Alpen zwischen den beiden Dörfern Sachrang und Erl. Insbesondere die Skiroute von Sachrang ist eine beliebte Skitour für jedes Wetter und nahezu jede Art von Schnee- und Lawinenverhältnissen. Selbst bei großer Lawinengefahr lässt sich hier meist noch eine Spur anlegen, die lawinensicher ist – allerdings sollte man dann über genügend Ortskenntnis verfügen, um die Gefahrenstellen zu kennen.

Die besten Verhältnisse findet man während und unmittelbar nach Neuschneefall. Aufgrund seiner Beliebtheit sind

Den Wilden Kaiser im Nacken geht es die letzten Meter zum Gipfel.

die lohnenden Hänge zwischen den Waldgürteln nach einem Wochenendtag meist schon wieder komplett verspurt. Der Pulverschnee würde aber auch sonst nicht lange halten, da in dieser eher niedrigen Höhenlage der Schnee auf den südexponierten Hängen von der Sonne schnell umgewandelt wird.

Aufgrund seiner geringen Anforderungen an Kondition, Wegfindung und Skitechnik ist der Spitzstein ein beliebter Berg bei Einsteigern und Genuss-Tourengehern. Wer die 700 Höhenmeter auf eine Ganztagestour strecken möchte, der kann die Gaststube oder Terrasse des Spitzsteinhauses besuchen oder noch die Variante zur Tristmahlnschneid anhängen.

Etwas westlich der beschriebenen Route befindet sich die Oberkaseralm.

Ausgangspunkt: Parkplatz am südwestlichen Ortsrand von Sachrang an der Brücke kurz vor einem Übungslift (ca. 760 m). Bei viel Schnee nur wenige geräumte Stellplätze und dann oft überfüllt. Dann entweder platzsparend an der Straße parken oder unten bei der Kirche.

ÖPNV: Mit dem Zug von München Richtung Salzburg bis Prien, mit der Regionalbahn nach Aschau und dann mit dem Bus nach Sachrang. Der Bus fährt nur wochentags und am Samstag mit wenigen Verbindungen (Fahrzeit ca. 2 Std.).

Aufstiegszeiten: Sachrang – Spitzsteinhaus 1.30 Std., Spitzsteinhaus – Spitzstein 45 Min.

Anforderungen: Moderate Skitour, Aufstieg meist auf Ziehwegen und durch lichten Wald, Abfahrt im Gipfelhang stellenweise mit steileren Engstellen, danach freie Wiesenhänge.

Hangrichtung: Süd und Ost.

Lawinengefährdung: Bei überlegter Spuranlage kaum lawinengefährdet. Einige kleinräumige, potenzielle Schneebretthänge lassen sich mit Ortskenntnis gut umgehen.

Einkehr: Spitzsteinhaus (1252 m), Mi und Do Ruhetag, Tel. +43 5373 8330, spitzsteinhaus.info.

Karten: f&b WKD 5203, AV BY17 Chiemgauer Alpen West, LDBV UK50-54 Chiemsee – Chiemgauer Alpen.

Aufstieg

Noch vor der Brücke folgen wir rechts vom Bach ca. 100 m der Fahrstraße nach Westen, bis diese nach rechts abbiegt. In der Kurve verlassen wir die Straße geradeaus, wo ein schmaler Weg dem Bach etwa 10 Minuten bis zu einer freien Wiese folgt. Den Hang rechts hinauf kommen wir zu einem Ziehweg, der nach Westen zunehmend steiler hinauf in den Wald führt. Hier macht er einige Kehren und zieht dann nach links über den Graben. Bald verlässt der Weg den Wald wieder und man erreicht die Wie-

Übersicht über den Routenverlauf vom Wandberg.

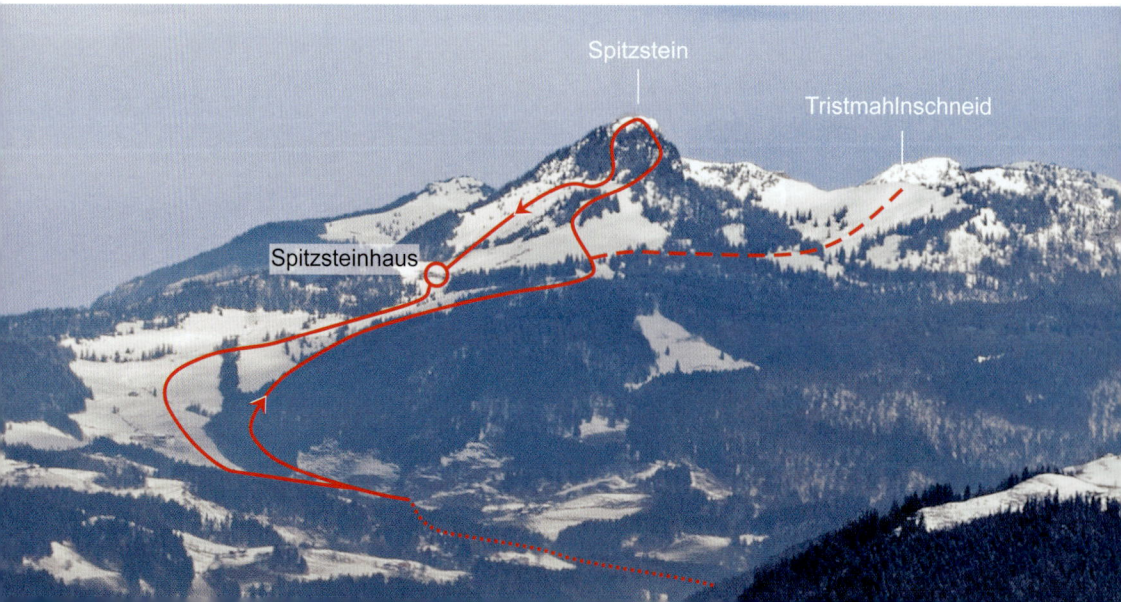

Optimale Skihänge auf Höhe des Spitzsteinhauses.

sen unterhalb der Steinmoosalm. Hier halten wir uns immer rechts am Waldrand und erreichen so ein weitläufiges Flachstück, dessen nördliches Ende eine Baumreihe bildet. Diese umgehen wir rechts und überwinden dabei eine kurze steile Stufe an ihrer flachsten Stelle, um den Fahrweg zu erreichen, der nach rechts zur Aueralm führt. Nun ziehen wir leicht links haltend aufwärts zu einer Schneise im folgenden Waldgürtel. Am nächsten freien Hang geht es wieder ein Stück nach rechts und bald erreichen wir den licht bewaldeten Südostrücken. Immer etwas links von der Kante (Achtung, dahinter bricht der Rücken mit einer Steilwand ab) steigen wir nun, zwischendurch kurz etwas steiler, hinauf zur kleinen, aussichtsreichen Gipfelkapelle.

Abfahrt
Am Gipfel fahren wir direkt nach Süden durch lichten Wald hinab zu den ersten freien Flächen. Nun je nach Schneelage mehr rechts hinab zum Spitzsteinhaus oder weiter links entlang der Aufstiegsspur bis zu den Wiesen der Steinmoosalm. Hier halten wir uns deutlich rechts, überqueren einen Bach und steuern ein oranges Vermessungsschild auf einer flachen Kuppe an.
Dahinter geht's links an einem Bauernhof vorbei über schöne Wiesen hinab bis zum Waldrand. Ein schmaler Weg führt nach links über den Bach und jenseits queren wir nahezu waagrecht aus dem Graben heraus bis zur Aufstiegsspur, entlang derer es zurück nach Sachrang geht.

Varianten
Wer es ruhiger liebt oder die Tour um einige Höhenmeter verlängern möchte, quert von der Aueralm nach Osten zur Tristmahlnalm und steigt auf die Tristmahlnschneid.

Chiemgauer Alpen

42 — Hochries, 1568 m
Von Frasdorf über die Riesenhütte

2.45 Std.

900 Hm

Einfache Traditionsskitour mit Chance auf Zugaben

Die Hochries ist der traditionelle Skiberg der Rosenheimer. Da der Ausgangspunkt über die A8 von München aus schnell erreichbar ist, finden sich in diesem gutmütigen Tourengebiet aber auch viele Skitourengeher aus der Landeshauptstadt. Die Route von Frasdorf zum Gipfel des Samerberger Hausberges gibt zwar skifahrerisch alleine für sich wenig her, weil weite Strecken im Schuss gefahren werden können oder entlang der Rodelbahn verlaufen. Allerdings lohnt sie sich alleine schon wegen des tollen Gipfelpanoramas und der gemütlichen Einkehr auf dem Gipfelhaus oder bereits unterwegs an der Riesenhütte. Für schwächere Skifahrer hingegen ist sie auf Grund der geringen Anforderungen an die Skitechnik ideal.

Ein weiteres Plus ist die problemlose Orientierung und die Lawinensicherheit. Wer darüber hinaus den Pulverschnee aufstauben lassen möchte, der findet an den Trabanten der Hochries viele Möglichkeiten. Am bekanntesten und beliebtesten sind dabei Abereck und Predigtstuhl, weitere Ziele sind Klausenberg, Karkopf und Feichteck. Zusammen mit dem »Zustieg« ins Gebiet können dabei mit etlichen Gegenanstiegen deutlich über 1500 Höhenmeter zusammenkommen. Es muss aber auch gesagt werden, dass diese tief gelegene Skitour durch die immer wärmeren Winter nicht mehr jedes Jahr machbar ist. Die besten Bedingungen rund um Predigtstuhl & Co. gab es in den letzten Jahren immer dann, wenn in den Medien von »Schneekatastrophen« am bayerischen Alpenrand berichtet wurde.

Ausgangspunkt: In Frasdorf bei der Kirche nach Süden über die Felder zum Wanderparkplatz Lederstube (gebührenpflichtig), 660 m.
ÖPNV: Mit dem Zug von München bis Rosenheim oder Prien und mit Bus weiter zur Haltestelle Frasdorf-Bahnhof (Fahrzeit 1.15–1.30 Std.). Gehzeit bis zum Parkplatz ca. 20 Min. (bei Schneelage das meiste mit Ski möglich).
Aufstiegszeiten: Lederstube – Riesenhütte 2 Std., Riesenhütte – Hochries 45 Min.
Anforderungen: Einfache Skitour entlang von Forstwegen und flachen, meist baumfreien Hängen. Die Varianten sind ebenfalls meist einfach, teilweise aber etwas steiler und führen gelegentlich durch engere Waldschneisen.
Hangrichtung: Nord und Ost.
Lawinengefährdung: Der Aufstieg zur Hochries ist bei durchdachter Spuranlage weitestgehend lawinensicher. An den vielen Varianten sind aber auch einige typische Schneebretthänge zu finden.
Einkehr: Hochrieshütte (1568 m), ganzjährig bewirtschaftet, Tel. +49 8032 8210, hochrieshuette.de.
Karten: f&b WKD 5203, AV BY17 Chiemgauer Alpen West, LDBV UK50-54 Chiemsee – Chiemgauer Alpen.
Wald-/Wildschongebiete: Die Ost- und Nordseite des Riesenberg sollen nicht befahren werden; außerdem gibt es mehrere kleinräumige Schutzgebiete im Bereich der Varianten, deren genaue Lage und Ausdehnung sich aus der AV-Karte BY 17 ersehen lassen.

Aufstieg von Unterwiesen zum Predigtstuhl.

Chiemgauer Alpen

Aufstieg

Kurz oberhalb des Parkplatzes zweigt links die Forststraße zur Frasdorfer Hütte ab. Dieser folgt man aufwärts, bis sie beim Zellerbauern aus dem Wald herausführt. Hier zweigt man rechts ab und steigt rechts vom Bauernhof am Waldrand entlang auf, bis der Weg rechts durch den Wald hindurch hinauf zu den »Schmiedhängen« führt. Ein freier Rücken führt nun nach Süden bis zu einem Wegkreuz, wo man sich nach links in einen Graben wendet. Durch den Wald schlängelt sich die Route entlang des Sommerwegs durchs sogenannte Paradies aufwärts, eine Forststraße kreuzend bis zu einem markanten Abzweiger. Die linke Spur führt hier direkt Richtung Abereck und Predigtstuhl. Zur Riesenhütte und Hochries steigen wir geradeaus weiter und erreichen bald wieder die Forststraße/Rodelbahn. Diese führt nun in zwei weiten Kehren und durch eine schöne Mulde hinauf zum Plateau der Riesenhütte. Der Weiterweg zum Hochriesgipfel quert die Hochfläche nach Südwesten und erreicht so den breiten Ostrücken der Hochries, über den wir ohne weitere Orientierungsschwierigkeiten aufsteigen zum höchsten Punkt mit der Gipfelhütte.

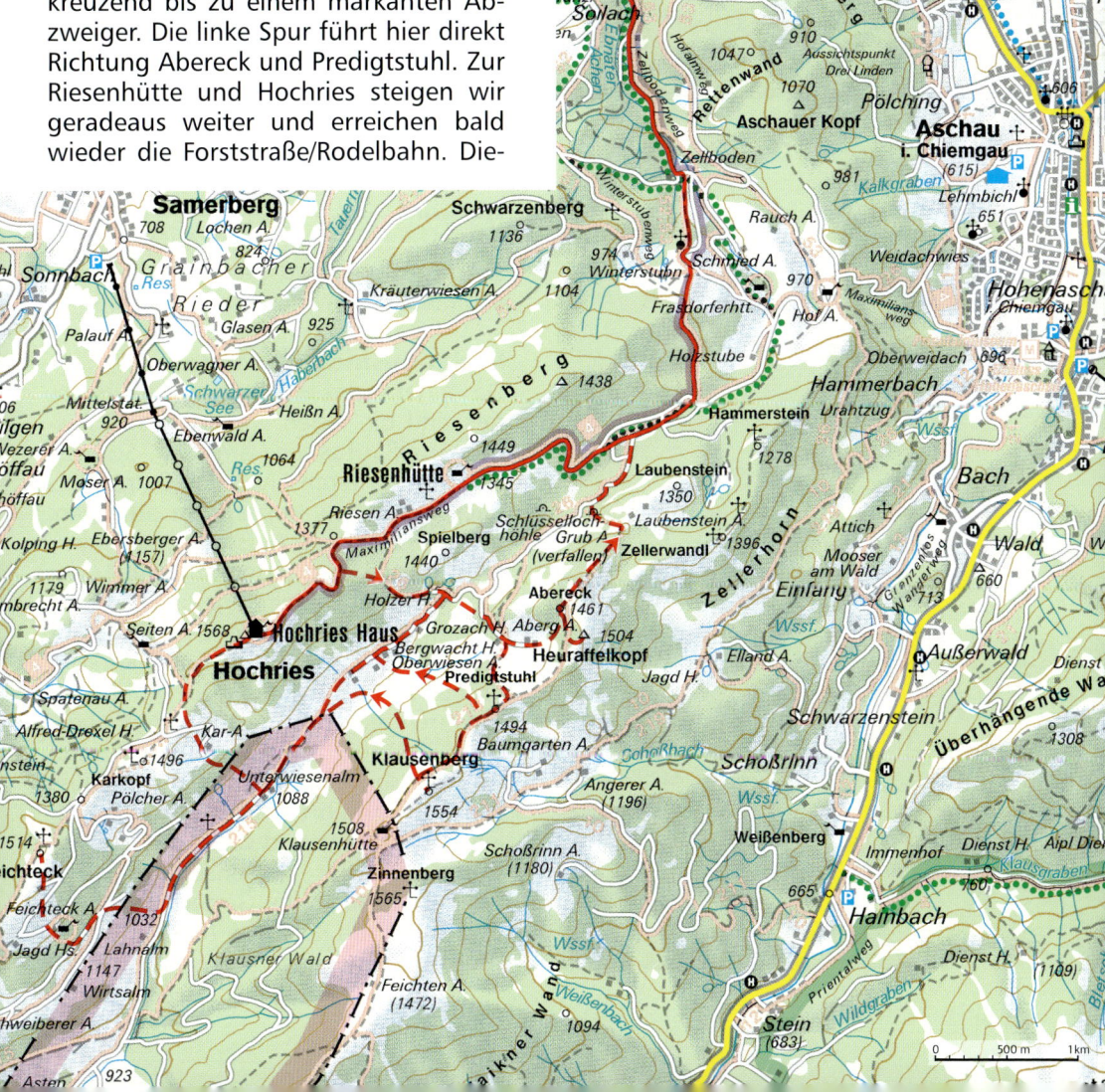

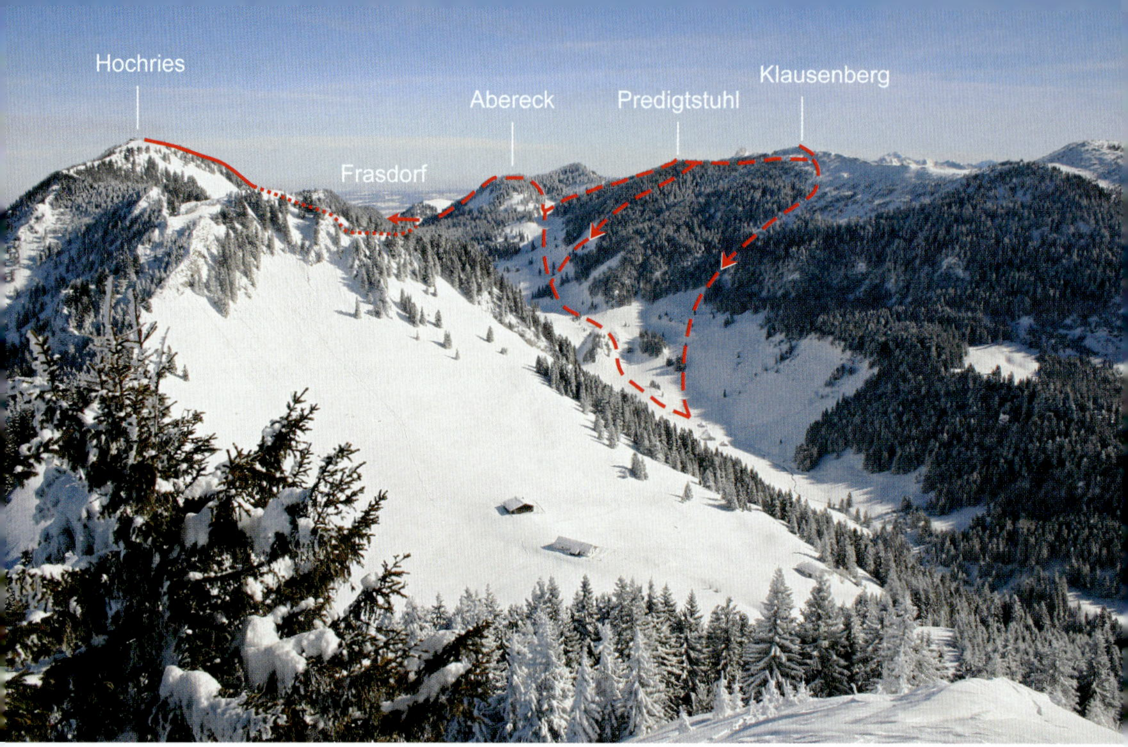

Überblick über das Hochriesgebiet vom Feichteck.

Gipfelrast am Klausenberg.

Abfahrt
Die Abfahrt folgt der Aufstiegsroute, das kurze Waldstück unterhalb der Schmiedhänge wird rechts umfahren.

Variationsmöglichkeiten
Das eigentliche Highlight an der Hochries sind die vielen Varianten und kleinen »Fleißaufgaben« am Weg. So lässt sich vom unteren Ende des Ostrückens nach rechts zur Holzerhütte abfahren. Von dort gibt es Aufstiegsmöglichkeiten zum Abereck, Heuraffelkopf oder Predigtstuhl mit vielfältigen Abfahrtsvarianten. Bei viel Schnee lässt sich über den Südwestgrat zum Fuß des Karkopf und über die Karalm ins Trockenbachtal abfahren. Von dort bestehen Aufstiegsmöglichkeiten auf das Feichteck und den Klausenberg. Der ideale Abschluss vor der Talabfahrt führt in fast allen Fällen aufs Abereck und von dort über den Nordrücken zur Laubensteinalm. Hier quert man links ins Gatterl und fährt dann über die Kohlgrub hinab zur Aufstiegsroute.

Chiemgauer Alpen

43 Geigelstein, 1813 m
Von Schleching über die Wuhrsteinalm

3.00 Std.

1200 Hm

Abwechslungsreiche Skiroute auf den Chiemgauer »Zuckerhut«

Wie ein gleichmäßiger, weißer Zuckerhut erscheint der Geigelstein in schneereichen Wintern von vielen Seiten. Der höchste Berg der westlichen Chiemgauer Alpen bietet dabei dem Tourengeher zwei interessante Skiwege an. Von Westen über die Priener Hütte müssen allerdings einige Forststraßenkilometer zurückgelegt werden, bis man sich endlich in schönem Skigelände wiederfindet. Deutlich vorteilhafter ist in dieser Hinsicht die Route von der Schlechinger Seite. Dank der ehemaligen Skipiste fährt man hier vom Gipfel bis zum Parkplatz durchgehend auf freien Hängen – in den Latschenhängen des oberen Teils jedoch nur bei hoher Schneelage.

Das Tourengehen hat im Geigelsteingebiet lange Tradition, und so war es nicht verwunderlich, dass Probleme heraufbeschworen wurden, als mit der Ausweisung des Naturschutzgebiets Geigelstein weite Teile des Areals für die Bergfreunde gesperrt wurden. Insbesondere die Einheimischen wollten sich nicht damit abfinden, so beliebte Abfahrten wie das Platt oder gegenüber an der Nordseite des Breitenstein plötzlich zu meiden. Erst mit einer Überarbeitung der Naturschutzverordnung 2009 konnte hier eine für die Meisten akzeptable Lösung gefunden werden. Inzwischen sind die oben genannten Abfahrten wieder legal befahrbar. Wer im Geigelsteingebiet unterwegs ist, sollte sich aber bewusst sein, dass hier strengere Auflagen zu befolgen sind als in den meisten sonstigen Tourengebieten. Übersichtstafeln an den Ausgangspunkten geben Aufschluss über erlaubte Skirouten und gesperrte Zonen.

Tiefblick auf die Priener Hütte.

Ausgangspunkt: Parkplatz (gebührenpflichtig) an der Talstation der Geigelsteinbahn im Schlechinger Ortsteil Ettenhausen (620 m).
ÖPNV: Mit dem Zug von München Richtung Salzburg bis Übersee und mit dem Bus bis Schleching zur Haltestelle Ettenhausen (Fahrzeit knapp 2 Std.), Gehzeit bis zum Parkplatz 5 Min.
Aufstiegszeiten: Ettenhausen – Wuhrsteinalm 1.15 Std., Wuhrsteinalm – Wirtsalm 45 Min., Wirtsalm – Gratscharte 30 Min., Gratscharte – Geigelstein 30 Min.
Anforderungen: Bis zur Wirtsalm einfache Skitour entlang flacher Wiesenhänge, danach mittelsteiler Hang bis zum Ansatz des Südgrates, der bereits Spitzkehren erfordert. Der Gipfelanstieg zu Fuß ist unschwierig, mit Ski erfordert er Routine in den oft engen Latschengassen. Die Abfahrtsvariante über das Platt ist steiler und erfordert gute Sichtverhältnisse; auch der Breitenstein ist insgesamt etwas anspruchsvoller.

Hangrichtung: Ost, oberhalb der Wirtsalm Süd.
Lawinengefährdung: Bis zur Wuhrsteinalm handelt es sich um einen lawinensicheren Aufstieg. Der weitere Verlauf bis zur Wirtsalm kann nach starken Neuschneefällen aus den steilen Flanken von Lawinen bedroht werden. Der Aufstieg in die Scharte kann bei Neu- oder Triebschnee schneebrettgefährlich sein. Die Abfahrt übers Platt erfordert generell sichere Bedingungen, ebenso wie die Besteigung des Breitenstein.
Einkehr: Unterwegs keine, Wuhrsteinalm derzeit (2024) wegen Renovierung geschlossen.
Karten: f&b WKD 5203, AV BY17 Chiemgauer Alpen West, LDBV UK50-54 Chiemsee – Chiemgauer Alpen.
Wald-/Wildschongebiete: Das komplette Geigelsteingebiet ist Naturschutzgebiet, in dem Skitouren nur auf den ausgewiesenen Routen erlaubt sind. Am Geigelstein ist die gesamte Ostseite nordöstlich vom Platt sowie der Stubeckrücken gesperrt, am Breitenstein die Südseite.

Die Abfahrt übers Geigelsteinplatt ist bei sicheren Bedingungen ein skifahrerisches Schmankerl.

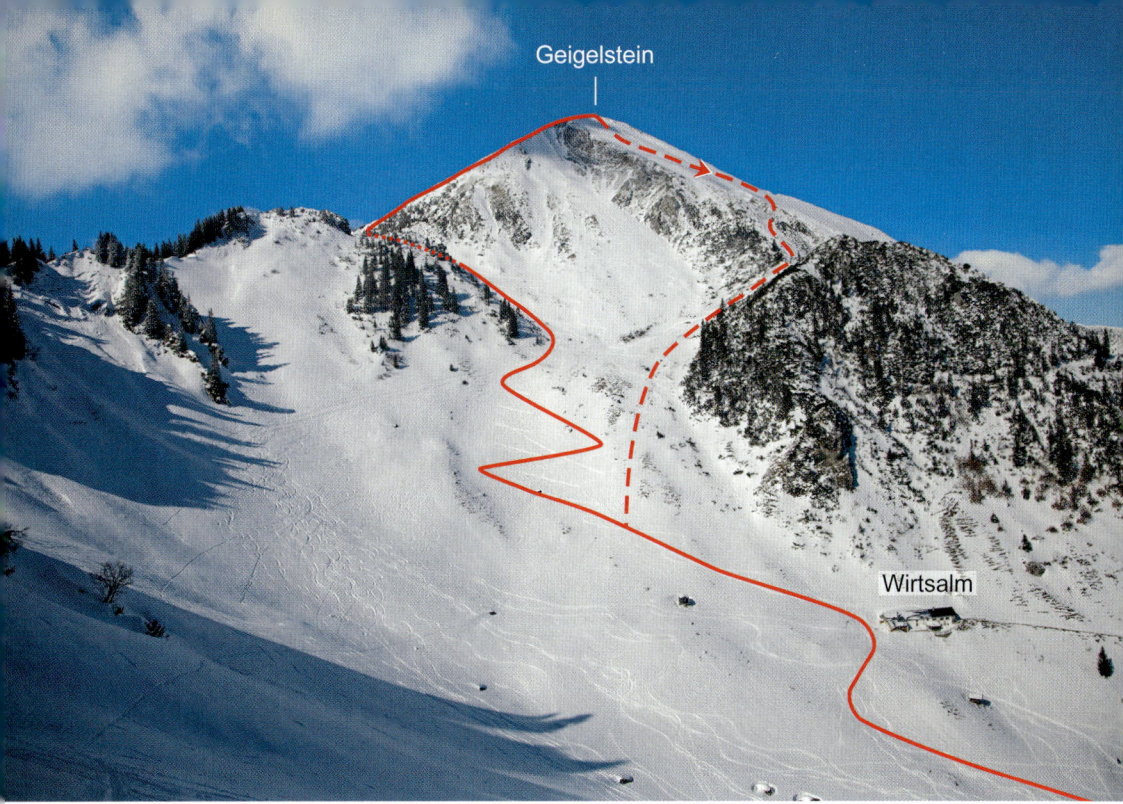

Der Gipfelaufbau des Geigelstein.

Aufstieg
Links der Talstation folgt man gut 200 m einer Rodelbahn aufwärts, bis man links auf die freie Schneise der Piste kommt. Ein erster steilerer Hang wird nach links überwunden, dann geht es in angenehmer Neigung immer gerade die Schneise aufwärts zur Uhlalm. Wir ziehen rechts an der Hütte vorbei und steigen auf oder neben der Fahrstraße/Rodelbahn bis zur Wuhrsteinalm. Eine große Karmulde führt nun zwischen Breitenstein und Stubeckrücken nach Westen. Teilweise können wir auf einem sanften Rücken in der Mitte der Mulde aufsteigen und erreichen rechts haltend die kleine Wirtsalm. Ab hier steilt sich das Kar zunehmend auf. Über einen steilen Hang ziehen wir in einigen Kehren nach rechts in eine breite Mulde, von der wir nach links hinauf zu einer Gratscharte im Südwestrücken des Gipfelaufbaus gelangen. Je nach Schneelage steigen wir mit Ski oder zu Fuß über den Latschenhang (eher links haltend) zum großen Gipfelkreuz auf.

Abfahrt
Die Abfahrt erfolgt entweder entlang der Aufstiegsroute oder direkt vom Gipfel nach Osten über das steile »Platt«. Dieses verengt sich nach unten und in einer Scharte halten wir uns rechts, wo wir oberhalb der Wirtsalm wieder auf die Aufstiegsroute treffen. Diese Abfahrt sollte jedoch nur bei sicherer Lawinenlage, Ortskenntnis und guten Sichtverhältnissen angegangen werden.

Varianten
Der wuchtige Breitenstein südlich des Geigelstein bietet schöne Möglichkeiten für Skiaufstiege und -abfahrten aus dem Karboden unterhalb der Wirtsalm. Aus Naturschutzgründen dürfen nur die nordseitigen Routen begangen und befahren werden. Der Weg von der Wuhrsteinalm über die Karalm ist gesperrt.

Chiemgauer Alpen

44 Kampenwand, 1664 m
Von Aschau durch das Skigebiet

2.45 Std.
1050 Hm

Berühmter Gipfelblick mal ganz einsam

Wie eine felsige Krone sitzen die Gipfel der Kampenwand auf den sanften Wald- und Wiesenbergen des Chiemgau. Der Berg ist touristisch stark erschlossen – insbesondere die Kampenwand-Seilbahn von Aschau transportiert im Sommer viele Wanderer und einige Kletterer, im Winter hingegen neben wenigen Spaziergängern vor allem Pistenskifahrer in die Höhe. Allerdings ist die Kampenwand in den letzten Jahren wieder verstärkt ein Ziel für Tourengeher geworden. Das Skigebiet ist aufgrund des häufigen Schneemangels nur noch selten in Betrieb, aber sobald ausreichend Schnee bis ins Tal liegt, steigen Tag und Nacht ganze Karawanen entlang der Skipiste bergwärts.

Der Nachtaufstieg beschränkt sich derzeit jedoch auf den berühmt-berüchtigten Donnerstag. Bei guten Schneeverhältnissen und klarem Wetter ist dann nicht nur der riesige Parkplatz an der Kampenwandbahn voll belegt – auch die zahlreichen Einkehrmöglichkeiten platzen aus allen Nähten. Wer das gesellschaftliche Ereignis sucht, für den ist der Tourengeherabend an der Kampenwand ein Muss – wer die Ruhe sucht, meidet diesen Tag besser. An den anderen Wochentagen muss die Tour jedoch spätestens um 20 Uhr beendet sein, danach ist die Piste bis 8 Uhr gesperrt.

Nicht nur am Donnerstagabend, sondern generell beendet der Großteil der Skitourengeher den Aufstieg an der Steinlingalm oder an der Bergstation der Kampenwandbahn. Dabei ist der Ostgipfel im Winter ein richtig lohnendes Ziel. Bei genügend Schnee ist der Aufstieg mit Ski bis in die Kaisersäle – eine kleine Schlucht zwischen den Felswänden in Gipfelnähe – möglich. Die letzten Meter müssen zu Fuß zurückgelegt werden. Dafür erwartet einen dann ein berühmter Gipfelblick, den man im Winter meist recht einsam genießen kann – ganz im Gegensatz zum Sommer.

Die Kampenwand von Nordwesten.

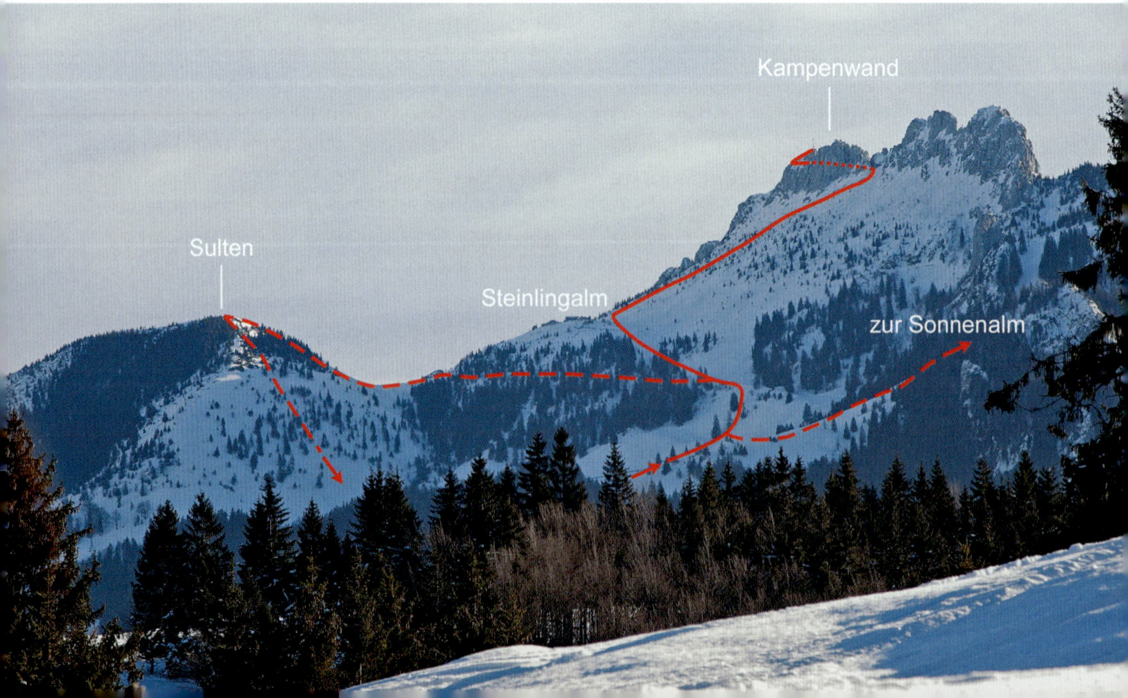

Ausgangspunkt: Parkplatz an der Talstation der Kampenwandbahn in Hohenaschau (620 m).
ÖPNV: Mit dem Zug von München Richtung Salzburg bis Prien und mit der Regionalbahn nach Aschau im Chiemgau (Fahrzeit 1.15 Std.) Vom Bahnhof nach Süden 5–10 Min. Gehzeit zu den ersten Wiesen, wo man rechts haltend zur Piste aufsteigen kann.
Aufstiegszeiten: Aschau – Gorialm 1.30 Std., Gori-Alm – Steinlingalm 30 Min., Steinlingalm – Kampenwand 45 Min.
Anforderungen: Bis zur Steinlingalm Pistenskitour über flaches bis mittelsteiles Skipisten- und Variantengelände. Gipfelanstieg steiler, teilweise latschenbewachsener Hang, und die letzten Meter zum Gipfel erfordern leichte, ausgesetzte Kletterei, bei Vereisung evtl. heikel.
Hangrichtung: Unten West, oben Nordwest und Nord.

Lawinengefährdung: Bis zur Steinlingalm weitgehend lawinensicher, für den Gipfelhang sind sichere Bedingungen notwendig.
Einkehr: Gorialm (1240 m), ganzjährig bewirtschaftet, keine Übernachtung, Tel. +49 151 72113792; Steinlingalm (1450 m), von Weihnachten bis Ende März bewirtschaftet, Mo – Mi Ruhetag, Tel. +49 8052 9540882, steinlingalm. de; Sonnenalm und Liftstüberl sind ebenfalls meist geöffnet.
Karten: f&b WKD 5203, AV BY17 Chiemgauer Alpen West, LDBV UK50-54 Chiemsee – Chiemgauer Alpen.
Wald-/Wildschongebiete: Die Osthänge des Sulten sollten nicht befahren werden.
Hinweis: Die Benützung des Pistengeländes ist täglich nur 8–20 Uhr erlaubt. Ausnahme ist der beliebte Donnerstag, an dem die Piste bis spätestens 24 Uhr geräumt sein muss.

Aufstieg

Am Parkplatz rechts an der Talstation vorbei zum Beginn der Piste. Dieser folgend anfangs nur sanft ansteigend nach Nordosten an den Waldrand, wo wir auf einen Forstweg treffen. Weiter geht's entweder entlang der Skipiste oder bei Skibetrieb entlang dem ausgeschilderten Tourengeheraufstieg. Dieser führt noch vor dem ersten Steilstück auf dem Forstweg nach rechts in den Wald und in der Kehre wieder links zurück zur Piste. Er kreuzt nun die Piste und nach einer Rechtskehre weiter oben noch ein zweites Mal, bevor er wieder in den Wald führt. Nach knapp 100 Höhenmetern zweigt links (Schild) der Reitweg ab. Dieser führt nun recht flach wie-

In den Kaisersälen.

Abendlicht am »Rossleitenkreuz«, dem Skigipfel oberhalb der Kampenwandbahn-Bergstation.

der an die Skiabfahrt zurück, kreuzt sie und führt auf der Nordseite im Wald in weiten Kehren hinauf zu einer weiteren Forststraße. Nach rechts aufwärts gelangen wir wieder ins Skigebiet und müssen nun einem schmalen Ziehweg nach links ins »Goriloch« folgen. Hier steigen wir in Grundrichtung Ost durch Variantengelände und einige kurze präparierte Abschnitte hinauf zur Steinlingalm ein Stück oberhalb des weiten Sattels zwischen Sulten und Kampenwand. Nun geht es in weiten Kehren hinauf bis an die Felsen der Kampenwand. Am besten hält man sich etwas rechts in die markante Schlechinger Scharte. Kurz vor der Scharte führt eine enge Klamm bequem nach links zwischen den Felsen hindurch. In der Schlucht so weit wie möglich mit Ski nach Osten, dann zu Fuß weiter, ein enger Durchschlupf führt nach rechts unter den letzten Gipfelblock. Dieser wird links (nordseitig) an einer Kette gesichert umgangen (bei Vereisung eventuell heikel) und dann von Osten bestiegen.

Abfahrt
Die Abfahrt erfolgt entlang der Aufstiegsroute bzw. im Skigebiet beliebig, im unteren Teil entlang der Talabfahrt.

Varianten
Anstatt Steinlingalm oder Kampenwandgipfel können auch die Bergstation, die Sonnenalm oder das Aussichtskreuz beim Rossleitenlift als Ziel gewählt werden. Wer vor der Steinlingalm links dem Ziehweg folgt, kann vom Sultensattel auch den einfachen Sulten besteigen.

Pulverabfahrt zur Gorialm.

Chiemgauer Alpen

45 Sonntagshorn, 1961 m
Aus dem Heutal über die Hochalm

2.45 Std.

1000 Hm

Perfekte Genusstour auf den höchsten Chiemgauer Gipfel

Der höchste Berg der Chiemgauer Alpen steht ganz weit im Südosten und bietet beim Anblick von seinen nördlichen Nachbarn so gar keinen Ansatzpunkt für einen Skiaufstieg. Mit steilen Felsflanken und tiefen, bewaldeten Schluchten bricht das Sonntagshorn nach Norden ab. Von Süden gesehen jedoch erschließt sich die Bedeutung seines Namens, die wohl nichts mit dem gleichnamigen Wochentag zu tun hat, sondern mit »sunn'dach« (Sonnendach) den sonnenbeschienenen Gipfelfirst bezeichnen soll, der im Winter oft in blendendem Weiß hinab ins Heutal strahlt.

Das Heutal ist auch der Ausgangspunkt für unsere Skitour. Trotz der etwas aufwendigen Anfahrt, die den Berg zur Hälfte umrundet, finden viele Tourengeher zwischen München und Salzburg ihren Weg hierher. Das Sonntagshorn ist sicher kein Geheimtipp mehr – wer es etwas ruhiger haben möchte, findet in dem schneesicheren Hochtal aber noch zahlreiche weitere, weniger namhafte Tourenziele. Aufstieg und Abfahrt führen meist durch mäßig steiles, schönes Skigelände, das nur bei kritischer Schneesituation an wenigen Stellen lawinengefährdet ist.

Bei hoher Schneelage handelt es sich daher um eine perfekte Genusstour, die am besten unmittelbar nach Neuschneefällen angegangen wird, sofern man unverspurte Pulverhänge sucht. Ansonsten sind die üblichen Abfahrtsschneisen schnell pistenähnlich ausgefahren und im südseitigen Gipfelhang kann die Sonne der Schneequalität recht rasch den Garaus machen. In schneearmen Wintern hingegen ist die Skitour auf das Sonntagshorn zwar einer der besseren Tipps im Chiemgau – allerdings apern die letzten Hänge über dem Heutalbauern dann oft zügig aus und im Gipfelhang sollte das zielsichere Hindurchschwingen zwischen den dann offenen Latschen beherrscht werden. Letzteres lässt sich jedoch vermeiden, wenn man sein Tourenziel kurzfristig auf das benachbarte, schattseitige Peitingköpfl ändert, das zwar deutlich niedriger ist, dafür aber meist den besseren Pulver zu bieten hat.

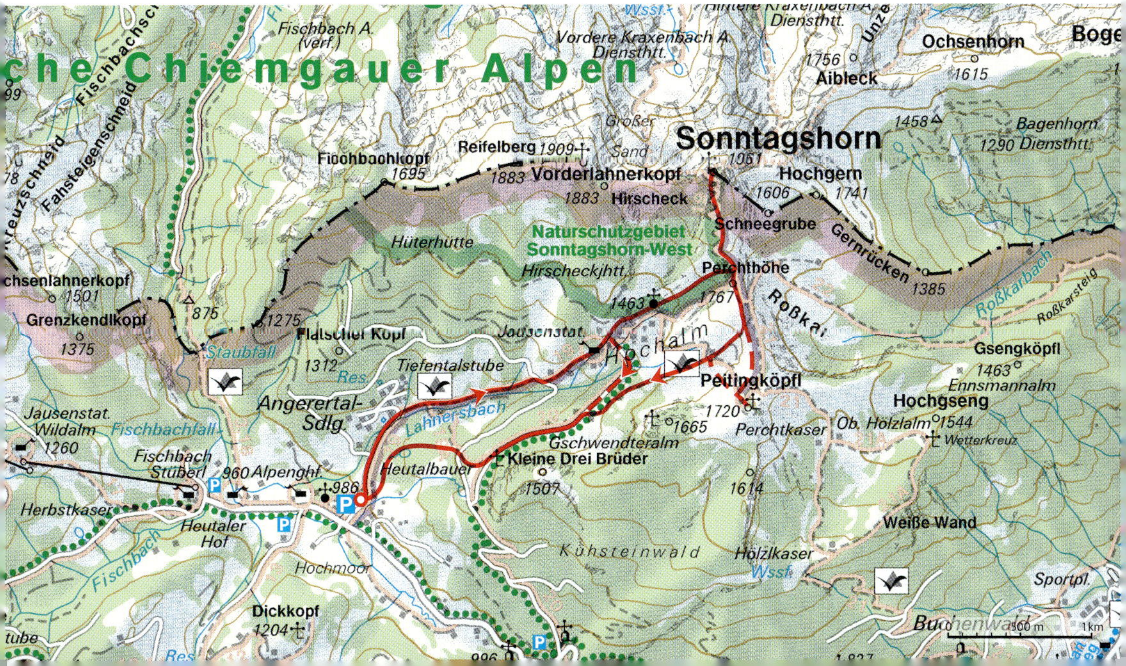

Pause an der Hochalm.

Ausgangspunkt: Von Unken nördlich von Lofer auf der teils steilen Bergstraße ins Heutal und zum ausgeschilderten Parkplatz »P2 – Heutalbauer« (gebührenpflichtig, 980 m).
ÖPNV: Von München aus nur schlecht erreichbar. Mit Zug bis Bad Reichenhall, weiter mit Bus bis Unken und mit dem Skibus hinauf ins Heutal (Fahrzeit etwa 3.30 Std.).
Aufstiegszeiten: Heutalbauer – Hochalm 1.15 Std., Hochalm – Sonntagshorn 1.30 Std.
Anforderungen: Im Aufstieg flache Forststraßen, mittelsteile Waldwege und Wiesenhänge, teilweise Spitzkehren notwendig. In der Abfahrt meist freie Hänge und ausreichend breite Waldschneisen.
Hangrichtung: Süd und Südwest.
Lawinengefährdung: Bei überlegter Routenwahl ist die Tour in der Regel kaum lawinengefährdet – bei sehr kritischen Verhältnissen ist im Lahnersbachgraben, am Gipfelhang und an der Gschwendteralm erhöhte Vorsicht geboten.
Einkehr: Keine.
Karten: f&b WKD 5203, AV BY19 Chiemgauer Alpen Ost, LDBV UK50-55 Berchtesgadener Alpen.

Souveräne Spitzkehrentechnik im zerackerten Gipfelhang des Sonntagshorns.

Sonntagshorn und Peitingköpfl von Westen.

Aufstieg
Es führen mehrere Aufstiegsmöglichkeiten zum Sonntagshorn – die hier beschriebene Route oder der Aufstieg über Abfahrt 2 sind die beiden üblichen Varianten vom Heutalbauern.

Vom Parkplatz gehen wir entlang einer Fahrstraße zuerst rechts, dann links vom Bach nach Norden in das Seitental hinein. An einer Straßenkehre halten wir uns geradeaus, dann endet die Straße und man steigt entlang des Wanderwegs links des Lanersbachgrabens aufwärts. Anschließend kreuzt man eine Almstraße und erreicht über Wiesen und durch kurze Waldgürtel die Hochalm. Durch die Hütten des Almdorfes hindurch ziehen wir nun durch eine schöne Mulde nach Osten hinauf zum schönen Südrücken des Sonntagshorn. Über kupiertes Gelände steigen wir über den mittelsteilen Rücken, das Gelände ausnutzend, hinauf zum höchsten Punkt.

Abfahrt
1. Entlang der Aufstiegsroute, wobei man nach der Hälfte des Südhanges auch weiter rechts auf einem Rücken zur Hochalm hinabfahren kann. Im Lahnersbachgraben sollte genügend Schnee liegen, um die Abfahrt entlang des Sommerwegs belagschonend durchführen zu können – ansonsten quert man besser von der Alm nach links auf der Rodelbahn zur Gschwendteralm, wo Abfahrt 2 einmündet.

2. Am unteren Ende des Südhanges queren wir an dem Verbindungsgrat zum Peitingköpfl bis unter dessen Nordhänge zu einer Almhütte. Hier queren wir abwärts unterhalb der steilen Hänge vom Geländepunkt 1665 m zur Gschwendteralm, wo wir auf die Rodelbahn treffen. Auf dieser fahren wir ein Stück ab, bis rechts die Skimarkierungen durch Waldschneisen hinableiten zu den Wiesen oberhalb vom Heutalbauern. Ein letzter Südwesthang bringt uns nun hinab zum Parkplatz.

Variante
Südöstlich der Hochalm steht das Peitingköpfl, dessen Nordhänge oft besten Pulverschnee bieten.

Chiemgauer Alpen

46 Salzburger Hochthron, 1852 m
Über die Nordseite auf den Untersberg

3.15 Std.

1300 Hm

Eine etwas andere Pistenskitour

Das Skitourengehen auf Pisten ist ein Trend, der noch mehr Zulauf erhält als das Tourenwesen im unberührten winterlichen Gebirge. Viele Tourengeher wollen sich nicht eigenverantwortlich mit dem Thema Lawinengefahr auseinandersetzen und auch die Schneequalität ist auf einer Skipiste besser kalkulierbar als im Gelände. Eine Pistentour, die bereis vor dem derzeitigen Boom hoch im Kurs stand, ist der Nordanstieg auf den Untersberg. Besonders die große und sehr aktive Szene der sportlichen, oft wettkampforientierten Salzburger und Berchtesgadener Tourengeher schätzt die konstant steilen 1300 Höhenmeter auf ihren Hausberg als ideale Trainingsstrecke. Fast zu jeder Tageszeit – ob früh am Morgen oder noch nach Feierabend – herrscht reger Aufstiegsbetrieb. Die Abfahrer, die von der Seilbahn herüberkommen, halten sich hingegen in Grenzen, weshalb einem gemütlichen Tourengeher im Aufstieg kaum mehr Leute entgegenkommen als ihn überholen. Ideal ist die Unternehmung während oder kurz nach frischem Neuschneefall. Dann macht die Abfahrt richtig Spaß, während nach einer längeren Schönwetterperiode nur Freunde eisiger Buckelpisten auf ihre Kosten kommen.

Dicker Anraum hängt am Gipfelkreuz; im Hintergrund lugt der Watzmann hervor.

Der Untersberg von Nordwesten mit dem Verlauf der beschriebenen Route.

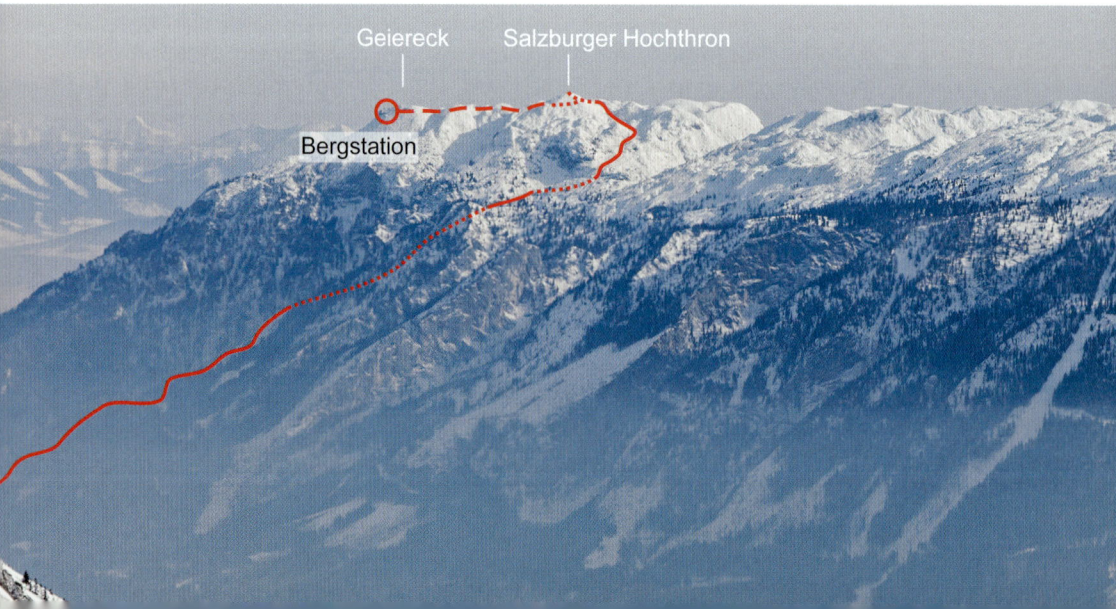

Ausgangspunkt: Von der Autobahnausfahrt Salzburg-Süd über Grödig nach Fürstenbrunn und noch etwa 2 km in Richtung Großgmain zum Parkplatz am Beginn der Piste.
ÖPNV: Mit dem Zug von München bis Salzburg und mit dem Stadtbus bis zur Haltestelle Fürstenbrunn-Buskehre (Fahrzeit 2.15–2.30 Std.). Bei Schneelage kann man mit Ski losgehen, Gehzeit bis zum Parkplatz 10 Min.
Aufstiegszeiten: Parkplatz – Schwaigmühlalm 2 Std., Schwaigmühlalm – Salzburger Hochthron 1.15 Std.
Anforderungen: Technisch leichte Skitour; allerdings kann auf der steilen Piste bei harten Verhältnissen sichere Gehtechnik viel Kraft sparen.
Hangrichtung: Nord.
Lawinengefährdung: Die Tour ist bei nahzu jeder Lawinenlage machbar.
Einkehr: Auf Tour keine – mit ca. 10 Min. Umweg erreicht man das Geiereck mit dem Gasthaus an der Bergstation der Seilbahn. Geöffnet während der Seilbahnbetriebszeiten ab ca. Weihnachten bis März, Tel. +43 662 625176.
Karten: f&b WK 0391, AV BY22 Berchtesgaden, Untersberg.

Aufstieg
Vom Parkplatz folgt man der Forststraße bis zu einer Weggabelung. Hier gibt es zwei Möglichkeiten: Entweder folgt man weiter der recht flachen Straße oder links der steilen Waldschneise. Nach etwa 200 Höhenmetern mündet der Fahrweg in den Direktaufstieg und es geht zügig hinauf bis zur Schwaigmühlalm. Ab hier wird die Piste üblicherweise präpariert. Man folgt ihr in etwas flacherem Gelände bis zur Waldgrenze und weiter über die bucklige Hochfläche bis zu einer Scharte am Gipfelkamm. Von hier erreicht man nach links in wenigen Minuten den Gipfel des Salzburger Hochthron.

Abfahrt
Die Abfahrt folgt der Aufstiegsroute entlang der Piste. Im unteren Teil liegt oft wenig Schnee, dann ist die Forststraße der Schneise vorzuziehen.

Die letzten Meter zum Gipfel mit Blick in den Talkessel auf die Vororte von Salzburg.

Berchtesgadener Alpen

47 Steintalhörnl, 2468 m
Von Hintersee durch das Sittersbachtal

4.30 Std.

1650 Hm

Lange Skitour am Hochkalterstock

Der mächtige Gebirgsstock des Hochkalter bildet an seiner Westseite eine ganze Reihe an großen Hochkaren aus, die sich vorzüglich für Skitouren eignen. Neben dem Ofental und dem Steintal ist vor allem das Sittersbachtal bei Einheimischen, aber auch auswärtigen Tourengehern beliebt. Den beiden benachbarten Karen hat es voraus, dass es etwas weitläufiger ist und man als Tourenziel mit dem Steintalhörnl sogar einen richtigen Berchtesgadener Gipfel verhältnismäßig einfach besteigen kann. Obwohl die schwierigsten Routenabschnitte an sich technisch nicht besonders anspruchsvoll sind, bekommt man den herrlichen Tiefblick ins Wimbachgries nicht geschenkt. Ein weiter Anmarsch vom Hintersee über das anfangs flache Tal und ein längeres Stück Forstweg müssen genauso bewältigt werden wie die anschließende, steile Aufstiegsschneise. Diese wird durch viele Tourengeher oft buckelpistenähnlich eingefahren und ist insbesondere nach längeren Niederschlagspausen oft unangenehm vereist. Dann sind im Aufstieg Harscheisen hilfreich und in der Abfahrt eine solide Skitechnik. In der Summe der Anforderungen ist das Steintalhörnl daher eher dem erfahrenen, konditionsstarken Tourengeher anzuraten.

Hat man jedoch die Waldgrenze erst einmal hinter sich gelassen, tut sich ein weitläufiges Kar mit schönem Skigelände auf. Der steilere Gipfelhang sollte nach der Waldschneise kaum noch Probleme bereiten, und der Fußanstieg vom Skidepot ist bei guter Stapfspur meist unschwierig. Allerdings wird man spätestens dann die 1600 Höhenmeter in den Beinen spüren.

Am kleinen Gipfelkreuz des Steintalhörnl.

Berchtesgadener Alpen

Ausgangspunkt: Parkplatz (gebührenpflichtig) am Beginn der Hirschbichlstraße am Südende des Hintersees bei Ramsau (800 m).
ÖPNV: Die Anreise ist zeitaufwändig, daher nur mit Übernachtung vor Ort sinnvoll: Mit Zug von München über Freilassing nach Berchtesgaden oder Salzburg und mit dem Bus bis zur Haltestelle Hintersee bei Berchtesgaden (Fahrzeit 3.30–4 Std.).
Aufstiegszeiten: Parkplatz – Sittersbachtal (Abzweigung Hochfeldscharte) 3 Std., Sittersbachtal – Steintalhörnl 1.30 Std.
Anforderungen: Großzügige Skitour mit schmalen Ziehwegen und steilen Waldschneisen im unteren Teil, die genauso flüssige Spitzkehrentechnik verlangen wie der steile Gipfelhang. In der Abfahrt sollten die Ski auch nach einem langen, kräftezehrenden Aufstieg noch beherrscht werden.
Hangrichtung: Nordwest.
Lawinengefährdung: Nach stärkeren Neuschneefällen sollte man die Tour wegen der steilen Flanken des Kares meiden. Für den steilen Gipfelhang sind sichere Schneeverhältnisse erforderlich. Im Hochwinter setzt sich dort die Schneedecke aufgrund der Südwestexposition relativ schnell, später im Jahr ist dann die tageszeitliche Erwärmung zu beachten.
Einkehr: Keine.
Karten: AV BY20 Lattengebirge, Reiteralm, LDBV UK50-55 Berchtesgadener Alpen.

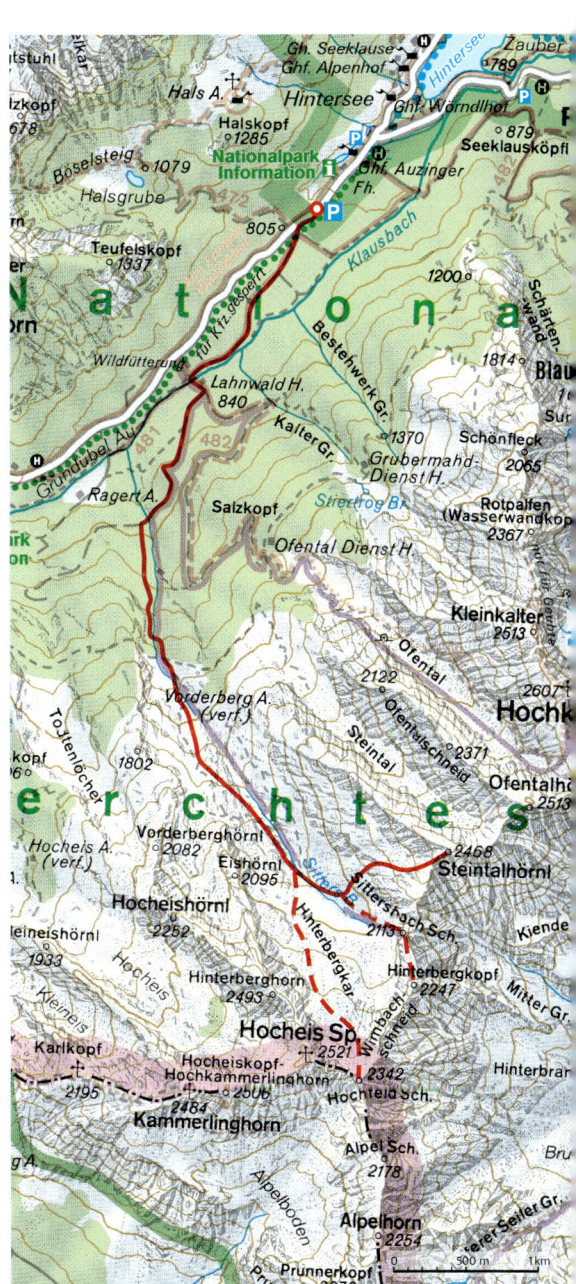

Aufstieg

Von Hintersee folgt man der Fahrstraße nach Südwesten in Richtung Hirschbichlpass. Einige hundert Meter nach dem Fahrverbot zweigt links ein kleineres Sträßchen ab, auf dem man nach 1,5 km zu einer Brücke kommt. Nach links über das Bachbett beginnt nun ein Ziehweg. Dem folgt man etwa 100 m gerade hinauf und zweigt an einer Weggabelung rechts ab (geradeaus geht's ins Ofental bzw. ins Steintal). Nun quert man ein gutes Stück nach Westen, noch über den Sittersbach drüber, bis zu einer weiteren Weggabelung. Hier halten wir uns links bis zu einer Lichtung. Eine steile Schneise führt nun nach rechts aufwärts, bevor man von felsigem Steilgelände nach links abgedrängt wird. Entlang einer Rampe steigt man durch den Wald links haltend aufwärts in das weitläufige Kar. Mulden und kurze Steilstufen leiten anfangs im rechten Bereich des Kars nach Osten, bis man auf etwa 1850 m in den Talgrund

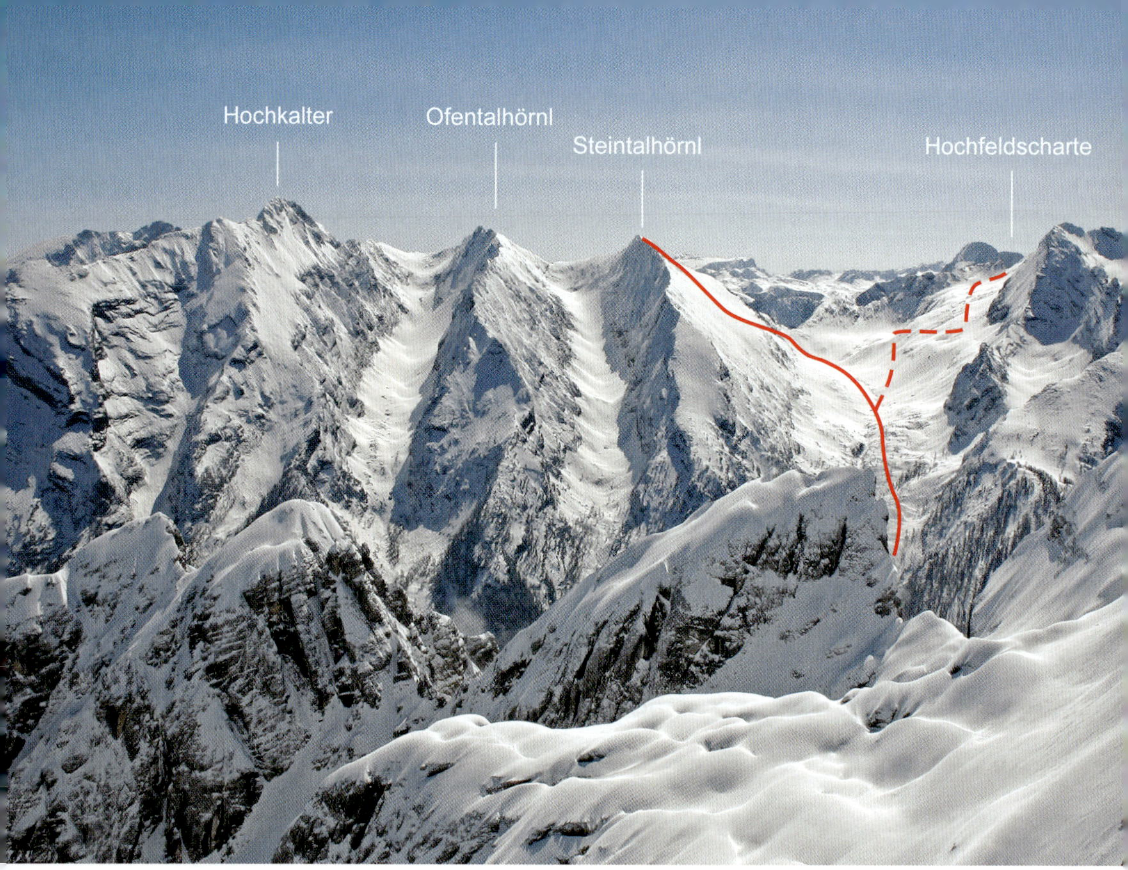

Die Hochkaltergruppe von Westen.

Blick zur Reiteralm.

quert. Von hier steigt man über den breiten Südwesthang – eine Steilstufe wird links umgangen – so weit wie möglich hinauf zum Skidepot. Etwa die letzten 100 Höhenmeter hinauf zum Steintalhörnl werden je nach Schneelage meist zu Fuß zurückgelegt.

Abfahrt
Entlang der Aufstiegsroute; im Kar sind verschiedene Abfahrtsvarianten möglich.

Variante
Wer nach Erreichen des Talgrundes geradeaus hinaufsteigt, gelangt zur Sittersbachscharte und nach rechts über den Grat (meist zu Fuß) zum Hinterbergkopf. Auch die Hochfeldscharte ganz rechts im Karwinkel kann erstiegen werden – hier finden sich oft schöne Pulverhänge.

Berchtesgadener Alpen

48 — Drittes Watzmannkind, 2232 m
Von der Wimbachbrücke durchs Watzmannkar

4.00 Std. | 1600 Hm

Gipfelbrotzeit mit Königssee- und Ostwandblick

Der Watzmann ist nicht nur das Wahrzeichen des Berchtesgadener Talkessels, sondern aufgrund seiner 1800 m hohen Ostwand der bekannteste Gipfel der gesamten Gebirgsgruppe. Sein Nordgipfel – das Hocheck – ist zwar auch mit Ski besteigbar, allerdings weist diese Tour nur selten optimale Bedingungen auf. Deutlich besser einzuschätzen sind die Verhältnisse hingegen bei der beliebtesten Skitour an diesem Berg – dem Watzmannkar. Seine geschützte Lage und die schattseitige Exposition sorgen dafür, dass sich dort der Pulverschnee lange hält.

Obwohl im unteren Teil ein relativ langer Forststraßenhatscher und anschließend noch ein enges Waldstück bewältigt werden müssen, entschädigen im Anschluss daran schöne Karböden und eine grandiose Kulisse für den Zustieg. Ein atemberaubender Tiefblick auf den 1600 m tiefer liegenden Königssee erwartet uns an den Endpunkten der Tour – derer es mehrere gibt. Aber damit noch nicht genug – unsere Gipfelbrotzeit können wir direkt gegenüber der berühmten Watzmann-Ostwand verspeisen. Insbesondere der Anstieg zum 3. Kind ist auch im Hochwinter bei einigermaßen stabiler Schneelage gut machbar und wird regelmäßig viel befahren. Die steileren Varianten im rechten Teil führen auf das 5. Watzmannkind und zur sogenannten Skischarte.

Die Länge der Tour sollte nicht unterschätzt werden. Auch wenn es sich um eine beliebte Modetour handelt, sind 1600 Höhenmeter zurückzulegen. Der tiefe Ausgangspunkt an der Wimbachbrücke ist daran schuld. Ein Stück kann man sich den Anstieg verkürzen, wenn man den Ausgangspunkt beim Café Hammerstiel wählt, das über eine steile Straße (evtl. Ketten) von Engedey erreicht wird. Im Frühjahr kann es sich lohnen, für den Zustieg das Mountainbike zu nutzen, da die im Winter geräumte (aber nicht gestreute) Straße dann schnell aper ist.

Bekannte Watzmannansicht von Berchtesgaden.

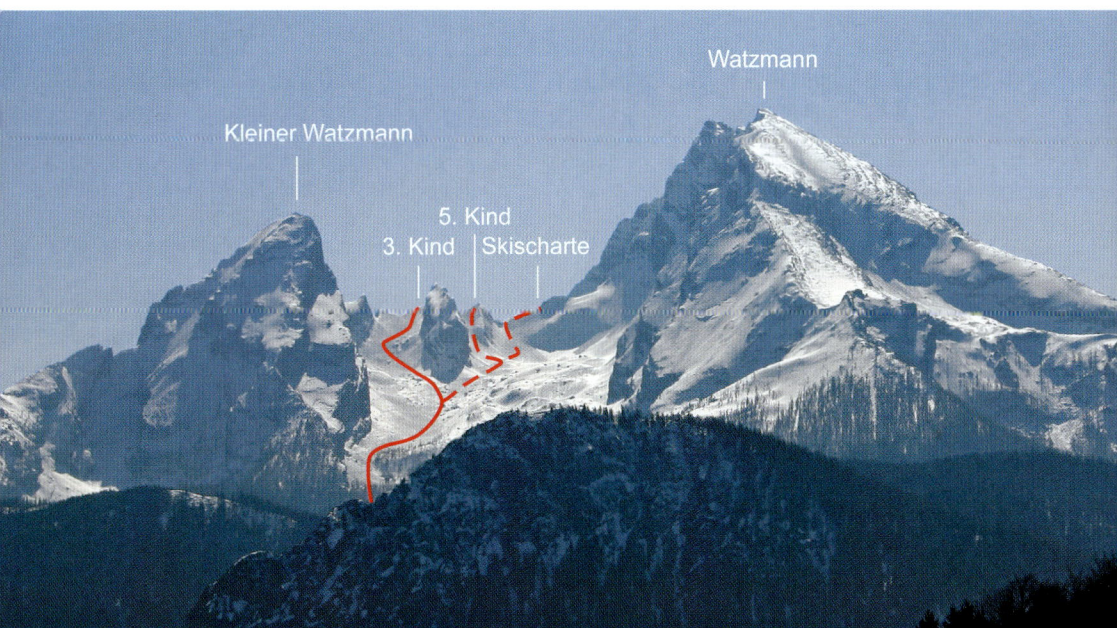

Viel Neuschnee im Aufstieg zur Skischarte.

Ausgangspunkt: Parkplatz Wimbachbrücke (gebührenpflichtig) zwischen Ramsau und Berchtesgaden (620 m); alternativ Café Hammerstiel oberhalb Engedey.
ÖPNV: Sehr zeitaufwändig, Übernachtung vor Ort empfehlenswert. Mit dem Zug von München nach Berchtesgaden oder Salzburg und mit dem Bus in Richtung Ramsau bis zur Haltestelle Wimbachbrücke (Fahrzeit ca. 3 Std.).
Aufstiegszeiten: Wimbachbrücke – Schapbach-Diensthütte 1 Std., ehemalige Schapbach-Hütte – Benzinkurve 30 Min., Benzinkurve – Watzmannkar (Abzweigung zum 5. Kind) 1.45 Std., Watzmannkar – 3. Kind 45 Min.
Anforderungen: Im ersten Drittel flache, breite Fahrstraße, die im Winter mit Ski befahren werden kann. Danach erst mittelsteiler Wald mit einigen Engstellen, die im Aufstieg Spitzkehren erfordern und in der Abfahrt Kontrolle über die Ski. Im Watzmannkar dann weitläufige, mittelsteile Hänge ohne weitere Problemstellen. An den Endpunkten Vorsicht auf oft große Wechten.
Hangrichtung: Nord.
Lawinengefährdung: Nach ergiebigen Schneefällen sollte das Kar gemieden werden, da dann Lawinen aus den Flanken bis in den Karboden vordringen können. Ansonsten ist der Aufstieg zum Dritten Kind nur selten gefährdet, am ehesten auf den letzten 300 Höhenmetern. Die steileren Varianten zum 5. Kind und zur Skischarte sind nur bei sicherer Schneelage empfehlenswert.
Einkehr: Unterwegs keine. Café Hammerstiel, Tel. +49 8652 2266.
Karten: AV BY20 Lattengebirge, Reiteralm, LDBV UK50-55 Berchtesgadener Alpen.
Wald-/Wildschongebiete: Im Watzmannkar sollte man zwischen 1500 m und 1800 m in der Karmulde unter der Westwand des Kleinen Watzmann aufsteigen und abfahren, da auf dem Rücken in Karmitte Raufußhühner leben.

Aufstieg

Am Parkplatz führt links vom Wimbach ein Ziehweg direkt hinauf zur Forststraße, die zuerst nach Osten, dann nach Süden in etwa 350 Hm zur ehemaligen Schapbach-Diensthütte führt (hier mündet von links der Forstweg von Hammerstiel ein). Die Forststraße führt nun aufwärts bis zur großen Linkskehre (»Benzinkurve«). Von der Straße biegen wir nun nach rechts auf einen schmalen Ziehweg in den Wald ab. Nach einigen hundert Metern erreichen wir einen Graben mit deutlich lichterem Baumbewuchs. Durch die gut gestufte Mulde anfangs in engen Kehren, nach obenhin

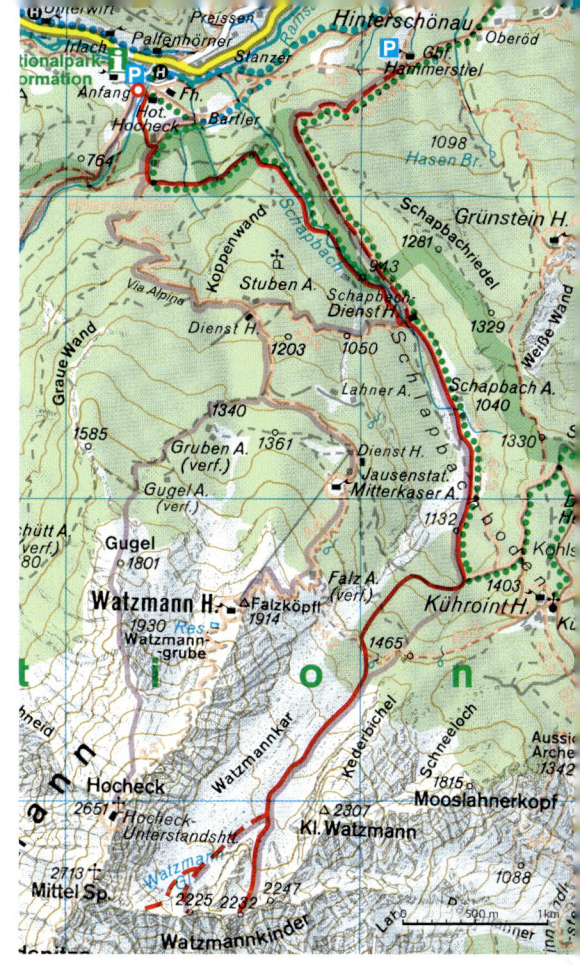

zunehmend weiter ausholend in das kupierte Gelände mit verstreutem Lärchenbewuchs. Durch eine Mulde im linken Karbereich erreichen wir den flachen Karboden unterhalb des markanten 4. Watzmannkindes. Hier müssen wir uns nun entscheiden. Die meisten steigen links an dem Felsturm vorbei hinauf zum 3. Kind, das in mäßiger Steilheit bis zum Gipfel mit Ski bestiegen werden kann.
Bei allen Anstiegen im Watzmannkar sind die oft großen Wechten an den Endpunkten nach Süden zu beachten. Außerdem sollte – insbesondere im Frühjahr – respektvoller Abstand von den Ostflanken des 4. Kindes und vom Hocheck bzw. der Mittelspitze gehalten werden, da sich durch die morgendliche Sonneneinstrahlung dort gelegentlich größere Lawinen aus den eingelagerten großen Bändern lösen.

Abfahrt
Wie Aufstieg – bei der Abfahrt über die Straße muss man mit Gegenverkehr durch Fahrzeuge rechnen!

Varianten
Wer es etwas ruhiger, aber auch ein wenig steiler haben möchte, zweigt vor dem 4. Kind nach rechts ab und kann links auf das 5. Kind oder über eine schräge Rampe weiter nach rechts zu einer kleinen Einsattelung an den zur Ostwand ziehenden Grat – zur sogenannten Skischarte – aufsteigen.

Pulverschnee vom Feinsten im Watzmannkar.

Berchtesgadener Alpen

49 Schneibstein, 2276 m
Die »Kleine Reibn« von Schönau am Königssee

6.30 Std.

1800 Hm

Ausgedehnte Rundtour hoch über dem Königssee

Der bayerische Begriff »Reibn« bezeichnet eine Rundtour, von denen es in den Berchtesgadener Alpen eine ganze Reihe gibt. Am bekanntesten ist sicherlich die »Große Reibn« – eine mehrtägige Umrundung des Königssees über Hagengebirge und Steinernes Meer mit Abfahrt durchs Wimbachtal. Für diese anspruchsvolle Gebietsdurchquerung werden in der Regel drei Tage veranschlagt und beste Sicht- und Schneeverhältnisse sind dafür notwendig.

Eine ganze Spur zahmer geht es auf der »Kleinen Reibn« zu. Der Auftakt dieser Tagestour besteht in der Besteigung des Schneibstein. Von der Bergstation der Jennerbahn ist dies eine kurze Spritztour mit 700 Höhenmetern im Aufstieg, die sich aber auch als lange Skitour von Schönau am Königssee machen lässt. Für die Abfahrt existieren dann mehrere Varianten. Über die Aufstiegsroute wird eher selten abgefahren, üblich ist die Abfahrt über Windscharte, Seeleinsee und Rossfelder, wo jedoch ein kurzer Gegenanstieg notwendig ist. Der Weiterweg hängt dann vom Ausgangspunkt ab; wer sein Auto in Hinterbrand hat, den erwartet am Ende eine lange Querung mit längeren Skatingstrecken oder erneutem Auffellen.

Welche der vielen Variationsmöglichkeiten auch gewählt wird – eines ist gewiss: landschaftlich ist die Tour auf den Schneibstein sicherlich eines der Highlights in den Bayerischen Alpen. Alleine schon der Blick auf die gewaltige, winterliche Watzmann-Ostwand ist einmalig, dazu der Tiefblick auf den dunkelblauen Königssee. Und am Gipfel angekommen, liegen die einsamen Hochflächen des Hagengebirges und des Steinernen Meeres wie eine riesige Mondlandschaft zu unseren Füßen.

Der Schneibstein, betrachtet durch das Teleobjektiv von der Reiteralm aus.

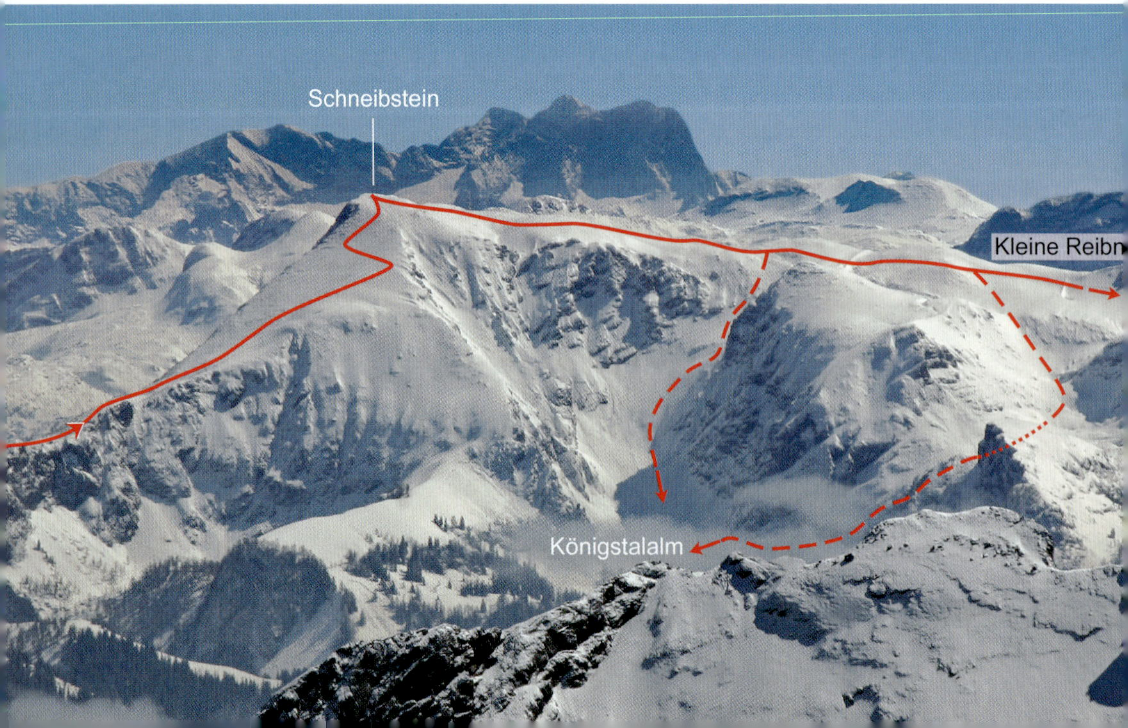

Ausgangspunkt: Großparkplatz (gebührenpflichtig) in Schönau am Königssee an der Talstation der Jennerbahn (610 m).
ÖPNV: Mit Zug von München bis Salzburg und mit dem Bus bis zur Haltestelle Schönau am Königssee, Jennerbahn (Fahrzeit 2.45–3 Std.).
Zeitangaben: Schönau am Königssee – Königsbachalm 1.30 Std., Königsbachalm – Stahlhaus 1.30 Std., Stahlhaus – Schneibstein – 1.30 Std., Schneibstein – Abfahrt zum Seeleinsee 30 Min., Seeleinsee – Rossfeld 30 Min., Rossfeld – Talabfahrt nach Schönau 1 Std.
Anforderungen: Bei Benutzung der Jennerbahn sind nur 800 Hm, bei Start in Hinterbrand 1300 Hm zu bewältigen. Überwiegend einfache Skitour entlang von Forststraßen und flachen bis mittelsteilen Hängen. Die Steilstufe im Aufstieg zum Schneibstein kann bei hartem Schnee relativ mühsam sein und für die durchgehende Abfahrt entlang der Hochbahn ist sichere Skitechnik auf dem schmalen, exponierten Ziehweg erforderlich. Die Direktvarianten erfordern hingegen generell solides skifahrerisches Können. Bei schlechter Sicht und fehlenden Spuren ist die Orientierung im Gipfelbereich und auf der Abfahrt schwierig.
Lawinengefährdung: Der Aufstieg zum Schneibstein ist nur selten lawinengefährdet – kurze steilere Passagen sind oft abgeblasen oder können umgangen werden. Auf der üblichen Abfahrt über den Seeleinsee und das Rossfeld ist bei überlegter Routenwahl ebenfalls nur gelegentlich mit Lawinengefahr zu rechnen, am ehesten bei der Querung vom Seeleinsee zum Hohen Rossfeld. Die Direktabfahrt durch die Bockskehl setzt sichere Verhältnisse voraus.
Einkehr: Carl-von-Stahlhaus (1728 m), ganz-

Blick vom Fagstein auf das wellige Gelände der »Kleinen Reibn«.

jährig bewirtschaftet, Tel. +49 8652 6559922, stahlhaus.watzapp.de.
Karten: AV BY22 Berchtesgaden, Untersberg, LDBV UK50-55 Berchtesgadener Alpen.
Wald-/Wildschongebiete: Die Tour befindet sich im Nationalpark Berchtesgaden, weshalb man sich generell entlang der beschriebenen Routen halten sollte.

Aufstieg zum Stahlhaus

Vom Parkplatz nach Osten zum Beginn der Skipiste. Man steigt an ihrem rechten Rand auf, bis rechts ein Weg in den Wald führt, dem man ein kurzes Stück aufwärtsfolgt, bis man auf einen Ziehweg kommt. Dieser führt nun nach Süden ansteigend über die sogenannte Hochbahn, einem luftigen Stück hoch über dem Königssee in das Tal des Königsbachs. Hier trifft man auf eine von links einmündende Forststraße. Nun folgt man der Straße zur Königsbachalm. Über die freien Wiesen noch ein Stück aufwärts bis zu einer Weggabelung – von links mündet hier der Weg von Hinterbrand bzw. der Jenner-Mittelstation ein. Wir halten uns rechts und gleich an der nächsten Gabelung wieder links durch den Wald hinauf bis zu einem Sattel. Hier halten wir uns nochmal links und queren um die Bärenwand herum in den Königsberger Graben. In angenehmer Neigung zieht der Weg nun zuerst an der Nordflanke entlang, dann durch Mulden aufwärts zum Schneibsteinhaus und weiter zum bewirtschafteten Stahlhaus.

Gipfelanstieg

Von der Hütte folgt man dem Verbindungsgrat nach Süden zu einer steilen Latschenflanke, die man entlang des Sommerwegs (oft unangenehm vereist) bis in flacheres Gelände überwindet. Nun zieht man durch Mulden nach Osten, bis man nach rechts auf den breiten Westrücken aufsteigen kann, der dann immer flacher zum Gipfel des Schneibstein führt. Sollte in der Westflanke nur wenig Schnee liegen, braucht man sich davon nicht unbedingt abschrecken zu lassen. Insbesondere bei sehr windigen Wetterlagen wird diese meist stark abgeblasen, während sich der Schnee in den Abfahrtsmulden ablagert.

Abfahrt

Vom Gipfel fährt man durch welliges Gelände nach Süden hinab zum Windschartenkopf (einige kurze Gegenanstiege kann man ohne Felle hinauftappen). Eine Querung rechts am Windschartenkopf vorbei und die anschließende Abfahrt bringen uns in die Mulde östlich des Fagstein. Diesen umfahren wir südlich. Am tiefsten Punkt – etwa 40 Höhenmeter oberhalb vom Seeleinsee – müssen nochmal die Felle aufgezogen werden und man steigt kurz nach Nordwesten auf zum höchsten Punkt des Hohen Rossfeldes. Schöne, aber meist ziemlich zerfahrene Hänge leiten nun nach Westen und rechts

Perfekte Bedingungen oberhalb des Stahlhauses beim Aufstieg zum Schneibstein.

haltend hinab zur Priesbergalm. Eine weitere kurze Stufe führt ins Priesberger Moos, wo wir flach nach Norden an der Brennhütte vorbeifahren und so zum Ziehweg oberhalb der Königsbachalm kommen. An der nächsten Kurve zweigt rechts ein ansteigender Weg ab, auf dem man zur Mittelstation der Jennerbahn und nach Hinterbrand queren kann. Bei genügend Schnee können wir jedoch den Ziehweg hinab zur Talstation fahren.

Varianten
Wer sich den Aufstieg mit der Jennerbahn verkürzen möchte, fährt von der Bergstation nach Osten in den Sattel zwischen Jenner und Pfaffenkegel ab. Nun folgt entweder eine nahezu horizontale Querung (mehrmals auf und ab) in der Südflanke des Pfaffenkegel nach Osten und kurzer Aufstieg zum Stahlhaus oder eine Abfahrt vom Sattel nach Südosten bis unters Schneibsteinhaus und 150 m Gegenanstieg zur Hütte.

Für die Abfahrt vom Schneibstein existieren einige direkte Varianten: Vor dem Reinersberg nach rechts führt die steile Bockskehl direkt hinab zur Königsbachalm. Südlich des Reinersberg kann man durch den Reinersberggraben und das Reinersbergbrückerl ebenfalls zur Königstalalm abfahren – auch hier sind einige kurze, steile Hänge eingelagert.

Bei zu geringer Schneelage im Tal lässt sich die Tour auch vom hoch gelegenen Parkplatz in Hinterbrand mit kurzer Querung zur Mittelstation der Jennerbahn und Aufstieg entlang der Piste starten. Die flache Rückkehr nach der Abfahrt von der Königsbachalm zum Ausgangspunkt ist allerdings lästig.

Berchtesgadener Alpen

50 Hoher Göll, 2522 m
Durch das Alpeltal und die Umgäng

4.00 Std.

1450 Hm

Alpine Skitour auf einen hohen Berchtesgadener Gipfel

Der Hohe Göll ist neben dem Watzmann der beherrschende Gipfel des Berchtesgadener Talkessels. Als nördliche Verlängerung des Hagengebirges ragt er mit seiner Ostwand hoch über dem Salzachtal auf und nach Westen bricht er mit einer noch steileren Wand in das Endstal ab. Selbst im Sommer führt kein ganz einfacher Weg auf den Gipfel – umso mehr erstaunt es, dass es sich um einen lohnenden Skiberg handelt. Südwestlich, zwischen dem Hohen Brett und dem Pflughörndl, ist das karstige Hochkar der »Umgäng« eingelagert. Durch das steile Alpeltal lässt sich dieses schöne Skigelände über eine felsige Steilstufe erreichen.

Diese Skitour ist eine der beliebtesten Frühjahrsskitouren der Region, die nicht nur abwechslungsreich und landschaftlich lohnend ist, sondern auch eine anspruchsvolle Abfahrt bietet. Trotz des meist regen Betriebs sollte der Anstieg aber nicht unterschätzt werden. Vor allem die beiden Steilstufen im unteren Teil können – je nach Verhältnissen – unangenehm oder gar gefährlich sein. Sicheres Gehen mit Harscheisen ist bei harter Schneelage unumgänglich. Aber auch die großen Wechten im Gipfelbereich können insbesondere bei schlechter Sicht für Gefahr sorgen.

Für die Einkehr nach der Tour fällt inzwischen die gemütliche Alpeltalhütte weg, da das ehemalige Naturfreundehaus 2008 an einen Privatmann verkauft wurde. Allerdings hält die nähere Umgebung genügend Auswahl an Lokalitäten bereit, wie das urige Gasthaus Vorderbrand in der Fortsetzung der Straße oder den »Windbeutelbaron« auf der Rückfahrt in Richtung Obersalzberg.

Ausgangspunkt: Von Berchtesgaden zum großen Kreisverkehr am Obersalzberg, hier rechts Richtung Hinterbrand. Nach etwa 6 km können wir in der lang gezogenen Rechtskurve im Alpeltal (kurz nach der Christophorusschule) am rechten Straßenrand parken (1100 m).
ÖPNV: Im Winter nicht möglich.
Aufstiegszeiten: Parkplatz – Umgäng 2.15 Std., Umgäng – Hoher Göll 1.45 Std.
Anforderungen: Durchgehend anspruchsvolle Skitour in oftmals steilem Gelände. An den beiden Steilstufen ist sowohl im Aufstieg als auch in der Abfahrt Stürzen tabu – bei eisigen Bedingungen können hier Steigeisen notwendig sein. Im oberen Teil bei schlechter Sicht Orientierung nicht einfach und am überwechteten Gipfelgrat auch nicht ungefährlich.
Hangrichtung: West, am Gipfelhang Süd.
Lawinengefährdung: Die Tour sollte nur bei sicheren Lawinenverhältnissen angegangen werden, sowohl im Alpeltal als auch im Gipfelhang werden Hangsteilheiten von etwa 40 Grad erreicht. Im Hochwinter wird die Tour gelegentlich, im Frühjahr häufig begangen.
Einkehr: Entlang der Skiroute keine. In der Nähe des Ausgangspunkts: Gasthof Vorderbrand, ganzjährig geöffnet, Tel. +49 8652 2059; Windbeutelbaron, Mi Ruhetag, Tel. +49 8652 2577.
Karten: AV BY22 Berchtesgaden, Untersberg, LDBV UK50-55 Berchtesgadener Alpen.

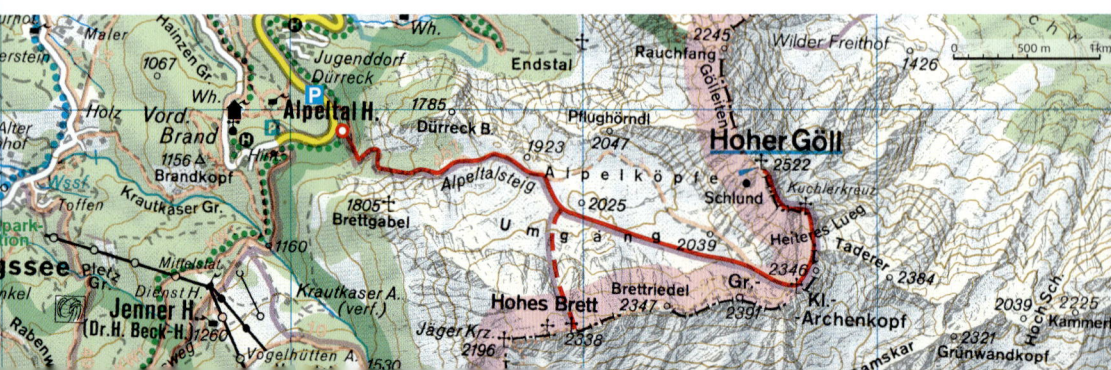

Die »Umgäng« bieten nach der Steilstufe Gelegenheit zum Entspannen.

Aufstieg
In der Kurve führt links eine schmale Waldschneise aufwärts bis an eine Felsstufe. Über diese steigt man von rechts nach links zu Fuß an Drahtseilen aufwärts bis in eine steile Rinne. Die Rinne leitet hinauf und nach rechts hinaus in flacheres Gelände. Hier halten wir uns rechts aufwärts, bis ein weiteres Steilstück folgt, das im späten Frühjahr oft ebenfalls nur zu Fuß überwindbar ist, in schneereichen Wintern jedoch oft kaum bemerkbar ist. Danach flacht das Gelände etwas ab und durch Mulden und über kurze Steilstufen zieht das Tal nach links aufwärts, bis wir über einen weiteren steilen Hang nach rechts hinaus die »Umgäng« – das große Kar zwischen Hohem Göll und Hohem Brett – erreichen. Nun steigen wir in östlicher Richtung zuerst nahezu eben, dann wieder zunehmend steiler hinauf, bis das Kar nach links abbiegt. Ein steiler Südhang bringt uns hinauf zum Vorgipfel und der folgende Grat nach Nordwesten zum Gipfel.

Abfahrt
Entlang der Aufstiegsroute. Wer im Flachstück der Umgäng zu früh dran ist und damit rechnet, dass die steilen Westhänge im unteren Teil noch nicht genügend aufgefirnt haben, kann nach Süden durch ein steiles Kar noch auf das Hohe Brett steigen.

Der Hohe Göll von Westen.

Berchtesgadener Alpen

51 Seehorn, 2321 m
Von Hintertal bei Weißbach

3.30 Std.

1380 Hm

Aussichtsreicher Gipfelrücken am Rande des Steinernen Meeres

Das Steinerne Meer ist ein gewaltiger Gebirgsstock in den Berchtesgadener Alpen, der Skitourengehern in erster Linie durch die »Große Reibn« bekannt ist. Die Hochfläche schottet sich aber nach allen Seiten sehr gut gegen zu viel Andrang ab – nach Westen und Süden mit steilen Felswänden und nach Osten und Norden mit weiten Anmärschen. Nur an der Nordwestecke der riesigen Karstfläche ist häufig Publikum anwesend und genießt den Blick vom Seehorn über die einsamen Flächen. Natürlich ist es nicht alleine die Aussicht, wofür am Wochenende oftmals größere Kolonnen Richtung Gipfel ziehen. Das Seehorn kann auf den oberen zwei Dritteln mit einer Klasseabfahrt aufwarten, ist aufgrund der schattigen Forststraße im ersten Abschnitt schneesicher und die Lawinengefahr hält sich hier in der Regel auch in Grenzen.
Obwohl das Seehorn keine wirklich steilen Hänge aufweist, sollte es nicht als harmloser Anfängerberg unterschätzt werden. Immerhin müssen knapp 1400 Höhenmeter überwunden werden, und bei fehlender Spur oder schlechter Sicht kann die Orientierung durchaus sehr ernst werden. Das betrifft insbesondere den Mittelteil, wo in welligem Karstgelände viele Dolinen lauern – nach Neuschnee sollte man hier besondere Vorsicht walten lassen. Hinzu kommt der breite Gipfelhang, der nach Süden sehr abrupt abbricht und oft meterweit überwechtet ist. Bei Nebel oder Schneefall besteht durchaus die Gefahr, der Kante zu nahezukommen.

Flotte Abfahrt im Angesicht der Hochkaltergruppe.

Schön ist der gleichmäßige Westhang des Seehorns vom Birnhorn aus zu sehen.

Ausgangspunkt: In Weißbach bei Lofer auf steiler Bergstraße Richtung Hirschbichlpass (im Winter oft Kettenpflicht) bis zum großen Parkplatz (gebührenpflichtig) an der Weißbachbrücke (980 m).
ÖPNV: Im Winter nicht möglich.
Aufstiegszeiten: Parkplatz – Kallbrunnalm 1.30 Std., Kallbrunnalm – Seehorn 2 Std.
Anforderungen: Bis zur Kallbrunnalm breite, wenig steile Forststraße. Danach stark kupiertes Wald- und Latschengelände mit teilweise engen Passagen, die vor allem in der Abfahrt mit sicherer Skitechnik mehr Spaß machen. Im Gipfelhang dann wieder weitläufiges, mittelsteiles Gelände.

Hangrichtung: West, im Forststraßenzustieg Nordost.
Lawinengefährdung: Entlang des üblichen Aufstiegswegs selten lawinengefährdet, allerdings finden sich im vielgestaltigen Gelände neben der Hauptroute genügend kleine und größere Möglichkeiten für Schneebretter, die bei der Suche nach unverspurtem Gelände durchaus zum Verhängnis werden könnten.
Einkehr: Unterwegs keine. 2 km vor dem Parkplatz gibt's das Gasthaus Lohfeyer, Tel. +43 6582 8355, gasthof-lohfeyer.at.
Karten: f&b WK 393, AV 9 Loferer und Leoganger Steinberge, AV 10/1 Steinernes Meer, LDBV UK50-55 Berchtesgadener Alpen.

Aufstieg

Vom Parkplatz kurz einen steilen Hang nach Westen hinauf zur Forststraße, die rechts vom Tal aufwärts führt. Der Straße folgend geht es aufwärts bis zu einer Kehre, wo wir der rechten Straße folgen (diese Kehre kann auch bereits ein Stück vorher über eine Wiese und einen kurzen Hohlweg im Wald abgekürzt werden). Im weiteren Verlauf folgen wir der Almstraße durch Wald und kurze Lichtungen bis hinauf zu den ersten Wiesen der Kallbrunnalm. Wenige Meter nachdem wir den Wald verlassen haben, rutschen wir links 15 Meter hinab in eine flache Senke und durchqueren diese nach Osten. Wo das Gelände wieder steiler wird, halten wir uns leicht rechts und steigen durch lichten Wald an den Nordhängen der Dießbachschneid nach Osten hinauf auf die Karsthänge unter dem Gipfelaufbau des Seehorn. Die fol-

... und über den Tauern die Föhnwalze.

gende Steilstufe wird von rechts nach links aufwärts gequert, wodurch wir den breiten und relativ flachen Gipfelrücken erreichen. Mit respektvollem Abstand vor der überwechteten, rechten Kante steigen wir hinauf zum aussichtsreichen Gipfel.

Abfahrt

In der Regel folgt man der Aufstiegsroute, wobei aber rechts und links davon viel freier Raum für eigene Varianten bleibt. Insbesondere im Mittelteil ist jedoch auf viele, teils sehr tiefe Dolinen zu achten – hier sollte man bei schlechter Sicht oder nach größeren Neuschneemengen lieber entlang der Aufstiegsroute abfahren.

Eine Abfahrtsvariante führt durch die steile nordseitige Mulde des »Weißplatteret«, an deren Ende man wieder nach links zur Aufstiegsroute queren muss. Für diese Abfahrt sind aber sichere Schneeverhältnisse Voraussetzung.

Variante

Wer an der Kallbrunnalm feststellt, dass das Seehorn zu weit wird, kann rechter Hand über gemütliche Wiesenhänge hinaufsteigen zum Kühkranz (1811 m).

Leoganger Steinberge

52 Birnhorn, 2634 m
Von Weißbach bei Lofer

5.00 Std.

2000 Hm

Lange Skitour auf den höchsten Gipfel der Leoganger Steinberge

Die beiden massiven Felsklötze der Loferer und Leoganger Steinberge reichen weit über die Waldgrenze hinauf und sind im oberen Teil durch gewaltige Kare geprägt. Diese fordern geradezu zum Tourengehen auf, sind aber aus den tief gelegenen Tallagen nur über ordentliche Höhenmeterleistungen und oft rustikales Waldgelände erreichbar. Ein Paradebeispiel dafür ist die Skitour zum Birnhorn, dem höchsten Gipfel der Leoganger Steinberge. Alleine schon der Höhenunterschied von 2000 Metern spricht für sich. Darüber hinaus muss bis zur Ebersbergalm ein dichter Waldgürtel überwunden werden, der in der Abfahrt entlang des schmalen Sommerwegs neben solider Skitechnik nicht selten blitzschnelle Reaktion erfordert, um nicht von einem niedrig hängenden Ast abgewatscht zu werden. Auf einer Höhe von etwa 1400 m lichtet sich dann aber das Gehölz und man betritt ein Kar wie aus dem Bilderbuch. Auf einem Kilometer Breite und über 1000 Höhenmeter zieht eine gewaltige Wanne hinauf bis zum Skidepot am Kuchelnieder.

Wer nach 1800 Höhenmetern Aufstieg noch Kraft hat und Drang zum Gipfel verspürt, der sollte Steigeisen im Gepäck haben – nur bei optimalen Verhältnissen sind sie entbehrlich. Entlang des steilen und teilweise exponierten Sommerwegs geht es nun auf den in der Regel schneebedeckten Felsbändern der Nordseite hinauf zum höchsten Punkt. Aufgrund seiner frei stehenden Lage ist das Birnhorn einer der besten Aussichtsberge weit und breit.

Aus dem schattigen Ebersbergkar blickt man auf die sonnigen Berchtesgadener Alpen.

Das Birnhorn von der Reiteralm.

Ausgangspunkt: Etwa 400 m südlich der Ortschaft Weißbach bei Lofer zweigt im Weiler Frohnwies ein Sträßchen über die Saalach zum Bauernhof »Hacker« ab. Parkplatz rechts oberhalb vom Bauernhof (670 m).

ÖPNV: Sehr zeitaufwändig, Übernachtung vor Ort empfehlenswert: Mit Zug nach Salzburg und mit dem Bus in Richtung Saalfelden bis zur Haltestelle Weißbach bei Lofer-Frohnwies (Fahrzeit ca. 3.30 Std.).

Aufstiegszeiten: Hackerhof – Ebersbergalm 2 Std., Ebersbergalm – Skidepot 2.30 Std., Skidepot – Gipfel 30 Min.

Anforderungen: Lange Skitour mit anspruchsvollem Waldgürtel im unteren Teil, der sichere Skitechnik und bei fehlender Spur Gespür für die richtige Route erfordert. Der felsige Gipfelaufbau bietet leichte, teilweise exponierte Kletterei, wo alpine Erfahrung und ggf. Steigeisen hilfreich sind.

Hangrichtung: Nordost, im obersten Teil Nordwest.

Lawinengefährdung: Die Tour sollte nur bei sicheren Lawinenverhältnissen angegangen werden, die nordostseitige Steilstufe im Kar weist eine Hangneigung von knapp 35 Grad auf. Beste Zeit ist trotzdem der Hoch- und Spätwinter, da im Frühjahr in den tiefen Lagen meist lange Tragepassagen drohen.

Einkehr: Keine.

Karten: f&b WK 393, AV 9 Loferer und Leoganger Steinberge.

Wald-/Wildschongebiet: Im Waldbereich bei der Abfahrt in der Nähe der Aufstiegsroute bleiben.

Nach langem Aufstieg erblickt man im obersten Ebersbergkar endlich Scharte und Gipfel.

Leoganger Steinberge

Aufstieg
Vom Parkplatz hinter dem Bauernhof steigt man leicht rechts haltend entlang des Sommerwegs durch den Wald hinauf zu einer Forststraße. Dieser folgen wir ein Stück aufwärts, bis nach der Kehre rechts der Sommerweg ins Ebersbergkar abzweigt. Der Weg führt durch dichten Wald (bei sehr hoher Schneelage kann die Trasse ohne Spur zum Teil schwierig zu finden sein) etwa 300 Höhenmeter aufwärts, bis das Gehölz etwas lichter wird. Nun erreichen wir links haltend schönen, lichten Lärchenwald, durch den es im gestuften Gelände an der Ebersbergalm vorbei in das riesige Ebersbergkar hinaufgeht. Im linken Teil des Kares steigen wir nun bis unter einen sperrenden Felsriegel auf. Über einen steilen Hang lässt sich dieser links überwinden und abwechselnd bringen uns kurze, flachere Karböden und steilere Aufschwünge bis in eine Höhe von etwa 2300 m. Ein letzter Westhang bringt uns nun nach links hinauf zum sogenannten Kuchelnieder, der Scharte nördlich des Birnhorn. Hier befindet sich das Skidepot – die letzten 200 Höhenmeter müssen zu Fuß zurückgelegt werden. Bei viel Schnee handelt es sich meist um einfaches Schneegestapfe mit einigen kurzen, teilweise seilversicherten Kletterstellen; bei Vereisung können heikle Passagen Steigeisen erforderlich machen. Der Gipfelanstieg folgt in etwa einer markanten Rampe, die von links nach rechts aufwärts durch die Nordwestwand zieht und am Südgrat endet. Über diesen steigt man dann die letzten Meter zum Gipfelkreuz.

Abfahrt
Entlang der Aufstiegsroute. Auch wenn im Waldbereich einige Rinnen zur direkten Abfahrt verleiten, sollte man aus Wildschutzgründen dem Weg entlang fahren. Im unteren Teil fährt man auf der Forststraße ab und skatet zurück zum Hackerhof.

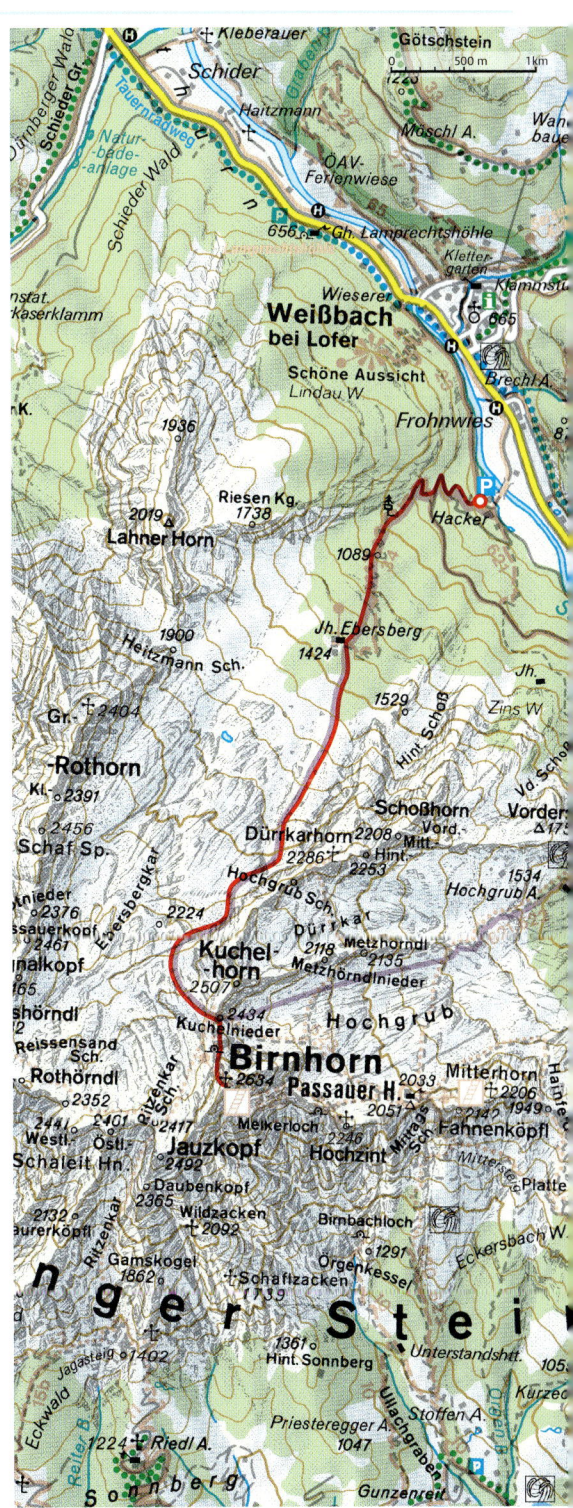

Kaisergebirge

53 Ellmauer Tor, 2006 m
Von der Wochenbrunner Alm durch das Kübelkar

2.15 Std.
900 Hm

Beliebter Firnklassiker im Kaiser mit Gipfeloption

Der Wilde Kaiser – das Klettergebirge schlechthin in den Nördlichen Kalkalpen – hat auch dem Skitourengeher einiges zu bieten. Zwischen den senkrechten Kalkmauern sind immer wieder schöne Kare eingelagert, die sich fürs Tourengehen vorzüglich eignen; dazu gibt es die ein oder andere Steilrinne, die den ambitionierten Skibergsteiger lockt. Die felsige Gebirgskette wird in ihrer Mitte vom bekannten Ellmauer Tor geteilt. Nach Norden entsendet dieser Sattel die berühmte Steinerne Rinne, eine felsige Schlucht mit senkrechten Seitenwänden und Steilabbrüchen, die eine Skiabfahrt verhindern. Nach Süden hingegen zieht eine gleichmäßig geformte Mulde hinab bis ins Tal, die bereits von Weitem eine perfekte Skitour verspricht: das Kübelkar.

Die extrem sonnseitige Exposition der Hänge verbindet der erfahrene Tourengeher sofort mit einer ganz bestimmten Schneesorte – Firn. Genau den sollte man auch abwarten im Kübelkar, denn sonst herrscht hier oft Bruchharsch oder Sumpf, nur sehr früh im Winter im Dezember oder an kalten Januartagen lässt sich auch einmal Pulverschnee genießen. Da in dem geschützten Felskessel die Sonne aber schon sehr früh im Jahr ideale Einstrahlbedingungen vorfindet, können manchmal schon während einer längeren Hochdrucklage im Februar gute Firnverhältnisse herrschen. Der relativ hohe Ausgangspunkt an der Wochenbrunner Alm und die exponierte Staulage des Kaisergebirges sorgen dafür, dass in guten Wintern oft noch im April eine massive Schneedecke bis hinab zum Parkplatz liegt.

Bei optimalen Bedingungen kann man die Ski vom Ellmauer Tor noch bis kurz unter den Gipfel der Hinteren Goinger Halt mitnehmen.

Eher untypische Bedingungen im Kübelkar: bester Pulverschnee.

Nicht nur skifahrerisch, auch landschaftlich gehört das Ellmauer Tor zu den eindrucksvollsten Skitouren südlich von München. Bereits im Aufstieg windet sich die Spur unterhalb der senkrechten Mauern von Karlspitze und Bauernpredigtstuhl hindurch. Am Tor angekommen, fällt der Blick auf die weltberühmte Fleischbank-Ostwand und den turmgleichen Predigtstuhl. Den meisten Tourengehern reicht dieser Endpunkt und sie genießen hier eine sonnige Rast mit Blick zum Alpenhauptkamm. Ehrgeizige Skibergsteiger werden sich jedoch den Gipfel der Hinteren Goinger Halt nicht entgehen lassen, der zwar in der Regel unschwierig, meist aber nur zu Fuß in etwa 30 Minuten von hier zu erreichen ist.

Ausgangspunkt: Von Ellmau am Wilden Kaiser auf der Mautstraße zum Parkplatz Wochenbrunner Alm (1080 m).
ÖPNV: Zur Skitourenzeit nicht möglich. Anreise mit Zug bis Wörgl und Bus bis Elmau-Dorf (Fahrzeit ca. 2.30 Std.), weiter mit Taxi oder Gehzeit zum Parkplatz ca. 1 Std.
Aufstiegszeiten: Wochenbrunner Alm – Gaudeamushütte 30 Min., Gaudeamushütte – Ellmauer Tor 1.45 Std., Ellmauer Tor – Hintere Goinger Halt 30 Min.
Anforderungen: Bei Aufstieg bis zum Gipfel sind 200 Hm zusätzlich zu bewältigen. Bis zum Ellmauer Tor kontinuierlich mittelsteile Hänge ohne technische Schwierigkeiten. Sicheres Gehen mit Harscheisen ist bei gefrorener Schneedecke von Vorteil. Gipfelanstieg in einer steilen Schnee- und Schrofenflanke, wo Trittsicherheit erforderlich ist, und die bei ungünstigen Verhältnissen evtl. Steigeisen erforderlich machen kann.
Hangrichtung: Süd, Gipfelhang West.
Lawinengefährdung: Wenn Spontanabgänge von mittleren bis großen Lawinen zu befürchten sind – das ist insbesondere nach größerem Neuschneefall oder bei starker Erwärmung der Fall – sollte die Tour gemieden werden. Ansonsten setzt sich entlang der Aufstiegsroute die Schneedecke durch die Südexposition meist sehr schnell, und die vielen Begehungen tun das ihrige dazu. An warmen Frühjahrstagen sollte die Tour rechtzeitig beendet werden.
Einkehr: Die Gaudeamushütte ist im Winter geschlossen (nur Winterraum), geöffnet hat die Wochenbrunner Alm, Tel. +43 5358 2180.
Karten: f&b WK 301, AV 8 Kaisergebirge.

Die Südseite des Wilden Kaiser.

Aufstieg

Vom Parkplatz führt eine Fahrstraße durch eine breite Waldschneise nach Norden aufwärts, bis es flacher wird. Weiter geht es rechts haltend über den Bach hinauf zur Gaudeamushütte (zur Skitourenzeit geschlossen). Über freie Wiesen geht es nun links vom Wald anfangs noch gemächlich bergauf, bis es zunehmend steiler wird. Wir bleiben auf der rechten Karseite und steigen durch Latschenfelder und oftmals über einige Lawinenkegel in Richtung Süden auf. Schließlich erreichen wir mit einer langen, ansteigenden Querung nach links einen Karboden bei ca. 1600 m. Auch dieser steilt sich bald wieder auf und wird durch eine felsige Stufe versperrt, die wir rechts umgehen und so ein weiteres Flachstück erreichen. Ein letzter kurzer Hang bringt uns rechts haltend zum Ellmauer Tor.

Variante

Wer noch auf die Goinger Halt möchte, steigt mit Ski noch ein Stück nach rechts die steile Westflanke hinauf bis zu einer felsdurchsetzten Stufe. Spätestens hier wird in der Regel ein Skidepot eingerichtet. Durch eine kurze Rinne (bei sehr hartem Schnee evtl. Steigeisen) und über wieder flachere, aber meist abgeblasene Hänge geht es dann hinauf an den Gipfelaufbau und nach links über einige leichte Felsen zum Gipfelkreuz.

Abfahrt

Entlang der Aufstiegsroute, wobei in dem breiten Kar meist dort abgefahren wird, wo die besten Schneeverhältnisse zu finden sind. Da es sich um ein Südkar handelt, firnen die linken (westseitigen) Hänge meist erst um die Mittagszeit oder noch später auf, während südostexponierte Hanglagen oft schon mehrere Stunden vorher weich werden.

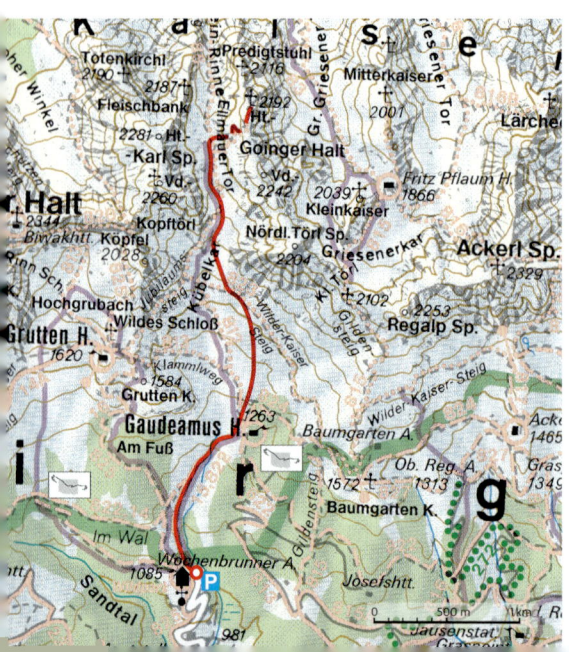

Kaisergebirge

54 Goinger Törl, ca. 2160 m
Von der Griesner Alm durchs Griesner Kar

4.00 Std.
1200 Hm

Pulverschnee oder Frühjahrsfirn

Wie sich das Klima und die Winter in den letzten 30 Jahren verändert haben, sieht man gut am Beispiel des Kaisertals. Hier im monatelangen Schatten der steil aufragenden Felsberge von Lärcheck, Mitterkaiser und Predigtstuhl herrschte meist von November bis Ende März tiefster Winter. Die schmale Mautstraße von der Griesenau wurde zwar den ganzen Winter über geräumt, aber in manchen Wintern war sie nur eine schmale Gasse zwischen meterhohen Schneemauern. Freilich gab es auch früher schneearme Winter, dafür war es meist so kalt, dass die Straße komplett vereist war. Unter diesen Bedingungen die Mautstraße für den öffentlichen Verkehr zu öffnen – es war kein Drandenken. So ging der Schlagbaum dann meistens etwa ab Ostern auf und die Heerscharen an Tourengehern strömten ins Kaisertal und hinauf ins Griesnerkar. Aber die Zeiten ändern sich: In den letzten Jahren lag oft nur noch wenig Schnee in den tiefen Lagen, die Straße war problemlos frei zu halten und natürlich ist auch das Räumgerät leistungsstärker geworden, um die riesigen Parkplätze freizuschaufeln, falls doch einmal ein stärkerer Schneefall alles unter sich begräbt. So kann man das eindrucksvolle Ambiente nun den ganzen Winter über genießen – und das nutzen viele. Dadurch bildet sich im engen Teil der Tour regelmäßig eine Buckelpiste aus, die gutes Skikönnen erfordert. Man sollte sich von der schattigen Lage aber nicht zu früh im Winter ins Kar locken lassen. Besonders wenn rundherum Schneemangel herrscht, zerstören sich viele Tourengeher im vermeintlich schneereichen Griesnerkar die Ski. Das felsige Gelände erfordert eine gesetzte Altschneeunterlage von mindestens einem Meter, um einigermaßen unbeschwert Skifahren zu können. Zudem darf die Beliebtheit der Tour nicht darüber hinwegtäuschen, dass rundherum sehr steile Hänge sind, aus denen große Lawinen herabdonnern können. Eine entsprechend penible Tourenplanung ist daher unumgänglich.

Die Fritz-Pflaum-Hütte (Selbstversorger) steht mitten im felsumrahmten Griesner Kar.

Höfliche Bitte am Holzdepot der Fritz-Pflaum-Hütte.

Landschaftlich spielt diese Traditionstour im Wilden Kaiser auf alle Fälle in der höchsten Liga. Immerhin führt die Spur anfangs unter die eindrucksvolle Steinerne Rinne, um im Anschluss am Fuß der 800 m hohen Nordostwände von Predigtstuhl und Goinger Halt in einem felsumkränzten Bilderbuchkar aufwärtszuziehen.

Nach etwa 2 Stunden erwartet uns dann die Qual der Wahl: Sollen wir die Tour mit einer gemütlichen Brotzeit an der Fritz-Pflaum-Hütte inklusive den sicherlich vielfältigen Gesprächsmöglichkeiten beschließen und dann mehr als gesellschaftliches Event verbuchen oder sollen wir eine der sportlicheren Varianten wählen? Derer bieten sich gleich mehrere in Form steiler, oft schmaler Schneerinnen an, die zwischen den Felswänden zu den tiefen Einkerbungen hinaufziehen. Die anspruchsvollste Variante wäre das Schönwetterfensterl – eine 350 m hohe Steilrinne, die im obersten Abschnitt kaum breiter ist als die Tourenski lang sind. Im Frühjahr bei harschigem Schnee würde ein Sturz aber unweigerlich erst unten am Fuß der Rinne enden. Etwas gemächlicher und daher deutlich frequentierter ist hingegen der Aufstieg auf das Goinger Törl. Der Hang ist zwar ebenfalls im obersten Teil recht steil, aber deutlich breiter und aufgrund der ostseitigen Ausrichtung weicht der Schnee dort im Frühjahr besser auf als in den schattigeren Rinnen.

Nach einer hoffentlich sonnigen Rast geht es dann an die Abfahrt. Beinahe 1200 Höhenmeter sind es von der Scharte hinab bis zur Einkehr an der Griesner Alm. Im oberen Teil ist noch viel Platz und die Spuren verteilen sich gut, so dass man auch noch

Viele Spuren zeugen von der Beliebtheit der Tour im Frühling.

Die winterliche Nordseite des Wilden Kaiser.

seine eigenen Zöpferl flechten kann. Je näher man dem Waldgürtel kommt umso stärker kanalisieren sich die Spuren und die Hauptroute gleicht dann der erwähnten Buckelpiste. Für die Querung durch den Wald ist es oft empfehlenswert, die Ski kurz auszuziehen, während dann die weitgehend steinfreien Wiesen der Russenleite nochmal einige schöne Schwünge erlauben.

Ausgangspunkt: Großparkplatz an der Griesner Alm (988 m) – von der Griesenau auf 5 km langer Mautstraße den ganzen Winter über erreichbar.
ÖPNV: Der Ausgangspunkt ist nicht öffentlich erreichbar. Von der Bushaltestelle Griesenau zusätzliche Aufstiegszeit entlang der Loipe ca. 1.15 Std. Anreise mit Zug von München bis Kufstein und weiter mit Bus über Kössen (umsteigen) zur Griesenau (Fahrzeit ca. 3 Std.). Bei Übernachtung an der Griesneralm Shuttle-Taxi möglich.
Aufstiegszeiten: Griesenau – Griesner Alm gut 1 Std., Griesner Alm – Fritz-Pflaum-Hütte 2 Std., Fritz- Pflaum-Hütte – Goinger Törl 1.Std.
Anforderungen: Bis zur Hütte überwiegend mittelsteiles Skigelände mit einer kurzen Waldpassage. Im mittleren Teil meist buckelpistenähnlich ausgefahren und oft eisig (Harscheisen). Anstieg zur Scharte gut 40 Grad steil.
Hangrichtung: Nord, Hang in der Scharte ostseitig.
Lawinengefährdung: Wenn Spontanabgänge von mittleren oder großen Lawinen zu befürchten sind, die Tour unbedingt meiden. Am sichersten bei Frühjahrsverhältnissen. Im Hochwinter entlang der Aufstiegsroute bis zur Hütte gelegentlich Schneebrettgefahr, Steilhänge zu den Scharten dann nur bei sehr sicheren Bedingungen.
Einkehr: Unterwegs keine. Griesner Alm (988 m), ganzjährig bewirtschaftet, Tel. +43 5352 64443; Fischbachalm (856 m), ganzjährig bewirtschaftet, Tel. +43 5352 65526.
Karten: f&b WK 301, AV 8 Kaisergebirge.

Aufstieg

Vom Großparkplatz Griesner Alm trägt man seine Ski an dem opulenten Berggasthof vorbei bis zur Brücke über den Kaisertalbach. Das tief eingeschnittene, schattige Tal ist für seine Schneesicherheit bekannt, sodass man oft weit in den April hinein von hier mit den Ski starten kann. Entlang des Fahrwegs steigen wir nun ein Stück aufwärts, bis dieser aus dem Wald herausführt. Die freien Wiesen der sogenannten Russenleite geht es jetzt mit Blick auf die imposante Steinerne Rinne nach links hinauf bis zum Waldrand. Hier folgen wir dem steilen, schmalen Sommerweg zwei Kehren, bis links der Weg zur Fritz-Pflaum-Hütte abzweigt. Nach der Querung einer La-

Steile Abfahrt von der Regalpscharte.

Genussvolles Schwingen auch für weniger gute Skifahrer auf der Russenleite.

winenrinne folgt ein kurzes Waldstück, und schon stehen wir am Eingang ins Griesner Kar. Am besten hält man sich anfangs an dem Rücken, der das Kar hier in zwei Hälften teilt. Relativ steil steigen wir in weiten Spitzkehren auf, bis wir wieder nach rechts in einen etwas flacheren Boden gelangen. Wenn wir es nicht ausgesprochen eilig haben und den direkten Aufstieg ins Goinger Törl anstreben, zweigen wir dort, wo sich die Mulde wieder aufsteilt, links ab. Ein kurzer, etwas steilerer Hang ist zu überwinden, bevor es durch eine lang gezogene Wanne hinaufgeht zur kleinen Fritz-Pflaum-Hütte. Diese Selbstversorgerhütte ist nicht bewirtschaftet und wird von der traditionsreichen Alpenvereinssektion Bayerland unterhalten. Sie ist mit Alpenvereinsschlüssel allgemein zugänglich.

Der Weiterweg zum Goinger Törl führt von der Hütte nach Süden zuerst kurz ein wenig bergab, anschließend auf der Rückseite des Kleinkaiser nach rechts zu einem markanten Sattel. Von diesem zieht nun eine anfangs breite, nach oben enger und steiler werdende Rinne hinauf zu unserer Scharte. Ob wir oben den linken oder den rechten Einschnitt als Endpunkt ansteuern, bleibt Geschmackssache, beide sind nahezu gleich hoch. Von der linken Scharte könnte man in leichter Kletterei (I–II) und oft anstrengender Wühlarbeit noch auf die Goinger Törlspitze steigen, was aber kaum gemacht wird.

Abfahrt
Die Abfahrt führt in direkter Linie links am Kleinkaiser vorbei über mehrere Stufen hinab, bis sie wieder auf die Aufstiegsspur trifft. Der Weiterweg ist dann vom Anstieg bereits bekannt.

Varianten
Im Griesner Kar führen noch weitere Rinnen zu beliebten, aber steilen Schartenzielen, die sich alle weiter östlich befinden und rein nordseitige Hangexpositionen aufweisen: Kleines Törl, Regalpscharte und Schönwetterfensterl.

Kaisergebirge

55 — Heuberg, 1603 m
Vom Walchsee über die Hageralm

2.00 Std.

700 Hm

Populärer Skigipfel im Zahmen Kaiser

Der Zahme Kaiser wirkt von Norden weniger harmlos als sein Name vermuten lässt. Der Anblick von Durchholzen etwa offenbart dunkle Felswände mit einigen eingelagerten Steilkaren. So ist die Besteigung der Pyramidenspitze im Winter von dieser Seite eine anspruchsvolle Skitour, die durch das mit zwei Felsstufen durchzogene Eggersgrinn führt. Deutlich harmloser ist die Skitour am östlichen Trabanten, dem Heuberg, der zur Abgrenzung von seinem bayerischen Namensvetter jenseits der Grenze gerne auch »Tiroler Heuberg« oder »Kaiser-Heuberg« genannt wird.

Diese beliebte Hochwintertour auf die pyramidenförmige Berggestalt bietet eine tolle Aussicht und schöne Abfahrtshänge hoch über dem Walchsee. Bei moderatem Lawinenrisiko sind auch die skifahrerischen und konditionellen Anforderungen nicht übermenschlich, und so verwundert es nicht, dass man hier selten alleine ist. Entsprechend eingefahren ist die Schneedecke bereits nach wenigen Schönwettertagen. Die Popularität der Skitour hat dazu in den letzten Jahren für einigen Ärger gesorgt. Der früher übliche Parkplatz oberhalb des Walchseer Ortsteils Obergrund ist in Besitz der Wirtsleute der Lippenalm, einem beliebten Ausflugs- und Rodelziel. Nachdem die Tourengeher meist etwas früher starten als die Tagesgäste der Alm, fanden Letztere oft kaum noch freie Parkmöglichkeiten. Daher beansprucht der Besitzer den Parkplatz nun ausschließlich für seine Gäste. Die Gemeinde hat deswegen ein Stück oberhalb einen Parkplatz eingerichtet, der allerdings oft gute Winterreifen erfordert.

Ausgangspunkt: Von Durchholzen kommend am Ortseingang von Walchsee rechts abbiegen und durch den Ortsteil Obergrund hindurch auf schmaler Straße zuletzt steil hinauf zum ausgeschilderten Tourengeherparkplatz (800 m). Der untere Parkplatz am Waldrand ist für Gäste der Lippenalm reserviert.

ÖPNV: Von München mit Zug bis Kufstein und mit Bus nach Walchsee zur Haltestelle Kaufhaus Erharter (Fahrzeit ca. 2 Std.). Auf der Seestraße 10 Min. nach Süden zum Weiler Öd, dort kann man die Ski anschnallen und in 15 Min. zum Tourengeherparkplatz aufsteigen.

Aufstiegszeiten: Parkplatz – Wolfinger Alm 1 Std., Wolfinger Alm – Hageralm 30 Min., Hageralm – Heuberg 30 Min.

Anforderungen: Moderate Skitour entlang flacher Ziehwege und über mittelsteile Wiesenhänge. Ansonsten gibt es nur wenige kurze Waldpassagen, in denen man bei der Abfahrt seine Ski kontrollieren können sollte.

Hangrichtung: Bis zur Wolfingeralm Nord, dann Osthänge ins Jöchl; südseitig zum Gipfel.

Lawinengefährdung: Die Tour ist eher selten lawinengefährdet – am ehesten nach starken Neuschneefällen in der Querung unterhalb der Hageralm und in dem etwas steileren Hang hinauf ins Jöchl.

Einkehr: Unterwegs keine. Mehrere Gaststätten in Walchsee und Durchholzen.

Karten: f&b WK 301, AV 8 Kaisergebirge.

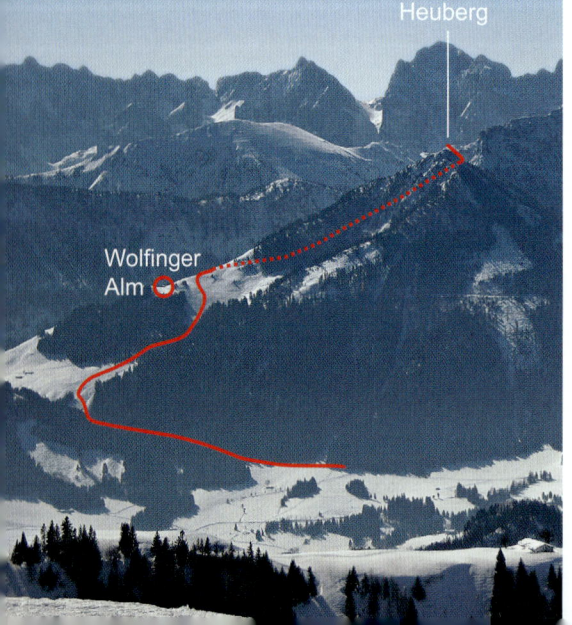

Heuberg und Wilder Kaiser vom Wandberg.

Blick auf den Wilden Kaiser kurz oberhalb der Wolfinger Alm.

Aufstieg

Vom Parkplatz folgen wir dem Forstweg, der nach links durch den Wald in den Erzbachgraben führt. Sobald von rechts ein kleinerer Graben einmündet, steigen wir unmittelbar links davon einige Meter auf einem steilen Weglein durch den Wald hinauf zu einer Wiese. Über freie Hänge geht's nun nach Süden, bis man wieder auf die Straße trifft. Zwei Kehren können wir durch den relativ lichten Wald abkürzen und ein weiterer freier Hang bringt uns in einem Linksbogen zum aussichtsreichen Rücken an der Wolfinger Alm. Nun queren wir zuerst nahezu eben, dann leicht ansteigend auf einem Fahrweg die steile Südostflanke des Heuberg in ein weites Kar. Über schöne Skihänge steigen wir an der Hageralm vorbei in das Jöchl und nach rechts über den breiten Südhang zum Gipfel.

Abfahrt

Entlang der Aufstiegsroute.

Kitzbüheler Alpen

56 Großer Galtenberg, 2424 m
Aus dem Alpbachtal über die Kolbentalalm

3.30 Std.
1400 Hm

Genussskitour mit alpinem Gipfelanstieg

Der Große Galtenberg ist der Hausherr im Alpbachtal. Er ist nicht nur der mit Abstand höchste Berg dieses Tourengebietes, sondern steht auch unübersehbar im Talschluss und teilt diesen in zwei Hälften: den westlichen Greiter Graben und den östlichen Luegergraben. Diese exponierte Position hat allerdings auch ihre Nachteile. So ist der steile Nordrücken fast immer stark abgeblasen und der Aufstieg bzw. die Abfahrt mit Ski oft nicht möglich. Nur bei gutem Wetter lohnt sich dann der lange Fußaufstieg, ansonsten beendet man die Tour am Skidepot oder bereits einige Meter unterhalb am höchsten Punkt des Grates, den der Berg nach Norden entsendet.

Für die Spezialisten unter den Tourengehern bietet der Galtenberg jede Menge Variationsmöglichkeiten. Bereits für den normalen Zustieg zum Gipfelaufbau kommen zwei komplett eigenständige Möglichkeiten in Frage: über die schönen sonnigen Osthänge der Kolbentalalm oder westseitig aus dem Greiter Graben über die Farmkehralm. Noch spannender wird dann die Wahl der richtigen Abfahrt. Neben den beiden Aufstiegsrouten kommen darüber hinaus noch steile Varianten unmittelbar vom Gipfelgrat infrage – sowohl nach Westen als auch nach Osten sind Abfahrten möglich. Beste Schnee- und Sichtbedingungen jedoch vorausgesetzt, da es sich um durchweg steiles und teilweise felsdurchsetztes Gelände handelt.

Selbst nach Süden böte der Galtenberg eine tolle Abfahrt. Bei Firn lässt es sich dort in unberührten Traumhängen talwärts carven. Der Nachteil: Um zurück ins Alpbachtal zu kommen, ist zumindest ein Gegenanstieg von etwa 500 Höhenmetern auf das Krinnjoch nötig, was die Tour schon ordentlich in die Länge zieht. Dafür verläuft dann die Talabfahrt über die schönen Nordhänge unterhalb des Gamskopf, in denen sich lange Pulverschnee hält.

Für die Rundtour starten wir direkt in Inneralpbach.

Ausgangspunkt: Von Brixlegg ins Alpbachtal bis Inneralpbach. Hier an der Straßengabelung links zum Tourengeherparkplatz im Luegergraben (1100 m). Wer nach Westen abfahren möchte, parkt besser schon in Inneralpbach.
ÖPNV: Mit Zug über Kufstein nach Brixlegg und mit dem (Ski-)Bus nach Inneralpbach (Fahrzeit etwa 2.45 Std.).
Aufstiegszeiten: Parkplatz – Kolbentalalm-Niederleger 45 Min., Niederleger – Hochleger 30 Min., Hochleger – Beginn Gipfelaufbau 1.30 Std., Gipfelanstieg 45 Min.
Anforderungen: Bis zum Beginn des Gipfelaufbaus unschwierige Skitour über freie Almwiesen in mittlerer Steilheit, genauso die Abfahrt von dort nach Westen in den Greiter Graben. Die letzten 300 Höhenmeter sind deutlich steiler und felsdurchsetzt. Zu Fuß in der Regel einfache Schneestapferei, mit Ski ist solide Spitzkehrentechnik im Aufstieg und gute Abfahrtstechnik erforderlich. Gleiches gilt für die erwähnten Abfahrtsvarianten.
Hangrichtung: Aufstieg bis zum Grat ostseitig, dann nordseitig. Abfahrt in den Greiter Graben westseitig.
Lawinengefährdung: Der Aufstieg bis kurz vor das Skidepot ist bei überlegter Routenwahl nur selten lawinengefährdet. Ab dem Beginn des Gipfelaufbaus sind sichere Verhältnisse notwendig, da der hier häufig blasende Wind in der Regel auch für die notwendigen Triebschneeansammlungen sorgen kann. Die Varianten vom Gipfel sind alle nur für absolut sichere Bedingungen geeignet.
Einkehr: Mehrere Gasthäuser in Inneralpbach.
Karten: f&b WK 321, AV 34/1 Kitzbüheler Alpen West.

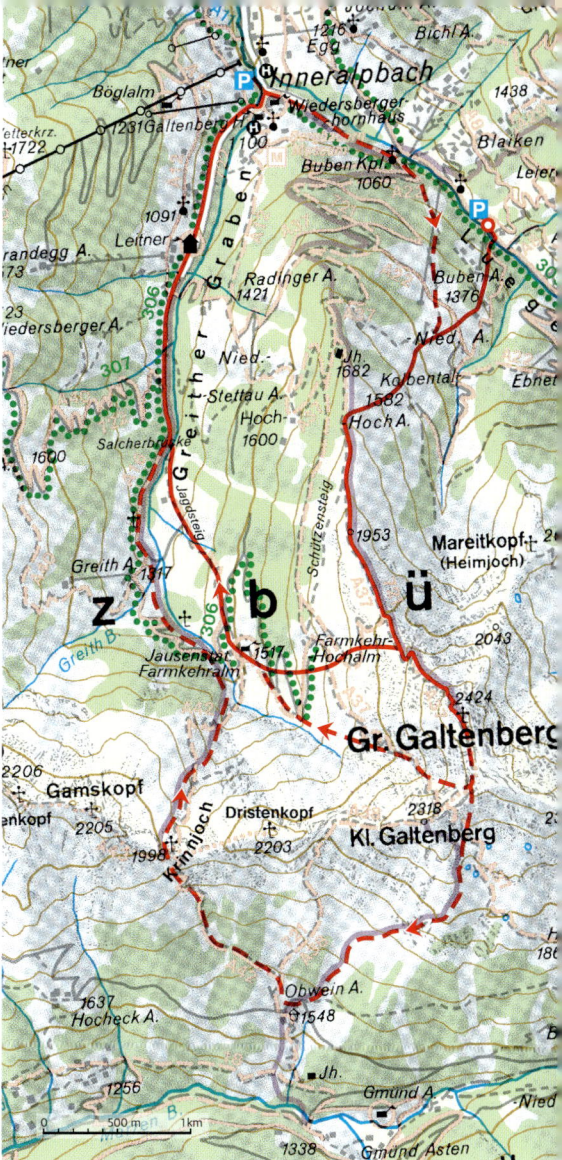

Aufstieg

Unmittelbar hinter dem Parkplatz führt eine Brücke nach Westen über die Alpbacher Ache. Jenseits folgt man dem Weg zuerst nach links, dann aufwärts zu den freien Wiesen und dem Niederleger der Kolbentalalm. Hierher kommt man auch von Inneralpbach, indem man immer rechts des Luegerbachs taleinwärts über Lichtungen aufsteigt. Über schönes Skigelände steigen wir nun auf zum Hochleger und über eine kurze steilere Stufe durch lichten Wald in den Kammbereich. Wir bleiben immer in Kammnähe, mal eher links, später eher rechts davon, und steigen nach Norden bis zum höchsten Punkt vor der Scharte des Gipfelaufbaus. Wer auf den Gipfelanstieg verzichten möchte, kann die Tour hier bereits beenden und den Rundblick auf drei Seiten genießen. Für den Gipfelaufstieg geht's deutlich steiler zur Sache, bei hart gepresstem Schnee sind Harscheisen oft von Vorteil, häufig ist er auch so stark abgeblasen, dass man nur noch ein kurzes Stück (meist bis zu einem großen Felsblock) mit Ski geht und den Rest zu Fuß weiterstapft. Vorsicht bei Lawi-

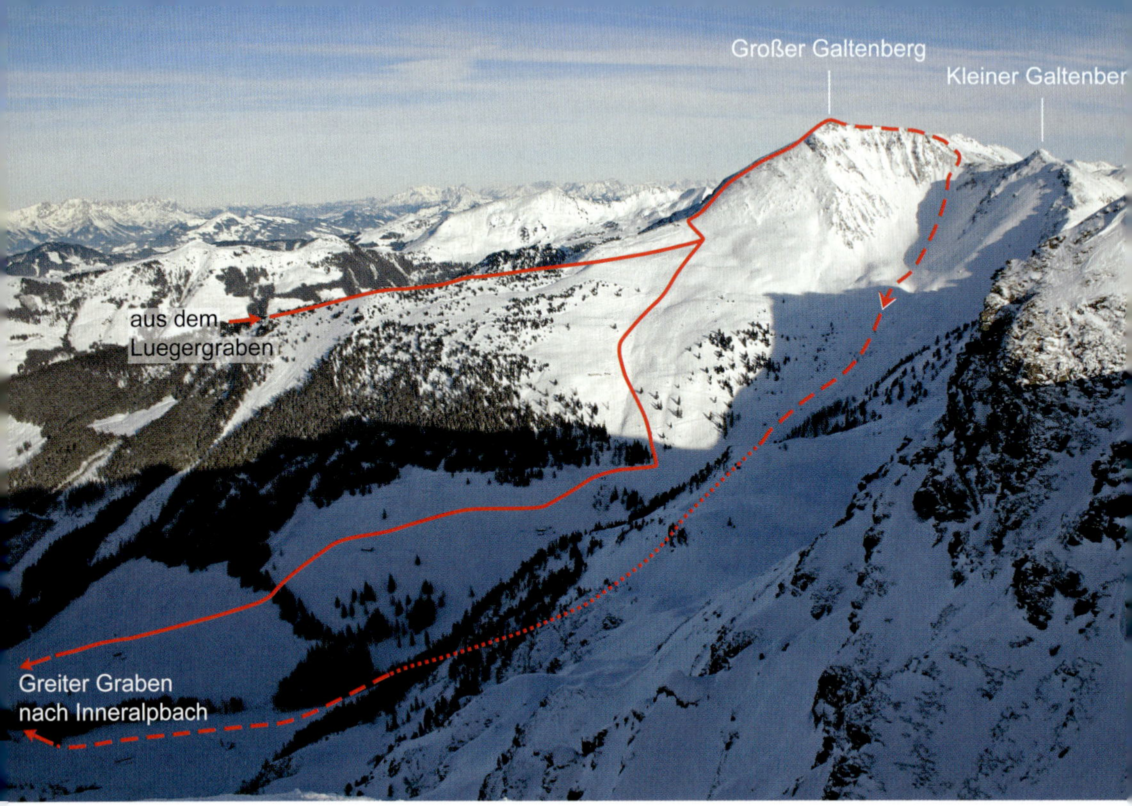

Großer Galtenberg und Greiter Graben von Westen.

nengefahr – einige steile Mulden sind oft mit Triebschnee gefüllt.

Abfahrt

Anstatt entlang der Aufstiegsroute kann auch nach Westen in den Greiter Graben abgefahren werden. Im Talgrund entlang einer Fahrstraße talauswärts nach Inneralpbach.

Varianten

Eine steile Abfahrtsvariante führt vom Gipfel über die Westrinne in den Greiter Graben. Diese beginnt am südlichen Ende des Gipfelgrates und führt dann aus der Scharte zwischen Großem und Kleinem Galtenberg steil nach Westen hinab. Eine noch anspruchsvollere Abfahrt gibt es nach Osten, ebenfalls vom Südende des Gipfelgrates hinab zur Mareitalm. Ein sperrender Felsriegel auf halber Höhe wird dabei links umfahren. Die in der Einleitung angesprochene Südabfahrt führt in den Märzengrund. Frühestens an der Obweinalm werden hier noch einmal die Felle aufgezogen und der Gegenanstieg ins Krinnjoch beginnt. Von diesem entlang der Gamskopfabfahrt zurück in den Greiter Graben.

Am oft abgeblasenen Gipfelaufbau trägt man die Ski besser.

Kitzbüheler Alpen

57 Gamskopf, 2205 m
Vom Alpbachtal durch den Greiter Graben

3.00 Std.

1100 Hm

Schneesichere Skitour in den Kitzbüheler Alpen

Neben den vielen Vorteilen der Kitzbüheler Alpen gibt es einen recht gravierenden Nachteil: Nordhänge sind rar. Aufgrund der Nord-Süd-Ausrichtung der meisten Täler dieser Gebirgsgruppe finden sich überwiegend ost- oder westseitige Aufstiege und Abfahrten, was vor allem nach längeren Schönwetterperioden und in schneearmen Wintern mit schlechter Schneequalität oder ausapernden Hängen gleichzusetzen ist. Glücklich, wer dann immer einen schattigen Tipp in der Hinterhand hat.

Der Gamskopf am Talende des Greiter Grabens ist so ein Tipp. Ein schattiger Anmarsch im Tal wird abgelöst von schattigen Nordhängen und windgeschützten und daher meist eher ein- als abgeblasenen Osthängen. Schneesicherer geht es im Alpbachtal und auch in den restlichen Kitzbühelern kaum noch. Wenn's am Gamskopf keinen Schnee mehr hat, dann ist in der Regel alles zu spät, und es bleiben nur noch höhere Lagen. Darüber hinaus ist die Tour auch skifahrerisch sehr lohnend. Sieht man einmal von den ersten 200 recht flachen Höhenmetern bis zur Greitalm ab, verläuft die komplette Route in fast perfektem Skigelände zwischen 20 und 35 Grad.

Die steileren Passagen verlangen allerdings sichere Schneeverhältnisse – eigentlich das einzige Manko der Tour. Es gibt keine engen Waldgürtel, keine Gegenanstiege und sogar die Aussicht vom Gipfel hinein ins Zillertal bietet keinen Grund zum Meckern. Zugegeben – wer Einsamkeit sucht, der wird hier möglicherweise auch nicht immer glücklich sein. Inzwischen hat sich der ehemalige Geheimtipp schon weit herumgesprochen und wird fast genauso häufig besucht wie die Modetouren etwas weiter talauswärts. Aber sonst wäre es auch zu perfekt.

Mit dem Snowboard am Gipfelgrat – hoch über dem Märzengrund.

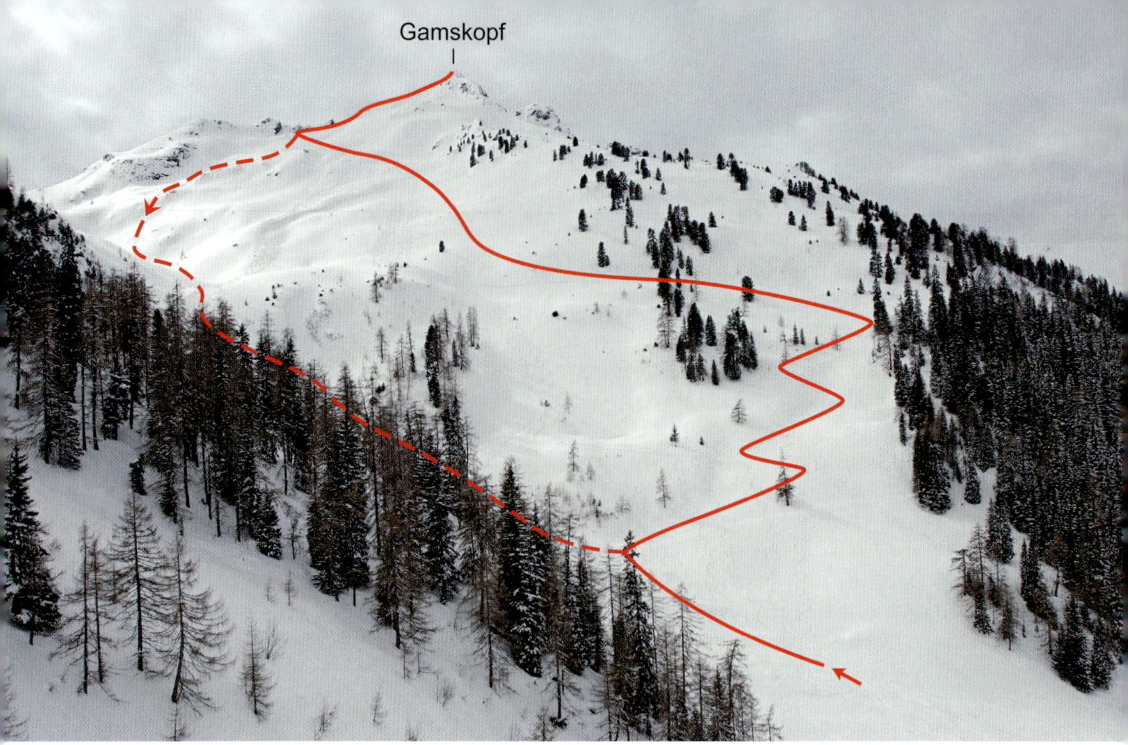

Die Ostflanke des Gamskopfs.

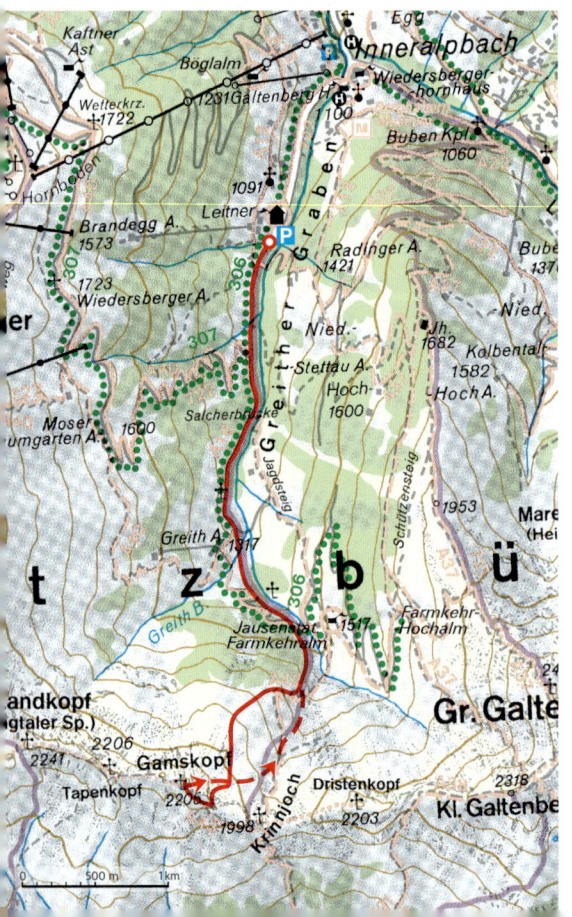

Ausgangspunkt: Von Brixlegg ins Alpbachtal bis Inneralpbach. Hier an der Straßengabelung rechts zum Tourengeherparkplatz beim ehemaligen Gasthof Leitner im Greiter Graben (1100 m).
ÖPNV: Mit dem Zug von München über Kufstein nach Brixlegg und mit dem (Ski-)Bus nach Inneralpbach (Fahrzeit 2.45 Std.), Gehzeit entlang der Loipe bis zum Tourengeherparkplatz ca. 20 Min.
Aufstiegszeiten: Parkplatz – Greitalm 45 Min., Greitalm – Gamskopf 2.15 Std.
Anforderungen: Überwiegend flache Forstwege und mittelsteile Skihänge. Einige steilere Passagen zwischendurch und vor allem der Gipfelhang erfordern aber Spitzkehrentechnik und sicheres Tiefschneefahren bei der Abfahrt.
Hangrichtung: Vorwiegend Nord, im oberen Teil auch nordost- und ostseitig.
Lawinengefährdung: Der Osthang erfordert sichere Verhältnisse und Erfahrung in der Lawinenbeurteilung. Mit geschickter Routenwahl lässt sich kleinräumigen Gefahrenstellen oft ausweichen. Bei großflächiger Schneebrettgefahr oder wenn Spontanlawinen drohen, ist diese Tour sehr riskant.
Einkehr: Mehrere Gasthäuser in Inneralpbach.
Karten: f&b WK 151, AV 34/1 Kitzbüheler Alpen West.

Aufstieg

Vom Parkplatz der Fahrstraße immer rechts vom Bach taleinwärts folgen zur Greitalm. Nun hält man sich leicht links auf die felsigen Nordabstürze des Gamskopf zu und quert am Waldrand links haltend aufwärts, bis die Straße nach links über den Bach führt. Hier zweigen wir rechts ab, und über anfangs mäßig steiles Gelände erreichen wir eine breite, sich nach oben stark aufsteilende Mulde. In dieser nur ein kurzes Stück aufwärts, dann nach rechts über schöne freie, etwas gestufte Hänge, zwischen einzelnen Bäumen hindurch bis in eine Höhe von etwa 1750 m. Hier orientieren wir uns nach links und suchen uns unseren Weg entlang flacherer Terrassen durch den relativ steilen Hang in einen ebenen Kessel. Nun weiter nach links hinauf unter den steilen Gipfelaufbau und links hinaus an den Grat; über diesen nach rechts (die letzten Meter oft zu Fuß) zum schon länger sichtbaren Gipfelkreuz.

Abfahrt

Für die Abfahrt existieren je nach Schnee- und Lawinenlage viele Möglichkeiten. Bei sehr sicheren Verhältnissen ist eine steile Direkteinfahrt vom Gipfel nach Norden und nach rechts hinaus zur Aufstiegsroute möglich. Üblich ist eine Abfahrt etwas rechts der Aufstiegsroute und im unteren Teil unmittelbar über die steile Mulde, die man im Aufstieg nach rechts verlässt.

Über dem Nebelmeer – nur noch wenige Schritte zum Gipfel.

Kitzbüheler Alpen

58 Feldalphorn, 1923 m
Aus der Wildschönau über die Feldalm

2.30 Std. | 950 Hm

Beliebte und kaum lawinengefährdete Skitour

Wenn man die typische Kitzbüheler Skitour beschreiben soll, dann lässt sich dies perfekt anhand des Anstiegs auf das Feldalphorn bewerkstelligen. Schöne, sanft geneigte Almwiesen, von zahlreichen Schneisen und praktisch angelegten Forststraßen durchzogene Waldgürtel, eine geräumige Gipfelzone und ein zurückzulegender Höhenunterschied von etwa 1000 Höhenmetern kennzeichnen diese Tour genauso wie viele weitere in dieser Gebirgsgruppe. Dazu werden keine besonderen skitechnischen Anforderungen gestellt und die Route ist so gut wie immer lawinensicher.

Anhand dieser Charakterisierung lässt sich das Feldalphorn als ideale Empfehlung für Anfänger und sogenannte »Genuss-Tourengeher« (wobei ein ambitionierter Skibergsteiger sicherlich auch eine anspruchsvolle 2000-Höhenmeter-Tour genießen kann) aussprechen. Wer sich nicht zu dieser Gruppe zählt, für den taugt dieser Tourenvorschlag aber zumindest als Ausweichziel für Tage mit kritischer Lawinenlage oder schlechtem Wetter. Das hat dann den angenehmen Nebeneffekt, dass die sonst üblichen Menschenmassen auf dieser Modetour fehlen, was dem oft eher menschenscheuen Individualbergsteiger sicherlich entgegenkommt.

Aufgrund der Beliebtheit des Berges finden sich nach mehreren, zusammenhängenden Schönwettertagen höchstens im weitläufigen Kammgelände in Gipfelnähe noch kleinere unverspurte Bereiche. Die Schneisen im mittleren und unteren Teil werden hingegen pistenähnlich ausgefahren sein. Das kann aber bei schlechter Schneequalität auch zum Vorteil werden, da die Piste besser fahrbar ist als Bruchharsch – ein weiterer Pluspunkt für die weniger guten Skifahrer.

Die tief verschneite Feldalm.

Ausgangspunkt: Kleiner Tourengeherparkplatz am Ortsende von Auffach-Schwarzenau in der Wildschönau (980 m).
ÖPNV: Von München mit dem Zug bis Wörgl und Bus in die Wildschönau bis zur Endhaltestelle Auffach-Melkstatt, Fahrzeit ca. 2.15 Std. Gehzeit zum Parkplatz 2 Min.
Aufstiegszeiten: Schwarzenau – Prädasten 30 Min., Prädasten – Feldalm 1.30 Std., Feldalm – Feldalphorn 30 Min.
Anforderungen: Technisch einfache Skitour entlang flacher bis mittelsteiler Forstwege oder freier Wiesenhänge. Fast immer gespurt; bei fehlender Spur und schlechter Sicht ist aber die Orientierung im flachen Kammgelände nicht ganz einfach.
Hangrichtung: West und Nordwest.
Lawinengefährdung: Die Route ist kaum lawinengefährdet. Die wenigen kleinräumigen Hänge, die bei kritischer Lawinenlage schneebrettgefährdet sein könnten, lassen sich gut umgehen.
Einkehr: Keine.
Karten: f&b WK 301, AV 34/1 Kitzbüheler Alpen West.

Die Aufstiegsroute zum Feldalphorn.

Aufstieg

Zuerst durch einen kurzen Graben auf einen schmalen Rücken und rechts an einem Haus vorbei zu einer Forststraße. Nach rechts über den Bach und zwischen Bach und Zaun aufwärts zu freien Wiesen. Am Prädasten-Bauernhof vorbei und leicht rechts haltend aufwärts zu einem Wegkreuz. Unmittelbar oberhalb auf der Straße nach links durch den schmalen Waldgürtel zu einer Lichtung. Auf dieser nach rechts aufwärts und rechts vom Bach durch eine anfangs schmale Waldschneise zu einer weiteren Lichtung. Nach rechts zu einer Hütte und die Lichtung gerade aufwärts, bis eine Straße nach rechts durch den Wald hinausführt zu schönen Almwiesen. Ein steiler Hang wird rechts umgangen und bald kommt man zu einigen Almhütten. Oberhalb der Hütten nach einem Flachstück schräg nach links zu einem breiten Hang mit einigen vereinzelten Bäumen. Rechts an der Vorderen Feldalm vorbei, am besten auf dem breiten Rücken rechts der Mulde aufwärts zum Gipfelkamm und nach links zum höchsten Punkt. Das Kreuz steht einige Meter links unterhalb auf einem Felskopf.

Abfahrt

Entlang der Aufstiegsroute.

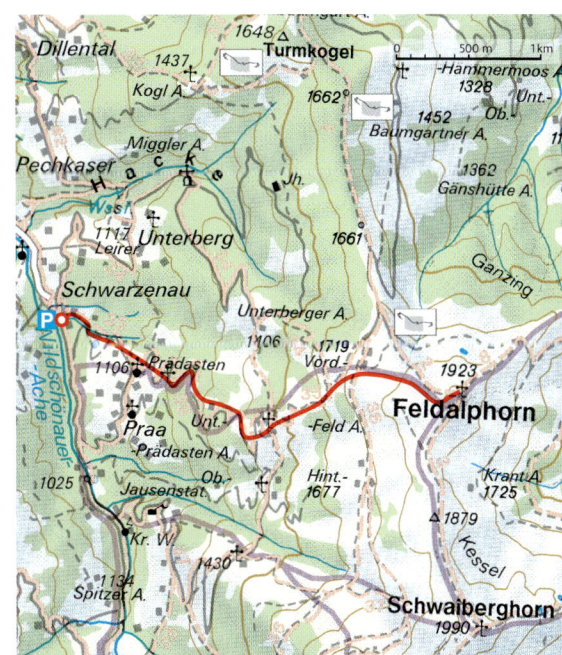

Kitzbüheler Alpen

59 Lodron, 1925 m
Von der Kelchsau über die Lodronalm

3.15 Std.

1100 Hm

Wald- und Wiesenskitour für Einsteiger und Genießer

Was das Feldalphorn in der Wildschönau ist, bedeutet für die Kelchsau die Skitour auf den Lodron. Ein – bei überlegter Routenwahl – meist lawinensicherer Anstieg über Wiesen und auf Forstwegen, der wenige Anforderungen an den Tourengeher stellt. Im Gegensatz zu seinem Nachbarn ist aber die Anfahrt etwas zügiger, dafür apern die unteren Hänge noch etwas schneller aus, da der Ausgangspunkt fast 200 Meter niedriger liegt. Die wenigen Waldgürtel können auf einer Fahrstraße problemlos durchquert werden, und mehrere Schneisen bieten für die Abfahrt verschiedene Variationsmöglichkeiten an. Der einzige Schönheitsfehler ist der Einstieg in die Tour, der sich seit der Errichtung des großen Parkplatzes an der Mautstelle etwas umständlich präsentiert. Man hat jetzt die Wahl zwischen einem kurzen, etwas verzwickten Waldaufstieg und einer flachen Skatingpassage entlang der Langlaufloipe.

Da auch über die Ostseite zwei beliebte Anstiege zum Gipfel führen, ist es an schönen Winterwochenenden von Vorteil, dass der extrem geräumige Gipfel sehr viel Platz bietet. Das Gipfelplateau ist so groß, dass es uns im White-Out schon passiert ist, dass wir minutenlang nach dem Gipfelkreuz suchen mussten. Bei guter Sicht ist der Aufstieg hingegen absolut problemlos (und fast immer gespurt) und die Aussicht zu den unzähligen Skitouren der Kitzbüheler Alpen ist grandios.

Morgenlicht über dem Kurzen Grund.

Die sanften Westhänge des Lodron.

Ausgangspunkt: Durch den Ortskern von Kelchsau hindurch und noch knapp einen Kilometer weiter bis zur Mautschranke. Hier befindet sich rechts ein großer kostenpflichtiger Parkplatz (848 m).
ÖPNV: Mit dem Zug von München bis Wörgl und weiter bis Hopfgarten. Regionalbus in die Kelchsau bis zur Endhaltestelle »Steinerbrücke« (Fahrzeit ca. 2.30 Std). Start direkt an der Brücke rechts haltend aufwärts zur Spur, die vom Parkplatz kommt.
Aufstiegszeiten: Kelchsau – Untere Lodronalm 2.15 Std., Untere Lodronalm – Lodron 1 Std.
Anforderungen: Einfache Skitour entlang flacher bis mittelsteiler Fahrstraßen und Wiesenhänge. Einige Durchschlupfstellen durch die Waldgurtel und der Gipfelbereich können bei schlechter Sicht und fehlender Spur möglicherweise Orientierungsprobleme schaffen.
Hangrichtung: West.
Lawinengefährdung: Die Route ist kaum lawinengefährdet. Einzig am Gipfelhang ist bei kritischen Verhältnissen Vorsicht und eine überlegte Routenwahl geboten.
Einkehr: Unterwegs keine. In Kelchsau mehrere Gasthöfe und Cafés.
Karten: f&b WK 301, AV 34/1 Kitzbüheler Alpen West.

Frostiges Publikum an der Lodronalm.

Ideales Skigelände an der Oberen Lodronalm.

Aufstieg

Jenseits der Brücke gelangt man zu einer Loipe. Ihr folgen wir ein Stück nach links (talauswärts), bis wir rechts über eine steile Wiese zu einer Straße aufsteigen können. Sie führt nun rechts haltend zu den obersten Höfen. Diese erreicht man bei guter Schneelage auch durch einen direkten, aber waldigen und ohne Spur schwieriger zu findenden Aufstieg ein Stück südlich der Brücke (Variante). Anschließend leitet der Fahrweg in mehreren Serpentinen (die über Wiesen abgekürzt werden können) und durch einen Waldgürtel zur Demmelshüttenalm. Ein weiterer Waldgürtel wird durch eine Schneise von rechts nach links aufwärts durchquert, und bald erreichen wir die Untere Lodronalm. Das Gelände wird nun noch flacher und wir ziehen unsere Spur weiter nach Osten zur Lodronalm. Die folgende Steilstufe wird weit rechts ausholend umgangen und über einen schönen breiten Hang erreichen wir das geräumige Gipfelplateau.

Abfahrt

In etwa entlang der Aufstiegsroute. Im Gipfelbereich ist recht viel Platz, sodass bei sicheren Verhältnissen fast überall abgefahren werden kann. Im mittleren Teil gibt es unterschiedliche Möglichkeiten, entlang kleiner Schneisen und Forstwege durch den Waldgürtel zu kommen.

Kitzbüheler Alpen

| 60 | **Schafsiedel, 2447 m**
Aus dem Kurzen Grund über die Bamberger Hütte | 3.45 Std.
1400 Hm |

Abwechslungsreiche Route auf einen Kitzbüheler Paradeberg

Das Tourengebiet um die Bamberger Hütte ist eines der beliebtesten der gesamten Kitzbüheler Alpen. Wenn sonst in der Region Tagestouren vom Tal aus üblich sind, so lassen sich hier auch mit Übernachtung auf einer gemütlichen Alpenvereinshütte Skitouren unternehmen. Der schattige Hüttenzustieg und der dann schon recht hoch gelegene Bergkessel um den Stützpunkt sorgen für ein schneesicheres Wintererlebnis. Aufgrund der meist eher einfachen Touren und der moderaten Höhenunterschiede, die von der Hütte aus noch zu bewältigen sind, eignet sich die Bamberger Hütte auch perfekt für Kurse und Anfänger.

Der bekannteste und beliebteste Gipfel an den Kämmen um dieses Hochtal ist der Schafsiedel. Die Route von der Bamberger Hütte ist bei guten Sichtverhältnissen unproblematisch und auch selten lawinengefährdet. Viele Varianten bieten sich an – insbesondere für die Abfahrt am letzten Tag eines Hüttenaufenthalts. So kann man bereits oberhalb der Hütte hinab ins Manzenkar queren und umgeht damit die wenig attraktive Talabfahrt der Hütte. Bei sicherer Lawinenlage können gute Skifahrer auch von einer Scharte zwischen dem Oberen und Mittleren See über einen 40-Grad-Nordhang direkt ins Manzenkar abfahren – sicherlich eine der schönsten, aber auch anspruchsvollsten Routen von der Bamberger Hütte aus.

Die Bamberger Hütte vor dem Tristkopf.

Perfektes Skigelände im Tourengebiet der Bamberger Hütte.

Ausgangspunkt: Von Hopfgarten ins Kelchsauer Tal und zur Mautstelle am Talende. Hier links in den Kurzen Grund bis zum Ende der Straße und zu den Parkplätzen am Gasthof Wegscheid (1148 m).
ÖPNV: Nicht möglich.
Aufstiegszeiten: Ghf. Wegscheid – Bamberger Hütte 2 Std., Bamberger Hütte – Schafsiedel 1.45 Std.
Anforderungen: Weitgehend unschwieriger Aufstieg am breiten Hüttenweg und über mäßig steile, hindernislose Hänge zum Gipfel. Kurze Passagen im Hüttenzustieg sind etwas enger und steiler, wo die ein oder andere Spitzkehre erforderlich sein kann. Die Direktvariante ins Manzenkar ist bis zu 40 Grad steil und erfordert sichere Skitechnik.

Hangrichtung: Hüttenzustieg nordseitig, Gipfelanstieg ostseitig, Abfahrtsvarianten nordostseitig.
Lawinengefährdung: Der Normalaufstieg ist bei überlegter Routenwahl nur bei sehr kritischer Lawinenlage stellenweise schneebrettgefährdet. Die direkte Abfahrt ins Manzenkar erfordert hingegen sehr sichere Verhältnisse, die Variante über den Unteren Wildalpensee ist wieder deutlich seltener lawinengefährdet.
Einkehr: Bamberger Hütte (1761 m), von Weihnachten bis Ende März geöffnet, Tel. +43 664 4559469; Gasthof Wegscheid (1148 m) am Ausgangspunkt, Mo und Di Ruhetag, Tel. +43 664 5407111, gasthof-wegscheid.at.
Karten: f&b WK 301, AV 34/1 Kitzbüheler Alpen West.

Aufstieg

Am Gasthaus Wegscheid und dem obersten Parkplatz vorbei und entlang des Sommerwegs links vom Bach aufwärts (bei wenig Schnee oft stellenweise vereist), bis man auf eine Forststraße trifft. Hier nach rechts über die Brücke und – die Straße wieder verlassend – rechts vom Bach weiter bis zur nächsten Forststraße. Diese noch wenige Meter entlang, bis sie endet. Nun durch das Walmoos nach links durch Wald und einige Lichtungen bis unter die Materialseilbahn. Hier quert man noch ein Stück nach links um einen Steilabbruch und steigt dann über einige kurze, steile

Stellen rechts haltend auf, bis man sich wiederum kurz vor der Seilbahn befindet. Durch eine Mulde nach Süden zu einem Durchlass im Latschenrücken und jenseits leicht abwärts zu dem flachen Boden der Kuhwildalm. Am Bach entlang nach Süden und einen letzten, kurzen Hang hinauf zur Hütte (2–2.30 Std. von Wegscheid).

Gipfelanstieg
Von der Bamberger Hütte wenige Meter nach Süden aufwärts zu einem ebenen Stück. Nun nach rechts durch eine Mulde kurz etwas steiler zum Unteren Wildalpensee. Links am See vorbei und nach links hinauf auf einen Rücken. Diesem folgt man nun nach Westen und quert schließlich rechts oberhalb einer Senke in einen Sattel. Von hier nach Westen aufwärts, bis man nach links über einen kurzen steileren Hang hinaufgelangt zum Oberen Wildalpensee. In einem Rechtsbogen überwindet man den letzen Hang zum Gipfel.

Abfahrt
Wie Aufstieg bis ins Walmoos. Hier auf der Forststraße kurz bergauf skaten und auf dieser ins Tal (die erste Kehre kann auch rechts über eine Lichtung mit Heustadel abgekürzt werden).

Abfahrtsvarianten
1. Entlang der Aufstiegsroute bis zum Sattel nach der Steilstufe unterhalb des Oberen Wildalpensees. Hier halten wir uns links und fahren direkt über einen sehr steilen Nordhang hinab ins Manzenkar. An der Manzenkaralm fährt man anfangs noch rechts, dann links vom Bach hinab, bis man durch eine Waldschneise nach links leicht abwärts zu einer Forststraße queren kann. Auf dieser nun hinab zum Gasthof Wegscheid.
2. An der Aufstiegsroute bis zum Unteren Wildalpensee. Nun über den See und nach Norden bis zu einer Steilstufe. Von rechts nach links hinab zur Manzenkaralm, von dort weiter wie Abfahrtsvariante 1.

Kitzbüheler Alpen

61 Sonnenjoch, 2292 m
Von der Erlauer Hütte über die Neubergalm

3.00 Std.
1100 Hm

Schöne Tiefschneehänge im Langen Grund

Das Sonnenjoch ist die markanteste Wasserscheide der westlichen Kitzbüheler Alpen. Ein Tropfen kann von seinem Gipfel vier verschiedene Richtungen nehmen: nach Südwesten durch den Märzengrund hinab ins Zillertal, nach Nordwesten durch den Luegergraben ins Alpbachtal, nach Norden in die Wildschönau und nach Osten in den Langen Grund, eines der beiden Quelltäler der Kelchsauer Ache. Von jeder Seite lässt sich der massige Berg auch mit Ski besteigen, wobei aber die Tour von der Erlauer Hütte sicherlich die skifahrerisch lohnendste Unternehmung darstellt. Die Zufahrt zu der gemütlichen, kleinen ehemaligen Brennhütte ist inzwischen fast den ganzen Winter auf einer schmalen Mautstraße möglich, wodurch sich aber die Beliebtheit dieser (und der meisten anderen Touren im Langen Grund) schlagartig verstärkt hat.

Das ist kein Wunder – ist der Ausgangspunkt aufgrund seiner schattigen und schon relativ hohen Lage doch recht schneesicher. Dazu bewegt man sich in den breiten Osthängen über fast 1000 Höhenmeter durchgehend in waldfreiem, ideal geneigtem Skigelände. Bis auf ein kurzes Flachstück am Anfang lassen sich hier also ungehindert perfekte Schwunggirlanden in den Schnee zaubern. Voraussetzung ist eine gewisse Nähe zum letzten Schneefall und eher schwache Sonneneinstrahlung. Vor allem im Bereich der Neubergalm dreht die Hangexposition auf etwa 300 Höhenmetern auf Südost und Süd, und dort findet die Sonne deutlich mehr Angriffsfläche als auf der restlichen Route, sodass sich schnell ein unangenehmer Harschdeckel bilden kann. In diesem Fall kann der benachbarte Niederjochkogel eine schöne Alternative sein. In seinen breiten Nordosthängen hält sich der Pulverschnee um einiges länger, und es konkurrieren darüber hinaus deutlich weniger Bergfreunde um die unverspurten Flächen.

Ein guter Überblick über den Routenverlauf bietet sich vom Schafsiedel.

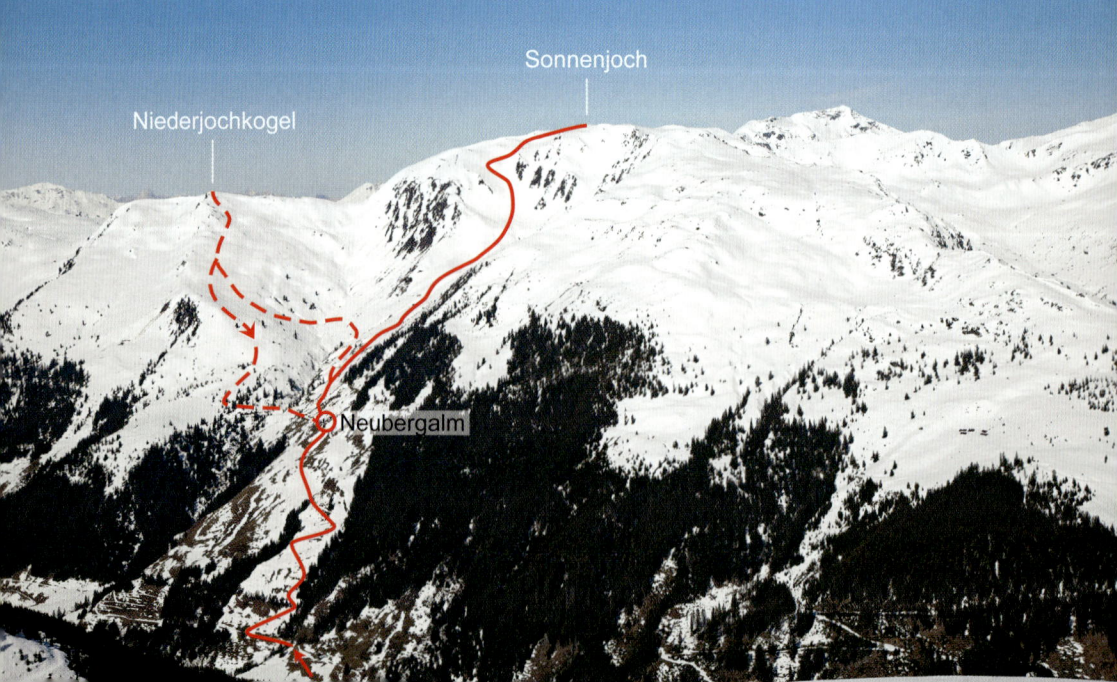

Ausgangspunkt: Von Hopfgarten ins Kelchsauer Tal und zur Mautstelle am Talende. Hier geradeaus (rechte Straße) in den Langen Grund bis zum Ende der geräumten Straße an der Erlauer Hütte. Parkplätze bei der Erlauer Hütte (1213 m).
ÖPNV: Nicht möglich.
Aufstiegszeiten: Erlauer Hütte – Neubergalm 1.15 Std., Neubergalm – Sonnenjoch 1.45 Std.
Anforderungen: Nach kurzem, flachen Forststraßenstück anhaltend mittelsteile, freie Hänge, die an einigen Stellen Spitzkehren erfordern. Orientierung im Gipfelgelände bei schlechter Sicht nicht ganz einfach.
Hangrichtung: Vorwiegend Ost, abschnittsweise Nordost und Südost.
Lawinengefährdung: Bei kritischer Lawinenlage ist oberhalb der Neubergalm und in dem Kar unterhalb des Gipfelrückens Vorsicht geboten – ansonsten handelt es sich um eine typische Kitzbüheler Tour mit moderatem Lawinenrisiko.
Einkehr: Erlauer Hütte (1213 m), zur Tourensaison meist bewirtschaftet, Tel. +43 664 9068153.
Karten: AV 34/1 Kitzbüheler Alpen West.

Aufstieg
Von der Erlauer Hütte der Fahrstraße noch ca. 15 Minuten taleinwärts folgen, bis man nach rechts über den Bach wechseln kann. Nun noch ein Stück flach nach Südwesten aufwärts und bei einer Alm entlang einer Forststraße den nächsten Graben überschreiten. Nun verlässt man die Straße nach rechts und steigt über wechselnd steile Wiesenhänge auf zur Neubergalm. Wir bleiben rechts vom Talgrund, und etwa 50 Hm oberhalb der Alm teilen sich die Spuren: geradeaus bzw. links haltend gelangt man zum Niederjochkogel. Zum Sonnenjoch steigen wir kurz hinter der Alm nach rechts aufwärts zur Seefeldalm. Unmittelbar oberhalb dieser erreichen wir einen flacheren Karboden, wo wir uns links vom Bach nach Westen wenden. Eine Steilstufe wird leicht links umgangen und bald erreichen wir das plateauartige Kammgelände. Hier ziehen wir nach rechts und gelangen so bald zum großen Gipfelkreuz.

Abfahrt
Die Abfahrt folgt der Aufstiegsroute. Möchte man den Niederjochkogel noch anhängen, fährt man am besten von der Seefeldalm gerade hinab in den Talkessel und steigt jenseits wieder auf. Von dort fährt man am besten südlich des Grabens bis zu dem Forstweg ab, der Neubergalm und Ochsenschlag-Hochalm verbindet, und quert dann auf diesem zurück zur Aufstiegsroute.

Kitzbüheler Alpen

62 Steinbergstein, 2215 m
Überschreitung aus dem Windautal

4.45 Std.

1400 Hm

Herrliche Rundtour in den zentralen Kitzbüheler Alpen

Das Windautal ist von den vielen bekannten und äußerst beliebten Tourengebieten der Kitzbüheler Alpen noch eines der ruhigeren. Diese Einschätzung ist natürlich relativ – und wer bei gutem Wetter am Wochenende zum Steinberg unterwegs ist, wird sie kaum teilen. Allerdings konzentriert sich die Masse eben vor allem auf jener Tour – zusammen vielleicht mit zwei oder drei anderen Bergen wie Lodron und Gerstinger Joch. Insbesondere das große Rund des Talschlusses wird aber nur von verhältnismäßig wenig Tourengehern beachtet.

Daran mag vielleicht auch der Steinbergstein schuld sein. Dieser massige Bergklotz dominiert das Talende eindeutig und verdeckt die dahinterliegenden, höheren Berge. Kein Wunder, dass für viele daher die Skitourenwelt des Windautales am Steinbergstein endet. Der Gipfel ist aber nicht so einfach zu haben wie die oben genannten Modetouren des Tales, weshalb er von dieser Seite deutlich seltener bestiegen wird wie von Westen aus dem Kurzen Grund. Wenn aber die Lawinenlage passt und ausreichend Kondition für die 1400 Höhenmeter vorhanden ist, dann stellt die Steinbergstein-Runde wohl eine der schönsten und abwechslungsreichsten Skitouren der gesamten Kitzbüheler Alpen dar.

Gemütliches Gelände zwischen Steinberg und Wiesboden.

Am Gipfelhang erblickt man im Hintergrund das Rofangebirge.

Ausgangspunkt: Von Hopfgarten nach Westendorf und rechts in den Ortskern abbiegen. Hier zweigt rechts die Straße ins Windautal ab. Am Ende der geräumten Fahrstraße Parkplätze beim Gasthof Steinberg (870 m).
ÖPNV: Nicht möglich.
Aufstiegszeiten: Gasthof Steinberg – Untere Steinbergalm 1.15 Std., Untere Steinbergalm – Steinberg 1.30 Std., Steinberg – Ramkarkopf 1.15 Std., Ramkarkopf – Steinbergstein 45 Min.
Anforderungen: Bis zum Steinberg einfache Skitour über freie Almwiesen und auf Forststraßen. Danach ein Wechsel aus Abfahrten mit Fellen und Anstiegen über oft windgepresste Passagen am breiten Grat. Die Abfahrt über die etwa 35 Grad steilen Hänge erfordert sichere Skitechnik.

Hangrichtung: Vorwiegend ostseitig, am Ramkarkopf nordwestseitig und am Gipfelhang südseitig.
Lawinengefährdung: Der Aufstieg bis zum Wiesboden ist kaum lawinengefährdet. Der Übergang über Ramkarkopf zum Gipfel ist ebenfalls noch eher unproblematisch, nur bei kritscher Lawinenlage können hier einzelne Stellen Vorsicht erfordern. Die Ostabfahrt zur Lagfeldenalm hingegen setzt sichere Schneeverhältnisse voraus.
Einkehr: Gasthof Steinberg (870 m) unmittelbar am Ausgangspunkt, Mi und Do Ruhetag, Tel. +43 5334 2534.
Karten: f&b WK 301, AV 34/1 Kitzbüheler Alpen West.

Aufstieg

Vom Parkplatz auf der Forststraße nach Süden bis zur ersten Abzweigung nach rechts. Nach wenigen Metern im Wald erreicht man eine Lichtung und steigt gerade hinauf zum ersten Stadel. Hier steigt man rechts am Waldrand entlang hinauf zur Straße. Auf dieser quert man kurz nach links über einen Graben und kommt über freie Hänge zur Unteren Steinbergalm. Die Richtung beibehaltend passiert man die Obere Steinbergalm und in einem leichten Linksbogen die letzten Baumgruppen. Zunehmend flacher und schmaler zieht sich zum Schluss ein gratartiger Rücken zum höchsten Punkt – dem »Steinberg«. Von hier folgen wir dem Grat in leichtem Auf und Ab nach Westen. Eine kurze Abfahrt (mit Fellen) nach Süden bringt uns in einen breiten Sattel. Von hier steigen wir nach Süden über zwei kurze Steilstufen meist eher rechts des breiten Rückens hinauf zum Ramkarkopf. Wir blei-

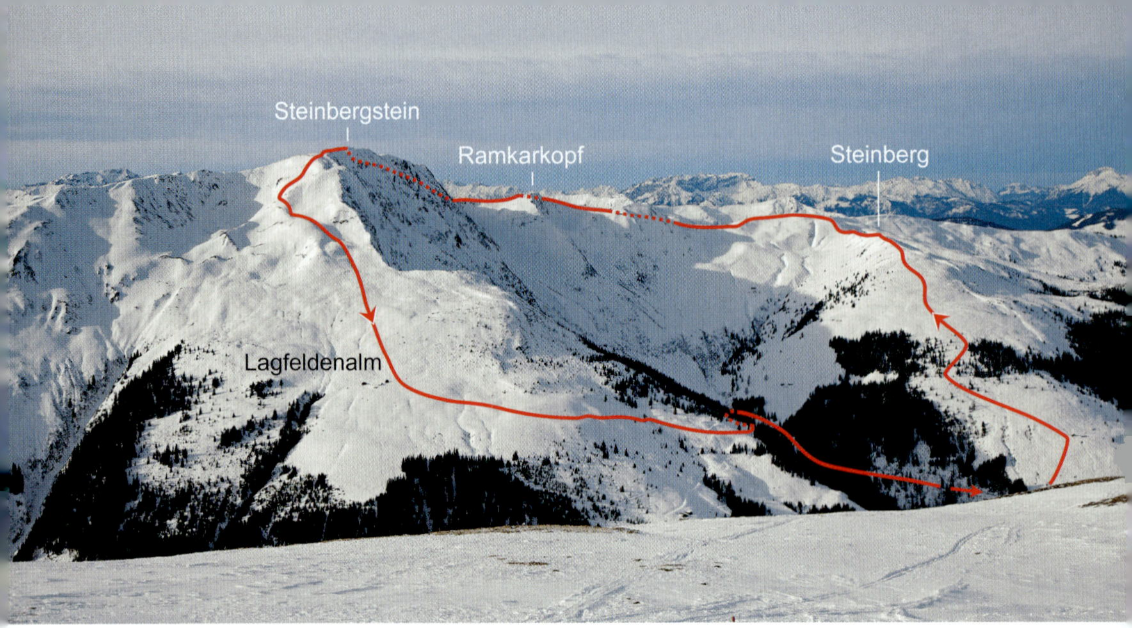

Steinberg und Steinbergstein von Osten.

ben rechts vom Grat und steigen weiter nach Süden, bis der Kammverlauf nach Osten schwenkt. Nun geht's in der Südflanke des Steinbergstein in mittlerer Steilheit zum Gipfel.

Abfahrt

Vom Gipfel zuerst über den Südostrücken abwärts, bis dieser steil nach Osten abbricht. Hier fährt man über einen steilen Südhang in das Kar zwischen Steinbergstein und Haldenstein ein und nach Osten hinab zur Lagfeldenalm. An der Alm halten wir uns scharf links und fahren auf der Forststraße nach Norden in den Steinberggraben und jenseits wieder hinaus zurück zur Aufstiegsroute, die wir an der Unteren Steinbergalm erreichen.

Kitzbüheler Alpen

63 Floch, 2057 m
Von Osten aus dem Spertental

3.00 Std.

1050 Hm

Genusstour im Angesicht des Großen Rettenstein

Das Spertental ist das östlichste Seitental des Brixentales und zweigt bei Kirchberg nach Süden ab. Nur sanft steigt die Straße auf den 7 km bis Aschau am Talschluss an. Dort befindet sich mit der Oberlandhütte am südlichen Ortsrand von Aschau ein idealer Stützpunkt im Tal, von dem aus etwa ein Dutzend Skitouren angegangen werden können. Die Bewirtschaftung dieser Alpenvereinshütte lässt keine Wünsche offen, wer allerdings in der Hochsaison hierher kommen möchte, sollte frühzeitig reservieren, da die Hütte auch gerne von Pistenskifahrern genutzt wird, die kostengünstig im Kitzbüheler und Kirchberger Skigebiet übernachten wollen.

Unmittelbar hinter der Hütte verzweigt sich das Tal in den Oberen und den Unteren Grund, und wie gewöhnlich sind die beliebtesten Skitouren gleich am Beginn der Gründe zu finden. Wer sich weiter in die Seitentäler hineinwagt, wird auch hier oft alleine unterwegs sein. Einen guten Kompromiss zwischen Talhatscher und Trubel – beziehungsweise Vermeidung derselbigen – stellt der Floch dar. Der Andrang ist bereits spürbar geringer als an den beiden beliebtesten Spertentaler Touren – Schwarzkogel und Brechhorn – und der Anmarschweg hält sich noch in Grenzen. Als Lohn dafür warten dann die für die Kitzbüheler typischen Almhänge bei der Abfahrt. Die Waldpassagen im unteren Teil lassen sich bequem über Forststraßen oder mit Ortskenntnis durch steile Schneisen überwinden.

Wechten am Gipfelgrat.

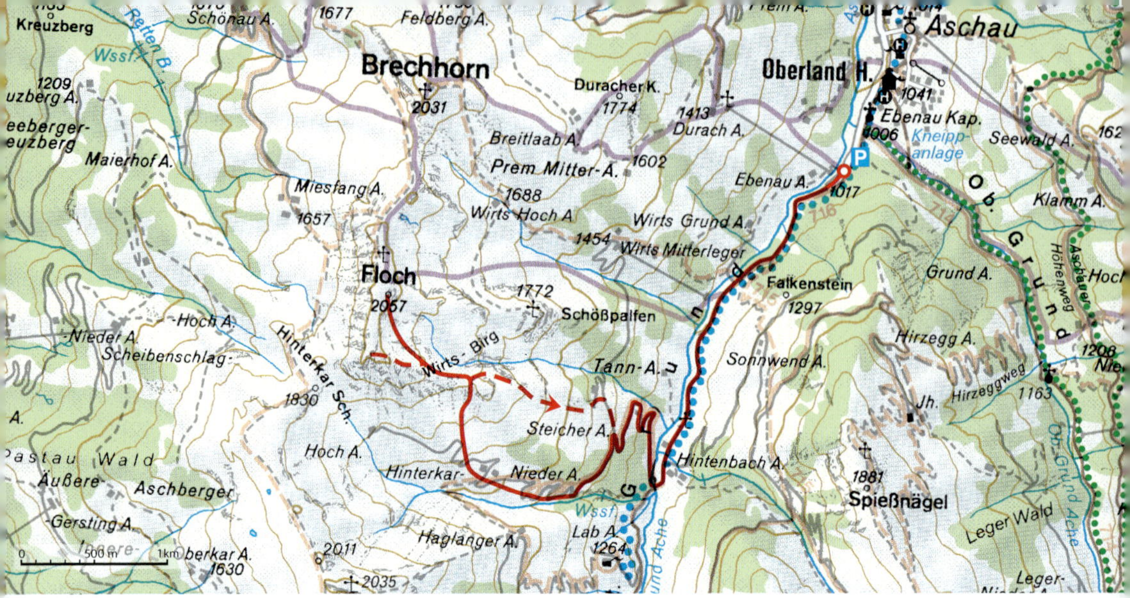

Ausgangspunkt: Von der Ortsmitte in Kirchberg im Brixental ins Spertental bis nach Aschau. Am Ortsende geradeaus, an der Oberlandhütte vorbei bis zum großen Tourengeherparkplatz am Waldrand (1011 m).
ÖPNV: Mit dem Zug von München über Wörgl bis Kirchberg in Tirol, weiter mit Bus ins Spertental bis zur Endhaltestelle Aschau-Dorf, Fahrzeit ca. 2.30–2.45 Std., Gehzeit zum Tourengeherparkplatz etwa 10 Min.
Aufstiegszeiten: Parkplatz – Hintenbachalm 45 Min., Hintenbachalm – Niederalm 1 Std., Niederalm – Floch 1.15 Std.
Anforderungen: Einfache Skitour entlang von Forststraßen und mittelsteilen, freien Hängen. Die Direktabfahrt ist etwas steiler und erfordert etwas Wendigkeit zwischen einigen Bäumen hindurch.
Hangrichtung: Vorwiegend Ost, oberhalb der Niederalm auch südseitig.
Lawinengefährdung: Bei kritischer Lawinenlage ist an einigen Stellen etwas Vorsicht geboten, insbesondere im Gipfelbereich.
Einkehr: Unterwegs keine. Unweit des Ausgangspunktes befindet sich die Oberlandhütte (1014 m), ganzjährig bewirtschaftet, Tel. +43 5357 8113. Weitere Gaststätten in Aschau.
Karten: f&b WK 301, AV 34/1 Kitzbüheler Alpen West.

Aufstieg mit Rettenstein-Panorama.

Blick auf die Skiberge des Spertentales.

Aufstieg
Auf der Forststraße an dem felsigen Falkenstein vorbei und hinein in den Unteren Grund bis zur Hintenbachalm. Hier führt der Forstweg nach rechts über eine Brücke und gabelt sich. Wir folgen nun der rechten Straße in einigen Kehren an der Steicheralm vorbei, bis kurz nach einer Rechtskehre eine weitere Forststraße links abzweigt. Diese führt nach Süden hinein in das Hinterkar zur Niederalm. An den Almhütten vorbei leitet nun eine breite und eher flache Mulde links vom Wald nach Norden. Wo das Gelände steiler wird, halten wir uns leicht rechts und erreichen so eine kleine Scharte in dem lang gezogenen Ostrücken. Ein erster Aufschwung bringt uns zu einem kleinen Plateau, wo wir uns entscheiden müssen, welchen Gipfel des Floch wir besteigen wollen.

Zum Hauptgipfel überqueren wir das Plateau im Bereich eines Bachbettes schräg nach rechts und steigen über dessen Ostflanke auf.
Verfolgen wir hingegen links den Rücken nach Westen weiter, gelangen wir zum nur wenig niedrigeren Südgipfel.

Abfahrt
Wie Aufstieg bis zur erwähnten Scharte im Ostrücken. Nun entweder entlang der Aufstiegsroute weiter oder bei gutem Schnee und sicheren Verhältnissen an dem nächsten Grataufschwung links vorbei und über schöne, gleichmäßig steil geneigte Osthänge (im unteren Teil etwas links haltend) hinab zur Fahrstraße. Die folgenden Kehren können direkt abgekürzt werden – nur die Bachquerung im Tal kann dann evtl. ein Skiabschnallen erfordern.

Kitzbüheler Alpen

64 Großer Gebra, 2057 m
Aus dem Auracher Graben über die Wildalm

2.45 Std.

1000 Hm

Steile Gipfelgestalt oberhalb von Kitzbühel

Südöstlich von Kitzbühel fallen auf der Fahrt in Richtung Pass Thurn auf der linken Seite zwei »steile Zähne« auf, die sich von den umliegenden Wald- und Wiesenhügeln sehr deutlich abheben. Dieses Paar sind der Bischof und der Große Gebra. Während Ersterer als Skitour einige kleine Macken aufweist und der Gipfel in der Regel nur zu Fuß erreichbar ist, lässt sich der Gebra bis zum höchsten Punkt mit Ski besteigen. Der steile Gipfelaufbau verleiht dem Anstieg dabei gleich einen etwas anspruchsvolleren Charakter und sollte daher nicht unterschätzt werden. Sollten die Verhältnisse den Aufstieg nicht ratsam erscheinen lassen, findet sich links davon der Weißkopfkogel als perfektes Ausweichziel.

Nach der tollen Aussicht und der hoffentlich ebenso tollen Abfahrt lockt dann auf halber Höhe die Wildalm mit ihrer kleinen Sonnenterrasse zur Einkehr. Das kleine Hüttlein der Naturfreunde wird von Sieglinde Tausz liebevoll bewirtschaftet und bietet nicht nur kalte und warme Getränke, sondern auch einfache Speisen. Sehenswert sind darüber hinaus viele witzige Dekogegenstände an den alten Holzwänden. Bei aller Gaudi sollte man jedoch bedenken, dass die halbe Abfahrt noch vor einem liegt – im Zweifel also lieber ein Bier weniger trinken als eines zuviel.

Die Südhänge des Großen Gebra.

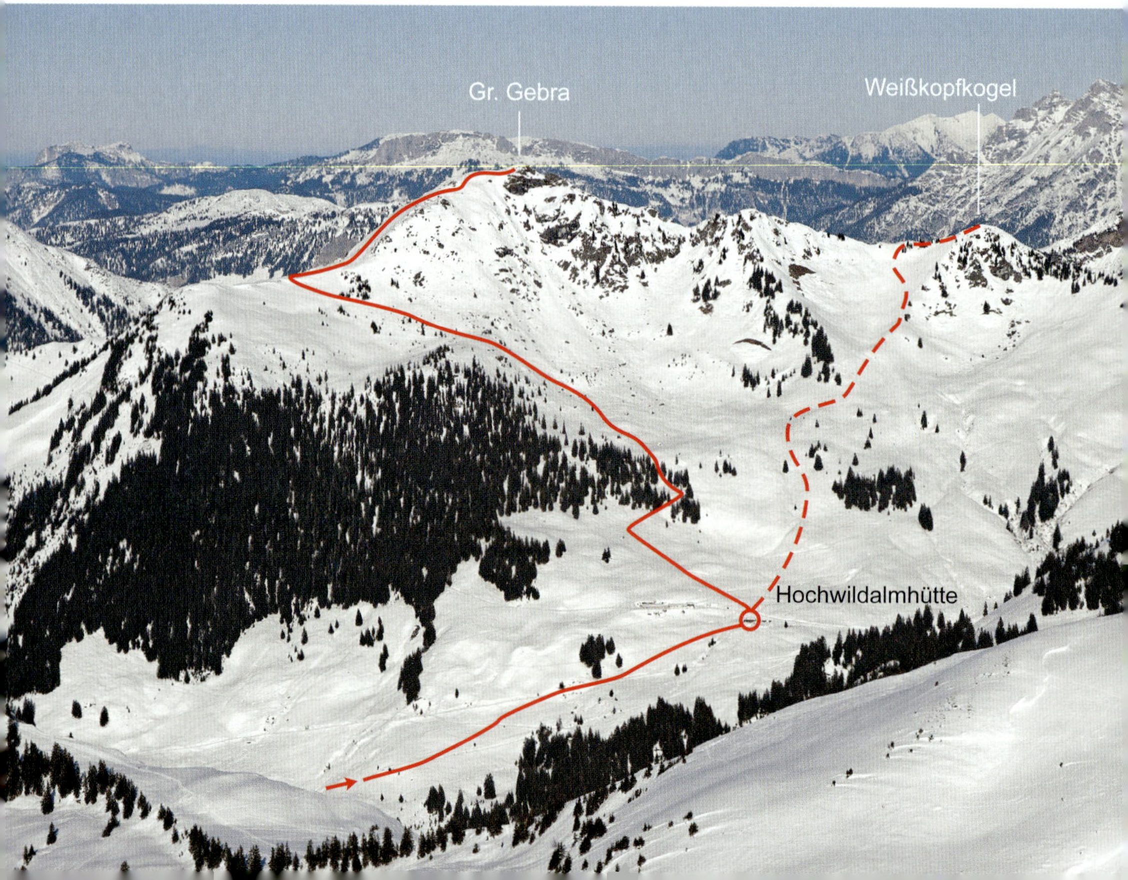

Zwischenstopp an der Hochwildalmhütte.

Ausgangspunkt: Von Kitzbühel in Richtung Pass Thurn und nach 2 km links abbiegen nach Aurach. Durch den Ort hindurch und auf teils steiler Bergstraße (evtl. Ketten) bis zum Tourengeherparkplatz in der Linkskehre unter dem Wildpark (1045 m).
ÖPNV: Nicht möglich.
Aufstiegszeiten: Parkplatz – Hochwildalmhütte 1.30 Std., Hochwildalmhütte – Großer Gebra 1.15 Std.
Anforderungen: Bis zum Gipfelaufbau einfache Skitour entlang breiter Almstraßen und freier Wiesenhänge, wo kaum Spitzkehren erforderlich sind. Die letzten 200 Höhenmeter sind dann deutlich anspruchsvoller mit einem steilen, oft hartgeblasenen Westhang, in dem bei ungünstigen Bedingungen sogar Absturzgefahr besteht. Sichere Technik im Aufstieg und in der Abfahrt ist dann Voraussetzung.
Hangrichtung: Süd, Gipfelhang westseitig.
Lawinengefährdung: Die Querung der Südseite und der steile Westhang unterhalb des Gipfels sollten sichere Bedingungen aufweisen – der Rest der Route ist bei überlegter Routenwahl kaum lawinengefährdet.
Einkehr: Hochwildalmhütte (1557 m), am Wochenende bewirtschaftet, Tel. +43 664 1812762.
Karten: f&b WK 301, AV 34/2 Kitzbüheler Alpen Ost.

Aufstieg
Vom Parkplatz der Fahrstraße talcinwärts folgen, bis man nach den Kehren links einen freien Hang erreicht. Nun entweder über den steileren Hang leicht rechts haltend aufwärts oder ein Stück oberhalb der links abzweigenden Forststraße entlang bis zur Wildalm. Von hier rechts haltend aufwärts bis zur be-

wirtschafteten Hochwildalmhütte. Unmittelbar hinter der Hütte gerade nach Norden über eine kurze steilere Stufe in einen flachen Kessel. Zum Großen Gebra jedoch geht's nun nach links über eine weitere Stufe hinauf auf eine Gratschulter und mit einer ansteigenden Querung zum Westgrat. Über den anfangs flachen Rücken erreichen wir den westseitigen Gipfelaufbau. Durch eine steile und oftmals unangenehm harte Rinne kommen wir hinauf zum Grat, der nun wieder einfacher zum bereits sichtbaren Kreuz führt.

Abfahrt
Wie Aufstieg, bei guten Firnverhältnissen können sichere Skifahrer auch direkt vom Gebra über die Südflanke abfahren.

Raureifskulptur am Gipfel.

Variante
Wer den einfacheren Weißkopfkogel besteigen möchte, hält sich an dem flachen Kessel oberhalb der Hochwildalmhütte leicht rechts und steigt durch eine anfangs flache, zum Schluss etwas steilere Mulde zum Grat und nach rechts unschwierig zum Gipfelkreuz auf.

Ein »Schwarm« Abfahrer vor der Kulisse des Bischof.

Tuxer Alpen

65 Roßkopf, 2576 m
Von Hochfügen über die Pfundsalm

3.00 Std.

1100 Hm

Schneesichere Skitour mit hohem Ausgangspunkt

Es gibt Winter, die wollen einfach nicht so richtig in Schwung kommen. Ein erster Wintereinbruch bringt zwar oft im November schon ordentlich Schnee, das berühmt-berüchtigte Weihnachtsstauwetter macht dem kostbaren Weiß dann aber in den tieferen Lagen häufig wieder den Garaus. Dann darf sich glücklich schätzen, wer noch ein paar schneesichere Trümpfe in der Hinterhand hat und der schmuddeligen Südwestwetterlage ein Schnippchen schlagen kann.

Die Berge rund um Hochfügen bieten aufgrund des hohen Ausgangspunktes in schneearmen Zeiten gleich mehrere Möglichkeiten für lohnende Skitouren an. Bereits vor der Eröffnung des Skigebiets strömen nach den ersten stärkeren Schneefällen ganze Kolonnen entlang der Pisten hinauf in Richtung Pfaffenbichl. Sobald dort der Betrieb beginnt, verlagert sich das Geschehen dann an die gegenüberliegenden Gipfel von Kraxentrager und Marchkopf. Letzterer wird allerdings ebenfalls zunehmend uninteressant, da ihm das Skigebiet immer näher kommt, und man inzwischen von der letzten Liftstation in einer halben Stunde am Gipfel ist. Ähnlich schnell eingefahren ist das besonders beliebte Sonntagsköpfl nördlich des Skigebiets.

Der Roßkopf ganz hinten im Talschluss hingegen gehört noch zu den ruhigeren Zielen von Hochfügen. Der nicht unwesentliche »Hatscher« durch das Tal, bis man endlich an den Berg kommt, schreckt doch den ein oder anderen ab. Dann finden sich jedoch eine Menge lohnender Skihänge, die im oberen Teil auch nach längerem Schönwetter oft noch unverspurte Pulvermulden bieten. Ganz besonders schön ist auch die Aussicht vom Gipfel nach Süden in die nahe gelegenen Zillertaler Alpen.

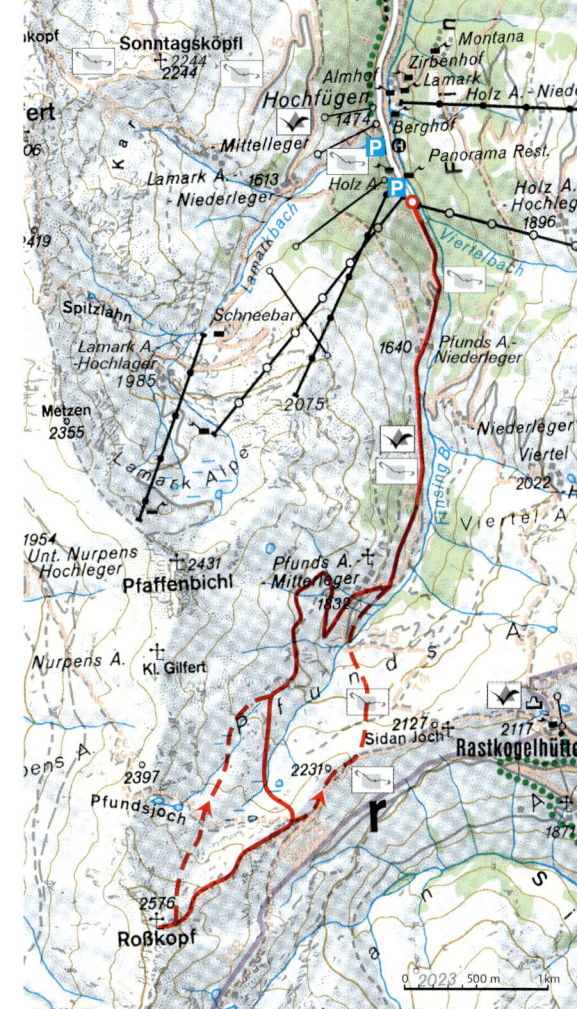

Ausgangspunkt: Auf der Zillertal-Bundesstraße taleinwärts, bis am Ende der Ortsumfahrung von Fügen nach rechts die Straße nach Hochfügen abzweigt. Auf der steilen Bergstraße (bei Neuschnee oft Kettenpflicht) hinauf zur Hotelsiedlung Hochfügen und zum hinteren Ende des riesigen Parkplatzes (1474 m).

ÖPNV: Von München mit dem Zug über Kufstein nach Jenbach und mit der Zillertalbahn nach Fügen. Mit Skibus weiter nach Hochfügen (Fahrzeit 2.30–3 Std.).

Aufstiegszeiten: Hochfügen – Pfundsalm Niederleger 30 Min., Niederleger – Mitterleger 30 Min., Mitterleger – Roßkopf 2 Std.

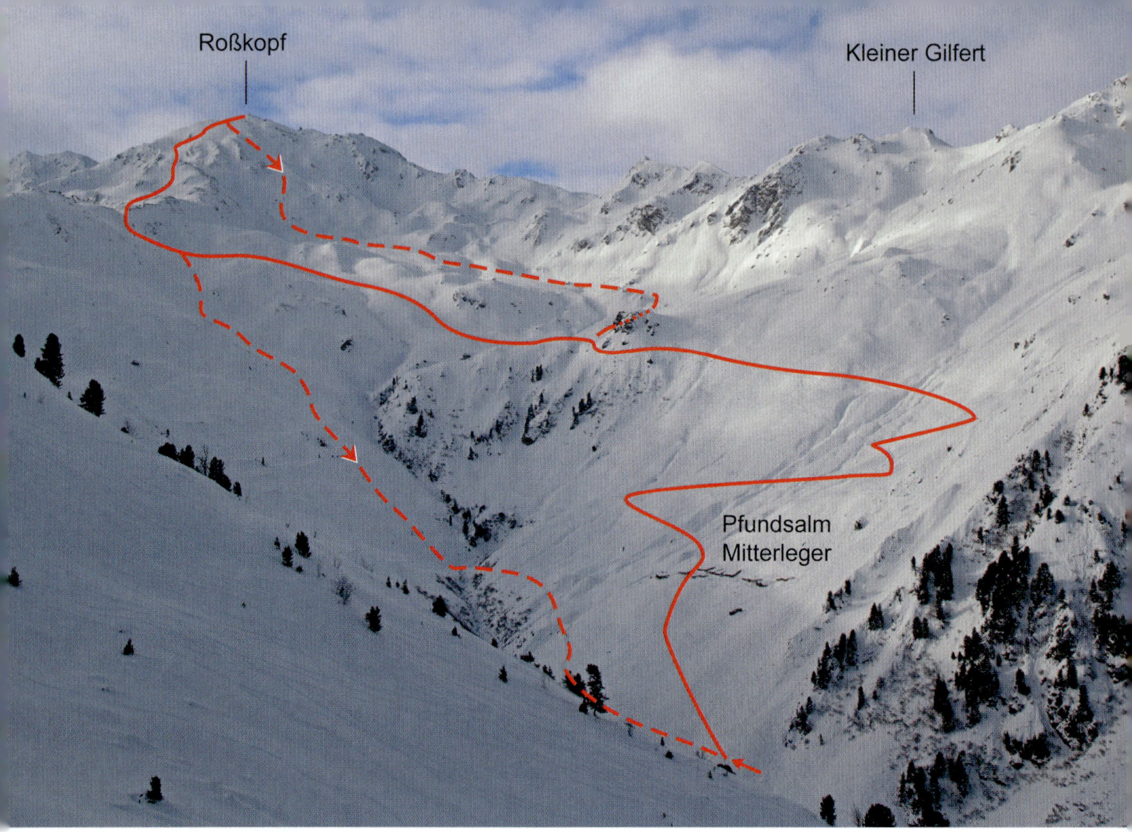

Die Nordhänge des Roßkopfs.

Anforderungen: Skitour ohne größere technische Schwierigkeiten. Weite Strecken entlang von Forststraßen und mittelsteilen, hindernislosen Hängen. Am Gipfelrücken einige etwas steilere Stellen, die Spitzkehren erfordern und die bei windverblasenen Bedingungen etwas steinig sein können. Dann spart eine routinierte Aufstiegs- und Abfahrtstechnik Kraft und Nerven.
Hangrichtung: Vorwiegend Nord, zwischendurch gelegentlich ostseitig.
Lawinengefährdung: Die Fahrstraße zwischen Pfundsalm Niederleger und Hochleger kann ab erheblicher Lawinengefahr durch Spontanlawinen aus den steilen Osthängen oberhalb bedroht werden. Am Gipfelaufbau können eingeblasene Mulden evtl. schneebrettgefährdet sein – mit umsichtiger Spuranlage können diese aber in der Regel umgangen werden.
Einkehr: Unterwegs keine. Große Après-Ski-Auswahl in Hochfügen.
Karten: f&b WK 151, AV 33 Tuxer Alpen.

Aufstieg

Unter der Kabinenbahn hindurch nach Süden folgen wir der Rodelbahn aufwärts bis zur Pfundsalm (1640 m). Eine Fahrstraße führt nun weiter nach Süden ins Tal hinein bis zu einer Gabelung. Wir ignorieren die linke Abzweigung (diese führt zu Marchkopf und Kraxentrager) und ziehen unsere Spur nun immer

Oberhalb des Sidanjochs blickt man auf den Gipfelaufbau.

rechts vom Bach bleibend flach weiter nach Süden taleinwärts (bei Gefahr von Spontanlawinen kann es hier kritisch sein), bis rechts oberhalb die Almhütten des Pfundsalm-Mitterleger (1832 m) sichtbar werden. Über mäßig steile Hänge kann man die Kehren der Straße abkürzen und direkt zu der Alm aufsteigen. Bei genügend hoher Schneelage (ansonsten bleiben wir auf der Straße) geht es oberhalb der Hütten leicht links haltend aufwärts. Einmal kreuzen wir noch den Fahrweg und erreichen ihn auf einer Höhe von etwa 2000 m erneut. Nun leitet uns die Wegtrasse nach Süden unterhalb eines markanten Felsens in einen ebenen Talboden. Nach links müssen wir (leicht abwärts) zum Bach und können jenseits durch schöne Mulden zum Grat aufsteigen. Diesem folgen wir nach Westen oder weichen ihm je nach Schnee- und Lawinenlage in Mulden rechts und links aus, bis wir endlich am bereits seit Längerem sichtbaren Gipfelkreuz stehen.

Am Gipfel des Roßkopfs genießt man einen wunderbaren Blick auf das Karwendelgebirge.

Abfahrt

Für die Abfahrt bestehen viele Variationsmöglichkeiten. So lässt sich bei sicherer Lawinenlage beispielsweise der Nordhang des Gipfels direkt hinab in den großen Talboden befahren. Eine weitere Variante führt am Nordostgrat hinab ins Sidanjoch und dann die breiten, schönen Nordhänge hinab zum Mitterleger.

Mit den letzten Spitzkehren steigt die Vorfreude auf die Gipfelbrotzeit.

Tuxer Alpen

66 Kellerjoch, 2344 m
Von der Pirchnerast über die Proxenalm

3.00 Std.

1100 Hm

Unbekannte Nordhänge hoch über Schwaz

Die steilen, waldigen Nordhänge des Kellerjochmassivs erscheinen aus dem Inntal ausgesprochen untauglich für genussvolle Skitouren. Umso überraschender ist es, dass ausgerechnet hier eine der abwechslungsreichsten Skirouten der Tuxer Alpen zu finden ist – und das, obwohl die Auswahl an Klassetouren in dieser Gebirgsgruppe wahrlich nicht rar ist. Nach dem Auftakt auf einer – fast schon obligatorischen – Rodelbahn folgen herrliche Karböden mit kurzen Steilstufen und ein aussichtsreicher Rücken zur Kellerjochhütte. Dass dieser exponierte Adlerhorst hoch über dem Inntal im Winter geschlossen hat, ist eigentlich das größte Manko an der Tour. Allerdings schmeckt auch die selbst mitgebrachte Brotzeit an der windgeschützten, sonnenbeschienenen Hausmauer hervorragend. Für den »Wellness-Bergsteiger« wird hier das Tourenziel erreicht sein. Wer jedoch etwas ambitionierter unterwegs ist, sollte sich den spannenden Gratübergang zum Kreuzjoch, dem höchsten Gipfel des Kellerjochmassivs, nicht entgehen lassen. Nicht nur der Blick zur Hütte ist sagenhaft, auch das Panorama aus dem kleinen Pavillon sucht seinesgleichen. Die Krönung kann dann bei sicheren Pulverschneebedingungen die Abfahrt darstellen. Bereits entlang der Aufstiegsspur lässt es sich sehr genüsslich Richtung Pirchneraste wedeln. Tourengeher mit Blick fürs Gelände und eigenverantwortlichem Lawinen-Risiko-Management bieten sich dazu noch mehrere Optionen auf wirkliche Paradehänge.

Das Kellerjoch von Westen aus dem Karwendel.

Ausgangspunkt: Von der Autobahnausfahrt Schwaz in die Ortsmitte und auf der Zintberg-Straße bis zum Parkplatz 200 m vor dem Gasthaus Pirchnerast.
ÖPNV: Mit dem Zug von München über Kufstein nach Jenbach und weiter mit Regionalexpress oder Bus nach Wörgl. Von dort fährt wochentags und samstags ein Bergbus auf den Zintberg bis zur Haltestelle Petrach (Fahrzeit ca. 2.30 Std.). Zusätzlicher Aufstieg über die Wiesen bis Pirchnerast 200 Hm, 30 Min.
Aufstiegszeiten: Pirchnerast – Proxenalm 1 Std.; Proxenalm – Kellerjochhütte 1.30 Std., Kellerjochhütte – Kreuzjoch 30 Min.
Anforderungen: Bis zur Kellerjochhütte unproblematische Skitour entlang freier Hänge, die nur auf kurzen Passagen Spitzkehren erfordert. Die Schneise neben dem Bach ist schmal und öfter bucklig, der Hang zur Hütte kann bei hartem Schnee etwas unangenehm sein. Der Übergang zum Gipfel ist etwas exponierter und kann je nach Verhältnissen heikel sein.
Hangrichtung: Meist Nord.
Lawinengefährdung: Bei richtiger Spuranlage ist der Anstieg bis zur Hütte nur bei kritischer Lawinenlage schneebrettgefährdet. Sind größere Spontanlawinen zu erwarten, können diese aber aus den steilen Flanken oberhalb bis in die Karböden vorstoßen. Der Übergang zum Gipfel, sowie die erwähnten Abfahrtsvarianten erfordern sichere Schneebedingungen.
Einkehr: Alpengasthaus »Pirchnerast«, wenige Meter südlich vom Parkplatz. Durchgehend bewirtschaftet, Dienstag Ruhetag. Tel. +43 5242 63326.
Karten: f&b WK 151, AV 33 Tuxer Alpen.

Wegweiser bei der Station der Materialseilbahn.

Vom aussichtsreichen Gipfelrücken schweift der Blick übers Inntal hinüber zum Karwendelgebirge. Rechts: Traumhafte Nordhänge führen hinab zur Proxenalm.

Aufstieg
Vom Parkplatz folgt man der Rodelbahn eine Kehre aufwärts (Abkürzung entlang des Sommerwegs möglich). An der ersten Linkskehre folgt man geradeaus einer Forststraße ohne große Steigung nach Süden in den tiefen Graben des Proxenbaches. Links vom Bach führt eine Schneise hinauf zur Proxenalm. Die Hütte links liegen lassend steigt man das Kar noch ein Stück hinauf, bis man an der Waldgrenze rechts haltend über einen kurzen Steilhang auf einen Rücken und zur Talstation der Materialseilbahn aufsteigen kann. Jenseits des Rückens öffnet sich ein weiteres Kar, das man in einem weiten Rechtsbogen durchschreitet zu einer mäßig ansteigenden Rampe, die auf den Westkamm des Kellerjoch führt. Über den aussichtsreichen Gratrücken geht es nun nach Osten etwas steiler hinauf zur schon sichtbaren Kellerjochhütte. Der Übergang zum Kreuzjochgipfel wird meist zu Fuß bewältigt, abschnittsweise ist aber je nach Schneelage auch das Gehen mit Ski möglich. Der Grat ist anfangs schmal und teilweise nach Westen überwechtet, auf der Ostflanke kann Triebschnee lagern.

Abfahrt
Wer die Ski zum Gipfel mitnimmt, für den bietet es sich an, in das Kar nach Süden einzufahren und nochmal etwa 100 Höhenmeter zurück zur Hütte aufzusteigen. Von dort orientiert man sich an der Aufstiegsroute, wobei das gegliederte, weitläufige Gelände zahlreiche Varianten ermöglicht. So kann man zum Beispiel bereits kurz unterhalb der Kellerjochhütte über einen steilen Nordhang in das erste Kar einfahren. Von der Talstation der Materialseilbahn erreicht man mit einigen Metern Aufstieg im Grätenschritt einen kleinen Sattel direkt oberhalb steiler Nordhänge, die bei sicheren Verhältnissen eine berauschende Abfahrt zur Proxenalm ermöglichen.

Tuxer Alpen

67 Gilfert, 2506 m
Von Innerst über die Nonsalm

3.15 Std.

1250 Hm

Bekannter Aussichtsberg über dem Inntal

Fährt man auf der Inntalautobahn von der Silberbergwerkstadt Schwaz in Richtung Innsbruck, so fällt auf der linken Seite eine markante, oftmals blendend weiße Schneepyramide auf: der Gilfert. Allerdings sind die unteren Hänge über dem hier nur auf 550 m Meereshöhe liegenden Inntal öfter grün und braun als weiß. Eine anfangs gut ausgebaute Bergstraße führt jedoch von Pill hinauf zur Sonnenterrasse des Weerberg. Sofern hier immer noch kein Schnee sichtbar sein sollte, muss das ebenfalls noch kein Grund zur Sorge sein, führt doch die nun zusehends schmaler und steiler werdende Straße noch weitere 300 Höhenmeter den Innerweerberg hinauf bis zum Gasthaus Innerst.

Hier beginnt der bekannteste und beliebteste Anstieg auf diesen Tuxer Parade-Skiberg. Weitere Skiaufstiege beginnen in Weerberg oder ein Stück höher beim Skilift in Hausstatt sowie in Hochfügen, wo man im unteren Teil entlang des Skigebiets aufsteigt. Diese Alternative wird insbesondere sehr früh in der Saison begangen, wenn in den tieferen Lagen die Unterlage noch nicht ausreicht und dann die planierten Pisten weniger Steinkontakte versprechen.

Die hier beschriebene Route von Innerst benötigt im unteren Drittel ebenfalls keine allzu hohe Schneelage, da man sich hier ausschließlich auf flachen Almwiesen und Forststraßen bewegt. Oberhalb der Nonsalm wird dann der Untergrund jedoch zunehmend ruppiger. Hinzu kommt die westseitige Exposition, die insbesondere bei stürmischen Westlagen dazu neigt, abgeblasen zu sein. Zum Glück ist das Gelände aber so stark kupiert, dass sich immer eine Mulde findet, in der der Schnee abgelagert wird.

Obwohl der Gilfert zu den beliebtesten Skibergen der Tuxer Alpen gehört, finden sich in den kilometerbreiten Westhängen fast immer unverspurte Flecken. Die Lawinengefahr ist ebenfalls überschaubar und beschränkt sich meist auf einige wenige steilere Mulden.

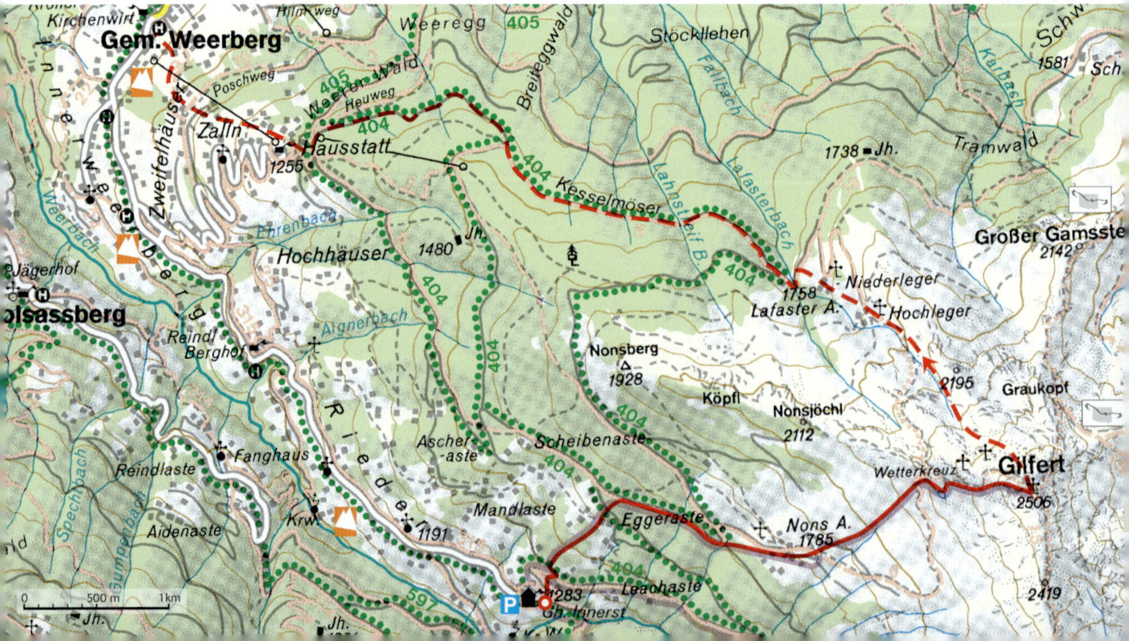

Der Gilfert, vom Hirzer aus aufgenommen.

Ausgangspunkt: Von Vomp im Inntal nach Pill und auf der Weerbergstraße teilweise steil hinauf bis zu ihrem Ende in Innerst mit großem, gebührenpflichtigen Parkplatz (1283 m).
ÖPNV: Der Ausgangspunkt ist nicht mit ÖPNV erreichbar. Bei Öffi-Anreise beginnt der Aufstieg an der Bushaltestelle Weerberg-Gemeindezentrum und führt hinauf nach Hausstatt und über die dort beginnende Variante weiter zum Gipfel (lange Tour mit 1650 Hm, bei guten Verhältnissen aber sehr lohnend!). Anreise mit dem Zug bis Jenbach, dann mit Bus nach Schwaz, von dort mit Regionalbus nach Weerberg (Fahrzeit 2.30 Std. – nur wochentags!).
Aufstiegszeiten: Innerst – Nonsalm 1.30 Std., Nonsalm – Gilfert 1.45 Std.
Anforderungen: Technisch unschwierige Skitour, die im Waldbereich entlang von Forststraßen verläuft und oberhalb über mittelsteile, freie Hänge.
Hangrichtung: Südwest, die Abfahrtsvariante über die Lafasteralm nach Hausstatt ist vorwiegend nordwestseitig exponiert.
Lawinengefährdung: Bis zur Nonsalm sind selbst bei kritischen Verhältnissen kaum gefährliche Hänge zu finden. Am Weiterweg zum Gipfel kann man mit überlegter Spuranlage in der Regel recht sicher unterwegs sein – insbesondere auch, weil die Route durch die vielen Tourengeher nach Neuschnee sehr schnell wieder komplett eingefahren ist.
Einkehr: Jausenstation Innerst (1283 m), direkt am Ausgangspunkt, zur Skitourensaison bewirtschaftet, keine Übernachtung, Tel. +43 676 3557704.
Karten: f&b WK 151, AV 33 Tuxer Alpen.

Aufstieg

Unmittelbar hinter der Jausenstation steigen wir links über eine Wiese hinauf zum Waldrand. Hier treffen wir auf einen Forstweg, dem wir bis kurz nach der ersten Linkskehre (geradeaus ginge es ins Nurpenstal) folgen. Unmittelbar nach der Kehre öffnet sich rechts eine Schneise, durch die wir an der Eggeraste vorbei zu einer weiteren Almstraße aufsteigen. Diese leitet nun nach rechts ansteigend aus dem Wald hinaus zu den freien Flächen der Nonsalm (1785 m). Der übliche Weiterweg führt nun erst links haltend vorbei an einzeln stehenden Zirben in eine weite Mulde. Diese leitet jetzt nach Westen, immer auf das schon weithin sichtbare (sehr große) Gipfelkreuz zu. Einem steileren Aufschwung wird oftmals rechts oder links über den Grat ausgewichen, bis man schließlich den geräumigen Gipfel betritt.

Bei unsicherer Lawinenlage kann folgende Variante sicherer sein: Von der Nonsalm am Fahrweg weiter in Richtung Südosten in eine karähnliche Mul-

Kolonnenverkehr im Aufstieg zum Gilfert.

Traumpulver in der Abfahrt zur Lafasteralm.

de unter dem Beginn des Südgrats, den man rechts über einen wenig steilen Rücken erreicht. Über den stellenweise steinigen und langen Grat nach Norden zum Gipfel.

Abfahrt
Bei sicherer und ausreichend hoher Schneelage findet sich in der breiten West- und Südwestflanke viel Platz für eigene Spuren. Ab der Nonsalm folgt man der Anstiegsroute zurück nach Innerst.

Varianten
Nach Norden führen mehrere Routen nach Hausstatt und bei guter Schneelage sogar bis nach Weerberg auf 900 m hinab. Wenn sich in einer Gruppe die Autofahrer für die Abfahrt nach Innerst opfern, kann der Rest (bei entsprechender Ortskenntnis) dorthin abfahren und sich dann dort abholen lassen.

Tuxer Alpen

68 Hirzer, 2725 m
Vom Gasthof Hanneburger im Wattental

3.45 Std.

1400 Hm

Einer der großen Tourenklassiker der Tuxer Alpen

Der Hirzer bildet in dem östlich der Wattener Lizum nach Norden ziehenden Kamm die höchste Erhebung aus und ist aufgrund seiner vorgeschobenen Position und der breiten, meist ideal geneigten Hänge ein Skitourenberg der Extraklasse. Von drei Seiten lässt er sich besteigen: von Osten mit Start an der Weidener Hütte, von Norden durch das gewaltige Hirzerkar und von Westen aus dem Wattental. Wirklich bekannt und entsprechend beliebt ist nur die letzte Möglichkeit, während die beiden anderen Anstiege nur recht selten ausgeführt werden.

Der Anstieg vom ehemaligen Gasthof Hanneburger hat dabei alles zu bieten, was man sich von einem echten Tourenklassiker erwartet. Ein hoher Ausgangspunkt und eine anfängliche Forststraße durch den dichten Waldgürtel garantieren relative Schneesicherheit. Im Mittelteil sorgt liebliches Almgelände mit herrlichen, lichten Zirbenwäldern für ein schönes Ambiente sowohl im Aufstieg als auch bei der Abfahrt. Oberhalb des Povers Hochleger endet dann der Wald, und ein breiter, nicht allzu steiler Hang führt hinauf zum Gipfelgrat.

Spätestens jetzt sollte man auf windschwaches Wetter hoffen, sonst kann es unangenehm werden. Die exponierte Lage und der längere Anstieg entlang des Gipfelgrats sorgen regelmäßig für kalte Finger oder sogar lokale Erfrierungen im Gesicht und an der Nase. Wer in solchen Situationen nicht die richtige Ausrüstung, wie warme Handschuhe und eventuell sogar eine Sturmmaske, dabei hat, sollte sich überlegen, auf die letzten 200 Höhenmeter vielleicht zu verzichten.

Liebliches Almgelände an der Poversalm.

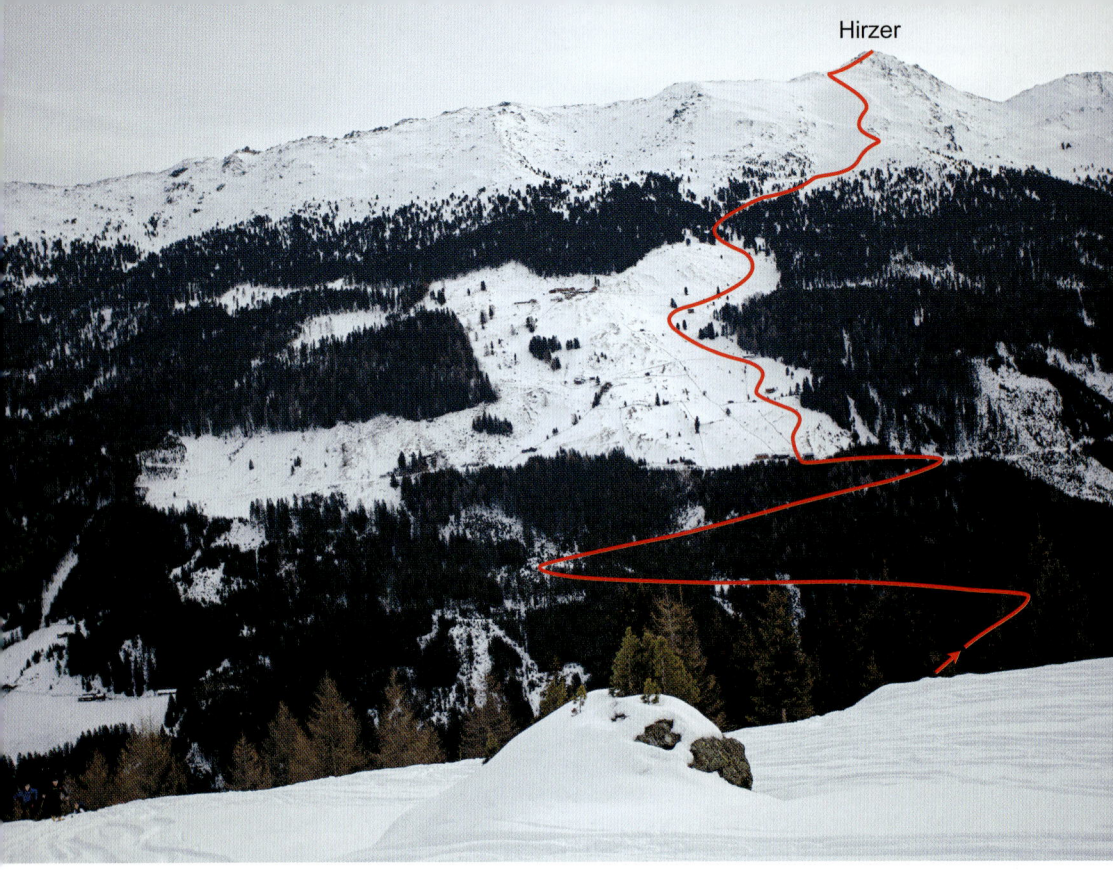

Der Routenverlauf vom Anstieg zum Malgrübler aus gesehen.

Ausgangspunkt: Von Wattens im Inntal auf der schmalen Bergstraße ins Wattental bis zum ehem. Gasthof Hanneburger. Parkplätze vor dem Gasthof auf der rechten Straßenseite (1351 m).
ÖPNV: Ausgangspunkt nicht mit ÖPNV erreichbar. Es gibt aber einen Taxidienst vom Bahnhof Wattens zur Lizumer Hütte, Buchung: taxischwaninger.com.
Aufstiegszeiten: Ghf. Hanneburger – Poversalm 1 Std., Poversalm – Hochleger 1.15 Std., Hochleger – Hirzer 1.30 Std.
Anforderungen: Technisch großteils problemlose Skitour entlang von Forststraßen und mittelsteilen Hängen. Der Gipfelkamm ist oft recht abgeblasen und an einigen Stellen etwas felsiger; dort ist im Aufstieg und in der Abfahrt sichere Skitechnik erforderlich. Auch die Länge der Tour und die Auskühlungsgefahr am windausgesetzten Grat sollten nicht unterschätzt werden.
Hangrichtung: West, Gipfelrücken Nordwest.
Lawinengefährdung: Die Skiroute ist bei überlegter Routenwahl nur gelegentlich lawinengefährdet. Darüber hinaus wird sie bei guten Bedingungen häufig begangen.
Einkehr: Keine.
Karten: f&b WK 151, AV 33 Tuxer Alpen.

Aufstieg

Etwa 100 m vor dem ehemaligen Gasthof beginnt auf der linken (östlichen) Straßenseite eine Forststraße. Auf dieser steigen wir in weiten Kehren hinauf zur Poversalm. Gelegentlich führt auch eine steile Spur abkürzend durch den Wald hinauf, die zu nutzen aber nur bei hoher Schneelage für konditionsstarke Tourengeher Sinn macht. An den ersten Almhütten geht es nun geradeaus über freie Wiesen – meist eher rechts am Waldrand – hinauf zum Mittelleger. Hier bleiben wir rechts, bis wir in schönem lichten Zirbenwald etwas nach links zum Sommerweg aufsteigen können und

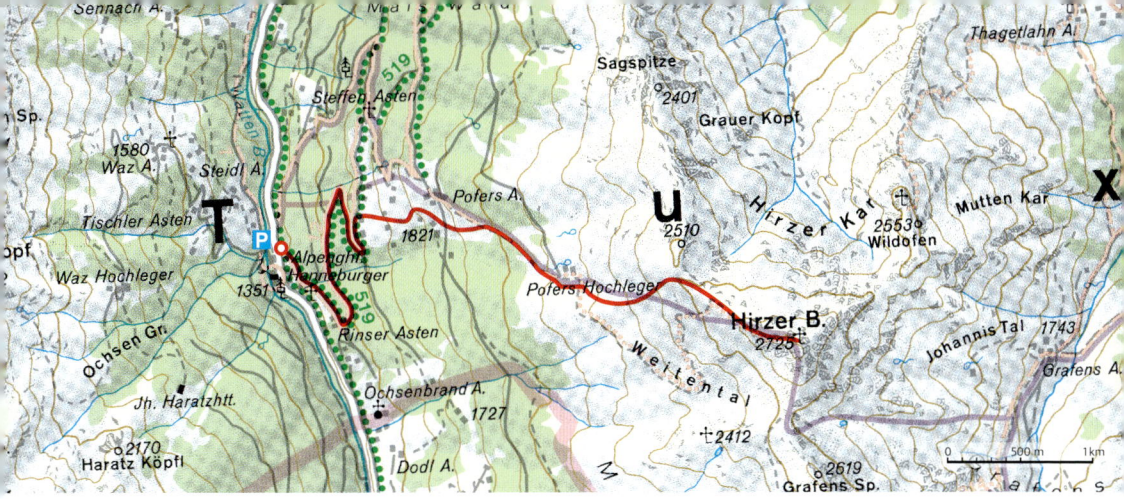

entlang der Wegtrasse rechts haltend den Povers Hochleger erreichen. Der hier ansetzende Riesenhang wird rechts von einem markanten Rücken begrenzt, über den der weitere Aufstieg erfolgt. So erreichen wir den breiten Gipfelgrat, der von der Sagspitze zum Hirzer zieht. Über diesen oftmals recht verblasenen Rücken steigen wir die letzten 200 Höhenmeter mit Ski bis zum Gipfel.

Eine tiefe Aufstiegsspur führt zum Hochleger.

Abfahrt

Entlang der Aufstiegsroute. Vor allem oberhalb der Waldgrenze kann man bei sicherer Lawinenlage und genügend Schnee praktisch überall abfahren, man sollte allerdings dann rechtzeitig wieder nach rechts queren, um zu den Almwiesen der Poversalm zu gelangen. Dies ist gut entlang der Almstraße möglich, die vom Mittelleger nach Süden zieht.

Tuxer Alpen

69 Malgrübler, 2749 m
Vom Gasthof Hanneburger im Wattental

3.45 Std.

1400 Hm

Ruhiges Nordkar gegenüber vom viel begangenen Hirzer

Der Gasthof Haneburger war beliebt als Einkehrmöglichkeit nach einer der vielen Skitouren, die im Wattental möglich sind. Im Herbst 2022 wurde das Gebäude von einem neuen Eigentümer übernommen, der jedoch von der Gemeinde keine Genehmigung für seine Sanierungspläne erhielt. Seither bleiben die Kehlen der durstigen Tourengeher trocken. Neben dem Hirzer beginnt hier noch eine zweite Parade-Skitour. Der Malgrübler erhebt sich auf der Westseite des Wattentales sogar noch einige Meter höher als sein benachbarter Modeberg. Der Anstieg ist ebenfalls deutlich vielfältiger – neben schönen Almwiesen sind hier auch schattige, steile Kare zu durchschreiten. Auch die Lawinengefahr ist hier deutlich öfter ein Thema – bereits die Querung entlang der Fahrstraße zum Waz Hochleger wird gelegentlich von großen Lawinen aus den Steilflanken des oberhalb gelegenen Roßkopf überspült. Im Malgrüblerkar selbst sollten ebenfalls sichere Verhältnisse herrschen. Auch wenn sich inzwischen herumgesprochen hat, dass ein lohnender Anstieg von Osten auf diesen Tuxer Paradeberg führt, wird die Tour doch weit weniger häufig befahren als die Hänge am Hirzer gegenüber.

Eine weitere Anstiegsmöglichkeit führt aus dem Voldertal auf den Malgrübler. Sobald dort erst einmal der lange Forststraßenzustieg hinter einem liegt, finden sich sehr schöne, weitläufige Westhänge, die in der Regel ebenfalls nur wenig verspurt werden. Auf welchem Anstieg wir den Malgrübler auch besteigen – bei guter Sicht erwartet uns ein tolles Panorama der gesamten Tuxer Alpen bis hinüber zum Zillertaler Hauptkamm, dazu nach Norden der Tiefblick ins Inntal und die Aussicht auf die Felsberge des Karwendel.

Ausgangspunkt: Von Wattens im Inntal auf der schmalen Bergstraße ins Wattental bis zum ehemaligen Gasthof Hanneburger. Parkplätze vor dem Gasthof auf der rechten Straßenseite (1351 m).

ÖPNV: Ausgangspunkt nicht mit ÖPNV erreichbar. Es gibt aber einen Taxidienst vom Bahnhof Wattens zur Lizumer Hütte, Buchung: taxischwaninger.com.

Aufstiegszeiten: Parkplatz – Wazalm 45 Min., Wazalm – Waz Hochleger 30 Min., Waz Hochleger – Malgrübler 2.30 Std.

Anforderungen: Nach anfänglicher Forststraße anhaltend mittelsteile Hänge mit einigen Steilstufen, die routinierte Spitzkehrentechnik und gekonntes Abfahren erfordern. Bei schlechter Sicht im oberen Teil nicht immer einfache Orientierung.

Hangrichtung: Bis zum Hochleger Osthänge, danach Nordost und Nord, Gipfelaufbau westseitig.

Lawinengefährdung: Die Route verlangt sichere Schneeverhältnisse. Bereits vor dem Waz Hochleger wird ein Lawinenstrich gequert, durch den nach Neuschnee oder bei Erwärmung gelegentlich große Lawinen donnern. Im weiteren Aufstieg folgen immer wieder schattige Steilstufen, die einen soliden Schneedeckenaufbau aufweisen sollten.

Einkehr: Keine.

Karten: f&b WK 151, AV 33 Tuxer Alpen.

Die Wazalm mit dem großen Felsblock.

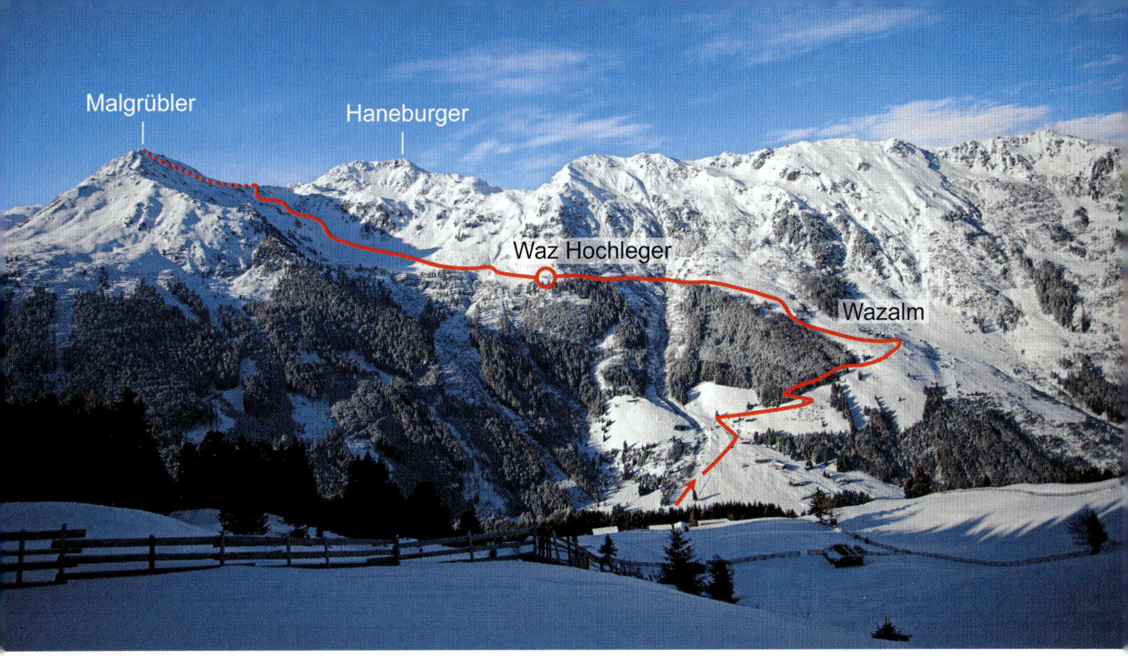

Ein Überblick über die Ostseite des Malgrübler bietet sich von der Poversalm am Hirzer.

Aufstieg

Etwa 100 m vor dem Gasthof führt rechts ein Weg hinab zu einer Brücke über den Wattenbach. Nach der Brücke können wir gleich rechts direkt über eine Wiese aufsteigen und erreichen bald wieder die Almstraße, die uns zur Wazalm führt. Wir steigen links an der Alm direkt über die Wiesen auf und kürzen so einige Kehren der Straße ab, bis diese deutlich nach links führt. Nun auf der Straße durch einen steilen Graben nach Süden zum Waz Hochleger. Der Ziehweg führt nun noch ein Stück weiter und endet dann am Eingang des Malgrüblerkars. Durch das Kar steigen wir über eine erste Steilstufe auf und erreichen einen flachen Boden. Dieser wird nach Süden von steilen Flanken begrenzt, durch die uns links eine steilere Rinne zum Grat hinaufbringt. Am flachen Grat oder rechts davon geht es jetzt nach Süden, bis wir nach rechts in die Westflanke queren können, die uns über einen letzten, steilen Hang zum Gipfel bringt.

Abfahrt

Entlang der Aufstiegsroute. Vom Waz Hochleger führt rechts der steile Ochsengraben hinab zu den Wiesen am Wattenbach. Der teilweise dichte Bewuchs in dem Graben setzt allerdings eine sehr hohe Schneelage für eine genussreiche und vegetationsschonende Abfahrt voraus. Andernfalls sollte man besser die schönen Wiesen der Wazalm dafür nutzen.

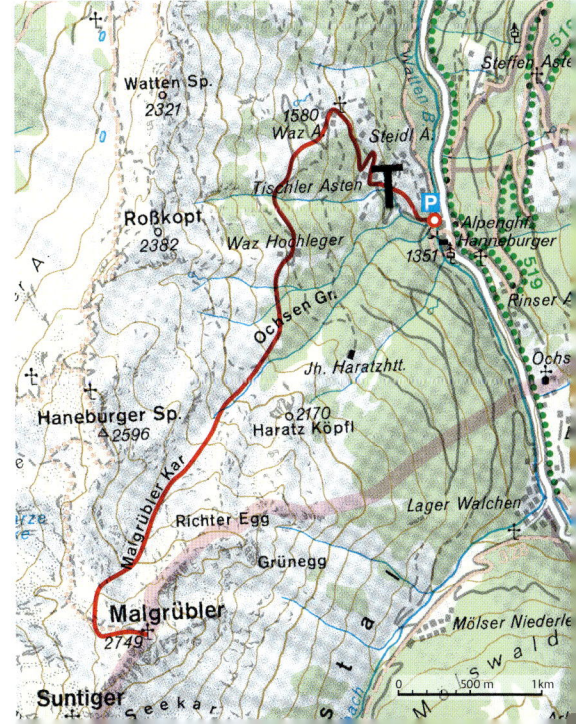

Tuxer Alpen

70 Geier, 2857 m
Aus der Wattener Lizum über die Lizumer Hütte

4.00 Std.

1450 Hm

Der höchste Skiberg der Tuxer Alpen

Rund um die Lizumer Hütte in den Tuxer Alpen findet sich eine ganze Reihe an lohnenden Skitourenzielen. Kein Wunder, dass es an den Wochenenden im Februar und März oft schwierig ist, einen Übernachtungsplatz zu bekommen. Neben so bekannten und beliebten Touren wie Torspitze, Graue Wand, Lizumer Sonnenspitze und Mölser Berg steht vor allem der Geier auf der Wunschliste der meisten Hüttenbesucher ganz oben. Wählt man die Hütte als Quartier oder dank Hüttentaxi als Ausgangspunkt einer Tagestour, stellt der Anstieg mit gut 800 Höhenmetern konditionell keine allzu großen Anforderungen. Anders stellt sich die Situation dar, wenn man die Tour am Lager Walchen beginnt – dann können sich die insgesamt über 1400 Höhenmeter ordentlich in die Länge ziehen.

Daneben muss aber auch die Lawinenlage passen. Die Hänge über dem Lizumer Boden sind steil, und aus dem plateauartigen Gelände zwischen Sonnenspitze und Reckner gern mit viel Triebschnee beladen, sodass abgehende Lawinen oft große Ausmaße annehmen können. Das Gleiche gilt für den großen Nordhang der Pluderlinge. Bei perfekten Verhältnissen gehört die Abfahrt vom Gipfel mit dem kleinen Metall-Geier jedoch zu den besten im großen Umkreis. Durch die nordseitige Lage hält sich der Pulverschnee lange, und die Hänge sind breit genug, dass auch nach einigen Schönwettertagen oft noch die eine oder andere unverspurte Rinne übrig bleibt.

Der Talkessel der Wattener Lizum.

Abfahrt vor der Kulisse der schroffen Kalkwand.

Ausgangspunkt: Von Wattens im Inntal auf der schmalen Bergstraße ins Wattental bis zum Fahrverbot vor dem Kasernengelände am Lager Walchen mit großem Parkplatz (1410 m).
ÖPNV: Ausgangspunkt nicht mit ÖPNV erreichbar. Es gibt aber einen Taxidienst vom Bahnhof Wattens zur Lizumer Hütte, Buchung: taxischwaninger.com.
Aufstiegszeiten: Lager Walchen – Innermelanalm 1 Std., Innermelanalm – Lizumer Hütte 1 Std., Lizumer Hütte – Geier 2 Std.
Anforderungen: Als Tagestour relativ lange Skitour. Bis zur Lizumer Hütte technisch problemlos entlang flacher Ziehwege und einer mittelsteilen Waldschneise, die allerdings bereits Spitzkehren erfordert. Gipfelanstieg durchgehend über mittelsteiles, teilweise steiles Skigelände, das sowohl im Aufstieg als auch in der Abfahrt solides Können erfordert.
Hangrichtung: Vorwiegend Nord-, teilweise Nordost- und Osthänge.
Lawinengefährdung: Ab der Lizumer Hütte sollten sichere Verhältnisse herrschen. Nach größeren Neuschneefällen können Lawinen aus den Steilflanken der Sonnenspitze und Pluderlinge bis in die Lizumer Böden vordringen. Auch entlang der Aufstiegsroute sind Schneebrettabgänge möglich.
Einkehr: Lizumer Hütte (2019 m), Ende Dezember bis Anfang April bewirtschaftet, Tel. +43 664 9272117, lizumer-huette.at.
Karten: f&b WK 151, AV 33 Tuxer Alpen
Hinweis: Die Skitour führt durch militärisches Übungsgebiet, wo gelegentliche Sperrungen (in der Regel unter der Woche) gewisser Abschnitte möglich sind. Die Übungszeiten sind an der Pforte des Geländes beim Parkplatz, im Internet unter wattenberg.tirol.gv.at oder telefonisch unter Tel. +43 50201 6442010 zu erfragen.

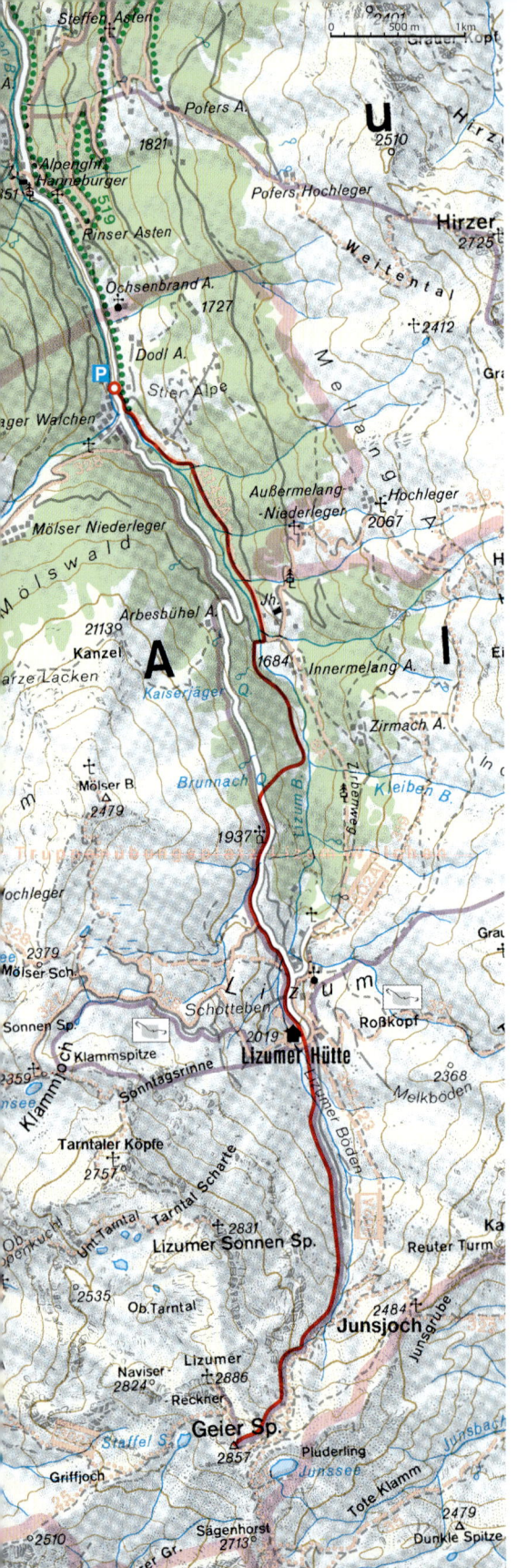

Hüttenzustieg

1. Fahrt mit dem Hüttentaxi vom Lager Walchen.
2. Vom Parkplatz geht es geradeaus durch das Kasernengelände bis zu einer Brücke. Hier beginnt links vom Bach ein Wanderweg, dem wir ein Stück taleinwärts folgen, bis wir links über eine Wiese zu einem Fahrweg aufsteigen können. Der Fahrweg zieht nun immer auf der linken Talseite ein Stück oberhalb vom Bach nach Süden bis zur Innermelanalm, wo eine Brücke nach rechts über den Bach führt. Wir folgen dem Talgrund noch gut 500 m bis zu einer größeren freien Fläche, wo rechts eine schmale Schneise im Zickzack durch den Wald hinaufführt auf die Militärstraße. Entlang der Straße geht es jetzt nach Süden in etwa einer halben Stunde zu den Militäranlagen der Wattener Lizum. Wo die Straße wieder nach links über eine Brücke führt, bleiben wir rechts und steigen leicht aufwärts zur Lizumer Hütte.

Aufstieg zum Gipfel

Von der Hütte geht es anfangs flach nach Süden in die Lizumer Böden. Wo das Gelände steiler wird, halten wir uns rechts und umgehen so eine Steilstufe durch eine Mulde, die auf eine flache Terrasse führt. Sogleich wird der Hang aber wieder steiler, und in Spitzkehren geht es immer links der steilen Flanken der Sonnenspitze hinauf in das Kar unterhalb des Verbindungsgrates von Geier und Pluderlingen. Hier halten wir uns leicht rechts und erreichen über einen letzten steileren Hang den Ostgrat unseres Gipfels. Über den breiten Gratrücken unschwierig zum höchsten Punkt.

Abfahrt

Entlang der Aufstiegsroute. Es sind einige steile Varianten möglich, die aber alle sehr sichere Bedingungen erfordern. Insbesondere gilt das für den verlockenden Steilhang in der Nordflanke der Pluderlinge.

Tuxer Alpen

71 Glungezer, 2677 m
Von Tulfes mit oder ohne Seilbahnunterstützung

4.30 Std.
1700 Hm

Familienskitour nach dem Baukastenprinzip

Als »längste Skitour Tirols« wird die Tour auf den Glungezer gern bezeichnet. Beginnt man am tiefstmöglichen Ausgangspunkt, an der Karlskirche von Volders auf 550 m, so ergibt sich ein Höhenunterschied von stattlichen 2100 Höhenmetern. Einen solchen werfen zwar vereinzelt auch andere Berge in die Waagschale, aber kein namhafter Skitourenberg im Nahbereich der Tiroler Landeshauptstadt Innsbruck hat dergleichen zu bieten. Dass die Innsbrucker besonders stolz auf ihre Hausberge sind, mag ihnen keiner verwehren – und so sei ein bisschen Lokalpatriotismus erlaubt.

Nachdem heutzutage – in Zeiten rarer schneereicher Winter – kaum noch jemand ganz unten an den Ufern des Inn startet, sondern man zumindest bis zur Talstation des Glungezerliftes in Tulfes fährt, reduziert sich die Höhenmeterdistanz bereits auf maximal 1700 Höhenmeter. Nachdem der Tour aber als zweites Attribut genauso gut »flexibelste Skitour Tirols« verliehen werden könnte, ist das noch lange nicht das Ende der Fahnenstange. Verschiedene Ausgangspunkte und mehrere Liftanlagen ermöglichen eine perfekte Anpassung der unterschiedlichen Teilstücke nach dem Baukastenprinzip an die persönlichen Höhenmeterwünsche.

Fährt man mit dem Auto bis zur Glückserhütte, sind es noch 1350 Höhenmeter, beginnt man an der Seilbahnstation Halsmarter, reduziert sich der Anstieg auf 1100 Höhenmeter. Löst man eine Tourengeherkarte über zwei Sektionen, beginnt man an der Tulfeinalm, und dann sind es noch gut 600 Höhenmeter – die sich mit dem Sessellift aufs Tulfeinjöchl sogar auf 400 Höhenmeter verkürzen ließen. Insbesondere für Familien also der perfekte Tourenberg. Während Papa mit den Kindern die kurze Variante zur Glungezerhütte aufsteigt und schon mal die Germknödel bestellt, kann sich die sportliche Mama auf der vollen Strecke so richtig austoben. Danach genießt man zusammen am Gipfel die Rundsicht und schwingt gemeinsam hinab zur Piste und über diese zurück zum Ausgangspunkt.

Kurze Querung mit Drahtseilversicherung zur Glungezerhütte.

Tuxer Alpen

Ausgangspunkt: Von der Autobahnausfahrt Hall-Mitte links unter der Autobahn hindurch, auf der Bergstraße hinauf nach Tulfes zur Talstation der Glungezerbahn (960 m). Wer ohne Seilbahnunterstützung aufsteigt, kann der Straße noch weiter bis zur Gluckserhütte folgen (1337 m).
ÖPNV: Mit Zug von München bis Innsbruck und mit dem Bus nach Tulfes (Fahrzeit 2.30–3 Std.).
Aufstiegszeiten: Tulfes – Gluckserhütte 1 Std., Gluckserhütte – Station Halsmarter 45 Min., Station Halsmarter – Tulfeinalm 1.15 Std., Tulfeinalm – Tulfeinjöchl 30 Min., Tulfeinjöchl – Glungezer 1 Std.
Anforderungen: Skitechnisch unproblematische Skitour entlang flacher bis mittelsteiler Skipisten und freier Hänge. Je nach Seilbahnbenutzung können die zurückzulegenden Höhenmeter zwischen 640 m und 1700 m variieren.
Hangrichtung: Vorwiegend Nord.
Lawinengefährdung: Auf der üblichen, ausgeschilderten Route kaum lawinengefährdet. Vor allem für die Abfahrt gibt es aber zahlreiche Varianten, die teilweise sichere Verhältnisse erfordern.
Einkehr: Glungezerhütte (2610 m), während der Tourensaison geöffnet, Tel. +43 5223 78018, glungezer-huette.at. Zahlreiche weitere Einkehrmöglichkeiten entlang der Route.
Karten: f&b WK 151, AV 33 Tuxer Alpen.

Aufstieg zur Tulfeinalm
1. Mit der Glungezerbahn in zwei Sektionen.
2. Vom Parkplatz links haltend hinaus zu den Wiesen von Windegg und nach rechts aufwärts zur Gluckserhütte. Bis hierher auch Auffahrt mit Pkw möglich. Weiter geht's immer am Rand der Piste hinauf zur Waldgrenze und weiter zur sichtbaren Liftstation an der Tulfeinalm.

Aufstieg zum Gipfel
Links der Liftanlagen steigen wir entlang der Piste in einem Bogen hinauf zum Tulfeinjöchl. Nun verlassen wir das

Eindrucksvoller Tiefblick auf Innsbruck bei der Abfahrt vom Glungezer.

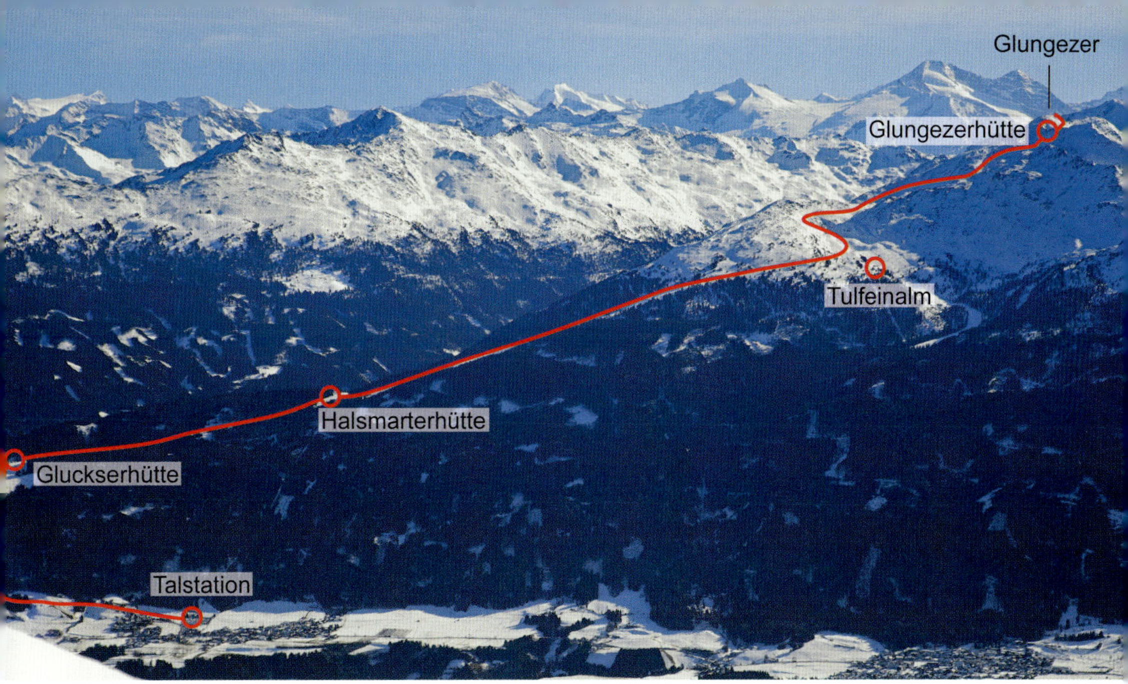

Der Routenverlauf von Norden gesehen.

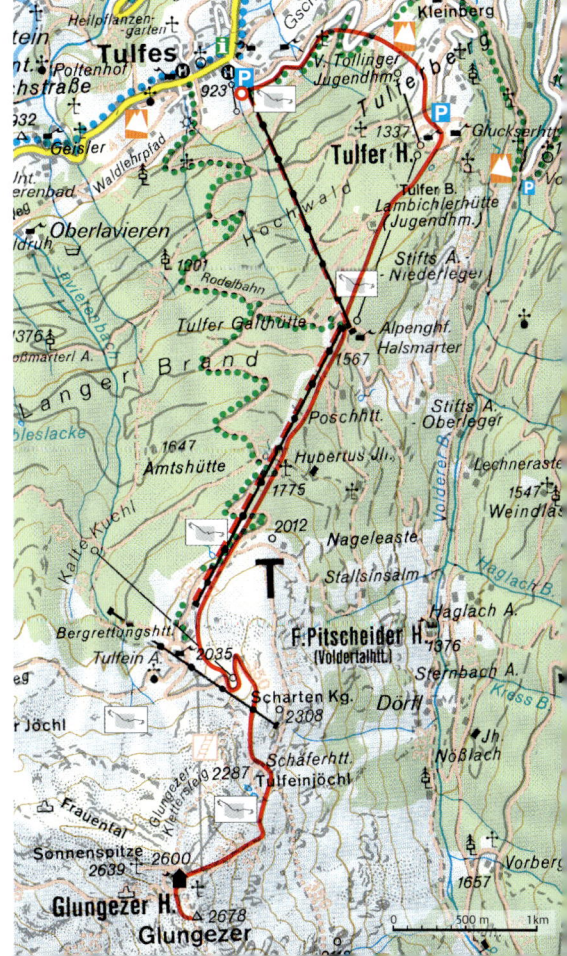

Skigebiet und folgen den Markierungsstangen durch das kupierte Gelände bis unter den Gipfelhang der Sonnenspitze. Hier queren wir nach links zu der in einer Mulde gelegenen Glungezerhütte. Hinter der Hütte führt der Gipfelanstieg über einen kurzen steileren Hang und zum Schluss flacher zum Kreuz und ein Stück weiter zum höchsten Punkt.

Abfahrt

Für die Abfahrt gibt es neben der Aufstiegsroute viele verschiedene Varianten, die jedoch alle sichere Verhältnisse, gute Sicht und/oder Ortskenntnis voraussetzen, da vor allem im viel verzweigten oberen Teil die Orientierung bei Nebel oder Schneefall problematisch ist. Die beliebteste Variante ist der »Osthang«, der rechts der Aufstiegsroute zum Tulfeinjöchl hinabführt. Daneben gibt es die Möglichkeit, über das Frauental und den »Hirschvogelhang« in die Kalte Kuchl abzufahren. Von dort ist allerdings ein Gegenanstieg oder eine erneute Auffahrt mit dem Lift zur Tulfeinalm erforderlich.

Tuxer Alpen

72 Naviser Kreuzjöchl, 2536 m
Von Navis über die Naviser Hütte

3.00 Std.
1150 Hm

Vielfältiger Skiberg im Herzen der Tuxer Alpen

Das Navistal zweigt auf halber Strecke zwischen Innsbruck und Brenner vom Wipptal nach Osten ab und ist von Innsbruck, einer Hochburg von Skitourengehern, aus sehr schnell erreichbar. Kein Wunder, dass auf den gängigen der dortigen Skiberge Einsamkeit unbekannt ist. Auch das Naviser Kreuzjöchl bildet hier keine Ausnahme, insbesondere da es auch noch der zentrale Berg auf der Südseite des Tales ist. Einen großen Vorteil weist es allerdings gegenüber vielen anderen beliebten Modebergen auf: Es gibt nur wenige Tourengipfel, die derart viele verschiedene Abfahrtsmöglichkeiten bieten wie das Naviser Kreuzjöchl. Von seinem Gipfel kann man in alle vier Himmelsrichtungen abfahren, nach Norden und Westen sogar auf mehreren Routen. Mit Ausnahme der steilen, lawinengefährdeten Südabfahrt ins Schmirntal enden alle Abfahrten mehr oder weniger nahe beim Ausgangspunkt. So findet man mit etwas Kreativität an diesem Modeberg ruhige Momente und selbst nach einigen Schönwettertagen noch unverspurtes Gelände für die Abfahrt. Für den Aufstieg wählt die überwiegende Mehrheit der Gipfelaspiranten den hier beschriebenen Anstieg über die Naviser Hütte, der gegenüber dem Weg durch das Weirichtal lawinensicherer ist.

Ausgangspunkt: Von Matrei im Wipptal nach Osten ins Navistal. Ein Stück nach der Ortsmitte (Kirche) an der Gabelung rechts vom Bach bis zum Parkplatz.
ÖPNV: Aufgrund der langen Anreise empfiehlt sich eine Übernachtung vor Ort. Mit Zug von München bis Innsbruck und mit der S-Bahn nach Steinach. Von dort mit dem Bus nach Navis zur Haltestelle Schranzberg (Fahrzeit 3.15 Std.). Gehzeit zum Parkplatz 5 Min.

Aufstieg im Bereich der Stöcklalm.

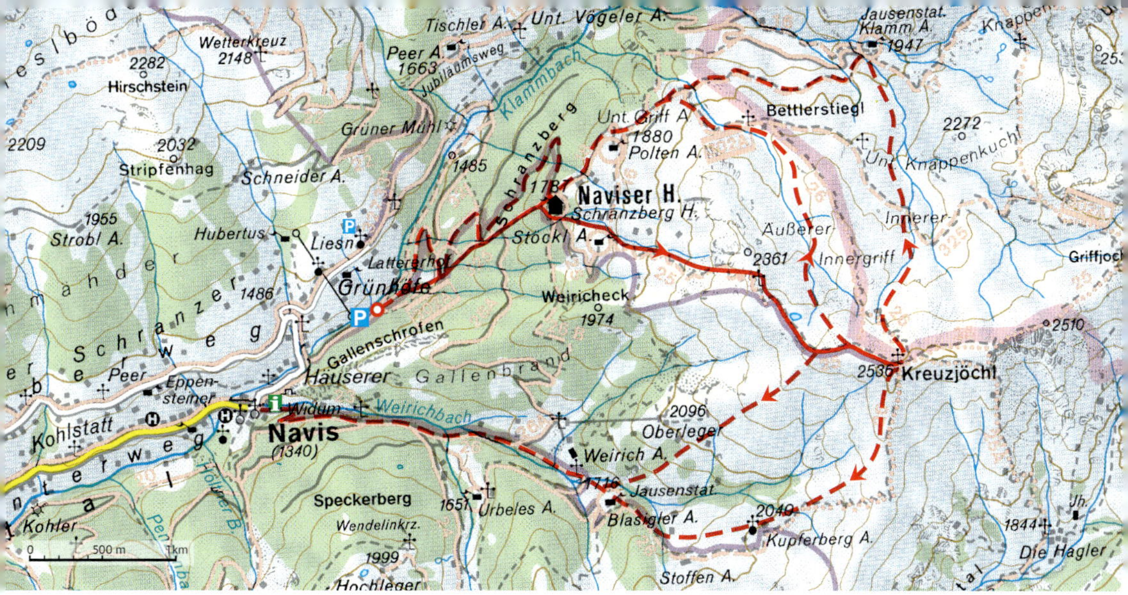

Aufstiegszeiten: Parkplatz – Naviser Hütte 1 Std., Naviser Hütte – Naviser Kreuzjöchl 2 Std.
Anforderungen: Einige Stellen an der Rinne oberhalb der Stöcklalm und am Gipfelgrat erfordern Routine bei Spitzkehren. Am Übergang vom Vorgipfel zum Hauptgipfel schmaler Schneegrat. Die Waldschneise unter der Naviserhütte ist manchmal eine harte Buckelpiste.
Hangrichtung: West und Nord.
Lawinengefährdung: Aufgrund der über den gesamten Winter häufigen Begehungen ist auf der Standardroute nur bei sehr kritischen Verhältnissen mit Lawinen zu rechnen. Für die Abfahrtsvarianten ist auch bei mäßiger Lawinengefahr Einschätzungsvermögen zum Schneedeckenaufbau und eine angemessene Spurwahl erforderlich; besonders gilt das für die Abfahrten Richtung Weirichtal.
Einkehr: Die Naviser Hütte wurde zu einem Appartementhaus umgebaut, kein Gastbetrieb mehr.
Karten: f&b WK 241, AV 33 Tuxer Alpen.

Ein Skitourengelände wie vom Landschaftsarchitekten gestaltet.

Aufstieg
Vom Parkplatz folgt man der Rodelbahn und nach wenigen Minuten rechts der vor einigen Jahren ausgeschnittenen Skitourenschneise bis zur Naviser Hütte. Nach der Hütte hält man sich rechts und steigt oberhalb der Stöcklalm gegen das Weirichegg an, um kurz vor diesem Geländekamm links durch eine schmale, zwischendurch etwas steilere Mulde nach Osten zum Grat aufzusteigen. Hat man diese steilste und bei hartem Schnee unangenehme (evtl. Harscheisen) Stelle hinter sich gebracht, befindet man sich auf einem flachen, breiten Kamm, den man nach Süden verfolgt. Hier steilt sich der Rücken wieder etwas auf und führt zu einem pyramidenförmigen Vorgipfel. Ein je nach Schneelage oft recht schmaler Grat führt nun zuerst leicht abwärts, zuletzt wieder einige Meter bergauf, zum Gipfelkreuz.

Abfahrt
Welche von den vielen Abfahrtsmöglichkeiten man wählt, hängt vor allem von der Lawinenlage und der Schneequalität ab. Vom Gipfel direkt nach Nordosten hinab breiten sich weitläufige Skihänge zur Klammalm aus. Um von dort zurück zur Aufstiegsroute zu kommen, fährt man auf dem Fahrweg noch ein Stück ab bis zur ersten scharfen Rechtskehre und steigt dann mit Fellen den Nordhang querend wieder knapp 100 Hm zur Naviser Hütte auf. Wenn man vom Vorgipfel nach Norden durch das schmale Tälchen des »Außergriff« abfährt, gelangt man ohne Gegenanstieg dorthin. Bei widrigen Bedingungen in der Waldschneise kann man von der Naviser Hütte auch über die Rodelbahn abfahren.

Varianten
Weitere Abfahrtsoptionen führen jeweils vom Gipfel und Vorgipfel nach Westen ins Weirichtal. Diese enden aber in der Naviser Ortsmitte, sodass etwa 1 Kilometer an der Straße entlang wieder zum Ausgangspunkt aufgestiegen werden muss.

Oben: In den breiten Pulverhängen über der Klammalm.
Rechts: Die letzten Meter zum Gipfelkreuz, tief unten der Kaserer Winkel des Schmirntales.

Tuxer Alpen

73 Morgenkogel, 2607 m
Aus dem Viggartal über das Meißner Haus

4.15 Std. | 1500 Hm

Leichter Skiberg hinter dem Patscherkofel

Das Viggartal versteckt sich etwas hinter dem Patscherkofel, weshalb vergleichsweise wenige Tourengeher dorthin finden. Weit drinnen im Tal liegt das nette Meißner Haus der DAV-Sektion Ebersberg-Grafing, das einen vorzüglichen Stützpunkt für ein verlängertes Skitourenwochenende abgibt. So muss man den langen und wenig spannenden Talhatscher entlang der Rodelbahn nur einmal auf sich nehmen und hat dann die Auswahl aus einer Handvoll lohnender und nicht allzu häufig begangener Skitouren.

Neben dem Hausberg – der Viggarspitze – können Sonnenspitze und Glungezer genauso bestiegen werden wie die Kreuzspitze am Talende. Der wohl meistbegangene Tourenberg im Tal ist jedoch der Morgenkogel. Seine breiten Ost- und Nordhänge sind oberhalb der Waldgrenze hindernislos, und auch der Waldgürtel im unteren Teil weist viele Schneisen und nur licht bewachsene Zonen auf, sodass eine Abfahrt bei hoher Schneelage fast überall möglich ist. Darüber hinaus ist bei überlegter Routenwahl nur sehr selten mit ernsthaftem Lawinenrisiko zu rechnen.

Auch um die Schneesicherheit der Tour ist es besser bestellt als es bei der Anreise häufig scheint. Wer von Innsbruck hinauffährt nach Ellbögen, wird sich in diesem generell niederschlagsarmen Landstrich, der zudem noch besonders dem Föhn ausgesetzt ist, oftmals fragen, ob das gewählte Ziel die richtige Entscheidung war. Allerdings ist das schattige, windgeschützte Viggartal selbst bei wenig Schnee meist spätestens ab der Lourdeskapelle nach 15 Minuten Fußmarsch weiß. Auf der permanent präparierten Rodelbahn hält sich der Schnee zudem besonders lang, und je weiter man taleinwärts kommt, desto besser präsentiert sich üblicherweise die Schneelage.

Vom Gipfel des Glungezer lässt sich der Routenverlauf einsehen.

Der Gipfelkamm ist zwar etwas abgeblasen, der Ausblick ins obere Inntal dafür umso schöner.

Ausgangspunkt: Von Patsch oberhalb von Innsbruck in Richtung Ellbögen bis nach Mühltal. Vor der Brücke links abbiegen und auf steiler Straße hinauf zum Parkplatz am Ortsende (1100 m).
ÖPNV: Mit Zug von München bis Innsbruck und mit dem Bus Ellbögen zur Haltestelle Mühltal (Fahrzeit ca. 3 Std.). Gehzeit zum Parkplatz 5 Min.
Aufstiegszeiten: Mühltal – Meißner Haus 1.45 Std., Meißner Haus – Morgenkogel – 2.30 Std.
Anforderungen: Weitgehend unschwierige Skitour. Hüttenzustieg entlang meist gut präparierter Rodelbahn. Gipfelanstieg über mittelsteile Waldschneisen, die vereinzelt Spitzkehren erfordern, oberhalb dann weitläufiges Gelände, das meist flach bis mittelsteil ist.
Hangrichtung: Bis zur Hütte Nordwest, Gipfelaufstieg Nord.
Lawinengefährdung: Nur nach großen Neuschneemengen und bei ungünstigem Schneedeckenaufbau sind einige Abschnitte der Route von Lawinen bedroht – ansonsten eine relativ lawinensichere Tour.
Einkehr: Meißner Haus (1720 m), ganzjährig bewirtschaftet, Tel. +43 512 377697, meissner-haus.at.
Karten: f&b WK 151, AV 33 Tuxer Alpen.

Aufstieg

Entlang der Rodelbahn geht es anfangs in zügiger Steigung, später flacher taleinwärts. Nach gut eineinhalb Stunden führt beim Niederleger der Viggaralm eine Brücke nach links über den Bach, und nach wenigen Metern erreichen wir das Meißner Haus. Von der Hütte rutschen wir das kurze Stück am Weg hinab zum Bach und steigen gleich jenseits durch eine Waldschneise relativ steil etwa 200 Höhenmeter auf.

Bald lichtet sich der Wald und über freie Hänge geht es rechts haltend aufwärts, um einen kurzen Steilhang zu umgehen. Danach halten wir uns links hinauf zum Signalkopf. Unterhalb seines höchsten Punktes queren wir rechts in stark kupiertes Gelände, durch das wir weiter nach Süden aufsteigen bis unter den steilen Gipfelhang. Jetzt ziehen wir nach rechts hinaus zum Westrücken und steigen über diesen hinauf zum Gipfel.

Ideale Pulverschneemulden auf der Nordseite des Morgenkogels.

Abfahrt

Die Abfahrt folgt ungefähr der Aufstiegsroute. Vor allem im oberen Teil kann man bei genügend Schnee und sicherer Lawinenlage überall abfahren, aber auch im untersten Waldgürtel finden sich immer wieder Schneisen, die hinabführen zum Bach. Rechts (im Abfahrtssinne) der Aufstiegsroute wird das Gelände aber bald zu steil und felsig, daher sollte man sich im Zweifel eher links halten. Es gibt auch eine Direktabfahrt ins Tal für den letzten Tag eines Hüttenaufenthalts. Dieser führt über die Profeglalm zur Rodelbahn.

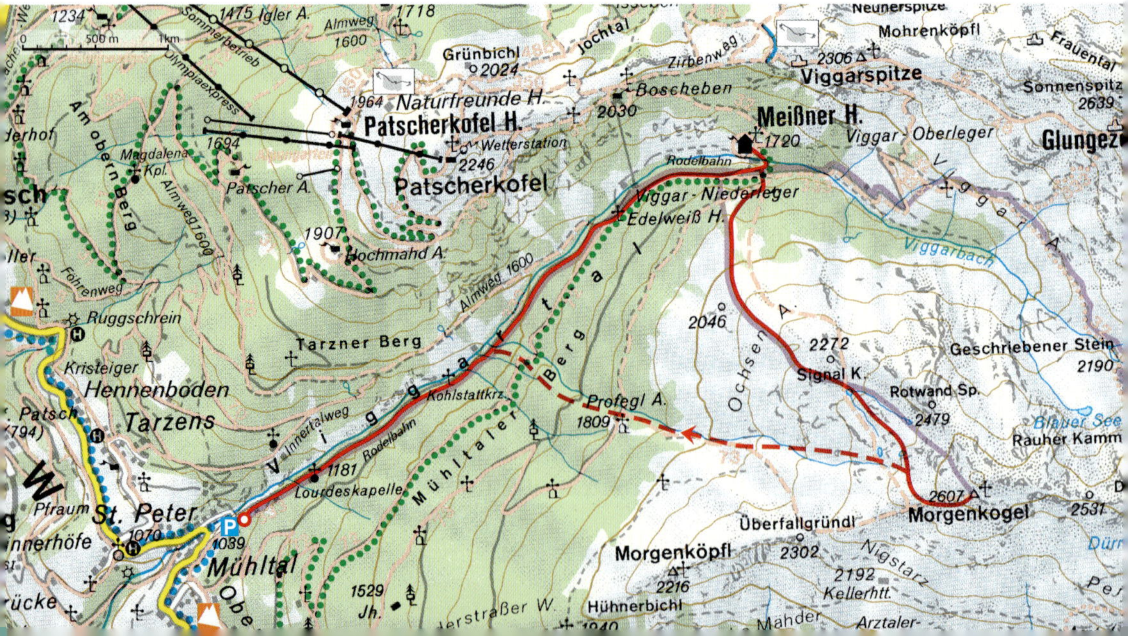

Silvretta

74 Dreiländerspitze, 3197 m
Aus dem Jamtal über die Jamtalhütte

3.30 Std.

1050 Hm

Hochalpine Skitour zum südwestlichsten Punkt Tirols

An der Nahtstelle von Vorarlberg, Tirol und Graubünden ragt diese steile Pyramide aus Eis und Fels auf und ist gleichzeitig der südwestlichste Gipfel dieses Skitourenführers. Für eine Tagestour ist die Anfahrt nach Galtür sicherlich zu weit – hinzu kommt der lange Hüttenzustieg. Neben der beschriebenen Route vom Jamtal wird die Dreiländerspitze auch häufig von der Wiesbadener Hütte angegangen, die allerdings für Münchner Bergsteiger noch umständlicher – aus dem Montafon in Vorarlberg – erreichbar ist. Eine lohnendere Alternative wäre der Aufstieg von der gemütlichen Tuoi-Hütte aus dem Unterengadin in Graubünden über den Vermunt-Pass.
Unser Ausgangspunkt liegt noch in Tirol im Bergdorf Galtür, das 1999 zu trauriger Berühmtheit gelangte. Eine gewaltige Staublawine ist damals in den Ort gedonnert und hat 15 Einwohner getötet – darunter auch Ehefrau und Mutter des jetzigen Hüttenwirtes der Jamtalhütte, Gottlieb Lorenz. Zahlreiche neue Lawinenverbauungen im Paznauntal und rund um Galtür entstanden unter dem Eindruck jener Katastrophe. Die Lawinengefahr ist auch im Zustieg zur Jamtalhütte zu beachten. Viele Lawinenkegel sind hier nach schneereichen Wintern zu queren. Befindet man sich erst einmal auf der Hütte, dann ist das Schlimmste schon überstanden. Der berüchtigte Lawinenhang unmittelbar südlich des Gebäudes lässt sich leicht umgehen, und der Aufstieg über den flachen Gletscher zur Oberen Ochsenscharte ist in dieser Hinsicht ungefährlich. Erst am Gipfelhang sind wieder sichere Bedingungen nötig, und der Grataufstieg verlangt dann noch einmal Konzentration beim Gehen mit Steigeisen.

Ausgangspunkt: Galtür im Paznauntal. Parkplatz (gebührenpflichtig) unterhalb der Kirche oder im Frühjahr, wenn die Straße schneefrei ist und keine Lawinengefahr mehr besteht, ca. 1,5 km südlich im Jamtal an der Mentenalpe (1657 m).
ÖPNV: Mit dem Zug von München nach Landeck und mit dem Bus nach Galtür, Haltestelle Dorfplatz (Fahrzeit ca. 4 Std.).
Aufstiegszeiten: Galtür – Mentenalpe 30 Min., Mentenalpe – Scheibenalpe 1 Std., Scheibenalpe – Jamtalhütte 1.15 Std., Jamtalhütte – Jamtalferner 1 Std., Jamtalferner – Obere Ochsenscharte 1.30 Std., Obere Ochsenscharte – Skidepot 30 Min., Skidepot Gipfel – 30 Min.
Anforderungen: Hüttenzustieg über 500 Hm unschwierig entlang der Fahrstraße bzw. Schneemobilspur. Aufstieg zur Ochsenscharte technisch einfach über flache bis mittelsteile, hindernislose Hänge. Am Jamtalferner entlang der Route geringe bis mäßige Spaltensturzgefahr. Anstieg zum Skidepot über ca. 35 Grad steilen Hang, oft mit Harscheisen. Gipfelanstieg erfordert meist Steigeisen, stellenweise leichte Kletterei bis zum Vorgipfel. Übergang zum Gipfelkreuz plattige Kletterei im II. Schwierigkeitsgrad.
Hangrichtung: Nord und Nordost.
Lawinengefährdung: Ab der Jamtalhütte bis zur oberen Ochsenscharte bei überlegter Spuranlage nur nach starken Neuschneefällen lawinengefährdet. Der steile Gipfelhang verlangt jedoch eine sichere Lawinenlage.
Stützpunkt: Jamtalhütte (2165 m), geöffnet von Anfang März bis Mitte Mai, Tel. +43 5443 8408, jamtalhuette.at.
Karten: f&b WK 374, AV 26 Silvrettagruppe.

Die Dreiländerspitze von der Jamtalhütte.

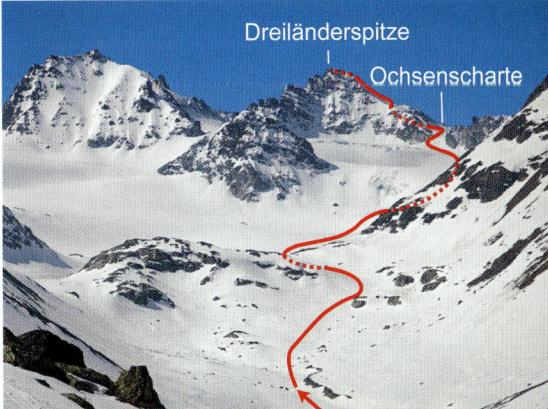

Griffige Verhältnisse im steilen Gipfelhang.

Am Gipfelgrat.

Hüttenzustieg
Ohne Orientierungsschwierigkeiten entlang der Fahrstraße/Pistenraupenspur taleinwärts bis zur Brücke über den Jambach. Nun entweder links den Fahrweg hinauf oder noch ein Stück im Talboden weiter und dann nach links hinauf zur Hütte. Im Frühjahr, wenn die Straße schneefrei ist, auch mit dem MTB möglich. Auf Anfrage wird man vom Wirt per Hüttentaxi am Parkplatz abgeholt.

Aufstieg zum Gipfel
Von der Hütte queren wir (nur bei sicherer Lawinenlage!) nahezu waagrecht nach Süden in den Talboden. Diese Querung lässt sich bei unsicheren Verhältnissen umgehen, indem man direkt ca. 30 Höhenmeter nach Westen in den Talboden abfährt. Nun geht's anfangs links vom Bach aufwärts bis zu einer Gabelung unterhalb einer Steilstufe. Diese überwinden wir rechts und gelangen anschließend nahezu eben zur

Gletscherzunge des Jamtalferners. Nun steigen wir immer nahe des rechten Gletscherrandes auf in Richtung Westen und ziehen in einem großen Bogen hinauf unter die Felsen der Ochsenscharte. Etwas steiler geht es nun nach Süden hinauf zur Oberen Ochsenscharte, die einen bequemen Übergang ins Ochsental ermöglicht. Von der Scharte queren wir unter einem Felsriegel leicht ansteigend nach Westen und erreichen so den dreiecksförmigen Gipfelhang. Dieser wird im unteren Teil am besten von rechts nach links überwunden bis zu einem Absatz am Nordgrat. Von hier gelangen wir mit einer ansteigenden Querung an den Westgrat, wo wir ein Skidepot einrichten. Für den weiteren Gipfelaufstieg sind meist Steigeisen hilfreich oder sogar nötig. Er verläuft in Schneerinnen und leichten Felsen (max. Schwierigkeitsgrad I) anfangs links, dann meist unmittelbar an der Gratschneide bis zum Vorgipfel. Das schwierigste Stück ist nun auf den letzten 30 Metern der Gratübergang zum Hauptgipfel in teilweise luftiger Kletterei bis Schwierigkeitsgrad II.

Abfahrt
Die Abfahrt erfolgt auf der Anstiegsroute.

Silvretta

75 Nördliche Augstenspitze, 3228 m
Von der Jamtalhütte über den Chalausferner

3.15 Std.

1300 Hm

Eine der schönsten Abfahrten im Jamtal

Das Tourengebiet der Jamtalhütte in der Silvretta gehört zu den besten und beliebtesten Skitourenrevieren der Ostalpen. Weite Gletscherflächen, steile Gipfelflanken und eine große, komfortable Hütte mit freundlicher und professioneller Bewirtschaftung sind die Attribute, die alljährlich Skitourengeher aus ganz Europa anlocken. Damit sich der lange Hüttenzustieg lohnt, sollte man sich einen längeren Aufenthalt hier vornehmen – Ziele gibt es genug. Neben der Dreiländerspitze (siehe vorhergehende Tour) sind Jamspitzen, Gemsspitze und Breite Krone beliebte Ziele.

Die schönsten Abfahrten verbergen sich aber meist auf dem Chalausferner, über den sich auch der höchste richtige Skiberg des Gebietes besteigen lässt. Die Nördliche Augstenspitze stellt dabei gleichzeitig den höchsten Skitourenberg in diesem Tourengebiet dar, da die felsigen Fluchthörner nur zu Fuß bestiegen werden können. Einen Wermutstropfen hat die Skitour aber dann doch. Der Übergang über die Fuorcla Chalaus ist in der Abfahrt nur mit einem kurzen Gegenanstieg machbar. Das erneute Anfellen schreckt aber die Massen zumindest soweit ab, dass es hier in der Regel etwas ruhiger zugeht als an den beliebtesten Nachbarbergen. Trotzdem ist auch der Chalausferner nach mehreren Schönwettertagen zur Hauptsaison mit einem dichten Zöpferlteppich überzogen.

Abfahrt vom Gipfel, rechts hinten die Fuorcla Chalaus.

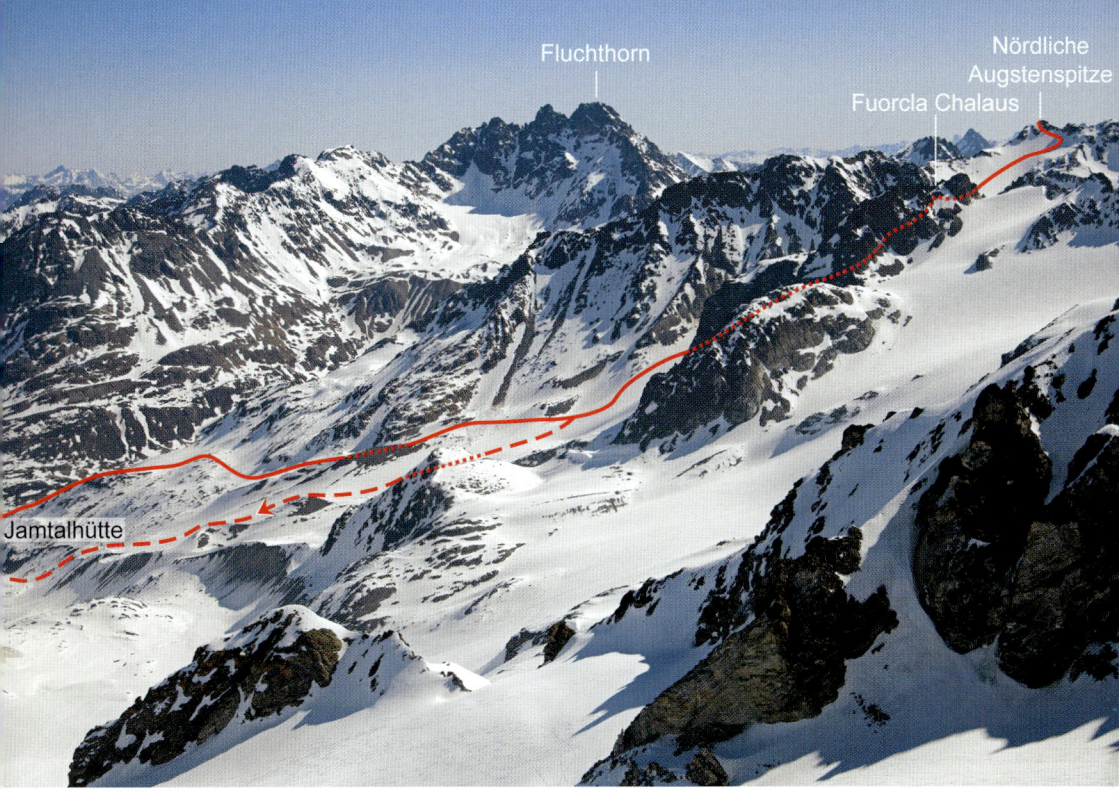

Blick von Westen auf die Augstenspitze und die felsigen Fluchthörner.

Ausgangspunkt und ÖPNV: Siehe Tour 74.
Aufstiegszeiten: Galtür – Mentenalpe 30 Min., Mentenalpe – Scheibenalpe 1 Std., Scheibenalpe – Jamtalhütte 1.15 Std., Jamtalhütte – Steinmannli 30 Min., Steinmannli – Fuorcla Chalaus 2 Std., Fuorcla Chalaus – Augstenberg 45 Min.
Anforderungen: Hüttenzustieg über 500 Hm problemlos entlang der Fahrstraße oder Schneemobilspur. Gipfelanstieg überwiegend mittelsteile Hänge, nur in die Fuorcla Chalaus eine kurze steile Stelle, wo die Ski getragen werden. Geringe Spaltensturzgefahr auf dem Chalausferner.
Hangrichtung: Nord und Nordwest, nach der Scharte Süd und West.
Lawinengefährdung: Aufstieg bis unter die Fuorcla Chalaus bei vernünftiger Routenwahl nur nach starken Neuschneefällen lawinengefährdet. Der Hang zur Scharte ist etwas steiler und kann auch bei starkem Südwind mit Triebschnee beladen sein. Bei der südseitigen Querung nach der Scharte sind sichere Bedingungen notwendig, sonst besser zum See hinabfahren und jenseits aufsteigen.
Stützpunkt und Karten: Siehe Tour 74.

Aufstieg

Der Zustieg zur Hütte erfolgt wie bei Tour 74 beschrieben. Von der Hütte steigen wir unmittelbar nach Süden über einen steilen Rücken oder die Mulden links davon hinauf zum »Steinmannli«. Nach der Querung eines Grabens geht es auf einer rampenähnlichen Terrasse weiter in Richtung Süden zur Seitenmoräne des Chalausferners. Über den Gletscher geht es nun meist in seiner Mitte – eine steilere Passage wird links umgangen – aufwärts bis in den großen flachen Gletscherkessel im oberen Teil. Genau im Süden liegt die Fuorcla Chalaus – wobei unser Übergang über die rechte (westliche) Einschartung führt, die durch einen markanten Felszacken gekennzeichnet ist. Die letzten Meter hinauf zur Scharte müssen die Ski in der Regel abgeschnallt werden. Von der Scharte rutschen wir mit den

Aufstieg über den Chalausferner.

Fellen nach Osten in eine Art Windkolk. Wenige Meter Aufstieg bringen uns hinauf auf seinen Kamm. Bei sicherer Lawinenlage können wir den folgenden steilen Südhang unterhalb der Felsen der Nördlichen Chalausspitze queren. Hat die Sonne diesen schon zu stark aufgeweicht, fahren wir sicherheitshalber ein Stück ab und steigen jenseits über den mittelsteilen Gletscher wieder auf bis unter die Einschartung zwischen den beiden Gipfeln des Augstenberg. Die nördliche Augstenspitze erreichen wir meist durch eine kurze, steile Querung hinaus auf die NW-Schulter und einen kurzen, breiten Grat, der bei guter Schneelage mit Ski bis zum höchsten Punkt begehbar ist.

Abfahrt
Vom Gipfel wird in der Regel bis zu dem kleinen Gletschersee abgefahren, und dort werden erneut die Felle aufgezogen.
Von hier sind ca. 80 Höhenmeter Gegenanstieg über den Windkolk zurück in die Scharte notwendig. Nach der Steilstufe des Chalausferners kann man (anstatt nach rechts über die Aufstiegsroute zur Hütte zurückzukehren) weiter geradeaus über den Gletscher und die folgende Mulde hinabfahren in den Talgrund. Von dort ist dann jedoch eine steile Querung (Achtung bei Lawinengefahr) oder ein kurzer Gegenanstieg von ca. 30 Höhenmetern zurück zur Hütte nötig.

Verwall

76 Hoher Riffler, 3168 m
Von Flirsch über die Gampernunalm

5.30 Std.

2100 Hm

Anspruchsvolle Skitour auf den höchsten Gipfel des Verwall

Der Hohe Riffler ist nicht nur der höchste Gipfel des Verwall, sondern auch einer der interessantesten Skiberge dieser Gebirgsgruppe. Mehr als 2000 Höhenmeter ragt der Gipfel über den tief eingeschnittenen Tälern von Trisanna und Rosanna auf. Von drei Seiten kann er mit Ski bestiegen werden. Von Pettneu am Arlberg gibt es eine Aufstiegsmöglichkeit über die Edmund-Graf-Hütte entlang des Normalwegs im Sommer. Auf einen langen Talmarsch folgen hier teils steile Westhänge. Ein weiterer Anstieg beginnt im Süden im Kappler Ortsteil Oberhaus und führt über ebenfalls steile Südhänge zu den Blankaseen und in einem weiten Rechtsbogen hinauf zum Skidepot am Südostgrat.

Die dritte Möglichkeit wird wohl am häufigsten begangen. Sie beginnt ganz unten im Stanzer Tal, unmittelbar hinter dem Bahnhof in Flirsch. Knapp 2100 Höhenmeter sind bis zum Gipfel zu überwinden – ein kleiner Gegenanstieg bei der Abfahrt macht die Höhenmeter-Bestmarke in diesem Führer dann voll. Alleine aus den konditionellen Anforderungen wird schon ersichtlich, dass es sich um eine anspruchsvolle Tour handelt. Hinzu kommen gewaltige Hänge, die beste Schneeverhältnisse erfordern, und ein luftiger Gipfelgrat, der Gewandtheit und Sicherheit beim Aufstieg mit Steigeisen voraussetzt.

Der Hohe Riffler ist ein Traum-Skitourenberg für universelle und erfahrene Skibergsteiger, der die Krönung einer Skitourensaison darstellen kann. Da die Verhältnisse aber oft nur wenige Tage im Winter von unten bis oben passen, sollte man in der Lage sein, diese spontan zu nutzen. Die beste Jahreszeit ist nicht – wie man bei der Gipfelhöhe vermuten möchte – im Frühjahr. Dann ist die Forststraße im unteren Teil in der Regel aper und ein mühsamer Fußabstieg unausweichlich. Außerdem weichen zu dieser Jahreszeit die südostseitigen Hänge so früh auf, dass der Aufstieg schon in der Nacht durchgeführt werden muss. Als ideal für diese Unternehmung haben sich in den letzten Jahren längere Hochdruckphasen mit sicherer Lawinenlage im Hochwinter erwiesen.

Die exponierte Steilrinne am Gipfelanstieg.

Verwall

Ausgangspunkt: Von der Arlbergstraße in Flirsch abfahren und Richtung Ortsmitte halten. Links zum Bahnhof abbiegen und gleich nach der Brücke links. Unter dem Bahngleis hindurch zu einigen Parkmöglichkeiten am Beginn der Forststraße zur Gampernunalm (1100 m).
ÖPNV: Mit dem Zug von München über Innsbruck nach St. Anton und mit Bus zur Haltestelle Flirsch-Lache (Fahrzeit ca. 4 Std.; Übernachtung vor Ort erforderlich).
Aufstiegszeiten: Flirsch – Gampernunalm 2 Std., Gampernunalm – Skidepot 3 Std., Skidepot – Gipfel 30 Min.
Anforderungen: Anspruchsvolle und lange Skitour für erfahrene Alpinisten. Bis zur Gampernunalm steiler Waldaufstieg zu Fuß oder mit vielen Spitzkehren, danach anhaltend mittelsteile bis steile Hänge zum Flirscher Ferner. Auf dem kleinen Gletscher mäßige Spaltensturzgefahr. Gipfelanstieg sehr steil und sehr exponiert mit Schneerinnen über 50 Grad und leichten Felskletterstellen – Steigeisen erforderlich.
Hangrichtung: Nordost – der große Steilhang oberhalb der Gampernunalm ist ost- und südostseitig exponiert.
Lawinengefährdung: Oberhalb der Gampernunalm sind bis zum Flirscher Ferner mehrere große Steilhänge mit bis zu 40 Grad zu überwinden. Hier ist sichere Lawinenlage und überlegte Spuranlage erforderlich.
Einkehr: Keine.
Karten: f&b WK 5504.

Aufstieg

Der Forststraße folgt man gut 5 Minuten aufwärts bis zur ersten Rechtskehre. Hier beginnt links des Grabens der Sommerweg zur Gampernunalm. Diesen steil durch den Wald aufwärts, immer links des Grabens bleiben. Nach etwa 120 Höhenmetern gibt's zwei Varianten: entweder nach links zu den Steinwiesen (ohne Spur nicht einfach zu finden) oder rechts dem Sommerweg weiter aufwärts folgen. In beiden Fällen erreicht man nach etwas mehr als einer halben Stunde wieder die Forststraße. Ihr folgt man nun aufwärts, nach einem ebenen Stück bei einer Abzweigung

Blick vom Blockfeld oberhalb der Gampernunalm Richtung Flirscher Ferner.

Am Eingang in das Kar mit dem Flirscher Ferner.

hält man sich links und gelangt so zur Gampernunalm. Beim ersten Schuppen quert man nach links über den Bach (so umgeht man die Wildfütterung, die im weiteren Verlauf der Straße kommt) und steigt auf der östlichen Talseite anfangs flach, dann zunehmend steiler auf bis in einen flachen Karboden, der von riesigen Gesteinsblöcken übersät ist.

Das Blockgewirr durchquert man eher links. Sobald man wieder freies Gelände erreicht, hält man sich scharf rechts bis zum oberen Ende des Blockfelds. Der Steilhang auf den folgenden 500 Höhenmetern erfordert unbedingt sichere Verhältnisse. Ob er besser rechts (südseitig) oder links (nordseitig) bewältigt wird, muss situativ entschieden werden. Nach der Hangkante erreicht man den Flirscher Ferner. Obwohl es sich um einen relativ kleinen Gletscher handelt, weist er doch alles auf, was dazu gehört, inklusive Eisbruch und Gletscherspalten. Trotzdem wird im Winter in der Regel auf Seil und Gurt verzichtet, da die Tour nur bei guter Sicht ratsam ist und dann den Spaltenzonen gut ausgewichen werden kann. Über den Gletscher steigt man ungefähr in seiner Mitte auf und zieht oben nach links an den Ansatz des Südostgrates vom Hohen Riffler. Durch

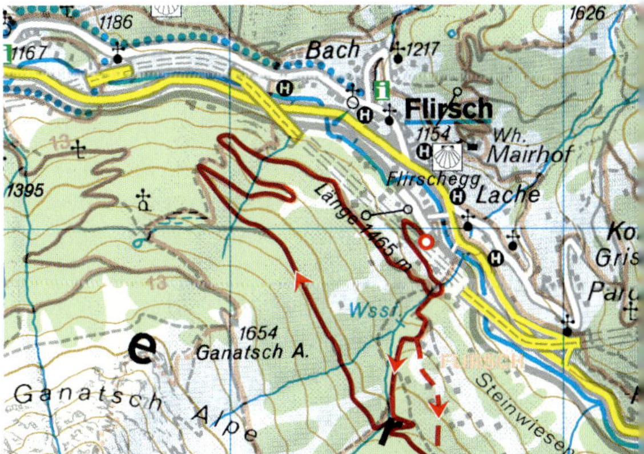

Am Beginn der 2000-Höhenmeter-Abfahrt.

ein kleines Kar rechts vom Grat gelangen wir zu einem flachen Absatz am Gratbeginn, wo wir das Skidepot einrichten (3020 m).

Der Gipfelanstieg erfordert in der Regel Steigeisen, und auch ein Pickel kann hilfreich sein. Anfangs steigen wir an dem etwa 50-55 Grad steilen Schneehang knapp rechts des Grates auf bis zu einem Felsriegel. Hier queren wir nach links und umgehen diese Steilstufe. Im Anschluss steigen wir an dem schmalen Grat noch einige Meter auf, bis er steiler und plattiger wird. Hier queren wir wenige Meter sehr luftig nach rechts in die Ostflanke und durch eine überraschend bequeme, ca. 55 Grad steile Schneerinne erreichen wir wieder den Grat. Knapp links vom Grat ohne weitere Schwierigkeiten über flaches Blockgelände zum Vorgipfel (mit Gipfelbuch). Der Übergang zum (gleich hohen) Hauptgipfel mit Kreuz ist deutlich schwieriger (ca. III. Schwierigkeitsgrad) und wird im Winter kaum durchgeführt.

Abfahrt

Bis zur Forststraße folgt man dem Aufstiegsweg. Die Straße wird im Winter in der Regel vom Jäger mit dem Skidoo befahren und lässt sich daher gut abfahren. Kurz unterhalb der Einmündung des Sommerwegs (ca. 1500 m) folgt ein ca. 800 m langes, leicht ansteigendes Stück (ca. 30 Höhenmeter), das geskatet werden muss. Wer mit den Kräften von der langen Tour schon arg am Ende ist, kann hier nochmal Pause machen, Felle aufziehen und den sanften Gegenanstieg gemütlich in 10 Minuten hinter sich bringen. Ab einem kleinen Jagdhaus geht's aber dann endgültig nur noch bergab und zurück zum Ausgangspunkt.

Ötztaler Alpen

77 Glockturm, 3355 m
Von der Kaunertalstraße durch das Riffltal

2.30 Std.

1000 Hm

Top-Tourenberg mit hohem Ausgangspunkt

Das Kaunertal ist von den großen Tälern der Ötztaler Alpen sicherlich das am wenigsten frequentierte Skitourengebiet. Dafür sorgt die etwas längere Anfahrt genauso wie die unverhältnismäßig teure Mautgebühr für die Gletscherstraße, die für die talauswärts gelegenen Touren bezogen auf das relativ kurze Stück umso heftiger zu Buche schlägt. Beide Argumente sprechen daher für einen längeren Aufenthalt im Tal. Allerdings bleibt dort nur das Gepatschhaus als Alternative oberhalb der Mautstelle, und das öffnet in der Regel erst ab Ostern.

Der Glockturm ist einer der wenigen ausgewachsenen Skidreitausender, die ohne Gletscherausrüstung begangen werden können. Die kümmerlichen Überbleibsel des Rifflferner weisen selbst im Sommer kaum noch Spalten auf, und der Gipfelanstieg ist technisch ebenso unproblematisch. Nur bei sehr harten Verhältnissen sind Steigeisen notwendig, diese sollte man also im Zweifel mitnehmen, wenn man unbedingt auf den Gipfel möchte.

Zwei Täler ermöglichen den Zugang zu diesem Ötztaler Paradeberg: das Riffltal und das Krummgampental. Bei Pulverschnee ist in der Regel das Riffltal die bessere Wahl, da die oberen Hänge schattiger sind, während im Krumgampental die Südosthänge oft schöne Firnabfahrten bieten können. Möchte man beide Varianten verbinden und durch eines der Täler aufsteigen und das andere abfahren, kann man auch an der Talstation des Sesselliftes parken und hat so einen gemeinsamen Ausgangs- und Endpunkt. Allerdings verlängert sich dann auch die Aufstiegsleistung um etwa 200 Höhenmeter.

Unterwegs im Riffltal – den Gipfel stets im Blick.

Ostansicht von Rioffltal und Glockturm.

Ausgangspunkt: Von Landeck auf der Reschenpassstraße nach Prutz und nach links ins Kaunertal. Kurz nach Feichten Mautstation (diese öffnet erst ab 7.00 Uhr, Stand 2024/25). Auffahrt bis zum Parkplatz Rifflboden (ausgeschildert, 2340 m). Alternativ kann man bereits am Parkplatz des Sesselliftes (ca. 2180 m) starten.
ÖPNV: Von München sehr aufwändig, nur mit Übernachtung im Kaunertal und Skibusauffahrt am nächsten Morgen. Anreise mit Zug bis Landeck und weiter mit Bus ins Kaunertal. (Fahrzeit 4–5 Std.).
Aufstiegszeiten: Parkplatz – Unterer Rifflsee 1.15 Std., Unterer Rifflsee – Glockturm 1.15 Std.
Anforderungen: Bis zu den Rifflseen unschwieriger Anstieg entlang flacher bis mittelsteiler Hänge. Gipfelanstieg teilweise steil – für den Gipfelgrat können bei ungünstigen Verhältnissen Steigeisen notwendig sein. Am Gletscher kaum Spaltensturzgefahr.
Hangrichtung: Vorwiegend Ost, im Krummgampental häufig Südost.
Lawinengefährdung: Die Lawinengefährdung ist relativ überschaubar und beschränkt sich auf einige kurze steilere Stufen im Riffltal und auf den Gipfelhang. Letzterer sollte allerdings wirklich sichere Bedingungen aufweisen, sofern man ihn mit Ski abfahren möchte.
Einkehr: Keine.
Karten: f&b WK 254, AV 30/2 Ötztaler Alpen, Weißkugel.

Aufstieg

Vom Parkplatz Rifflboden (hierher vom unteren Parkplatz links des Rifflbaches aufsteigen) folgen wir dem Rifflbach auf seiner linken Seite hinein ins Riffltal. Der erste Talboden wird rechts von einer Steilstufe begrenzt, die wir links umgehen und über schön kupiertes Gelände zum unteren Rifflsee gelangen. Leicht links haltend geht es nun über einen weiten Hang hinauf zu den Resten des Rifflferners, wo wir kaum mit Spalten rechnen müssen. Der steile Gipfelaufbau wird in seinem unteren, flacheren Teil von einer breiten Terrasse durchzogen. Über eine kurze Steilstufe erreichen wir anfangs eher links diese Terrasse und ziehen auf ihr nach rechts zum Beginn des Nordgrates. So hoch wie möglich mit Ski, dann zu Fuß über einen steilen Schneehang auf den Gipfelgrat. Flach geht's noch einige Meter über Felsblöcke hinüber zum Gipfelkreuz. Bei Lawinengefahr kann die Querung zum Nordgrat und der Aufstieg über diesen evtl. problematisch sein – dann besteht auch die Möglichkeit, nach links zum meist abgeblasenen Ostrücken zu queren und über diesen – in der Regel zu Fuß – aufzusteigen.

Abfahrt
Entlang der Aufstiegsroute. Die Abfahrt durchs Krummgampental (siehe Variante) ist ebenso möglich, aber skifahrerisch etwas weniger interessant.

Variante
Eine weitere Aufstiegsmöglichkeit gibt es durch das Krummgampental (Parkplatz etwa 1 km oberhalb vom Rifflboden): durch den noch etwas flacheren Talboden als beim Riffltal bis in eine Höhe von etwa 2800 m. Hier hält man sich rechts über eine Rampe zu einer Einsattelung knapp westlich des »Habicht« und gelangt so auf den Rifflferner. Weiter wie oben beschrieben.
Wer sich Aufstieg und Abfahrt verlängern möchte, kann auch vom Parkplatz am Sessellift starten und von dort jeweils zu den Parkplätzen an der Gletscherstraße aufsteigen.

Aufstieg vor der Kulisse von Wildspitze und Hochvernagtspitze.

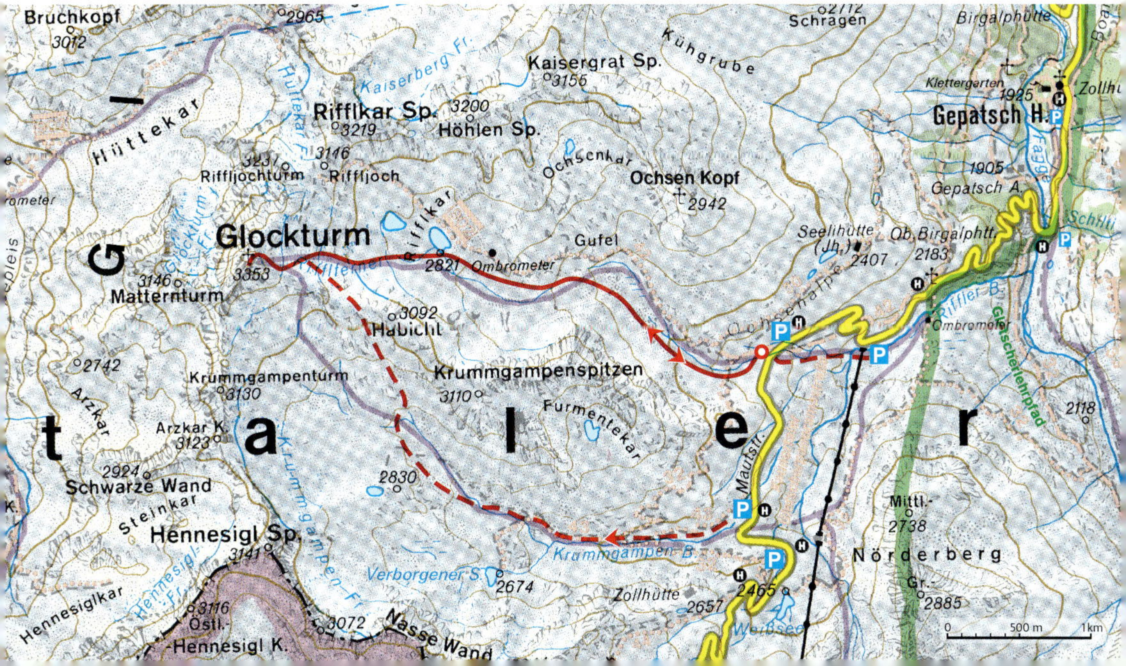

Ötztaler Alpen

78 Wildspitze, 3770 m
Vom Taschachhaus über die Petersenspitze

5.15 Std.

1400 Hm

Über die landschaftlich schönste Skiroute auf den höchsten Berg Tirols

Die Wildspitze ist nicht nur der höchste Berg der Ötztaler Alpen, sondern nach dem Großglockner sogar der zweithöchste Berg Österreichs. Aufgrund ihrer exponierten Position ist sie natürlich ein hervorragender Aussichtsberg. Trotz der Höhe und der eindrucksvollen Vergletscherung auf der Nordseite ist sie technisch relativ einfach zu besteigen. Deshalb gehört dieser Renommee-Gipfel natürlich in das Standardrepertoire jedes Skihochtourengehers und fast jeder Bergsteigerschule. Entsprechend viel Betrieb herrscht an diesem Berg zur Hochsaison.

Das liegt zu einem großen Teil auch an der schnellen Zugangsmöglichkeit aus dem Pitztaler Gletscherskigebiet. Mit einem Anstieg von knapp 800 Höhenmetern ist die Wildspitze von dort auch für konditionell weniger trainierte Tourengeher erreichbar, was natürlich ihre Attraktivität bei einem Publikum steigert, das man ohne diese Aufstiegshilfe dort nicht antreffen würde. Trotzdem ist der Kulminationspunkt Tirols auch für den Individualbergsteiger noch ein lohnendes Ziel – sofern er eine Route wählt, die den Massenauflauf weitgehend meidet.

Neben dem beliebten, aber recht flachen Anstieg von der Vernagthütte ist vor allem die hier beschriebene Route aus dem Taschachtal eine lohnende Alternative und wohl der landschaftlich schönste Winteranstieg auf die Wildspitze. Der schöne Winterraum am Taschachhaus bietet sich für einen mehrtägigen Aufenthalt an, da neben der Wildspitze noch viele weitere interessante Tourenmöglichkeiten locken.

Aufstieg zum Nordgipfel der Wildspitze über den Westgrat.

Tiefblick von der Bliggspitze auf das Taschachhaus und den Taschachferner.

Ausgangspunkt: Von Imst durchs Pitztal bis ans Talende zum Großparkplatz zwischen Mandarfen und Mittelberg (1700 m).
ÖPNV: Von München mit dem Zug über Innsbruck bis Imst und weiter mit dem Regionalbus ins Pitztal bis zur Endhaltestelle Mittelberg-Gletscherbahn (Fahrzeit ca. 4 Std.).
Aufstiegszeiten: Mittelberg – Taschachhaus 2.30 Std., Taschachhaus – Urkundsattel 1.45 Std., Urkundsattel – Petersenspitze 2 Std., Petersenspitze – Wildspitze 1.30 Std.
Anforderungen: Hochalpine Skitour durch stark vergletschertes Gelände. Einige kurze steile Stellen im Aufstieg erfordern sichere Gehtechnik mit Harscheisen oder Steigeisen. Über weite Strecken besteht auf den Gletschern Spaltensturzgefahr, das Abfahren am Seil sollte beherrscht werden, sofern die Verhältnisse dies erfordern. Bei schlechter Sicht kann die Orientierung ohne Spur sehr problematisch sein. Hüttenzustieg 750 Hm.

Hangrichtung: Vorwiegend West und Nord.
Lawinengefährdung: Es handelt sich um eine typische Frühjahrstour. Zu dieser Jahreszeit besteht im Taschachtal insbesondere am Nachmittag bei Erwärmung erhöhte Gefahr von Nassschneelawinen aus den Flanken des Mittagskogel. An warmen Tagen bei später Abfahrt ist daher eine weitere Nacht auf der Hütte zu überlegen. Sollte die Tour bei winterlichen Bedingungen ausgeführt werden, ist ein absolut sicherer Schneedeckenaufbau notwendig, vor allem für die Überschreitung der Taschachwand.
Stützpunkt: Taschachhaus (2434 m) im Taschachtal. Im Winter ist nur das Winterhaus (Selbstversorgerraum) geöffnet. Dieses ist gut mit Ofen, Holz, Geschirr und Besteck sowie gemütlichen 27 Lagern ausgestattet, die in der Regel selbst an Spitzentagen (v. a. Ostern) kaum komplett belegt sind.
Karten: f&b WK 251, AV 30/6 Ötztaler Alpen, Wildspitze.

Hüttenzustieg

Vom Parkplatz wenige Meter nach Westen zu einer Almstraße. Auf dieser nach Süden hinauf zur Taschachalm. Von der Alm leicht abwärts zu einer Brücke über den Taschachbach und auf der linken Bachseite (meist Schneemobilspur) recht flach taleinwärts bis zur Materialseilbahn vom Taschachhaus. Hier nach rechts über einen Hang aufwärts hinter die Seitenmoräne und auf der westlichen Abdachung der Moräne aufwärts zum Taschachhaus. Das Winterhaus ist das erste, etwas vorgelagerte Gebäude.

Anstieg zum Gipfel

Vom Taschachhaus leicht abwärts nach Westen zum Sexegertenbach. Nun bleibt man im Talgrund und steigt ein Stück nach Westen, bis man nach links über die Moräne zu den nordwestlichsten Ausläufern des Pitztaler Urkund aufsteigen kann. Durch eine steile Mulde im linken Teil des Sexegertenferners erreichen wir den flacheren Gletscherkessel südlich der Felsen des Pitztaler Urkund und steigen nach Osten auf zum Urkundsattel. In einem leichten Rechtsbogen geht's leicht ansteigend nach Osten weiter bis kurz vor das Taschachjoch. Eine kurze, aber nach oben hin sehr steile Flanke muss nun nach links hinauf überwunden werden, wobei meistens Harscheisen sinnvoll sind. Je nach Schneebeschaffenheit ist es sogar notwendig, die Ski kurz an den Rucksack zu nehmen und mit Steigeisen aufzusteigen. Ohne weitere Schwierigkeiten geht es nun auf dem breiten Gletscherkamm nach Osten, bis er plötzlich zu einem schmalen Grat wird. Am besten fährt man hier ca. 50 Höhenmeter nach rechts auf die Vernagtferner-Seite ab (evtl. Felle drauf lassen) und steigt durch eine breite Südmulde auf ins Taschach-Hochjoch. Über den nun wieder etwas breiteren Grat kann man je nach Verhältnissen mit Ski oder zu Fuß problemlos zur Petersenspitze (3484 m) aufsteigen.

Von der sanften Schneekuppe fahren wir (meist wieder mit Fellen) etwa 50 Höhemeter nach Osten hinab in den weiten Gletscherkessel unter dem Brochkogeljoch. Ohne Höhengewinn geht's nun nördlich um den steilen Hinteren Brochkogel herum, wo wir auf die meist breit ausgetretene Aufstiegsspur vom Skigebiet/Mittelbergjoch treffen. Eine kurze, etwas steilere Stufe führt nun hinauf zu einer weiteren Terrasse unterhalb des Gipfelaufbaus. Bei viel Betrieb ist es besser, sich nach links an den Westgrat des Nordgipfels zu wenden. Über den Grat mit Steigeisen zu Fuß ohne größere Probleme zum Nordgipfel. Der nahezu gleich hohe Südgipfel mit Gipfelkreuz kann von hier auf Wunsch entlang des Grates ohne Schwierigkeiten bestiegen werden. Bei guten Verhältnissen in der Westflanke lohnt es sich für sichere Skifahrer, die Ski auf den Gipfel zu tragen und über diesen abzufahren (zwischen 40 und 45 Grad).

Abfahrt

Die weitere Abfahrt ist in den meisten Fällen kaum zu verfehlen, da deutlich zerfahren: Bis in den Gletscherkessel nördlich des Hinteren Brochkogel hält man sich an die Aufstiegsroute. Nun biegen wir nach Norden ab, wobei eine Spaltenzone am besten links umfahren wird. Eine flache Rampe führt – immer links unterhalb eindrucksvoller Eisbrüche – bis unters Mittelbergjoch. Kurz vor dem Joch biegt man links ab und fährt anfangs im rechten Teil, dann eher mittig über den Taschachgletscher hinab bis zum Eisbruch.

Dieser kann je nach Spaltensituation mittig oder rechts überwunden werden. Danach fährt man auf dem folgenden Flachstück an den linken Gletscherrand und dort bis zu einer Steilstufe. Die Talabfahrt hält sich nun direkt hinab in den Talgrund und durch diesen hinaus nach Mittelberg.

Um zurück zum Taschachhaus zu gelangen, kann man bei sehr sicheren Verhältnissen (Achtung v.a. bei Durchfeuchtung an warmen Tagen ab dem späten Vormittag) eine hoch ansetzende Querung beginnen, die immer unterhalb der Felsabbrüche fast direkt zu dem Wegkreuz oberhalb der Hütte führt. Etwas sicherer ist die Querung ca. 100 Höhenmeter unterhalb hinaus zum Moränenkamm und der Anstieg durch eine Mulde zur Hütte. Bei kritischen Verhältnissen fährt man am besten in den Talboden ab und steigt zur Moräne auf und dann weiter zur Hütte.

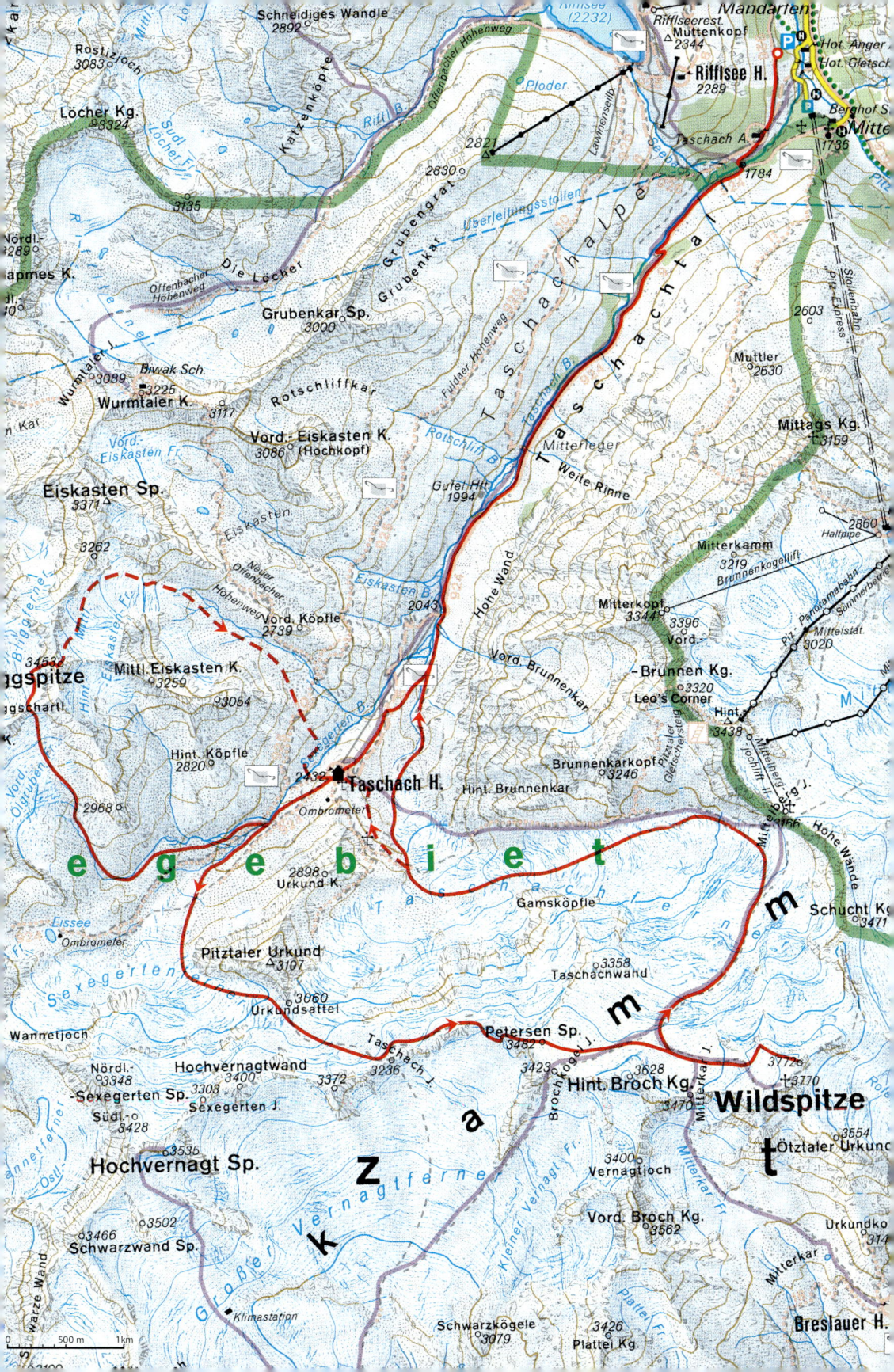

Ötztaler Alpen

79 Bliggspitze, 3454 m
Vom Taschachhaus über die Bliggscharte

3.15 Std. | 1000 Hm

Perfekte Firntour mit Winterraumübernachtung

Das Taschachhaus ist zwar im Winter nicht bewirtschaftet, allerdings steht ein vergleichsweise luxuriöser Winterraum zur Verfügung. Dieser ist hervorragend ausgestattet und selbst zur Hochsaison selten komplett belegt. Zudem schaut der Hüttenwirt ab und an nach dem Rechten und füllt dann sogar die Getränkevorräte wieder auf. Das Fehlen einer bewirtschafteten Hütte hat jedoch für all diejenigen, die sich davon nicht abschrecken lassen, den Vorteil, ein großes und vielfältiges Tourengebiet meist für sich alleine zu haben.

In diesem Tourengebiet gehört die Bliggspitze bei Firnverhältnissen sicherlich zu den lohnendsten Anstiegen. Durch die südostseitigen, perfekt geneigten Hänge findet man hier oft von oben bis unten ideale Bedingungen – sofern man früh genug abfährt. Da die untersten 300 Höhenmeter im eher nordseitig exponierten Talboden verlaufen, ist dieser Bereich aber in der Regel auch später am Tag noch stabil genug, um nicht durchzubrechen.

Der Anstieg führt nur im obersten Teil über einen kleinen Gletscher, allerdings mit sehr geringer Spaltengefahr. Daher wird die Tour in der Regel ohne Gletscherausrüstung begangen. Für den Gipfelanstieg durch die steile, westseitige Rinne sind aber oft Steigeisen nötig. Eine Alternative führt über den spaltigen Mittleren Eiskastenferner und den steilen Nordhang zum Gipfel; diese wird aber nur sehr selten begangen.

Ausgangspunkt und ÖPNV: Siehe Tour 78.
Aufstiegszeiten: Mittelberg – Taschachhaus 2.30 Std., Taschachhaus – Bliggscharte 2.15 Std., Bliggscharte – Bliggspitze 1 Std.

Rechts: Nach der Bliggscharte steigt man hoch über dem Kaunertal zum Skidepot.
Unten: Die letzten Meter zum höchsten Punkt.

Anforderungen: Bis unter die Bliggscharte durchgehend freie, mittelsteile Hänge. Der Aufstieg in die Scharte ist auf den letzten Metern etwa 40 Grad steil und erfordert sicheres Gehen mit Harscheisen, genauso wie der folgende Hang zum Skidepot. Im Gipfelanstieg ist dann sicheres Gehen mit Steigeisen erforderlich; die Abfahrt mit Ski vom Gipfelgrat ist nur für perfekte Skifahrer zu empfehlen. Auch die Abfahrtsvariante erfordert absolut sichere Skitechnik, dazu besteht auf dem Eiskastenferner Spaltensturzgefahr. Hüttenzustieg 750 Hm.
Hangrichtung: Zur Bliggscharte vorwiegend Süd und Südost, Hang zum Skidepot Südwest.
Lawinengefährdung: Es handelt sich um eine typische Frühjahrstour, die in der Regel auch nur zu dieser Jahreszeit empfehlenswert ist. Dann sollte man auf rechtzeitige Abfahrt achten, da die Südosthänge recht früh weich werden können. Das hat den Vorteil, dass man in der Regel auch für die Talabfahrt noch nicht zu spät dran ist, denn dort drohen am Nachmittag Nassschneelawinen aus den Flanken des Mittagskogel.
Stützpunkt und Karten: Siehe Tour 78.

Überblick über den Routenverlauf von der Hinteren Ölgrubenspitze.

Aufstieg
Der Zustieg zum Taschachhaus erfolgt wie bei Tour 78 beschrieben. Von dort leicht abwärts nach Westen zum Sexegertenbach. Rechts vom Bach hält man sich taleinwärts und steigt über eine Rampe auf zur rechten Seitenmoräne. Dieser nach Westen entlang bis zu einem großen Plateau. Nun nach rechts in das weite Kar hinein und eher auf der rechten Seite bleibend hinauf, das letzte Stück kurz recht steil und eventuell überwechtet in die Bliggscharte. Jenseits der Scharte quert man an der rechten Hangseite nach links ansteigend zum Fuß einer markanten Schneerinne, die vom Gipfel herabzieht. Am Fuß der Rinne wird in der Regel ein Skidepot eingerichtet. Sehr gute Skifahrer können bei guten Verhältnissen die Ski zur Scharte vor dem Gipfel mitnehmen.

Am Gipfelgrat.

Abfahrt
Entlang der Aufstiegsroute.

Variante
Alternativ können sichere Skifahrer auch nach Norden den steilen Hang (ca. 45 Grad) hinab auf den Mittleren Eiskastenferner (Vorsicht, Spalten!) abfahren. Am Gletscher am besten ganz an seinen linken Rand queren und durch eine Rinne hinab in plateauähnliches Gelände. Nun immer nach Osten, zuletzt über einen steilen Hang hinab zum Sexegertenbach. Hier wartet dann ein Gegenanstieg von etwa 100 Höhenmetern hinauf zur Hütte.

Ötztaler Alpen

80 Similaun, 3606 m
Von Vent über die Martin-Busch-Hütte

3.45 Std.

1100 Hm

Großartige Skitour in Ötzis Revier

Die schönsten Skitourenberge in den Ötztaler Alpen verstecken sich oberhalb des abgelegenen Bergdorfes Vent. Schon die Anreise in den hintersten Winkel des Ötztales wirft die Frage auf, wie in aller Welt die ersten Siedler auf die Idee kamen, ausgerechnet hier ihre Häuser zu bauen. Umgeben von eisbedeckten Dreitausendern ist das Dörfchen vom oberen Ötztal durch ein enges, 12 Kilometer langes Tal getrennt, das im Winter ständig von Lawinen bedroht ist. Dazu war dann noch der weite Weg entlang der Ötz hinab ins Inntal von mehreren unwegsamen Schluchten erschwert. Da verwundert es nicht, dass die Besiedelung des hinteren Ötztales von Süden erfolgte. Noch heute bestehen daher alte Weiderechte, nach denen die Südtiroler Bauern ihre Schafe aus dem Schnalstal über die teils vergletscherten Joche ins Ötztal treiben.

Wie lange die Passübergänge bereits genutzt werden, lässt sich am Fund des weltberühmten »Ötzi« verfolgen. Vor etwa 5000 Jahren war der vermutlich aus dem Eisacktal stammende Mann in der Nähe des Hauslabjochs umgekommen und durch das ihn bald überdeckende Gletschereis bis ins Jahr 1991, das Jahr seiner Entdeckung, konserviert worden. Die Fundstelle lässt sich mit einem kurzen Umweg von der Similaunhütte problemlos erreichen.

Nun aber zum Similaun, unserem eigentlichen Ziel. Aufgrund seiner gleichmäßigen Hänge und des verhältnismäßig spaltenarmen Gletschers gehört er zu den einfacheren Skizielen jenseits der 3500 Meter in den Ostalpen. Dazu ist er mit zwei gut geführten Hütten entlang des Weges überdurchschnittlich komfortabel erschlossen. Nicht erspart bleibt den Aspiranten jedoch der lange Anmarsch durch das Niedertal bis zur Martin-Busch-Hütte. Es bietet sich daher an, hier mehrere Tage zu verweilen und noch den ein oder anderen Gipfel in dem großen Tourengebiet zu besteigen.

Bereits beim Hüttenzustieg schiebt sich der Similaun ins Blickfeld.

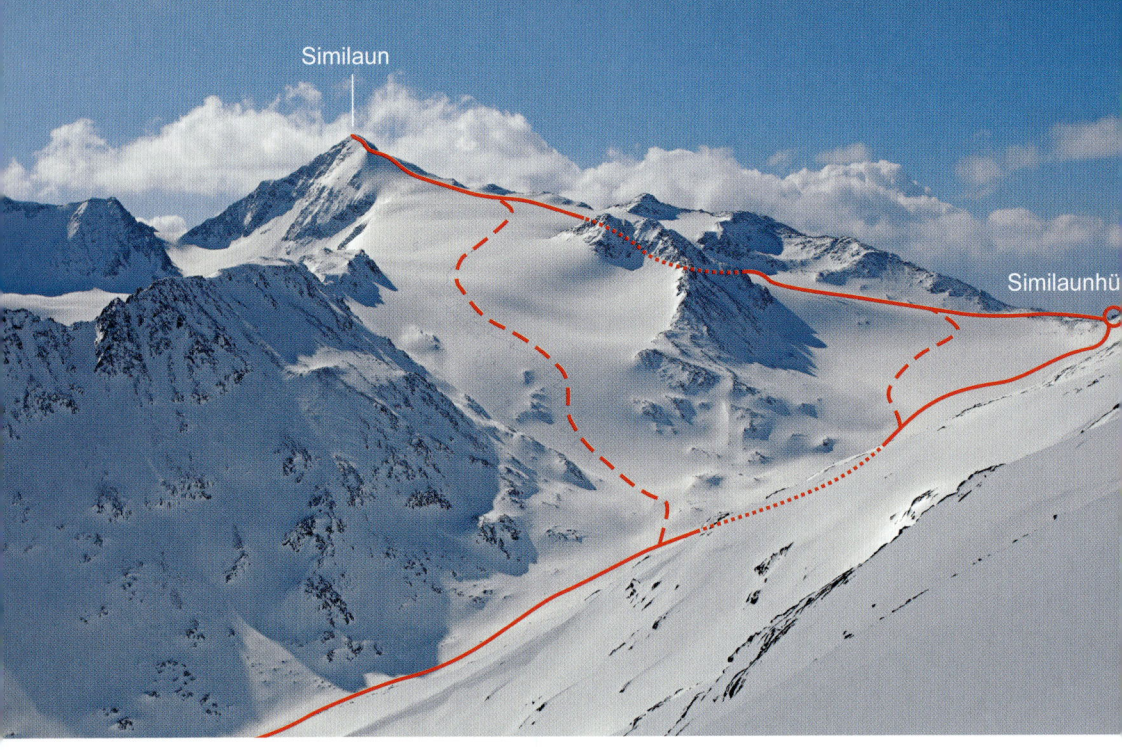

Der Gipfel des Saykogels erlaubt einen schönen Überblick über die Route.

Ausgangspunkt: Durch das Ötztal aufwärts bis Zwieselstein und rechts nach Vent. Parkplatz an der Talstation der Seilbahn (1900 m). Einige wenige Parkplätze gibt's auch kurz vor der Brücke über die Spiegelache.
ÖPNV: Mit dem Zug von München über Innsbruck bis Ötztal-Bahnhof und weiter mit dem Regionalbus ins Ötztal zur Endhaltestelle Vent-Hotel Similaun (Fahrzeit ca. 4.15 Std.).
Aufstiegszeiten: Vent – Martin-Busch-Hütte 3 Std., Martin-Busch-Hütte – Niederjoch 1.45 Std., Niederjoch – Similaun 2 Std.
Anforderungen: Bis unter den Gipfelgrat technisch einfache Skitour über weitläufiges, relativ flaches Gelände. Der Steilhang zum Grat erfordert meist sicheres Gehen mit Harscheisen oder wird, wie auch der inzwischen recht breite Gipfelgrat, zu Fuß mit Steigeisen überwunden. Am Gletscher geringe bis mäßige Spaltensturzgefahr. Hüttenzustieg 600 Hm.
Hangrichtung: Nord, ab Niederjoch Nordwest.
Lawinengefährdung: Der Hüttenzustieg ist ein steiles V-Tal, aus dessen Flanken regelmäßig mehr oder weniger große Lawinen herabdonnern. Vor allem am Nachmittag wird die Aufstiegsroute gerne von Nassschneelawinen überspült. Ab der Martin-Busch-Hütte ist der Aufstieg dann kaum noch lawinengefährdet – höchstens der steilere Schlusshang hinauf zum Gipfelgrat kann bei ungünstigen Verhältnissen Vorsicht verlangen.
Stützpunkt: Martin-Busch-Hütte (2501 m), bewirtschaftet Anfang März bis Mitte April, Tel. +43 664 3043151.
Einkehr: Similaunhütte (3019 m), bewirtschaftet Anfang März bis Mitte April, Tel. +39 0473 669711, similaunhuette.com (auch als Übernachtungsstützpunkt möglich).
Karten: f&b WK 251, AV 30/1 Ötztaler Alpen, Gurgl.

Aufstieg zur Hütte

Vom Parkplatz an dessen Südwestende zu einer Brücke und nach links über die Venter Ache. Nun links vom Bach durch den Ort und über die Spiegelache nach links zu einem Schlepplift. Über die Piste steigen wir ein Stück auf, bis ein Querweg nach links ins Tal hineinführt. Auf dem Weg nun ziemlich flach taleinwärts bis zu den letzten Latschenfeldern. Der weitere Wegverlauf hält sich immer rechts ein Stück oberhalb vom Bach und führt nun leicht, aber kontinuierlich ansteigend zur Martin-Busch-Hütte. Bei

Lawinengefahr aus den rechten Flanken oder sehr unangenehmen Lawinenkegeln gibt es ab etwa der Schäferhütte auch die Möglichkeit, im Talgrund oder rechts davon aufzusteigen und das letzte Stück ab Einmündung des Schalfbaches zur Hütte aufzusteigen. Ganz lawinensicher ist aber auch dieser Aufstieg nicht.

Aufstieg zum Gipfel

Von der Martin-Busch-Hütte geht es anfangs beinahe flach das Niederjochtal nach Südwesten. Nach etwa einer halben Stunde nimmt die Neigung etwas zu und nach einer ersten kurzen Geländestufe gelangen wir wieder zu einer flachen Terrasse. Hier teilt sich das Tal. Links führt ein steiler Hang über den etwas spaltigeren Teil des Niederjochferners hinauf. Geradeaus gelangt man über einen mäßig steilen Hang zum Niederjoch mit der Similaunhütte. Der Weiterweg führt nun zuerst nach Osten auf eine markante Felsinsel zu. Aber noch ein gutes Stück, bevor wir sie erreichen, holen wir links aus und umgehen den Felsen mit den dort angesiedelten Gletscherspalten in einem weiten Bogen. Auf einer Höhe von etwa 3250 m wenden wir uns wieder nach rechts (hier mündet von rechts oft eine direkte Aufstiegsspur über den steilen, nördlichen Teil des Niederjochferners) und halten direkt auf den Ansatz des Nordwestgrates unseres – bei gutem Wetter bereits sichtbaren Gipfels – zu. Ein kurzer, steiler Hang (oft Harscheisen empfehlenswert) bringt uns hinauf auf den Grat. Über diesen je nach Schneelage eventuell sogar bis zum höchsten Punkt mit Ski. Meist müssen aber die letzten Meter unschwierig zu Fuß zurückgelegt werden.

Abfahrt

Entlang der Aufstiegsroute.

Variante

Bei etwa 3250 m können wir uns auch geradeaus nach Norden halten und direkt über den nördlichen Teil des Niederjochferners hinab zur Aufstiegsspur fahren. Auch als direkte, steilere Aufstiegsvariante ist diese Route möglich.

Im Gänsemarsch über den Niederjochferner.

Ötztaler Alpen

81 Hintere Schwärze, 3624 m
Von Vent über die Martin-Busch-Hütte

5.00 Std.

1300 Hm

Landschaftliches Highlight im hintersten Ötztal

Das Tourengebiet der Martin-Busch-Hütte oberhalb von Vent im Ötztal gehört zu den umfangreichsten der gesamten Ostalpen. Kein Wunder, dass die Hütte zum Standardrepertoire fast jedes größeren Skitourenveranstalters gehört. Rechtzeitige Reservierung ist daher vor allem an den typischen Wochenterminen rund um Ostern angebracht. Obwohl die Saison nach schneereichen Wintern bis weit in den Mai hinein andauern kann, sollte man sich rechtzeitig erkundigen, ob die Hütte noch bewirtschaftet ist. Der Hüttenwirt legt vor der Sommersaison nämlich nochmal eine längere Pause ein und es steht dann nur der Winterraum zur Verfügung.

Mehr als ein Dutzend Dreitausender lassen sich von diesem komfortablen Stützpunkt im Winter besteigen. Die Hausberge unmittelbar oberhalb der Hütte sind kaum vergletschert und bieten schnell erreichbare Ziele mit oft schönen Firnabfahrten. Etwas anspruchsvoller geht es dann schon an der Fineilspitze zur Sache – der beliebte Similaun ist hingegen technisch unproblematisch. Wenig begangen werden die Touren am Schalfferner und auch zum Marzellferner verschlägt es relativ wenige Tourengeher.

Dabei befindet sich gerade dort mit der Hinteren Schwärze der höchste Gipfel im kompletten Tourengebiet, der darüber hinaus die landschaftlich wohl schönste Tour bietet, die von der Hütte aus angegangen wird. Allerdings führt der Normalanstieg unterhalb einer immer wieder aktiven Bergsturzzone vorbei, weshalb die Tour in letzter Zeit deutlich weniger begangen wurde. Über die Felssturzgefahr kann der Hüttenwirt meist konkrete Auskünfte erteilen – ansonsten beschreibe ich eine diesbezüglich sichere Alternativroute. Insgesamt ist die Hintere Schwärze sicherlich die spaltenreichste Tour, die von der Martin-Busch-Hütte aus angegangen werden kann – entsprechende Ausrüstung und Vorsicht ist daher angeraten.

Ausgangspunkt und ÖPNV: Siehe Tour 80.
Aufstiegszeiten: Vent – Martin-Busch-Hütte 3 Std., Martin-Busch-Hütte – Hintere Schwärze 5 Std.
Anforderungen: Anspruchsvolle, hochalpine Skitour. Kurze Steilhänge erfordern sichere Gehtechnik im Aufstieg und in der Abfahrt. Am Gipfelaufbau leichte Kletterei im I. Schwierigkeitsgrad. Bei ungünstigen Verhältnissen erhebliche Spaltensturzgefahr auf dem Marzellferner. Hüttenzustieg 750 Hm.
Hangrichtung: Nord und West.
Lawinengefährdung: Der Hüttenzustieg ist ein steiles V-Tal, aus dessen Flanken regelmäßig mehr oder weniger große Lawinen herabdonnern. Vor allem am Nachmittag wird die Aufstiegsroute gerne von Nassschneelawinen überspült. Auch mehrere Abschnitte der Aufstiegsroute können lawinengefährdet sein, insbesondere der erste Teil bis zur Gletscherzunge des Marzellferners sowie der Gipfelhang; bei der Variante außerdem der Übergang vom Niederjochferner zum Marzellferner.
Stützpunkt und Karten: Siehe Tour 80.

Die Martin-Busch-Hütte.

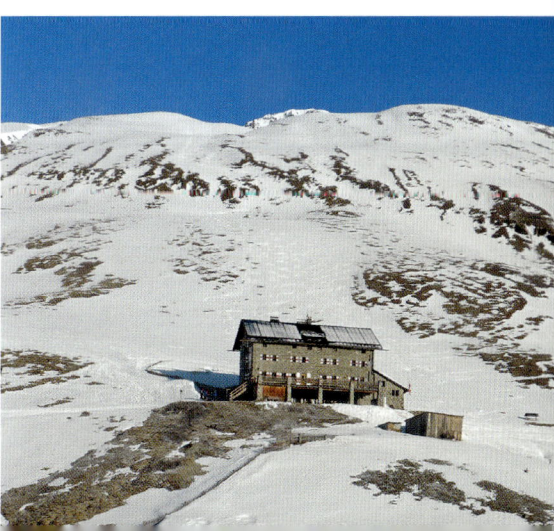

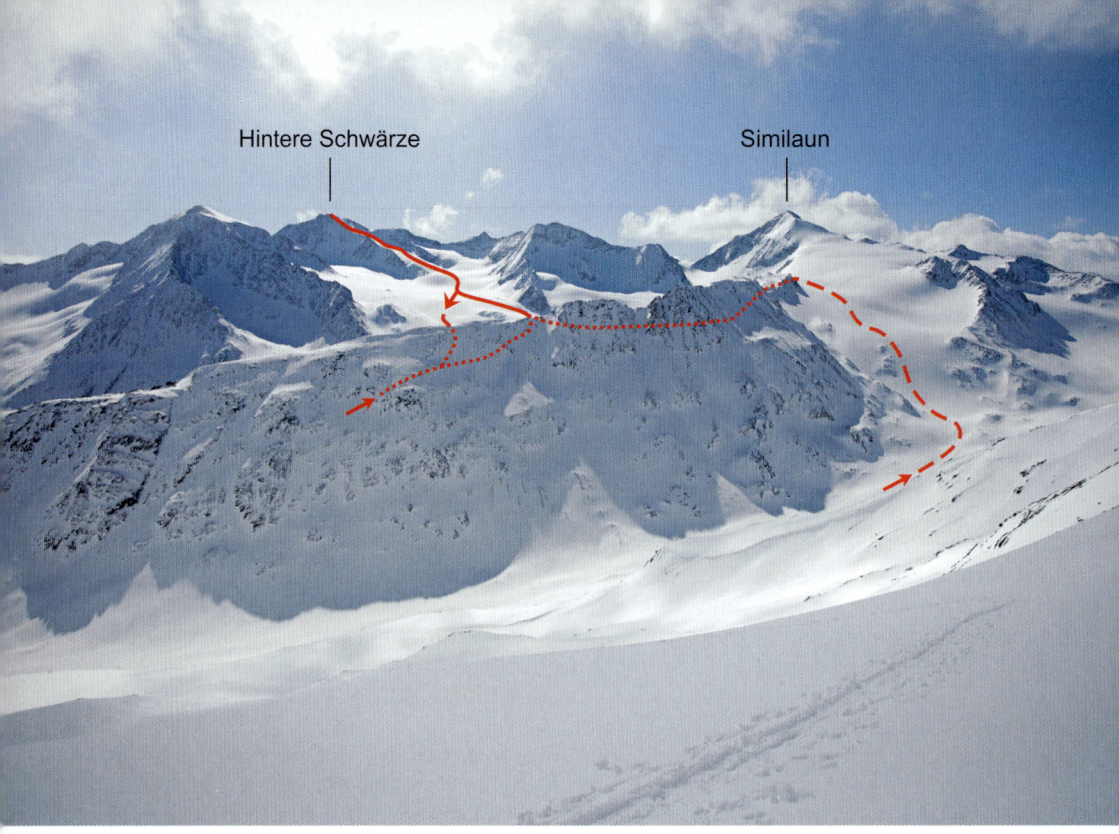

Blick von Westen über den Marzellkamm hinweg zur Hinteren Schwärze.

Aufstieg
Der Aufstieg zur Hütte erfolgt wie bei Tour 80 beschrieben. Von der Hütte fahren wir kurz hinab nach Südwesten zum Niederjochbach und queren jenseits waagrecht nach Osten, bis wir über die Moräne abfahren können zum Abfluss des Marzellferners. Hier werden die Felle aufgezogen und bis zur weit zurückgegangenen Gletscherzunge des Marzellferners folgt das erwähnte steinschlagbedrohte Teilstück, das wir möglichst zügig zurücklegen.

Am Marzellferner bleiben wir anfangs links und ziehen nach der ersten steileren Stufe bei etwa 2740 m auf einer flachen Terrasse nach rechts zur anderen Gletscherseite. Hier umgehen wir den eindrucksvollen Gletscherbruch ganz rechts durch eine Mulde und ziehen oberhalb wieder nach links auf einen markanten Felssporn zu. Hier mündet von rechts die beschriebene Variante.

Nun umgehen wir eine spaltige Stufe in einem Linksbogen und gelangen so auf die große flache Gletscherfläche zwischen Marzellspitze und Mutmalspitze. Ein kurzer steiler Hang bringt uns nach Süden auf die markante Rampe, die nun nach Osten an den Gipfelaufbau der Hinteren Schwärze zieht. Wir steigen so hoch wie möglich auf der Rampe und ziehen dann nach links hinaus an den Westgrat. Oft wird hier ein Skidepot eingerichtet – bei optimaler Schneelage kann man jedoch hinaufsteigen bis zum Ansatz des felsigen SW-Grates. Die letzten Meter geht es am Grat in leichter Kletterei zum Gipfel.

Abfahrt
Entlang der Aufstiegsroute. Bei gut eingeschneitem Gletscher kann man sich auf der oberen Terrasse (ca. 3150 m) deutlich nach Norden halten bis fast zum rechten Rand des Gletschers und

die Steilstufe rechts des Eisbruchs umfahren. Bei gutem Schnee ist dies die skifahrerisch lohnendere Variante.

Variante
Sollte von der Begehung der Normalroute aufgrund Felssturzgefahr abgeraten werden (am besten den Hüttenwirt fragen), dann gibt es folgende Alternative: Von der Martin-Busch-Hütte steigen wir durch das Niederjochtal flach nach Südwesten, bis nach der ersten steileren Stufe ein kurzes Flachstück folgt. Nun ziehen wir links relativ steil über den nördlichen Teil des Niederjochferners hinauf zu einer sanften Einsattelung im Marzellkamm bei etwa 3180 m. Hier führt nach Osten ein steiler Hang etwa 150 Höhenmeter hinab zum Marzellferner. Auf dem spaltigen Gletscher angekommen, queren wir zuerst horizontal nach Osten auf einen auffallenden Felssporn zu, der von rechts von den Marzellspitzen herabzieht. Kurz vor dem Sporn mündet von links die Standardroute.

Luftige Blockkletterei am Gipfelgrat.

Weitläufiges Gletschergelände am Marzellferner.

Stubaier Alpen

82 Hinterer Daunkopf, 3225 m
Aus dem Sulztal über die Amberger Hütte

3.30 Std.

1100 Hm

Lohnender Dreitausender mit Blick auf das Stubaier Gletscherskigebiet

In den Stubaier Alpen sind einige Tourengebiete nur vom Ötztal her erreichbar – dazu gehört auch das Sulztal mit der Amberger Hütte. Im weiten Rund um den Sulztalgletscher findet sich eine ganze Reihe lohnender Skigipfel. Mit Ausnahme des Hausbergs – der »Kuhscheibe« – führen die meisten Anstiege über weite Gletscherflächen, die bei schlechten Bedingungen durchaus für Spaltenstürze gut sind. Gletscherausrüstung und Seil sind dann kein Luxus. Am Hinteren Daunkopf hingegen weist der kleine Gletscher nur recht wenige Spalten auf und wird daher von den meisten Gruppen ohne Seil begangen.

Die Skitour auf diesen etwas versteckt liegenden Dreitausender gehört allerdings zu den skifahrerisch lohnendsten des Gebietes. Deutlich häufiger wird der Gipfel von Osten aus dem Skigebiet des Stubaier Gletschers angegangen. Allerdings muss man vom Daunjoch zu Fuß zum Gipfel aufsteigen und die Abfahrt verläuft fast vollständig auf der präparierten Skipiste oder im Variantengelände. Auf der hier vorgeschlagenen Route hingegen kann man die wohltuend ursprüngliche Amberger Hütte und die Ruhe abseits der Pisten genießen. Und meistens wird auf der Abfahrt noch genügend unverspurter Raum für eigene Schwunggirlanden zur Verfügung stehen.

Ausgangspunkt: Von Längenfeld im Ötztal nach Osten auf steiler Bergstraße (eventuell sind Schneeketten notwendig) nach Gries im Sulztal. Parkplatz am Ortsende (1595 m).
ÖPNV: Mit dem Zug von München über Innsbruck bis Ötztal-Bahnhof und weiter mit dem Regionalbus ins Ötztal bis zur Haltestelle Längenfeld, Abzweigung Gries (Fahrzeit ca. 3.45 Std.). Von hier mit Rufbus nach Gries (Anmeldung: Tel.+43 664 99901454).
Aufstiegszeiten: Gries – Amberger Hütte 1.45 Std., Amberger-Hütte – Daunkopf 3.30 Std.
Anforderungen: Hüttenzustieg auf präparierter Rodelbahn; 550 Hm. Gipfelanstieg vorwiegend flache bis mittelsteile Hänge. Einige kurze Steilstufen verlangen Spitzkehrentechnik und solides Abfahrtskönnen. Auf dem kleinen Gletscher kaum Spaltensturzgefahr, auf der Abfahrtsvariante über den Sulztalgletscher hingegen schon eher.
Hangrichtung: Nord und Nordwest.
Lawinengefährdung: Im Hüttenzustieg sind einige Lawinenstriche zu queren, die bei starker Erwärmung oder nach größeren Neuschneefällen abgehen können. Der Anstieg zum Hinteren Daunkopf führt stellenweise über mittelsteile Hänge, die bei ungünstigen Bedingungen schneebrettgefährdet sein können, insbesondere der steile Gipfelhang.
Stützpunkt: Amberger Hütte (2135 m), bewirtschaftet Anfang Februar bis Ende April, Tel. +43 676 9523426, ambergerhuette.at.
Karten: f&b WK 251, AV 31/1 Stubaier Alpen, Hochstubai.

Aufstieg zu Fuß über den abgeblasenen Gipfelhang.

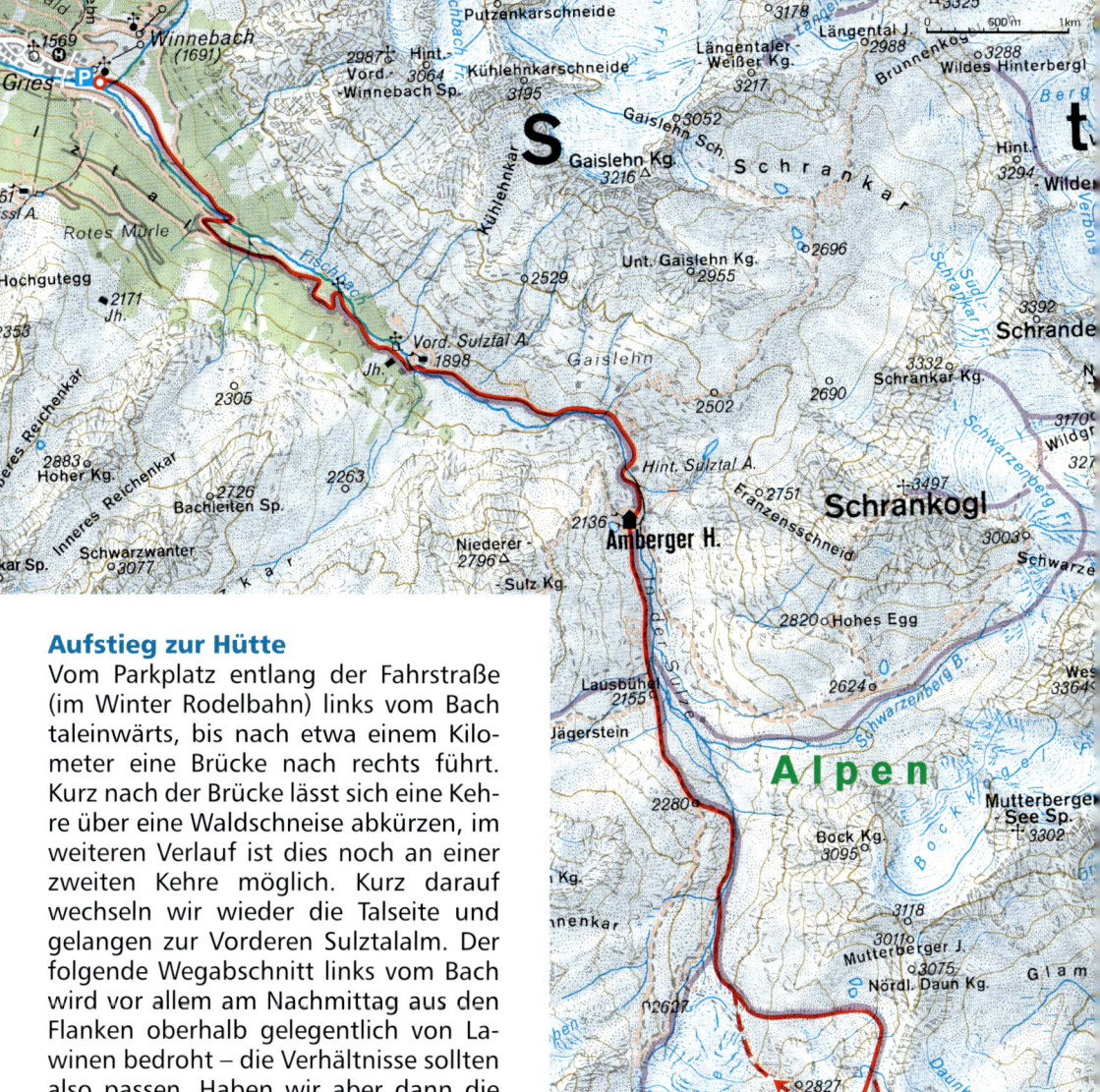

Aufstieg zur Hütte

Vom Parkplatz entlang der Fahrstraße (im Winter Rodelbahn) links vom Bach taleinwärts, bis nach etwa einem Kilometer eine Brücke nach rechts führt. Kurz nach der Brücke lässt sich eine Kehre über eine Waldschneise abkürzen, im weiteren Verlauf ist dies noch an einer zweiten Kehre möglich. Kurz darauf wechseln wir wieder die Talseite und gelangen zur Vorderen Sulztalalm. Der folgende Wegabschnitt links vom Bach wird vor allem am Nachmittag aus den Flanken oberhalb gelegentlich von Lawinen bedroht – die Verhältnisse sollten also passen. Haben wir aber dann die Hintere Sulztalalm erreicht, so trennt uns nur noch ein kurzer Anstieg um den Sulzbichl von der Amberger Hütte.

Aufstieg zum Gipfel

Von der Hütte rutschen wir das kurze Stück nach Süden hinab auf das große Plateau »in der Sulze«. Nun geht es erst einmal ohne Höhengewinn eineinhalb Kilometer nach Süden bis in den Talschluss. Die folgende Steilstufe wird von rechts nach links ansteigend bis kurz vor die Bachschlucht erstiegen. Eine bequeme Rampe bringt uns weiter in den flachen Talkessel unterhalb der Gletscherzunge des Sulztalgletschers.

Im Talgrund steigen wir nun sanft etwa 200 Höhenmeter auf, bis wir die an ihrer Wölbung erkennbare Gletscherzunge erreichen. Spätestens hier halten wir uns scharf nach links und steigen an der flachsten Stelle hinauf zur östlichen Randmoräne. Schon finden wir uns im Bockkar, wo es in schön kupiertem Gelände weiter nach Osten geht, bis das

Blick vom Breiten Grieskogel ins Sulztal.

Schneesturm im Aufstieg zum Daunkopf.

Kar nach rechts abbiegt. Ein etwas steilerer Hang bringt uns nun hinauf zu dem kleinen Gletscher am Nordrücken des Hinteren Daunkopf. Ungefähr in der Mitte des Hanges steigen wir anfangs in Richtung Gipfel, der steile Gipfelhang wird meist – je nach Verhältnissen – recht weit links über eine steile Rinne hinauf zum Westgrat überwunden. Über den anfangs noch recht schmalen, bald aber breiten Gratrücken geht es dann unschwierig weiter zum Gipfel.

Abfahrt

Entlang der Aufstiegsroute. Bei sicherer Schneelage sind einige Abfahrtsvarianten möglich, zum Beispiel direkt vom Gipfel über den steilen Nordhang. Eine weitere Abfahrtsmöglichkeit führt bei genügend Schnee vom Gipfel nach Südwesten und nach Süden hinab zum Daunjoch und dann durch eine kurze steile Rinne auf den Sulztalferner. Die weitere Abfahrt verläuft über dessen rechten Rand zurück bis zur Aufstiegsspur.

Stubaier Alpen

83 Breiter Grieskogel, 3287 m
Von Niederthai über die Schweinfurter Hütte

4.00 Std.
1200 Hm

Wuchtiger Skiberg mit zwei klasse Abfahrtsvarianten

Dieser wuchtige westliche Eckpfeiler der Stubaier Alpen ist einer der schönsten Skitourenberge, die aus dem Ötztal angegangen werden können. Über 2000 Höhenmeter ragt der Breite Grieskogel über dem Ötztaler Dorf Umhausen auf, die aber nicht am Stück bewältigt werden müssen. Ein Stück kann man hinauffahren nach Niederthai und dann lässt sich der Anstieg mit einer Übernachtung auf der Schweinfurter Hütte in zwei leichter verdauliche Etappen aufteilen. Der Breite Grieskogel bietet sich vor allem für den letzten Tag eines Hüttenaufenthaltes an. Der oft recht flache, landschaftlich aber sehr schöne Aufstieg über die Längentaler Scharte lässt sich dann perfekt mit einer der beiden Klasseabfahrten kombinieren, die direkt nach Norden hinabführen. Während die erste Möglichkeit durch das Larstigtal einen anschließenden Gegenanstieg zur Hütte durchaus in Betracht kommen ließe, macht er nach einer Abfahrt durch das steile Grastal wirklich keinen Sinn mehr. Diese endet nur gut einen Kilometer oberhalb vom Parkplatz in Niederthai. Welche der beiden Abfahrten man wählt, hängt aber auch von den herrschenden Verhältnissen ab. Während das Larstigtal bei moderater Lawinengefahr noch durchführbar ist, sind im Grastal absolut sichere Verhältnisse erforderlich.

Ausgangspunkt: Von Umhausen im Ötztal nach Osten auf schmaler Bergstraße nach Niederthai. Parkplatz am Ortsende (1540 m).
ÖPNV: Mit dem Zug von München über Innsbruck bis Ötztal-Bahnhof und weiter mit dem Regionalbus ins Ötztal bis Umhausen (Fahrzeit ca. 3.15 Std.). Von dort kommt man nur mit Taxi nach Niederthai.

Aufstiegszeiten: Niederthai – Schweinfurter Hütte 2 Std., Schweinfurter Hütte – Zwieselbachjoch 2.45 Std., Zwieselbachjoch – Breiter Grieskogel 1.15 Std.
Anforderungen: Aufstieg zur Schweinfurter Hütte auf Schneemobilspur; 500 Hm. Der Gipfelaufstieg durch das Zwieselbachtal meist entlang flacher Hänge zum Zwieselbachjoch, da-

Ideale Pulverschneeverhältnisse im Aufstieg zum Breiten Grieskogel.

nach mittelsteiles, hindernisloses Gelände, das nur vereinzelt Spitzkehren erfordert. Das Larstigtal weist steile, das Grastal sehr steile Hänge auf, die sichere Abfahrtstechnik voraussetzen. Am Grieskogelferner geringe, am Larstig- und Grasstallferner mäßige Spaltensturzgefahr.
Hangrichtung: Vorwiegend nordseitig, Gipfelhang ostseitig, Grasstallferner westseitig.
Lawinengefährdung: Der Hüttenzustieg entlang einer Rodelbahn bzw. im flachen Talboden ist meist unproblematisch, nur bei Gefahr größerer Spontanlawinen können einige Lawinenstriche Vorsicht erfordern. Der Gipfelanstieg durch das Zwieselbachtal ist ebenfalls eher selten lawinengefährdet, am Gipfelaufbau können die beiden Steilstufen problematisch sein. Die Abfahrt durch das Larstigtal weist eine steile Stufe auf, die sichere Bedingungen voraussetzt. Außerdem kann der Talboden im mittleren Bereich bei großen Lawinen aus den Flanken bedroht werden. Das Grastal weist einige sehr steile Passagen auf und verläuft im unteren Teil in einem engen Tal, weshalb dafür absolut sichere Verhältnisse erforderlich sind.
Stützpunkt: Schweinfurter Hütte (2034 m), bewirtschaftet von etwa Anfang Februar bis Ostern, Tel. +43 5255 50029.
Karten: f&b WK 251, AV 31/2 Stubaier Alpen, Sellrain.

Aufstieg zur Hütte
Entlang der Fahrstraße (Schneemobilspur), die auch als Rodelbahn genutzt wird, wandern wir rechts vom Bach das Tal einwärts bis zum Larstighof. Nach einem weiteren Kilometer führt die Straße nach links über eine Brücke. Hier führt oft auch eine Spur geradeaus und nach etwa 50 Höhenmetern nach links über einen Bach, wodurch sich ein wenig abkürzen lässt. Nach insgesamt ca. 2 Stunden erreichen wir so die Schweinfurter Hütte.

Aufstieg zum Gipfel
Von der Hütte geht es anfangs links vom Bach sehr flach nach Süden hinein ins Zwieselbachtal. Erst nach etwa 3 Kilometern Wegstrecke nimmt die Steigung merklich zu, und über mehrere kurze, ebenfalls noch nicht sonderlich steile Stufen geht es hinein in den weiten Talschluss. Hier ziehen wir nach rechts aufwärts und ein letzter, jetzt immerhin 25 Grad steiler Hang bringt uns hinauf ins Zwieselbachjoch. Über ein welliges Plateau queren wir nun nach Süden, wo wir auf die häufig begangene Aufstiegsroute von der Winnebachseehütte treffen. Diese führt nun immer auf der rechten Seite des Rückens, der von hier in Richtung Gipfel zieht, aufwärts bis zum Grieskogelferner. Die erste Steilstufe wird ganz links überwunden, dann ziehen wir nach rechts und steigen hinauf zum Nordostgrat. Über diesen – die letzten Meter meist zu Fuß – zum höchsten Punkt.

Abfahrt
Vom Gipfel über den Grieskogelferner abwärts noch bis unterhalb der Steilstufe. Hier müssen kurz die Felle aufgezogen werden und wir steigen ca. 50 Höhenmeter auf zur Larstigscharte. Die letzten Meter queren wir waagrecht nach rechts zu den Felsen unterhalb der Scharte und steigen mit Ski am Rucksack ca. 30 Meter hinauf zum Über-

Der Gipfelaufbau des Breiten Grieskogels.

Stubaier Alpen

gang. Jenseits geht es wenige Meter hinab, bis wir die Ski anschnallen können. Nun fahren wir über den rechten Gletscherast (Achtung auf Spalten) je nach Schneelage in seiner Mitte oder am rechten Rand ab bis zu einem Steilabbruch. Hier halten wir uns anfangs ganz rechts, bis wir durch eine mittelsteile Rinne nach links abfahren können in die flachen Böden des Larstigtales. Von der Scharte ist auch eine Abfahrt über den steileren, linken Gletscherast hierher möglich. Über mehrere Stufen und einige flache Strecken geht es nun talauswärts zur Waldgrenze. Hier treffen wir auf den Sommerweg, der uns nach rechts hinaus zur Rodelbahn des Hüttenzustiegs bringt.

Variante

Abfahrt durch das Grastal: Vom Gipfel geht es knapp 100 Höhenmeter am Nordostgrat hinab bis zu einer Einschartung. Hier führt ein weiter, anfangs kurz etwas steilerer, dann mäßig steiler Hang nach Nordwesten hinab ins Grastal. Nach unten wird es wieder zunehmend steiler, und etwa 200 Höhenmeter über dem See halten wir uns bei einem kurzen Flachstück deutlich rechts und fahren durch eine steile Rinne hinab in den Talboden. Schöne Nordwesthänge führen nun weiter durch das Tal, das sich jetzt zunehmend verengt, auswärts. Hier können je nach Schneelage Lawinenkegel die Abfahrt etwas behindern. Wir bleiben rechts vom Bach und erreichen kurz nach der Waldgrenze einen Forstweg, der nach rechts in Kehren hinabführt, wobei wir zuletzt über eine Wiese direkt abfahren können zur Rodelbahn.

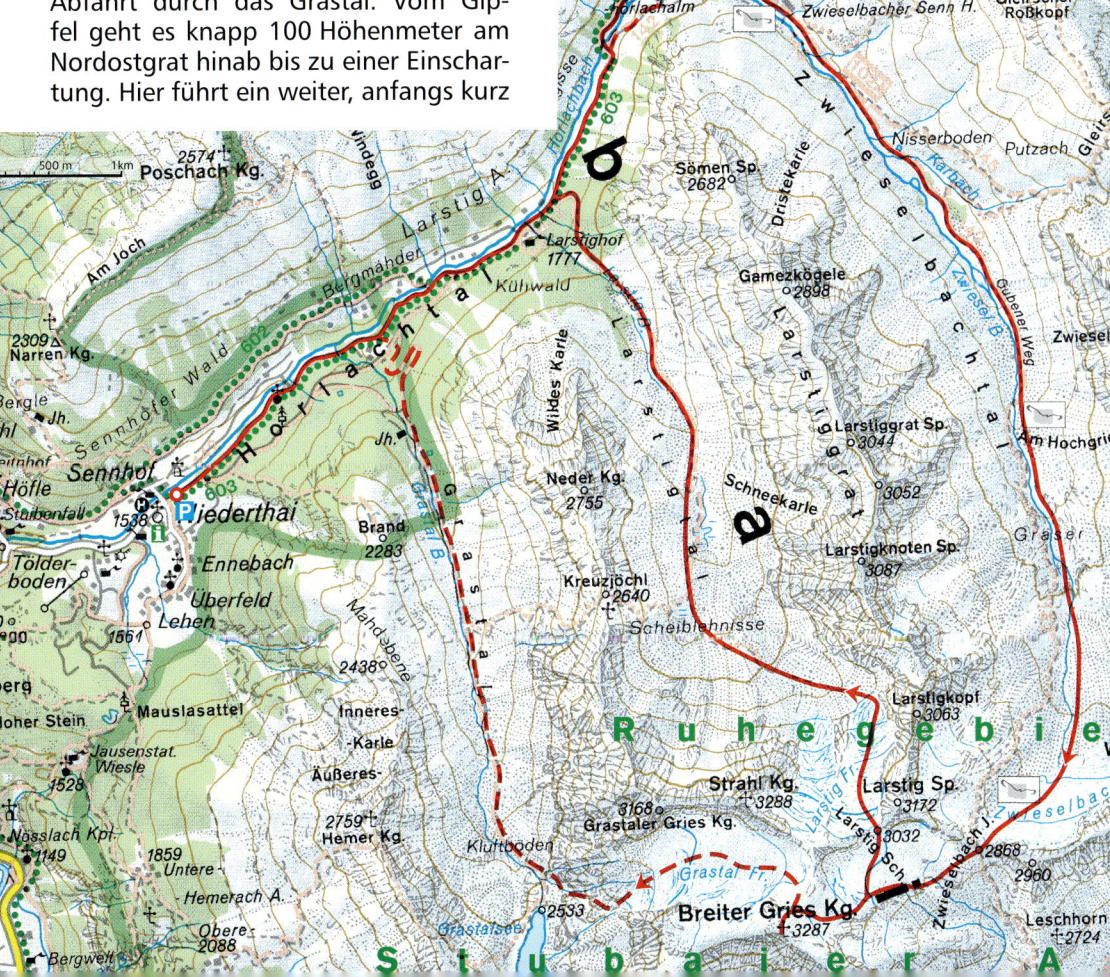

Stubaier Alpen

84 Zuckerhütl, 3505 m
Aus dem Gletscherskigebiet über das Pfaffenjoch

3.00 Std.
950 m↑
2600 m↓

Mit Seilbahnhilfe auf den höchsten Gipfel der Stubaier Alpen

Der Zuckerhut als Wahrzeichen von Rio de Janeiro ist weltweit bekannt. Das – zumindest unter bayerischen und Tiroler Bergsteigern – ebenso bekannte Zuckerhütl als höchster Gipfel der Stubaier Alpen ähnelt dem brasilianischen Namensvetter in seiner Form unzweifelhaft. Bei der Anfahrt durch das Stubaital sieht die ebenmäßige Schneekuppe über dem Sulzenauferner noch relativ unspektakulär aus. Spätestens jedoch am Beginn der Tour hoch oben auf dem Schaufeljoch beeindruckt seine steile Nordwestseite.

Dabei ist der Gipfel aber leichter erreichbar als man zunächst annehmen möchte. Das Stubaier Gletscherskigebiet ermöglicht einen bequemen Zugang, sodass am Ende nur etwa 900 Höhenmeter bewältigt werden müssen. Da diese sich jedoch in einer Höhenlage zwischen 2800 und 3500 Meter befinden, wird die nicht akklimatisierte Lunge schon ordentlich gefordert. Mit Ausnahme des steilen Gipfelaufbaus bewegt man sich durchweg auf weiten, mäßig steilen Gletscherflächen, die darüber hinaus auf der beschriebenen Route kaum Spalten aufweisen. Bei gutem Wetter und klarer Sicht handelt es sich daher bis zum Skidepot um eine Skitour, die für einen Berg dieser Größenordnung relativ geringe Anforderungen stellt. Schwieriger ist da schon die Route über den Pfaffennieder, die hier als Abfahrtsvariante beschrieben wird, aber natürlich auch im Aufstieg begangen werden kann, sofern man die 2000 Höhenmeter (oder 1500 Höhenmeter von der Dresdner Hütte) drauf hat.

Die bergsteigerisch anspruchsvollste Passage stellen jedoch die letzten 100 Höhenmeter zum Gipfel dar. Sie sind teils über 50 Grad steil und je nach Schneeverhältnissen sind Steigeisen und Pickel notwendig. Unerfahrene Tourengeher sollten hier eventuell mit Seil gesichert werden. Als harmlosere Alternative bei schlechten Verhältnissen bietet sich gegenüber der einfachere Wilde Pfaff an, der oft sogar mit Ski bis zum höchsten Punkt bestiegen werden kann. Das Panorama steht dem des Zuckerhütl nur wenig nach, und Platzprobleme sind weder am Gipfel noch am Aufstieg gegeben, was beim berühmten Nachbarn an einem schönen Frühjahrswochenende durchaus der Fall sein kann.

Der Schatten des Zuckerhütl auf dem Gletscher hoch über dem Stubai.

Ansicht des Zuckerhütl vom Skigebiet.

Ausgangspunkt: Von der Brennerautobahn an der Ausfahrt Schönberg ins Stubaital bis zur Mutterbergalm am Talende. Großparkplatz an der Talstation der Stubaier Gletscherbahn (1750 m).
ÖPNV: Mit dem Zug nach Innsbruck und weiter mit dem Regionalbus ins Stubaital bis zur Endhaltestelle Stubaier Gletscher (Fahrzeit ca. 3.15 Std.).
Aufstiegszeiten: Schaufeljoch – Pfaffenjoch 2 Std., Pfaffenjoch – Pfaffensattel 30 Min., Pfaffensattel – Zuckerhütl 30 Min.
Anforderungen: Bis zum Skidepot ist die Standardroute eine vergleichsweise einfache Skihochtour entlang flacher bis mittelsteiler Hänge. Orientierung bei schlechter Sicht evtl. problematisch, Spaltensturzgefahr auf der Standardroute gering bis mäßig. Gipfelaufstieg bis zu 50 Grad steile Schnee- und Felsflanke – bei ungünstigen Verhältnissen evtl. Seilsicherung empfehlenswert. Gipfelaufstieg zum Wilden Pfaff knapp 35 Grad steiler Hang, der oft mit Harscheisen begangen werden kann. Die Abfahrtsvariante erfordert sicheres Skikönnen und der Gletscher ist deutlich spaltiger.
Hangrichtung: Bis zum Pfaffenjoch West, dann Nord, ebenso die Abfahrt durchs Skigebiet.
Lawinengefährdung: Nur gelegentlich in Abschnitten lawinengefährdet, am ehesten der Kessel unterhalb von Gaiskar und Pfaffenferner und am Gipfelaufbau. Die Variante hingegen ist deutlich öfter problematisch.
Einkehr: Zahlreiche Skihütten und Bars im Stubaier Gletscherskigebiet. Dort befindet sich auch die Dresdner Hütte (2302 m), während der Skitourensaison durchgehend bewirtschaftet, Tel. +43 5226 8112, dresdnerhuette.at.
Karten: f&b WK 251, AV 31/1 Stubaier Alpen, Hochstubai.

Auffahrt

Beginn der Skitour ist am Schaufeljoch (3158 m), in der AV-Karte als »Isidornieder« bezeichnet. Dazu löst man eine Tourenkarte mit zwei Teilstrecken; wer am Nachmittag mit dem Gaiskarfernerlift wieder zurück möchte, löst am besten gleich drei Teilstrecken. Die erste Bahn fährt in zwei Sektionen (an der Dresdner Hütte gleich sitzen bleiben) zur Station Eisgrat, dort steigt man in die Gondel zum Schaufeljoch.

Stubaier Alpen

Aufstieg

Der Aufstieg beginnt mit einer Abfahrt. Zuerst fahren wir zur Talstation des Gaiskarfernerliftes. Hier steigen wir rechts über die Absperrung und durch ein Tälchen geht es hinab bis in ein flaches Becken. Hier befindet sich der allgemeine Anfellplatz (2750 m). Die erste Steilstufe hinauf zum Pfaffenferner umgehen wir ganz rechts durch eine gemütliche Mulde. Ein mittelsteiler Hang bringt uns auf den Gletscher und eine lange Gerade zieht nun hinauf ins Pfaffenjoch. Jenseits queren wir zuerst leicht ansteigend, dann nahezu flach nach Osten unter die Nordwand des Zuckerhütl. Ein sanfter Anstieg bringt uns weiter nach Süden in den weiten Pfaffensattel. Zum Zuckerhütl steigen wir rechts noch knapp 100 Meter auf bis zum Ansatz der Gipfelflanke. Hier errichten wir ein Skidepot. Das letzte Stück zum aussichtsreichen, aber für seine Bekanntheit etwas zu wenig geräumigen Gipfel wird meist mit Pickel und Steigeisen überwunden.

Abfahrt

Abfahrt entlang der Aufstiegsroute. Am Anfellplatz unter dem Pfaffenferner müssen erneut die Felle aufgeklebt werden, um zum Gaiskarfernerlift oder (noch 150 Höhenmeter mehr, dafür ohne zusätzliche Liftkarte) zum Fernaujoch aufzusteigen. Anschließend geht es über das Skigebiet hinab zur Mutterbergalm. Achtung – die Talabfahrt der Piste startet links von der Station Gamsgarten. Gelangt man zu weit rechts und landet an der Dresdner Hütte, muss man entweder mit der Seilbahn ins Tal abfahren oder über anspruchsvolles, öfter lawinengefährdetes Variantengelände wie bei der unten beschriebenen Abfahrt.

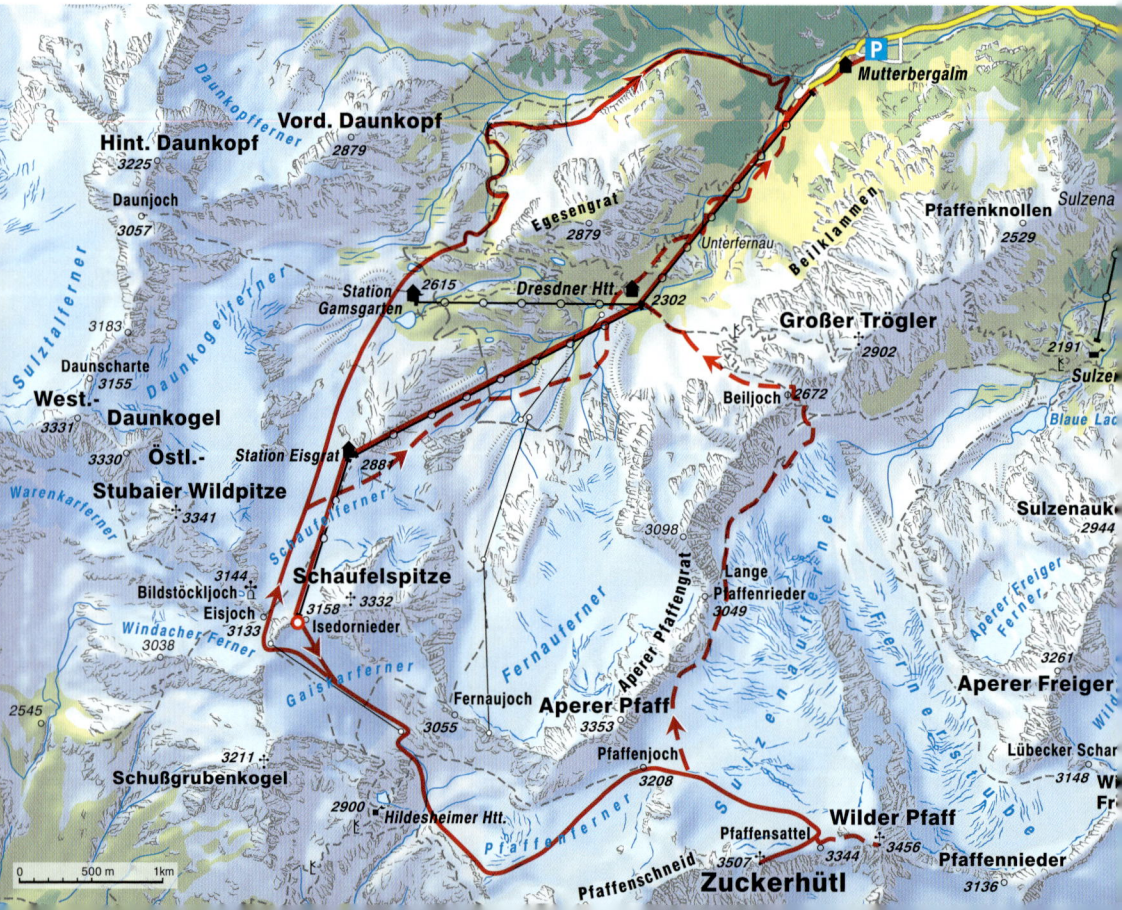

Glasklarer Ausblick in die Ötztaler Alpen.

Variante

Wenn der Gipfelanstieg zum Zuckerhütl zu heikel erscheint, kann man am Pfaffensattel nach links über einen kurzen, mittelsteilen Hang (oft Harscheisen notwendig) den Wilden Pfaff ersteigen.

Wer Skihochtourenerfahrung auf spaltigen Gletschern mitbringt und eine Abfahrt mit wenig Pistenkontakt haben möchte, der kann über das Beiljoch abfahren. Dazu fahren wir entlang der Aufstiegsroute bis kurz vor das Pfaffenjoch. Nun zweigen wir rechts ab und fahren immer rechts der Felsen des Aperen Pfaff nach Norden ab. Ein etwas steilerer Abschnitt erfordert Vorsicht vor Gletscherspalten, bis wir nach einer zweiten Steilstufe den flachen Boden des Gletschersees auf etwa 2500 m erreichen. Hier legen wir die Felle an und steigen nach links hinauf auf die Seitenmoräne und durch die folgende steile Rinne in das markante Beiljoch (2672 m). Jenseits fahren wir nun über schöne Mulden und einen abschließenden Steilhang hinab zur Dresdner Hütte ins Skigebiet. Die Abfahrt von der Dresdner Hütte durch das Fernautal ist dann freies Gelände, das allerdings von vielen Variantenfahrern befahren wird. Bis zur Unterfernau fährt man links der Bahn ab, wechselt dann auf die rechte Bachseite und fährt nun über eine weitere Steilstufe und einen Ziehweg hinab zu den Parkplätzen.

Diese Route eignet sich auch als Aufstiegsroute für konditionsstarke Tourengeher, die den Berg aus eigener Kraft besteigen wollen; gegebenenfalls mit Übernachtung auf der Dresdner Hütte.

Gleich ist das Skidepot erreicht.

Stubaier Alpen

85 | Innere Sommerwand, 3122 m
Von der Franz-Senn-Hütte über die Kräulscharte

2.45 Std. | 1000 Hm

Ohne Talhatscher auf den Hausberg der Sennhütte

Die Franz-Senn-Hütte in den nördlichen Stubaier Alpen wird gerne als Muster-Alpenvereinshütte genannt, wenn von einer vorbildlichen, bergsteigertauglichen Bewirtschaftung die Rede ist. Begründet hat diesen Ruf der legendäre Hüttenwirt und Bergführer Horst Fankhauser. Er war nicht nur bergsteigerisch und gastronomisch auf Zack, sondern er wusste das Ganze in den über 30 Jahren seiner Hüttenbewirtschaftung auch ideal zu kombinieren. So wurde die Franz-Senn-Hütte zu einem der modernsten Hüttenbetriebe, und der Tourengeher bekam am Abend nicht nur ein ausgezeichnetes Essen, sondern auch noch die besten Tourentipps aus erster Hand. Inzwischen wird die Tradition von seinem Sohn Thomas mit Frau Beate in diesem Sinne weitergeführt. Selbst in der größten Hektik vermitteln sie dem Tourengeher das Gefühl, willkommen zu sein, und man wird immer bestens über die aktuellen Bedingungen informiert.

Die klassische »Eingehtour« des großen Tourengebiets führt ohne den sonst meist üblichen Talhatscher sofort nach Süden durch schöne, mäßig steile Karböden hinauf zur Kräulscharte. Die Reste des Sommerwandferner weisen in diesem Bereich nur wenige Spalten auf und werden üblicherweise ohne Seil begangen. Wer auf den Gipfel der Inneren Sommerwand möchte, sollte bei vereistem Grat (und das ist eher die Regel als die Ausnahme) Steigeisen dabei haben. Ansonsten belässt man es bei der Scharte und hat trotz der Beliebtheit der Tour in dem geschützten Nordwestkar fast immer die Möglichkeit, seine eigenen Schwunggirlanden in den Pulverschnee zu malen. Skifahrerisch noch lohnender ist die »Obere Kräulscharte«, ein kleiner Gratabsatz am Nordwestgrat der Mittleren Kräulspitze. Deren anspruchsvoller Gipfelanstieg wird von dort aber kaum mehr ausgeführt.

Am Eingang in den Talkessel auf halber Höhe erblickt man den weiteren Aufstieg.

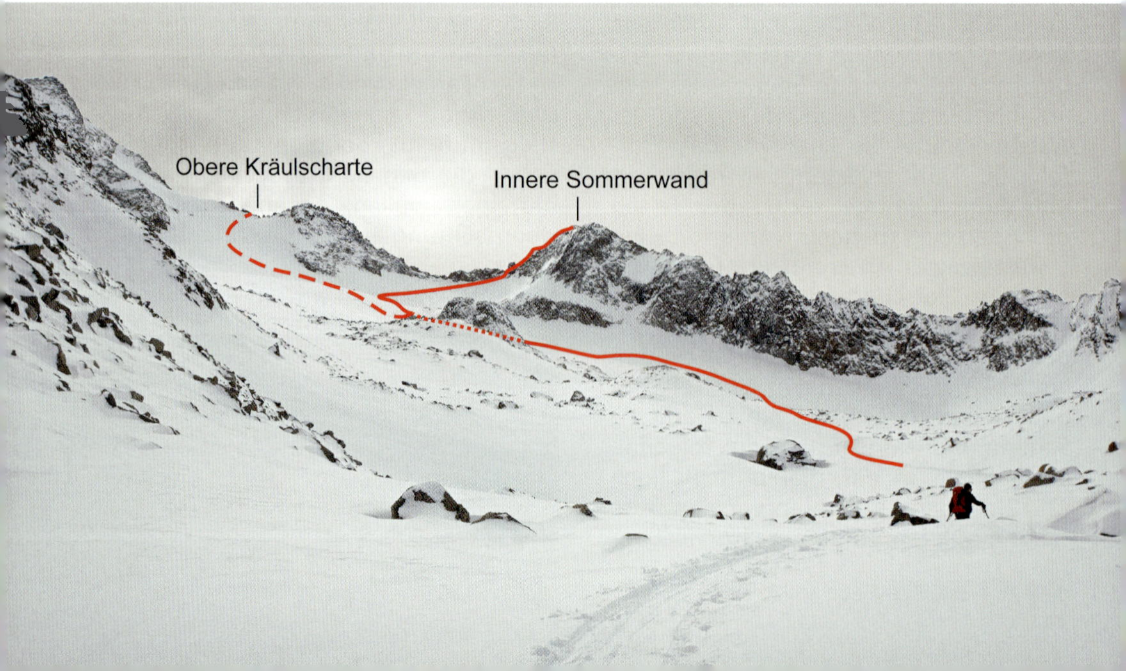

Eine lohnende Variante bietet die Obere Kräulscharte.

Ausgangspunkt: Von der Ausfahrt Schönberg der Brennerautobahn ins Stubaital bis Milders. Auf steiler Bergstraße rechts hinauf ins Oberbergtal. Parkplätze an der Brücke unterhalb Seduck (ca. 1450 m; oft Parkplatzmangel).
ÖPNV: Der Ausgangspunkt ist nicht mit dem ÖPNV erreichbar. Anreise mit Zug von München bis Innsbruck und mit Bus nach Neustift im Stubaital (Fahrzeit 3 Std.), von dort mit Taxi.
Aufstiegszeiten: Seduck – Oberissalm 1 Std., Oberissalm – Franz-Senn-Hütte 1.15 Std., Franz Senn Hütte – Kräulscharte 2.30 Std., Kräulscharte – Innere Sommerwand 15 Min.
Anforderungen: Hüttenzustieg (600 Hm), am Winterweg abschnittsweise enger Ziehweg mit Buckelpistencharakter, Anstieg zur Kräulscharte überwiegend freie, mittelsteile Hänge, die nur wenige Spitzkehren erfordern. Gipfelanstieg leichter Schnee- und Felsgrat, zum Teil mit Fixseilen versichert, der Trittsicherheit im winterlichen Fels und bei Vereisung Steigeisen erfordert. Am Sommerwandferner geringe Spaltensturzgefahr.
Hangrichtung: Vorwiegend Nord, zwischendurch auch Ost.
Lawinengefährdung: Am Zustieg zur Hütte bedrohen nach Neuschnee oder bei Erwärmung Spontanlawinen mehrere Abschnitte zwischen Oberissalm und der Hütte. Der Gipfelanstieg kann bei ungünstigen Verhältnissen an einigen Passagen schneebrettgefährdet sein, insbesondere in der Steilstufe zwischen 2500 und 2600 m.
Stützpunkt: Franz-Senn-Hütte (2147 m), von Mitte Februar bis Anfang Mai bewirtschaftet, Tel. +43 5226 2218, franzsennhuette.at.
Karten: f&b WK 251, AV 31/1 Stubaier Alpen, Hochstubai.

Aufstieg zur Hütte

Entlang einer Schneewieselspur in etwa einer Stunde taleinwärts zur Oberisshütte (1742 m). Noch ein Stück rechts haltend bis zu der steilen Flanke, die das Tal rechts abschließt. Entlang eines breiten Weges (apert schnell aus, hier oft zu Fuß) links haltend durch die Schrofenflanke aufwärts bis in den Talboden und entlang des teilweise schmalen Weges zur Alpeiner Alm. Jetzt wieder etwas flacher rechts vom Bach weiter, zum Schluss über eine Brücke zur schon länger sichtbaren Franz-Senn-Hütte. Für bequeme Tourengeher gibt es diverse Servicedienste des Hüttenteams wie Skidoo-Schleppdienst bis Oberiss und Rucksacktransport von dort zur Hütte.

Aufstieg zum Gipfel

Von der Hütte geht es zuerst flach nach Süden und durch eine schöne Mulde

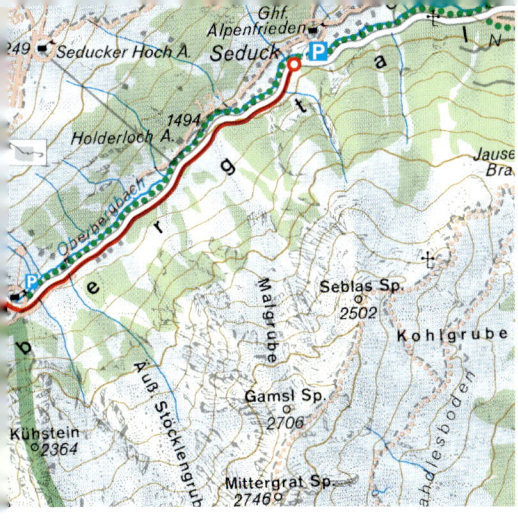

hinauf bis unter die Oberisser Scharte. Hier biegt das Tal rechts ab und wir gelangen in einen flachen Talkessel, der nach Westen von einem steileren Hang abgeschlossen wird. Über diesen anfangs rechts, dann eher nach links hinauf in den nächsten flachen Boden unterhalb des weiten Sommerwandferners. In dessen Mitte befindet sich ein Felsriegel. Der übliche Anstieg zur Kräulscharte verläuft rechts davon; sofern die Spur aber links angelegt wurde, ist auch dies kein Problem. Im oberen Teil steilt sich der Hang dann etwas auf und die letzten Meter führen etwas rechts der eigentlichen Scharte unter einen steilen Felsen. Hier wird das Skidepot eingerichtet. Die Felswand wird rechts von einer Rinne begrenzt, in der ein Fixseil hinaufführt zum Grat. Über den Grat in leichter Kletterei zum Gipfel, der einen hervorragenden Rundblick über das Tourengebiet gewährt.

Abfahrt
Entlang der Aufstiegsroute. Ab einer Höhe von etwa 2600 m kann man auch links über das »Stiergschwez« direkt entlang des Sommerwegs zur Hütte abfahren.

Tiefblick von der Oberen Kräulscharte.

Stubaier Alpen

86 Wildes Hinterbergl, 3288 m
Von der Franz-Senn-Hütte über die Turmscharte

3.30 Std.

1100 Hm

Variantenreiche Skitour über dem Alpeinertal

Von den vielen schönen Skitouren rund um die Franz-Senn-Hütte gehört das Wilde Hinterbergl sicherlich zu den lohnendsten. In jedem Fall aber ist es der variantenreichste Skiberg im Tourengebiet, der nicht weniger als drei komplett eigenständige Abfahrtsmöglichkeiten bietet, weshalb sich dort trotz seiner Beliebtheit fast immer irgendwo unverspurter Schnee finden lässt. Als besonders »wild« kann der Gipfelaufbau jedoch nicht bezeichnet werden. Wer über die Normalroute aufsteigt und nach der kurzen Kletterpassage in der Turmscharte steht, wundert sich erst mal, welcher der Fels- und Gletschermugel rundherum denn nun das Tourenziel darstellen soll – den eigentlichen Gipfel sieht man auch erst, kurz bevor man daraufsteht.

Trotzdem sollte der Berg nicht unterschätzt werden. Die Direktvariante über den steilen Berglasferner ist sicherlich die spaltenreichste Tour rund um die Franz-Senn-Hütte, und in dem flachen, weitläufigen Gipfelbereich ist bei schlechter Sicht gute Orientierung erforderlich, um die Abfahrt zu finden. Auch der übliche Anstieg über die Turmscharte ist zwar weitgehend einfach und spaltenarm, allerdings haben die 30 steilen Felsmeter entlang des Fixseils am Übergang auf den Turmferner schon den ein oder anderen abgeschreckt. Auch die tolle Abfahrt über den Turmferner hat eine markante Schlüsselstelle: eine kurze Steilrinne, die gefunden werden muss, um einen sperrenden Felsriegel zu überwinden.

Die große, aber angenehm bewirtschaftete Franz-Senn-Hütte.

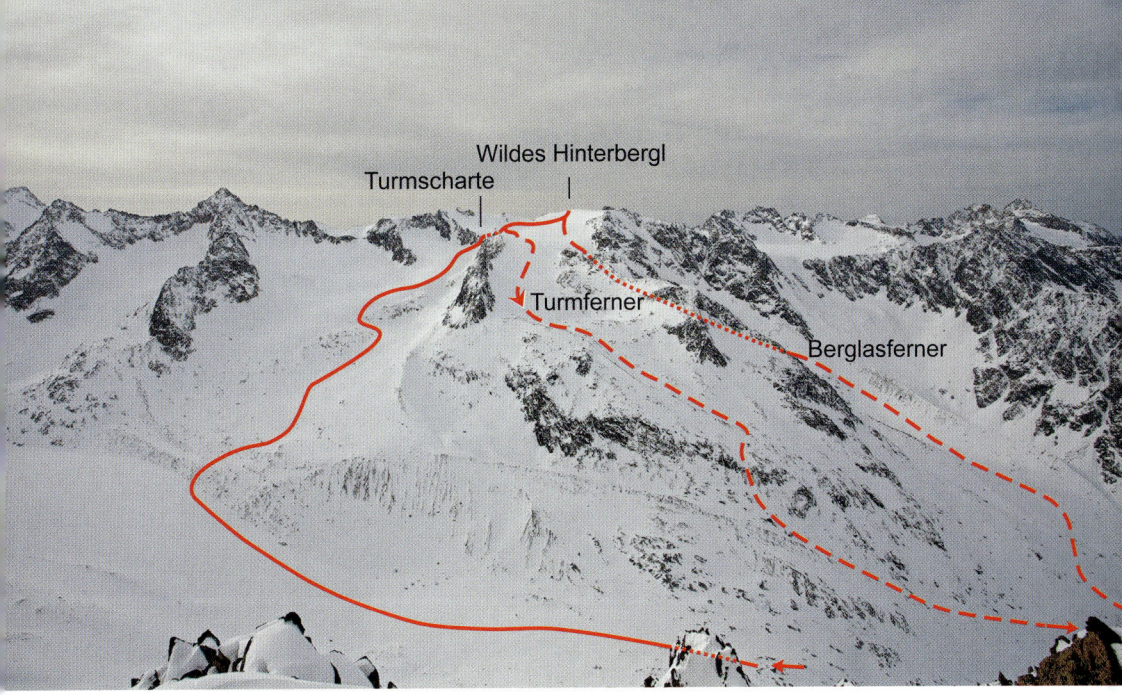

Von der Inneren Sommerwand überblickt man gut die verschiedenen Varianten des Hinterbergl.

Ausgangspunkt und ÖPNV: Siehe Tour 85.
Aufstiegszeiten: Seduck – Oberissalm 1 Std., Oberissalm – Franz-Senn-Hütte 1.15 Std., Franz-Senn-Hütte – Turmscharte 3 Std., Turmscharte – Wildes Hinterbergl 30 Min.
Anforderungen: Hüttenzustieg (600 Hm), am Winterweg abschnittsweise enger Ziehweg mit Buckelpistencharakter. Gipfelanstieg auf der Standardroute skitechnisch weitgehend unschwierige Route über flache bis mittelsteile, hindernislose Hänge. Nur der Aufstieg in die Turmscharte erfordert leichte Kletterei an einem Fixseil mit Ski am Rucksack. Beide Abfahrtsvarianten sind skitechnisch anspruchsvoller und erfordern sicheres Abfahrtskönnen. Orientierung im Gipfelbereich bei schlechter Sicht problematisch. Spaltensturzgefahr auf der Normalroute und am Turmferner gering bis mäßig, am Berglasferner erheblich.
Hangrichtung: Vorwiegend Nordost und Ost.
Lawinengefährdung: Die Standardroute ist bei richtiger Spuranlage nur selten lawinengefährdet, die beiden Abfahrtsvarianten sollten weitgehend sichere Verhältnisse aufweisen.
Stützpunkt und Karten: Siehe Tour 85.

Aufstieg

Der Aufstieg zur Hütte erfolgt wie bei Tour 85 beschrieben. Von der Hütte das flache Tal nach Südwesten bis zu einer ersten Stufe, die zuerst direkt und nach einer flacheren Passage in einem Linksbogen überwunden wird. Ein weiteres Flachstück bringt uns zur Gletscherzunge des Alpeiner Ferners. Diesem folgt man rechts aufwärts bis in eine Höhe von etwa 2700 m, wo man rechts eine einfache Möglichkeit findet, auf die Randmoräne zu gelangen. In dem sich nun auftuenden Kar hält man sich anfangs rechts, bis man links über eine kurze Stufe auf das Plateau des Verborgen-Berg-Ferners gelangt. Nach Nordwesten über den erst flachen, dann mäßig steilen Gletscher an den Fuß der Turmscharte. Über eine 30 m hohe, mit Fixseilen versehene Felsstufe erreicht man die Einschartung. Jenseits quert man über den flachen Gletscher nordwestlich aufwärts, den Berglasnieder links liegen lassend, zu der relativ unspektakulären Gletschererhebung des Wilden Hinterbergl, dessen höchster Punkt einige Meter nach Nordwesten vorgeschoben ist.

Aufstieg am Seil über den spaltigen Berglasferner.

Abfahrt
Entlang der Aufstiegsroute. Nach der Turmscharte wird in der Regel sofort links haltend durch die etwas steilere Mulde abgefahren.

Varianten
Über den **Turmferner**: Man fährt bis zur Turmscharte ab und steigt nach Osten auf den Vorderen Wilden Turm auf (alternativ kann man auch nördlich um diesen herumqueren). Nun geht's nach Osten über den Turmferner hinab, wobei die erste Steilstufe am besten links umfahren wird, im unteren Teil muss man sich jedoch rechts halten. Am Gletscherende hält man sich durch Mulden geradeaus hinab, bis man auf 2700 m scharf nach rechts abbiegt und durch eine 30 m hohe, schmale Steilrinne hinabgelangt zum unteren Teil der Randmoräne des Alpeiner Ferner. Durch Mulden links der Moräne hinab, bis man an geeigneter Stelle nach rechts in den Talboden abfahren kann.

Über den spaltigen **Berglasferner**: Skifahrerisch ebenfalls sehr lohnend, allerdings nur bei gut eingeschneitem Gletscher und einwandfreien Sichtbedingungen ohne Seil zu empfehlen. Sinnvoll wäre auch der Aufstieg über diese Route am Seil. Vom Gipfel fährt man noch vor Erreichen der Turmscharte links über den zunehmend steiler werdenden Gletscher hinab – je nach Spaltensituation meist eher im rechten Teil des Gletschers bis zu seinem Ende. Nun geradeaus hinab in den Talboden des Berglastales und nach rechts hinaus zur Anstiegsroute.

Stubaier Alpen

87 Egger Berg, 2280 m
Von Vinaders über den Paulerhof

2.30 Std.

1020 Hm

Beliebte Anreise- und Ausweichtour in der Brennerregion

Der Bergkamm, der das Gschnitztal und das Obernbergtal trennt, weist auf seiner gesamten Süd- und Ostseite ein Skitourengelände wie aus dem Werbeprospekt auf. Freie Almwiesen, durchsetzt mit lichten Lärchenwäldern, da und dort ein Bergbauernhof und oberhalb der Waldgrenze viele dekorative Heustadel. Die Hangneigung ist selten steiler als 30 Grad, aber fast immer steil genug, um bei Firn oder Pulverschnee genussvoll schwingen zu können. Fährt man das Wipptal aufwärts, macht das Nösslachjoch den Anfang dieser Bergkette (siehe Variante). Die Skitourenidylle wird hier durch das Skigebiet getrübt, das von Norden bis fast zum Gipfel führt. Der nächste Gipfel südwestlich ist der Egger Berg. Er kann nur aus eigener Kraft erstiegen werden, weshalb hier die Tourengeher unter sich sind.

Aber welchen Grund sollten bayerische Tourengeher haben, auf den Egger Berg zu steigen? Ein unscheinbarer Mugel, der umgeben von weitaus imposanteren Gipfeln wirklich kein Paradeberg ist – dafür aber eine unverhältnismäßig lange Anreise erfordert? Der wichtigste Grund ist sicherlich die Lage des Ausgangspunktes direkt an der Brennerautobahn. Dadurch eignet sich diese Halbtagestour ideal für den Anreise- oder Heimreisetag in bzw. aus den südalpinen Tourengebieten. Wer nicht in aller Früh aufstehen möchte, wird für größere Touren in den Südalpen zu spät dran sein. So lässt sich der Egger Berg noch schnell einschieben, und man ist trotzdem am Abend bequem im Quartier in den Dolomiten, im Ahrntal oder wo auch immer. Daneben eignet sich der Berg aber auch als lawinensicheres und einfaches Ausweichziel, wenn man größere Touren in der Gegend geplant hat, die Verhältnisse vor Ort dies aber nicht zulassen. Da der Anstieg kaum steile Hänge aufweist, aber immer gut gespurt ist, bietet er sich als Alternative geradezu an.

Der Gipfelkamm bietet bei guter Sicht einen famosen Blick in die Zillertaler Alpen.

Ausgangspunkt: Auf der Brennerautobahn zur Ausfahrt Nösslach und nach links Richtung Gries/Vinaders. In Vinaders direkt unterhalb der Kirche Bushaltestelle und einige Parkplätze an der Straße, weitere Parkplätze oberhalb der Kirche, die jedoch auch von den Rodlern der Sattelbergalm genutzt werden.
ÖPNV: Von München mit dem Zug über Innsbruck Richtung Brenner bis Steinach und weiter mit dem Bus nach Vinaders (Fahrzeit 3–4 Std.). Als Tagestour von München unverhältnismäßig lange Anreise, allerdings attraktiv bei einem Skitourenurlaub vor Ort (Gästekarte mit kostenloser Öffi-Nutzung).

Aufstiegszeiten: Vinaders – Paulerhof 45 Min., Paulerhof – Egger Mähder 1 Std., Egger Mähder – Egger Berg 45 Min.
Anforderungen: Leichte Skitour ohne technische Schwierigkeiten. Fast immer gespurt, aber bei schlechter Sicht im Gipfelbereich Orientierung schwierig.
Hangrichtung: Süd.
Lawinengefährdung: Bei überlegter Routenwahl weitgehend lawinensicher, sofern man einige steilere Triebschneemulden im Gipfelbereich meidet.
Einkehr: Unterwegs keine.
Karte: AV 31/3 Brennerberge, f&b WK 0241.

Aufstieg

Direkt unterhalb der Kirche von Vinaders führt eine kleine Fußgängerbrücke über den Seebach. Jenseits steigt man geradewegs über die Wiesen aufwärts in eine Schneise und an ihrem Ende nach einem kurzen Waldgürtel nach rechts zum Paulerhof (1556 m). Der Bergbauernhof bleibt rechts und wir biegen nach links, um im obersten Winkel der Wiese auf eine Forststraße zu treffen. Ihr folgt man kurz und zweigt dann aber auf den Sommerweg ab, der in direkter Linie mehrere Straßenkehren abschneidet. Durch zunehmend lichteren Wald kommen wir entlang des Rückens links eines tiefen Grabens auf die flachen Almwiesen der Egger Mähder. An geeigneter Stelle überqueren wir den Graben und steigen über kupiertes Gelände rechts davon in Richtung Egger Joch. Noch vor der Einsattelung biegen wir rechts ab und folgen dem breiten Südrücken bis zum Gipfel.

Abfahrt

Das Gelände könnte fast beliebig auf seiner gesamten Breite zwischen dem noch weiter westlich liegenden Leit-

Das sanfte Skigelände oberhalb der Egger Mähder.

nerberg und dem Nösslachjoch befahren werden. Allerdings wurden in den letzten Jahren einige Wildschutzzonen ausgewiesen. Sie betreffen vor allem den Schlierbachgraben und die Waldbereiche in seiner Umgebung sowie das Areal westlich des Leitnerbergs. Aber auch zwischen den Standardrouten von Leitnerberg und Egger Berg soll ein Bereich nicht befahren werden (siehe Übersichtsfoto).

Varianten
Die Abfahrtsvarianten exakt zu beschreiben ist müßig, zu beliebig ist das Gelände. Alternativ zum Eggerberg kann das Nösslachjoch von Nösslach über die Nösslachhütte und im oberen Teil im Variantenbereich des Skigebiets bestiegen werden. Ebenfalls beliebt ist der Anstieg auf den Leitnerberg von der Bushaltestelle Tribulaunblick über den Außerleitenhof.

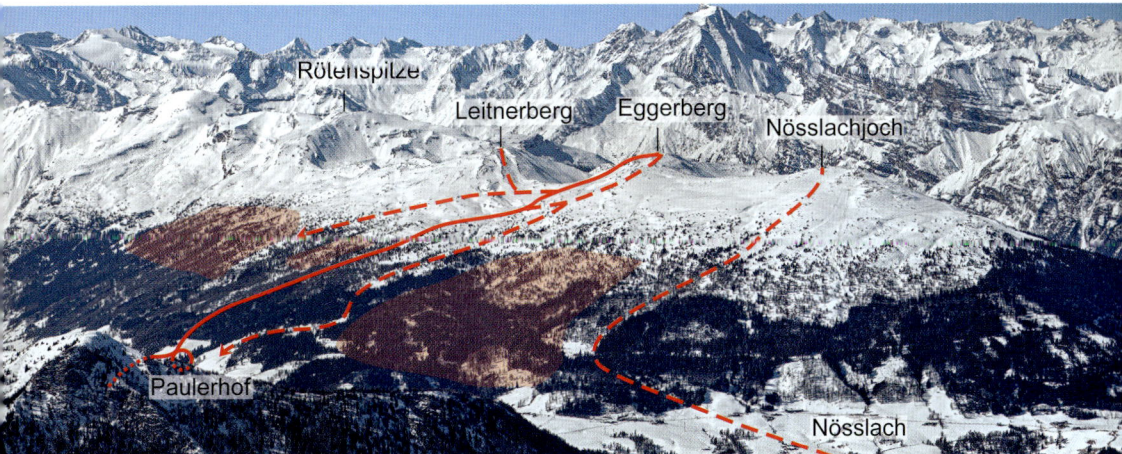

Sellrain

88 Zischgeles, 3005 m
Von Praxmar über den Nordhang

3.30 Std.

1350 Hm

Stark frequentierter Ski-Dreitausender im Sellrain

Wer in Gries im Sellraintal Richtung Süden nach Lisens abzweigt, hat die Auswahl aus einer ganzen Reihe toller Skitourenberge. Sicherlich einer der beliebtesten und – aus rein skifahrerischer Sicht – lohnendsten ist der Zischgeles. Von Praxmar steigt man ohne Flachstück 1300 Höhenmeter direkt bis wenige Meter unter den Gipfel. Nur die letzten paar Meter müssen zu Fuß zurückgelegt werden. Die Abfahrt bewegt sich dann auf der kompletten Strecke im idealen Skigelände. Weite Hänge mit einer Neigung um die 30 Grad wechseln sich mit etwas flacheren Passagen ab. Die nordostseitige Exposition sorgt dafür, dass sich der Schnee hier lange trocken und pulvrig hält. Allerdings hat unverspurtes Gelände – trotz der breiten Hänge – aufgrund der vielen Tourengeher nur eine sehr geringe Lebensdauer. Eine weniger befahrene Abfahrtsvariante bietet zwar ein Ausweichziel mit etwas besseren Chancen auf jungfräuliche Schneeoberfläche, aber auch das wissen inzwischen viele, und so sollte man sich in dieser Hinsicht nicht zu großen Erwartungen hingeben, sofern der letzte Neuschneefall schon einige Tage zurückliegt.

Eine ähnlich lohnende Skitour bietet die benachbarte Lampsenspitze. Beide Gipfel liefern gemeinsam den Schauplatz der berühmten Wildsaustaffel – ein traditionelles Skitourenrennen für Viererteams, wobei jeweils ein Aufsteiger und ein Abfahrer an jedem Gipfel antritt. Der Streckenrekord zum Skidepot am Zischgeles liegt dabei im Übrigen bei ca. 50 Minuten im Aufstieg und 2.30 Minuten in der Abfahrt!

Schneestapfer auf dem letzten Abschnitt am Gipfelgrat.

Tiefblick vom Roten Kogel auf Praxmar und die Route zum Zischgeles.

Ausgangspunkt: Von Zirl bei Innsbruck ins Sellraintal bis Gries. Hier nach links auf gut ausgebauter Bergstraße taleinwärts und rechts abbiegend nach Praxmar mit großem Parkplatz (gebührenpflichtig, 1685 m).
ÖPNV: Mit Zug bis Innsbruck und Bus ins Sellrain bis Gries und nach Praxmar (fährt nur wenige Male täglich, von München nur mit Übernachtung sinnvoll, Fahrzeit ca. 3.30 Std.).
Aufstiegszeiten: Praxmar – Kamplloch 2 Std., Kamplloch – Zischgeles 1.30 Std.
Anforderungen: Anhaltend mittelsteile, hindernislose Hänge, Gipfelhang bis 35 Grad steil. Eine routinierte Aufstiegs- und Abfahrtstechnik spart hier viel Kraft. Gipfelanstieg steiles Schneegestapfe mit leichter Kletterstelle.
Hangrichtung: Nordost.
Lawinengefährdung: Aufgrund der häufigen Befahrungen ist der steile Gipfelhang (ca. 35 Grad) weniger gefährdet als seine kammnahe, nordseitige Exposition vermuten ließe. Trotzdem ist gerade nach stärkeren Neuschneefällen und im Frühjahr bei deutlichem Temperaturanstieg Vorsicht geboten. Erst recht gilt das für die Abfahrtsvariante durch das Sattelloch.
Einkehr: Unterwegs keine. Am Ausgangspunkt Alpengasthof Praxmar, zur Tourensaison durchgehend bewirtschaftet, Tel. +43 5236 212.
Karten: f&b WK 0241, AV 31/2 Stubaier Alpen, Sellrain.

Aufstieg

Am Beginn des Parkplatzes führt ein Ziehweg nach Süden über den Bach zum ehemaligen Lifthäuserl. Von dort den breiten, oft buckelpistenähnlich eingefahrenen Rücken hinauf zur Schef-Alm. Schön kupiertes, mäßig steiles Gelände führt uns nun zwischen den zwei Gräben weiter nach Westen aufwärts und über eine kurze Stufe erreichen wir den Karboden des Kampllochs (ca. 2380 m). Hier setzt bereits der riesige Nordhang an, der hinaufzieht bis zur Scharte im

Die Abfahrt durchs Sattelloch ist weniger verspurt als die Normalroute.

Ostgrat des Zischgeles. Dieser weist eine durchschnittliche Neigung von knapp 30 Grad auf, ist aber stellenweise deutlich steiler. Anfangs hält man sich eher rechts, das steilste Stück wird in einem großen Bogen meist links umgangen. Am Grat ziehen wir nach rechts und können noch ein Stück mit Ski aufsteigen bis zum letzten, felsigen Steilaufschwung. Zu Fuß (bei Vereisung sind Steigeisen angenehm) geht es die letzten Meter im Schnee über einige Felsblöcke an einer Kette hinauf zum Gipfelkreuz.

Abfahrt
Entlang der Aufstiegroute oder auf nachfolgend beschriebener Variante.

Variante
Vom Skidepot direkt über den steilen Nordhang hinab ins Sattelloch. Eine Steilstufe bei 2700 m wird links umfahren, und die nächsten 200 Höhenmeter schwingen wir geradeaus durch das Kar hinab. Hier können wir nun rechts haltend durch eine kurze steile Rinne zur Aufstiegsroute zurückkehren. Alternativ behalten wir die Richtung bei, überqueren ein Flachstück nach Nordosten und erreichen über einen schönen Hang eine Terrasse bei 2350 m. Ein weiterer Steilhang (Vorsicht im Frühjahr auf die Tageserwärmung!) führt jetzt hinab zum Moarler Bach, den wir anschließend überqueren müssen, um wieder zur Aufstiegsroute zurückzukommen. Wem die 1700 Höhenmeter zu wenig sind, der kann vom Sattelloch nach Norden queren und auf die Lampsenspitze steigen.

Der Zischgeles ist erreicht.

Sellrain

89 Lisenser Fernerkogel, 3299 m
Von Lisens über den Lisenser Ferner

5.00 Std. | 1680 Hm

Der Sellrainklassiker schlechthin

Bereits bei der Anreise nach Lisens fällt am Talschluss eine gewaltige Felspyramide auf, die sich 1600 Höhenmeter über dem Fernerboden erhebt – der Lisenser Fernerkogel. Kaum zu glauben, dass auf diesen eindrucksvollen Gipfel eine der meistbesuchten Skitouren des Tales führt, die zudem bis kurz unter den Gipfel mit Ski möglich ist. Vom Tal aus nicht erkennbar ist der weitläufige Gletscherkessel des Lisenser Ferners, der sich in der Süd- und Ostseite des Bergstocks befindet – dieser vermittelt auch den Zugang zum Gipfel. Obwohl es sich um eine inzwischen äußerst beliebte Modetour handelt, verlangt sie doch einiges an Einsatz und Können. Nach dem anfänglichen Talmarsch kann schon der mittelsteile, aber oft beinharte und buckelpistenähnlich eingefahrene Riesenhang hinauf zum Ferner bei unsicherer Gehtechnik und/oder ohne Harscheisen eine Tortur sein, die sich auf etwa 1000 Meter hinzieht. Dann endlich ist der flache Gletscher erreicht, was aber leider noch kein Grund zur Entspannung ist. Der felsige Übergang zum Rotgratferner und der Gipfelaufstieg bringen uns erneut aus dem kraftsparenden, gleichmäßigen Gehrhythmus, sodass sich die fast 1700 Höhenmeter oft noch länger anfühlen. Als etwas bequemere Alternative nach dem mühsamen Zustieg zum Gletscher bietet sich die Lisenser Spitze an, die einige Meter niedriger ist als der Fernerkogel und einen etwas einfacheren Gipfelaufbau aufweist. Von den weiteren Gipfeln im großen Rund des Lisenser Ferners wird nur der große Brunnenkogel noch gelegentlich bestiegen – allerdings zieht sich der flache Gletscherhatscher bis dorthin ziemlich in die Länge.

Flacher Anmarsch, bevor es »zur Sache geht«.

Ausgangspunkt: Von Zirl bei Innsbruck ins Sellraintal bis Gries. Hier nach links auf gut ausgebauter Bergstraße zum Alpengasthof Lüsens mit großem Parkplatz (gebührenpflichtig, 1636 m).
ÖPNV: Nicht möglich.
Aufstiegszeiten: Lisens – Fernerboden 30 Min., Fernerboden – Lisenser Ferner 3 Std., Lisenser Ferner – Fernerkogel 1.30 Std.
Anforderungen: Lange, anspruchsvolle Skitour für erfahrene Tourengeher. Aufstieg zum Lisenser Ferner über steiles, oft buckelpistenähnlich eingefahrenes Gelände, das sichere Aufstiegstechnik und Routine bei der Abfahrt voraussetzt. Gipfelhang ebenfalls steil; der Gipfelgrat erfordert leichte Kletterei.
Hangrichtung: Vorwiegend Nord – am Lisenser Ferner und am Rotgratferner Ost.
Lawinengefährdung: Der große Talschluss-Hang bis zum Beginn des Gletschers hat einige steile Stellen von etwa 35 Grad. Allerdings wird er meist den ganzen Winter über recht viel befahren, sodass er bezogen auf seine Steilheit nicht allzu lawinengefährdet ist. Trotzdem ist nach Neuschnee Vorsicht geboten. Umso mehr gilt das für den Rotgratferner – insbesondere am Gipfelhang und für die Direktabfahrt.
Einkehr: Alpengasthof Lüsens (1636 m), während der Tourensaison durchgehend bewirtschaftet, Tel. +43 5236 215.
Karten: f&b WK 0241, AV 31/2 Stubaier Alpen, Sellrain.

Aufstieg

Vom Alpengasthof geht es flach nach Süden in den Talschluss des Fernerbodens. Hier behalten wir unsere Richtung bei, und in zunehmender Steilheit geht es jetzt an den gewaltigen Nordhang heran, der recht gut gestuft hinaufzieht zum Lisenser Ferner. Meist wird bereits eine Spur angelegt sein, die jedoch in dem nach oben bis zu 1 km breiten Hang sehr unterschiedlich verlaufen kann. Anfangs hält sie sich meist am tiefsten Punkt des konkaven Hanges bis zur ersten Steilstufe. Hier orientiert sie sich nach rechts auf einen Rücken und über diesen geht es nun ein Stück aufwärts, bis man nach links in eine karähnliche Mulde wechseln kann. Wo sich der Hang erneut aufsteilt, halten wir uns wieder nach rechts auf eine Rippe zu, und den letzten steilen Aufschwung vor

Spitzkehren sollten beherrscht werden.

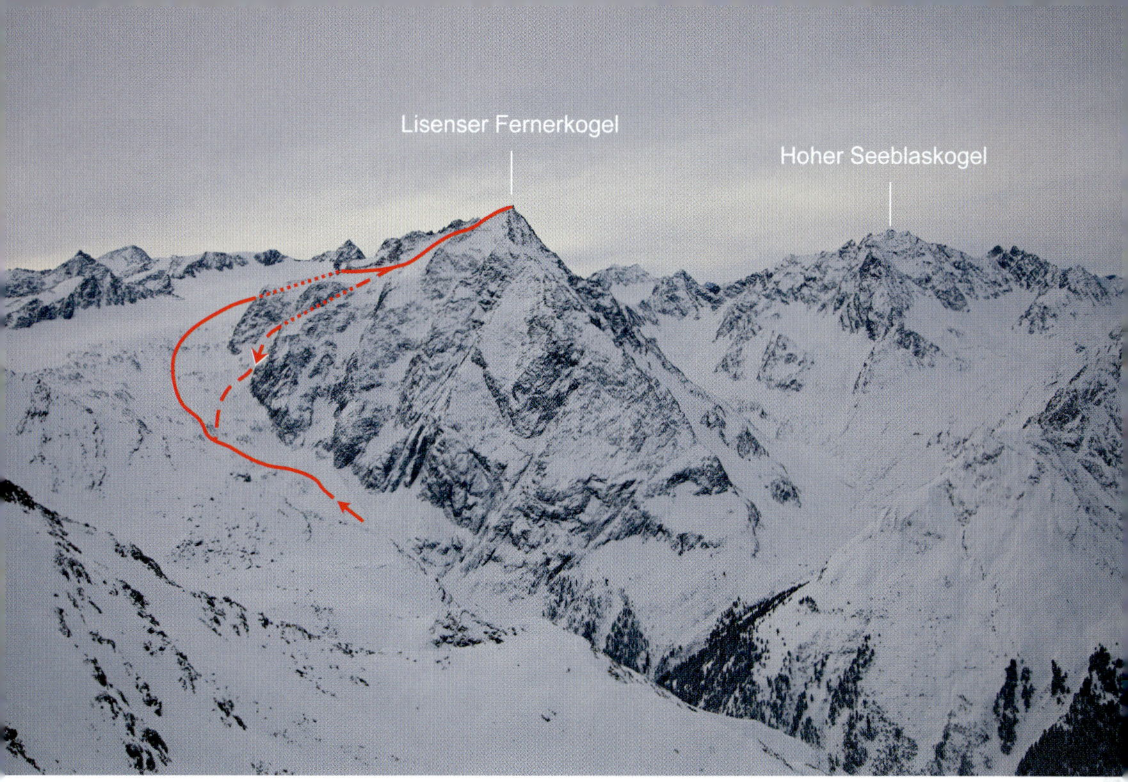

Aussicht vom Roten Kogel zum »Lisenser«.

dem flachen Gletscher überwinden wir rechts oder umgehen ihn etwas flacher links. Nun biegen wir nach Westen ab und ziehen links der »Plattigen Wand« aufwärts bis in eine Höhe von etwa 3000 m. Hier führt nach rechts eine etwas flachere Rampe auf den schrofigen Grat, die wir zu Fuß mit Ski am Rucksack überwinden. Jenseits des Grates geht es nun wieder mit Ski über den Rotgratferner zuerst nach Norden querend, dann immer steiler nach Westen hinauf bis zur Scharte am Beginn des Südgrates. Über den felsigen Blockgrat steigen wir zu Fuß (oft sind Steigeisen ratsam) hinauf bis zum Gipfel.

Abfahrt
Die Abfahrt folgt der Aufstiegsroute. Besser, aber nur bei sicherer Schneelage: Vor der Überschreitung des Rotgrates fährt man geradeaus durch eine etwa 200 Höhenmeter hohe und 35 Grad steile Rinne direkt hinab zur Aufstiegsroute.

Gipfelabstieg in Schnee und Fels.

Sellrain

90 Hoher Seeblaskogel, 3235 m
Von Lisens durch das Längental

4.45 Std.

1600 Hm

Prächtiger Skiberg im Tourengebiet des Westfalenhauses

Unter den zahlreichen prächtigen Skitourenbergen des Lisenser Tales ist der Hohe Seeblaskogel wohl der am seltensten bestiegene – wobei jedoch auch dies noch lange keine grenzenlose Einsamkeit bedeutet. Trotzdem sind seine Flanken insbesondere etwas früher im Winter deutlich weniger verspurt als am benachbarten Lisenser Fernerkogel und vor allem als an den schneller erreichbaren Bergen unmittelbar oberhalb Lisens und Praxmar. Das liegt zum einen an dem verhältnismäßig langen Anmarsch durch das – nomen est omen – Längental. Zum anderen sind aber auch die steilen Osthänge gerne lawinengefährdet, weshalb die Verhältnisse noch besser sein müssen als bei den häufig befahrenen Nachbartouren.

Die 1600 Höhenmeter auf diesen Paradegipfel der Sellrainberge lassen sich gut auf zwei Etappen aufteilen. Das vorbildlich geführte und gemütliche Westfalenhaus liegt nur wenig abseits der Aufstiegsroute und bietet sich für einen längeren Aufenthalt geradezu an. Von hier aus können noch weitere schöne Skiberge bestiegen werden wie die Schöntalspitze, der Längentaler Fernerkogel oder der Winnebacher Weißkogel. Ratsam ist diese Aufteilung erst recht im Frühjahr, wenn eine frühe Abfahrt über die schon am Vormittag auffirnenden Osthänge notwendig ist.

Unabhängig davon, zu welcher Jahreszeit der Hohe Seeblaskogel bestiegen wird – im Hochwinter bei sicherem Pulver oder im Frühjahr bei klassischer Firnlage – er bietet einen landschaftlich abwechslungsreichen Aufstieg, atemberaubende Aus- und Tiefblicke sowie eine tolle, endlos lange Abfahrt bis hinab nach Lisens. Bei guter Schneelage sicherlich eine unvergessliche Skitour.

Auf den letzten Metern stapft man zu Fuß zum Gipfel.

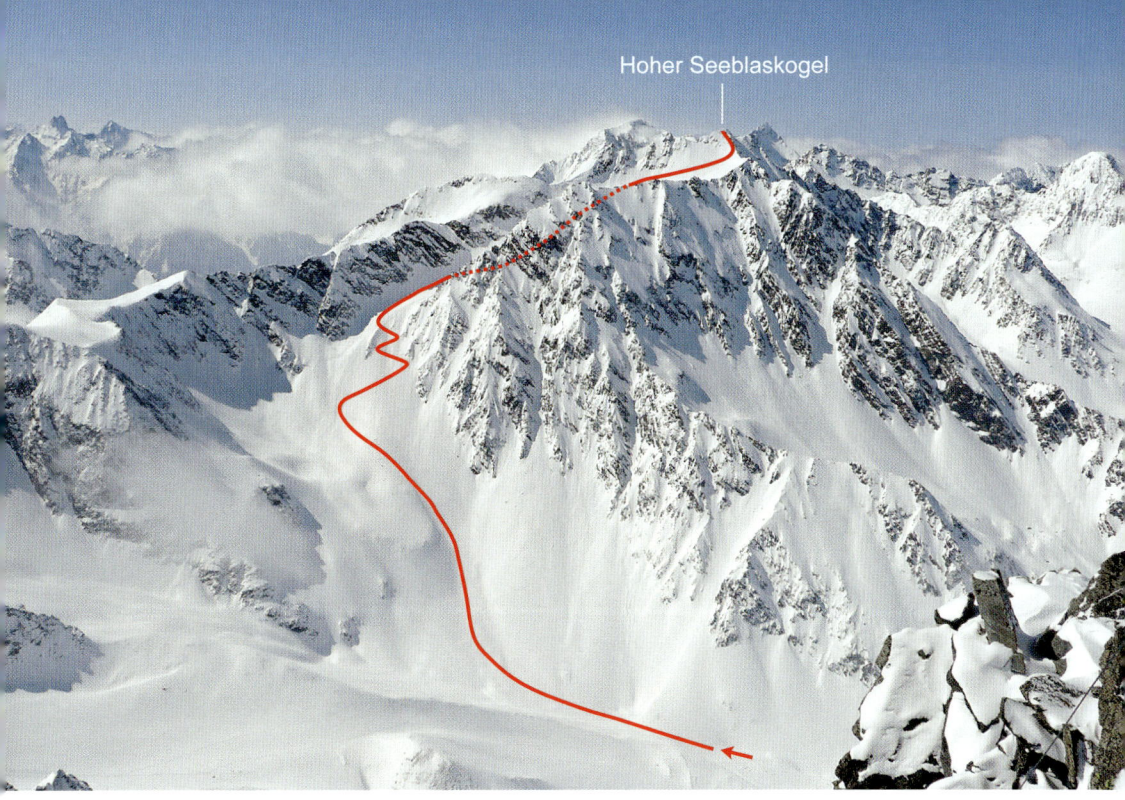

Tiefblick auf das Längental und den Anstieg zum Seeblaskogel vom Lisenser Fernerkogel.

Ausgangspunkt und ÖPNV: Siehe Tour 89.
Aufstiegszeiten: Lisens – Fernerboden 30 Min., Fernerboden – Längentalalm 45 Min., Längentalalm – Abzweigung Westfalenhaus 30 Min., Abzweigung Westfalenhaus – Seeblaskogel 3 Std.
Anforderungen: Die erste Steilstufe ins Längental hat meist Buckelpistencharakter und erfordert dann gekonnte Aufstiegstechnik und Kontrolle bei der Abfahrt. Für den Steilhang zum Grüne-Tatzen-Ferner gilt selbiges – jedoch steht dort deutlich mehr Platz zur Verfügung. Die letzten Meter zum Gipfel sind steiles Schnee- oder Schrofengestapfe, das bei ungünstigen Verhältnissen Trittsicherheit erfordert. Auf dem Gletscherrest besteht kaum noch Spaltensturzgefahr. Bei Start am Westfalenhaus reduzieren sich die Aufstiegsmeter auf 1050 Hm.
Hangrichtung: Im Längental meist nordostseitig, der Steilhang zum Grüne-Tatzen-Ferner ist ostseitig exponiert, die Mulde oberhalb südostseitig.
Lawinengefährdung: Der große, bis zu 40 Grad steile Osthang unter dem Grüne Tatzen-Ferner ist öfter lawinengefährdet.
Einkehr: Alpengasthof Lüsens (1636 m), aktuelle Öffnungszeiten unter luesens.at, Tel. +43 664 7880875; Westfalenhaus (2273 m), bewirtschaftet von Ende Januar bis Mitte April, westfalenhaus.at.
Karten: f&b WK 0241, AV 31/2 Stubaier Alpen, Sellrain.

Aufstieg

Die erste halbe Stunde des Aufstiegs besteht aus einem flachen Talmarsch entlang der schattigen Loipe in den Talschluss zum Fernerboden. Nun geht es nach rechts durch eine steile Waldschneise hinauf zur Längentalalm. Der Weiterweg führt durch das flache Längental bis zu einem Wasserhäusl rechts vom Bach. Hier zweigt nach rechts der Anstieg zum Westfalenhaus ab. Zum Hohen Seeblaskogel folgen wir jedoch der Talsohle weiter, die nun in Richtung Süden abbiegt. Eine kurze Steilstufe wird rechts überwunden und durch eine schöne Mulde gelangen wir

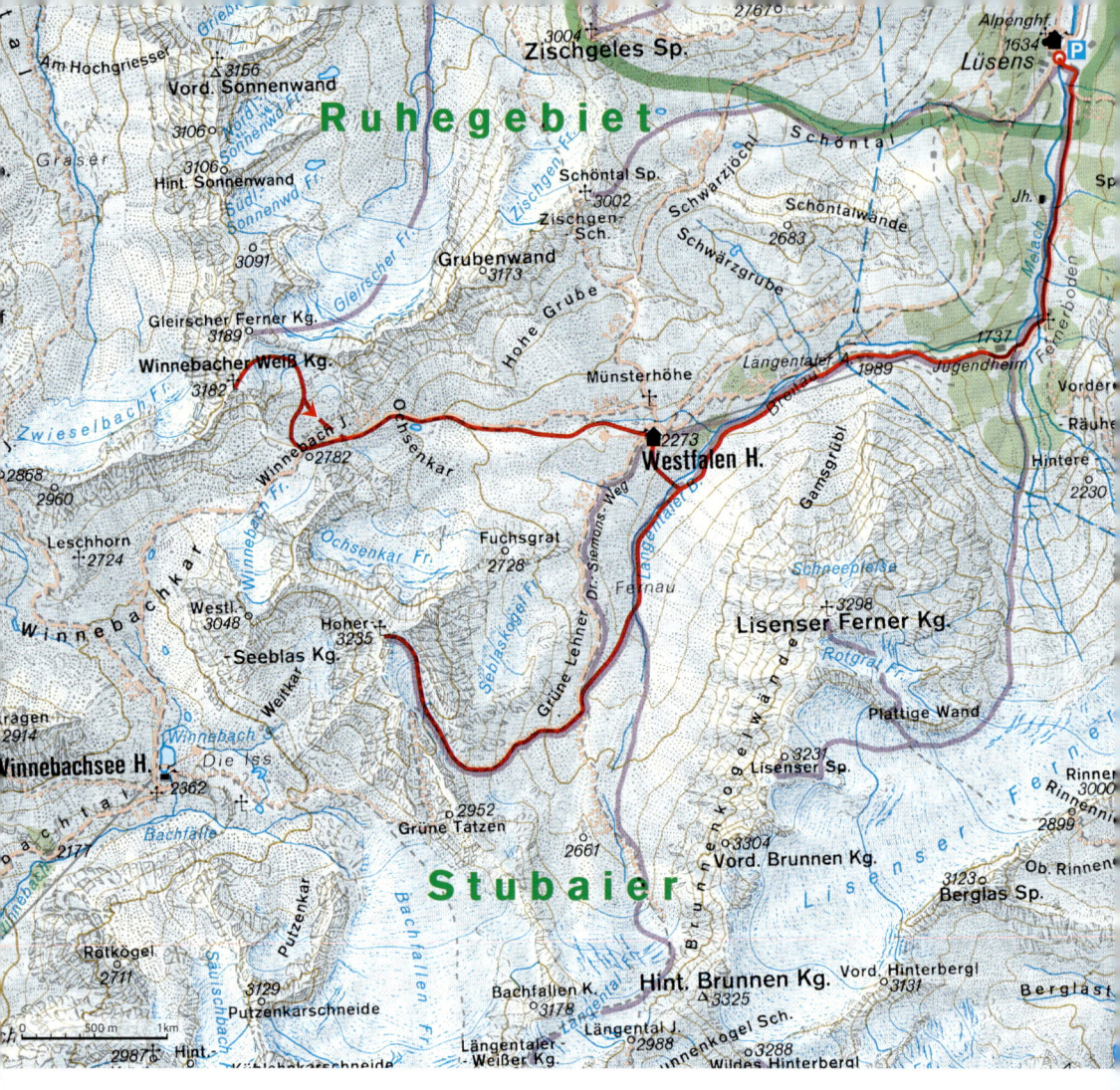

zu einem geräumigen Platz mit einer weiteren Wegverzweigung. Hier müssen wir uns entscheiden, ob wir den steilen Osthang wagen können. Im Zweifel bleibt hier noch die harmlosere Alternative, geradeaus zum Längentaler Weißenkogel weiterzugehen. Bei sicherer Lawinenlage steigen wir jedoch nach rechts über den breiten Hang auf, anfangs durch eine Mulde und über den links befindlichen Rücken. Nach oben verengt sich der Hang etwas und steilt sich weiter auf, bevor wir hinter einer Geländekante unvermittelt in ein flaches Kar gelangen. Wie eine gleichmäßig geformte Wanne zieht dieses nun nach Nordwesten und erlaubt uns einen gemütlichen Aufstieg bis unter den Gipfelhang. Rechts davon steigen wir hinauf zum Grat und so hoch wie möglich mit Ski. Die letzten Meter werden meist zu Fuß gestapft, bei guter Schneelage können sichere Skifahrer aber vom Gipfel abfahren.

Abfahrt
Die Abfahrt folgt der Aufstiegsroute. Besonders im Osthang hinab ins Längental ist bei sicherer Schneelage viel Platz für eigene Spuren. Das Längental läuft im Anschluss gut hinaus bis zum Fernerboden. Von dort geht es im Skatingschritt oder Doppelstockschub zurück zum Parkplatz.

Sellrain

91 Winnebacher Weißkogel, 3183 m
Von Lisens über das Westfalenhaus

3.00 Std.

900 Hm

Gemütliche Skitour mit steilem Gipfelhang

Das Westfalenhaus im Längental gehört zu den klassischen Skitourenhütten der Ostalpen. Bereits anhand der relativ langen Öffnungszeit von Anfang Februar bis Anfang Mai wird deutlich, dass das Tourengebiet auch im Hochwinter interessante Ziele bieten kann, sofern die Verhältnisse stimmen. Während vor zwanzig Jahren Längentaler Weißkogel, Schöntalspitze und auch der hier vorgestellte Winnebacher Weißkogel typische Frühjahrsziele waren, die kaum vor Mitte März begangen wurden, werden sie inzwischen den kompletten Winter über besucht. Mit Einschränkung trifft diese Aussage auch auf den Seeblaskogel (Tour 90) zu, der ebenfalls vom Westfalenhaus aus angegangen wird, aber aufgrund seiner steilen Hänge einen noch etwas solideren Schneedeckenaufbau erfordert.

Der Winnebacher Weißkogel ist das meistgewählte Ziel vom Westfalenhaus. Ohne Gegenanstieg lässt sich die Hütte nach der Tour wieder erreichen und bis auf zwei kurze, steile Hänge sowie den Gipfelanstieg stellt sie keine allzu großen Anforderungen. Dafür erreicht man einen zentral gelegenen Gipfel der Sellrainberge mit einer schönen, abwechslungsreichen Abfahrt. Die Verpflegung auf der Hütte ist vorbildlich, sodass sie sich für einen mehrtägigen Aufenthalt geradezu anbietet und schöne Tourentage an einigen der schönsten Skiberge Tirols ermöglicht.

Durch kupiertes Gelände geht es Richtung Winnebachjoch.

Einen guten Überblick über den Wegverlauf gewinnt man vom Seeblaskogel.

Ausgangspunkt und ÖPNV: Siehe Tour 89.
Aufstiegszeiten: Lisens – Fernerboden 30 Min., Fernerboden – Längentalalm 45 Min., Längentalalm – Westfalenhaus 45 Min., Westfalenhaus – Winnebachjoch 1.45 Std., Winnebachjoch – Winnebacher Weißkogel 1.15 Std.
Anforderungen: Vom Westfalenhaus zum Winnebachferner meist flache bis mittelsteile, hindernislose Hänge mit kurzen Steilstufen, die auch mal Spitzkehren nötig machen. Im steilen Gipfelhang ist gekonnte Aufstiegs- und Abfahrtstechnik erforderlich. Aufstieg zur Hütte 650 Hm.
Hangrichtung: Vorwiegend ostseitig, oberhalb des Winnebachjochs zwischendurch südseitig.

Lawinengefährdung: Im Bereich des Winnebachjochs ist bei größeren Triebschneeansammlungen Vorsicht geboten. Die Schlüsselstelle stellt jedoch der 40 Grad steile Osthang unter dem Skidepot dar, der sichere Verhältnisse erfordert.
Stützpunkt: Westfalenhaus (2273 m), bewirtschaftet von Ende Januar bis Mitte April, westfalenhaus.at.
Einkehr: Westfalenhaus; am Parkplatz der Alpengasthof Lüsens (1636 m), aktuelle Öffnungszeiten unter luesens.at, Tel. +43 664 7880875.
Karten: Siehe Tour 90.

Aufstieg zur Hütte

Die erste halbe Stunde des Aufstiegs besteht aus einem flachen Talmarsch entlang der schattigen Loipe in den Talschluss zum Fernerboden. Nun geht es nach rechts durch eine steile Waldschneise hinauf zur Längentalalm. Der Weiterweg führt durch das flache Längental bis zu einem Wasserhäusl rechts vom Bach. Hier zweigt nach rechts der Anstieg zum Westfalenhaus ab, der in einigen Kehren hinaufführt zur bereits seit Längerem sichtbaren Hütte.

Anstieg zum Gipfel

Von der Hütte steigen wir nach Nordwesten zu einer etwas steileren Mulde und durch diese hinauf in sehr flaches Gelände. Mit wenig Höhengewinn geht es nun nach Westen und über eine kurze Stufe in das Kar unterhalb des Winnebachjochs. Wir steigen nun über den kurzen steilen Hang hinauf ins Joch und nach rechts über den Rücken und mittelsteile Mulden hinauf zum Weißkogelferner. In einem großen Rechtsbogen geht es weiter bis an den steilen Gipfelhang. Dieser wird meist von rechts nach links aufsteigend überwunden bis zu der kleinen Scharte nördlich des Gipfelaufbaus. Eine schmale, steile Schneerinne wird von hier aus zu Fuß bis zum Gipfel durchstiegen (bei Hartschnee können Steigeisen angenehm sein).

Abfahrt
Die Abfahrt folgt der Aufstiegsroute, wobei auf der gesamten Strecke bei entsprechender Schneelage beliebige Variationsmöglichkeiten bestehen. So kann zum Beispiel vor dem Winnebachjoch links direkt ins Kar abgefahren werden, genauso wie man im Kar rechts direkt abfahren kann ins Längental, wenn man nicht mehr zur Hütte möchte.

Steiles Schneestapfen bringt uns zum Gipfel.

Sellrain

92 Zwieselbacher Roßkogel, 3082 m
Von Haggen über den Kraspesferner

3.45 Std.

1450 Hm

Schneesichere Skitour auf einen schönen Dreitausender

Von den zahlreichen Roßkogeln im Sellrain ist der Zwieselbacher unter Skitourengehern sicherlich der bekannteste und beliebteste. Der Anstieg vom kleinen Bergdorf Haggen stellt eine viel begangene Tagestour dar, die sowohl von den einheimischen Tirolern als auch von den bayerischen Tourengehern als lange und schneesichere Skihochtour auf einen schönen Dreitausender geschätzt wird. Der kleine Gletscherrest des Kraspesferner weist nur noch wenige, kleinere Spalten auf und wird ohne Gletscherausrüstung begangen, und auch der Gipfelanstieg stellt keine weiteren Probleme. Die Schlüsselstelle der Tour ist hingegen meist die sogenannte »Untere Zwing«, eine klammartige Talverengung, in der eine kurze Steilstufe oftmals einer eisigen Buckelpiste gleicht.

Der »Zwieselbacher« kann aber nicht nur auf dieser Standardroute bestiegen werden, sondern ist ebenso ein beliebtes Ziel von der Neuen Pforzheimer Hütte. Ein weiterer, wenig begangener und steiler Anstieg führt von der Schweinfurter Hütte zum Gipfel. Beide Alternativen sind aber aufgrund der längeren Hüttenzustiege kaum als Tagestour geeignet, weshalb die Route von Haggen mit Abstand am häufigsten begangen wird. Diese hat dazu noch das Plus, dass unmittelbar an ihrem Ausgangspunkt der Forellenhof liegt. Ein sehr feines Lokal, dem man seine Qualität auf den ersten Blick nicht ansieht. Neben der Spezialität des Hauses – schmackhaften Fischgerichten mit frischen Fischen aus der hauseigenen Forellenzucht im kristallklaren, kalten Bergbach – locken dort Kuchen und Kaiserschmarrn genauso wie viele weitere Leckereien aus der guten Küche, mit denen man sich den Skitourenabschluss veredeln kann.

Blick vom Gaißkogel zum Zwieselbacher Roßkogel.

Ausgangspunkt: Von Zirl ins Sellraintal und über Sankt Sigmund bis zum Weiler Haggen. Parkplatz unterhalb vom Gasthof Forellenhof (1640 m).
ÖPNV: Mit Zug von München bis Innsbruck und mit (Ski-)Bus in Richtung Kühtai bis zur Haltestelle Haggen (Fahrzeit ca. 3.45 Std.; nur mit Übernachtung sinnvoll).
Aufstiegszeiten: Haggen – Untere Zwing 45 Min., Untere Zwing – Obere Zwing 1.15 Std., Obere Zwing – Kraspesferner 1 Std., Kraspesferner – Zwieselbacher Roßkogel 45 Min.
Anforderungen: In den beiden Zwingen jeweils steile Hänge, die sichere Spitzkehrentechnik erfordern. Ansonsten vorwiegend flache bis mittelsteile, hindernislose Hänge. Am Kraspesferner geringe Spaltensturzgefahr.
Hangrichtung: Vorwiegend Nord; Einzugsgebiete aus Ost- und Westhängen.
Lawinengefährdung: Einige Abschnitte der Tour werden von Spontanlawinen aus hoch gelegenen Einzugsgebieten bedroht. Ansonsten ist insbesondere in den beiden Zwingen im Hochwinter mit Schneebrettgefahr zu rechnen, im Spätwinter und Frühjahr wird die Tour dort praktisch an jedem Schönwettertag pistenähnlich eingefahren. Die direkten Abfahrtsvarianten erfordern hingegen generell sichere Schneeverhältnisse.
Einkehr: Bergoase Forellenhof in Haggen (1640 m), Donnerstag bis Sonntag und feiertags bewirtschaftet, Tel. +43 650 4447760, bergoase.at.
Karten: f&b WK 0241, AV 31/2 Stubaier Alpen, Sellrain.

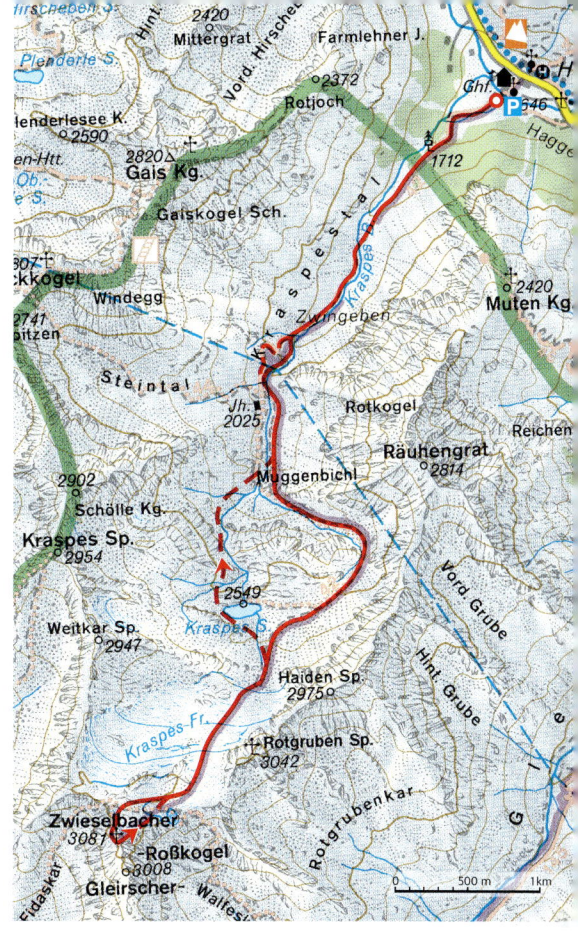

Aufstieg

Vom Parkplatz geht's über die Brücke und eine flache Wiese nach Süden an den Waldrand. Auf einem Ziehweg steigen wir durch den Wald auf in das enge V-Tal und leicht aufwärts durch das Tal bis zu einer steilen Engstelle – der »Unteren Zwing«. Bei genügend Schnee steil und oft eisig unmittelbar durch die Klamm. Bei wenig Schnee – insbesondere im Hochwinter – befinden sich dort oft problematische Blankeisstellen. Dann überwindet man die Steilstufe weiter rechts entlang des Sommerwegs.

Anstieg durch die »Untere Zwing«.

Das letzte Flachstück oberhalb des Kraspesferners.

Anschließend weitet sich das Tal, und wir steigen zuerst flach, dann über eine weitere, einfache Stufe zum nächsten Karboden auf. Hier wenden wir uns nach links und steigen zunehmend steiler auf, bis rechts wiederum eine steile Engstelle, die »Obere Zwing«, den Aufstieg zur nächsten Terrasse ermöglicht. Links am Kraspessee vorbei geht es weiter über einen mittelsteilen Hang hinauf zum Kraspesferner. Ein kurzer Aufschwung wird eher rechts überwunden, bevor wir über den harmlosen Gletscher gemütlich aufsteigen können bis zum Grat. Über einen breiten Rücken geht es jetzt rechts oberhalb einer tiefen Mulde (See) nach Westen zum Plateau unterhalb des Gipfelaufbaus. Ein kurzer steilerer Hang bringt uns nun zum Nordwestgrat, und über diesen gelangen wir problemlos (oft aber zu Fuß) in wenigen Metern zum höchsten Punkt.

Mit Ski bis fast zum Gipfel.

Abfahrt
Bei guten Verhältnissen können sichere Skifahrer direkt vom Gipfel nach Nordosten abfahren auf das Plateau. Am linken Rand der Mulde queren wir nun hinüber zum Kraspesferner, wo wir wieder auf die Aufstiegsroute treffen. Für die weitere Abfahrt gibt es u. a. auch die Möglichkeit, links am Kraspessee vorbei und steil direkt hinabzufahren zum Karboden oberhalb der unteren Zwing (nur bei sicheren Verhältnissen).

Zillertaler Alpen

93 Grundschartner, 3065 m
Vom Gasthof In der Au durch den Sundergrund

5.00 Std.

1800 Hm

Großzügige Skitour auf einen berühmten Kletterberg

Die zentralen Zillertaler Alpen sind für viele Tourengeher »terra incognita« – ein großer weißer Fleck auf ihrer Skitourenkarte. Dabei verbergen sich hinter Mayrhofen eindrucksvolle Berge mit riesigen Karen und gewaltigen Abfahrten. Hier herrscht weitgehende Einsamkeit kaum zehn Kilometer vom Pistenwahnsinn des Zillertales entfernt. Sobald man kurz vor Mayrhofen aus dem verbauten Talgrund abbiegt und links durch den dunklen Zufahrtstunnel den Zillergrund erreicht, taucht man in eine überraschend ursprüngliche und sehr wilde Hochgebirgslandschaft ein, die viel Potenzial für fitte Skitouren-Individualisten bietet.

Einer der wenigen etwas bekannteren Gipfel in diesem Bereich der Zillertaler Alpen ist der Grundschartner. Kletterern – und hier vor allem denen der Generation des Alpinbuchklassikers »Im Extremen Fels« von Walter Pause – wird er insbesondere aufgrund seiner Nordkante ein Begriff sein, die wohl die bekannteste alpine Felskletterei der Gebirgsgruppe darstellt. Dass auf seinen Gipfel auch eine absolute Parade-Skitour führt, wissen nur recht wenige. Auch wenn in letzter Zeit doch regelmäßig eine Skispur in den Sundergrund führt, herrscht hier im Vergleich mit gleichwertigen Touren anderswo, wie insbesondere im Sellrain, richtiggehende Totenstille. Und selbst wenn noch eine Hand voll Kollegen am selben Tag unterwegs sein sollte, findet sich in dem einen Kilometer breiten Kainzenkar endlos Platz für eigene Zöpferl.

Allerdings muss der Einwand gelten, dass es sich nicht um eine Skitour für jederzeit und jedermann handelt. Die riesigen Hänge setzen eine sichere Lawinenlage voraus, und 1800 Höhenmeter müssen konditionell erst einmal bewältigt werden – insbesondere, da auf den ersten drei Kilometern bis zur Kainzenalm nur knapp 300 Höhenmeter zurückgelegt werden. Außerdem sollte eine ausreichende Schneelage vorhanden sein, damit der erste Latschenhang oberhalb der Kainzenalm gut eingeschneit ist. Sind all diese Voraussetzungen erfüllt, steht einer Traumtour nichts mehr im Wege.

Ansicht des Kainzenkars von Osten.

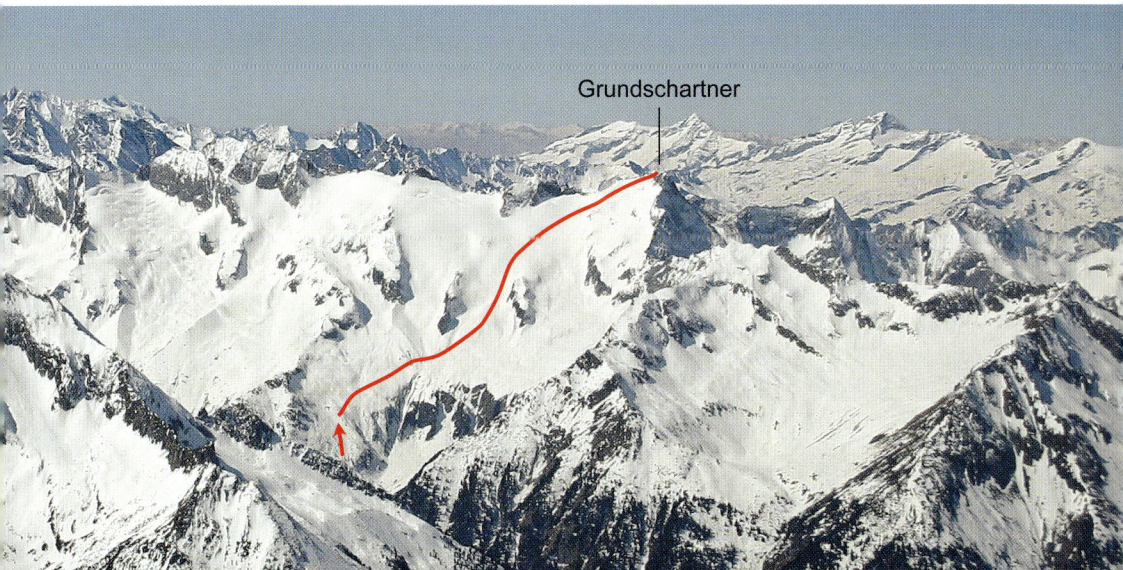

Skihänge soweit das Auge reicht.

Ausgangspunkt: Auf der Zillertalbundesstraße bis kurz vor Mayrhofen. Hier nach links durch den steilen Tunnel in den Zillergrund und auf der schmalen, aber flachen Bergstraße zum Gasthof In der Au (1265 m). Auffahrt im Winter nur geduldet!
ÖPNV: Zur Skitourenzeit nicht möglich.
Aufstiegszeiten: Gasthof In der Au – Kainzenalm 1 Std., Kainzenalm – Kainzenkar 1.30 Std., Kainzenkar – Grundschartner 2.30 Std.
Anforderungen: Bis zur Kainzenalm flache Forststraße. Aufstieg ins Kainzenkar teils enge Latschengassen, die bei mittelhoher Schneelage insbesondere in der Abfahrt sehr gute Skitechnik erfordern. Der letzte Hang bis zur Karschwelle ist recht steil, dafür aber kaum noch bewachsen. Im Kainzenkar weitläufige, mittelsteile Hänge ohne Hindernisse. Zuletzt zum Skidepot wieder steiler und die letzten Meter zum Gipfel je nach Verhältnissen meist einfaches, steiles Schneegestapfe oder leichte Kletterei. Orientierung im weitläufigen Kar bei schlechter Sicht problematisch, insbesondere in der Abfahrt.
Hangrichtung: Steilstufe ins Kainzenkar Nordost, danach Ost.
Lawinengefährdung: Der Zustieg durch den Sundergrund kann von Spontanlawinen aus den Flanken bedroht werden. Die nordostseitigen Hänge im unteren Kainzenkar erfordern sichere Verhältnisse, genauso wie die Steilstufe kurz unter dem Gipfel.
Einkehr: Gasthof In der Au (1265 m), während der Tourensaison am Wochenende in der Regel bewirtschaftet, Tel. +43 5289 214.
Karten: f&b WK 0152, AV 35/2 Zillertaler Alpen Mitte.

Aufstieg

Vom Gasthof auf der Straße noch einige Meter entlang aufwärts, bis rechts die Almstraße in den Sundergrund abzweigt. Auf dieser geht es zwar flach, aber doch stetig bergauf in etwa einer Stunde zur Kainzenalm. Hier überqueren wir den Sunderbach nach rechts, und links der Almhütten steigen wir anfangs über eine Schneise aufwärts. Sofern nicht außergewöhnlich viel Schnee liegt, folgen wir bald durch die Latschen der Trasse eines kleinen Weges leicht rechts haltend aufwärts, bis der Steig nach rechts in den Graben zieht. Hier halten wir uns links immer ein Stück oberhalb vom Bach taleinwärts, bis links ein relativ steiler Hang den Aufstieg auf die darüberliegende Terrasse ermöglicht. In dem nun erst mal recht flachen Kar steigen wir rechts haltend auf und steuern die mittlere Rinne an, die im Kar

Zillertaler Panorama – im Hintergrund der Große Löffler.

zwischen zwei Felsrippen eingelagert ist. Durch die Rinne zum Schluss wieder etwas steiler hinauf in den breiten oberen Bereich des Kares. Hier halten wir uns rechts aufwärts, überwinden eine kurze Steilstufe links und ziehen nach rechts zum Gipfelaufbau an den Fuß einer kurzen Rinne, die vom Grat herabzieht. Hier Skidepot. Durch die Rinne und den kurzen Südgrat unschwierig zum Gipfel.

Abfahrt

Die Abfahrt kann auf den oberen 700 Höhenmetern ziemlich beliebig gewählt werden, allerdings sollte bedacht werden, dass das Kainzenkar im unteren Teil mit mehr oder weniger steilen Flanken abbricht. Ab etwa 2300 m sollte man sich also rechts entlang der Aufstiegsroute halten.

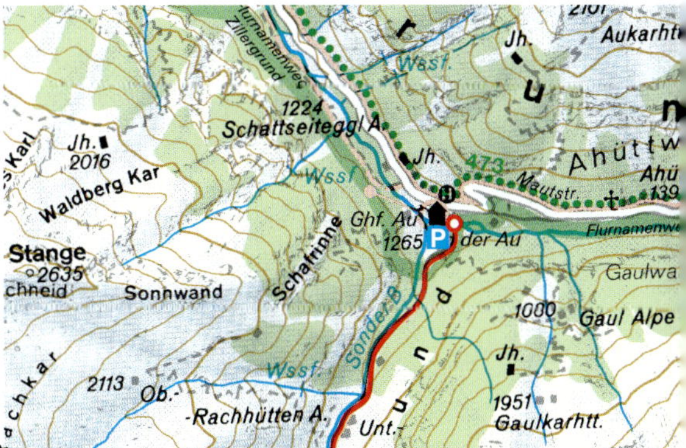

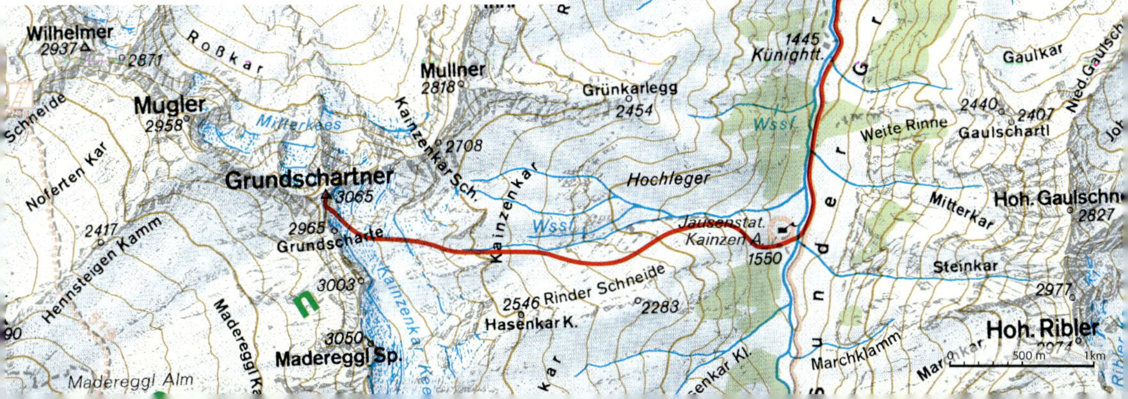

Zillertaler Alpen

94 Kuchelmooskopf, 3214 m
Aus dem Zillergrund durchs Zillerkar

4.30 Std.

1800 Hm

Unterwegs in einer grandiosen, hochalpinen Landschaft

Die lange Bergstraße durch den Zillergrund wird den ganzen Winter über offen gehalten und ist nur bei Lawinengefahr oder nach größeren Lawinenabgängen gelegentlich für ein paar Tage gesperrt. Ansonsten führt sie in ein Eldorado für anspruchsvolle Skitouren, die jedoch nur einem recht überschaubaren Tourengeherkreis bekannt sind. Wer mit guter Kondition ausgestattet ist und genügend Erfahrung aufweist, für diese relativ hochalpinen Touren die richtigen Bedingungen abzuwarten, wird hier großzügige, wenig begangene Skitouren mit grandiosen Abfahrten durchführen können. Der Tourenausklang in den abgelegenen – im Winter praktisch nur von den Skitourengehern besuchten – Wirtschaften »Gasthof In der Au« und Gasthof Häusling verspricht dazu ein sehr ursprüngliches Flair.

Eine der beliebtesten Skitouren im Zillergrund führt auf den Kuchelmooskopf. Diese stellt skitechnisch keine allzugroßen Anforderungen, weist aber vom Stausee Zillergrund bis zum Gipfel einen durchgehenden, 1500 m hohen und kilometerbreiten Skihang auf. Von der Schranke am (im Winter geschlossenen) Gasthof Bärenbad sind jedoch 1800 Höhenmeter zu absolvieren. Die ersten 300 Meter bis zum Beginn der eigentlichen Skitour führen etwas »unrhythmisch« über den staudenbewachsenen Sommerweg und die Werksstraße oder am schattigeren Gegenhang und über die Staumauer sowie zuletzt durch einen oft vereisten Tunnel. Vielleicht ist das ein Grund, wieso diese Skitour nicht so populär ist wie die großen Sellrainklassiker, vor denen sie sich ansonsten nicht verstecken braucht.

Der Gipfel des Grundschartner ermöglicht einen schönen Blick zum Kuchelmooskopf.

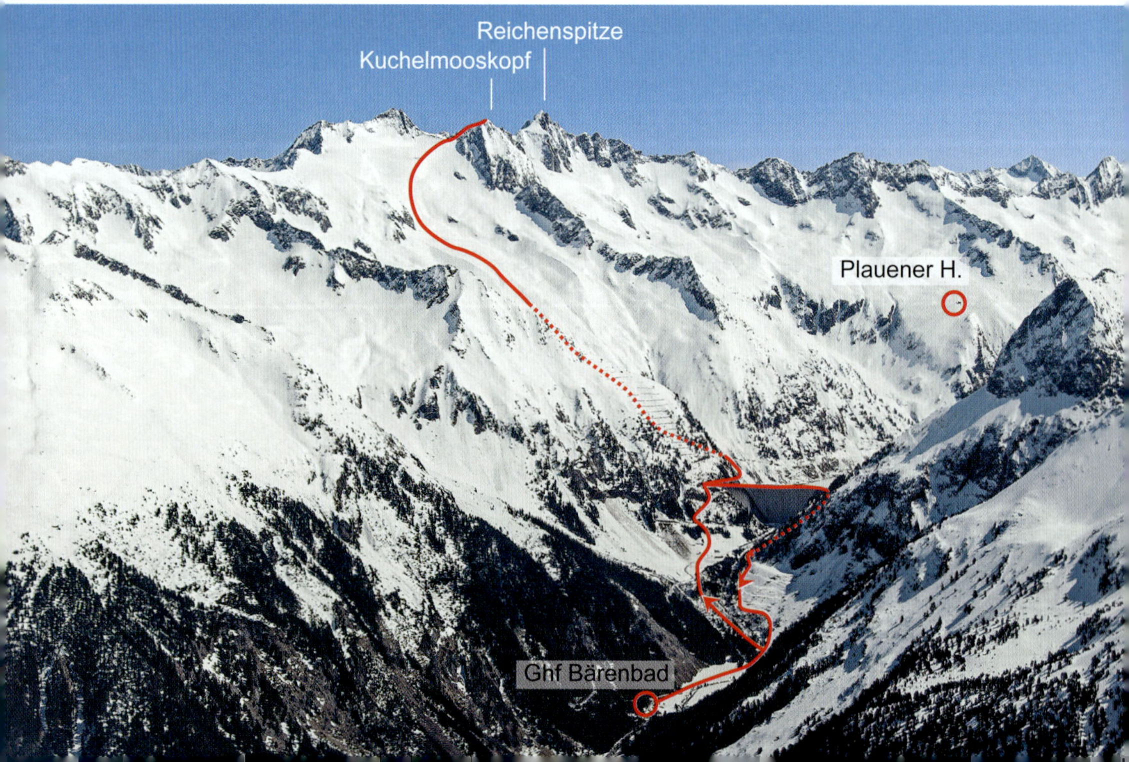

Aufstieg durch das riesige Zillerkar.

Ausgangspunkt: Auf der Zillertalbundesstraße bis kurz vor Mayrhofen. Hier nach links durch den steilen Tunnel in den Zillergrund und auf der schmalen aber flachen Bergstraße taleinwärts bis zum Fahrverbot bei der Kehre am Gasthof Bärenbad (1450 m).

ÖPNV: Zur Skitourenzeit nicht möglich.

Aufstiegszeiten: Bärenbad – Dammkrone 1 Std., Dammkrone – Zillerkar 1 Std., Zillerkar – Kuchelmooskopf 2.30 Std.

Anforderungen: Die steilere Stufe ins Zillerkar erfordert sichere Spitzkehrentechnik und bei gefrorener Schneedecke sicheres Gehen mit Harscheisen. Ansonsten vorwiegend mittelsteile, hindernislose Hänge. Am Zillerkees geringe bis mäßige Spaltensturzgefahr. Am an sich leichten Gipfelaufbau können bei Vereisung Steigeisen angenehm sein.

Hangrichtung: Zur Dammkrone nordwest- und nordseitig, im Zillerkar süd- und südwestseitig.

Lawinengefährdung: Sowohl unterhalb als auch oberhalb des Stausees sind längere Strecken der Route von Spontanlawinen aus den großen Flanken oberhalb bedroht. Die Steilstufen in diesen Abschnitten sollten zudem sichere Verhältnisse aufweisen. Der weitere Aufstieg im Zillerkar ist dann nur noch mittelsteil und kaum mehr lawinengefährdet.

Einkehr: Gasthof In der Au (1265 m), während der Tourensaison am Wochenende in der Regel bewirtschaftet, Tel. +43 5289 214; etwas weiter talauswärts: Alpengasthof Häusling, ganzjährig geöffnet, Tel. +43 5289 212.

Karten: f&b WK 0152, AV 35/3 Zillertaler Alpen Ost.

Eindrucksvoller Blick zum Rauchkofel (rechts) und in das Trogtal des Zillergründl.

Aufstieg
Zum Stausee kann man entweder über den Sommerweg auf der linken Talseite und die gesperrte (und oft apere) Straße aufsteigen oder schöner, da meist mit Ski, auf der rechten Talseite: Vom Parkplatz an der Kehre gehen wir dazu geradeaus an der Bärenbadalm vorbei in den Talgrund und rechts über den Bach. Nun steigen wir links gleich direkt über den mittelsteilen Hang hinauf zum Fahrweg. Dieser führt weiter nach links unter die Staumauer und in einigen Kehren hinauf auf die Dammkrone, wo wir nach links auf die andere Talseite wechseln und wieder auf die Straße treffen. Diese führt nun links am See entlang, anfangs durch einen beleuchteten Tunnel. Bereits kurz nach dem Tunnel mündet von links das Zillerkar. In dieses steigen wir anfangs zwischen den zwei Bachläufen auf bis unter die erste Steilstufe. Diese wird links überwunden und eine lange, ansteigende Rechtsquerung führt uns in das gewaltige Kar. In kupiertem Gelände geht es nun aufwärts bis zu einer weiteren, felsigen Steilstufe im Kar. Hier halten wir uns rechts und steigen steil hinauf aufs Zillerkees. Dieses weist zwar durchaus noch einige Spalten auf, wird aber von fast allen Tourengehern ohne Gletscherausrüstung begangen. In Grundrichtung Ost erreichen wir im weiteren Verlauf ohne zusätzliche Schwierigkeiten den Sattel nördlich des Kuchelmooskopfes. Bei schlechter Schneeauflage empfiehlt sich dann aber eine Umgehung der felsigen Steilstufe auf der linken Seite und die flache Querung ein Stück oberhalb auf der spaltenarmen Terrasse nach Osten zum Sattel. Der leichte, aber felsdurchsetzte Nordrücken zum Gipfel wird meist zu Fuß bewältigt.

Abfahrt
Die Abfahrt folgt der Aufstiegsroute. Wer über den Sommerweg aufgestiegen ist, wird für die Abfahrt meist ebenfalls die schattigeren Hänge jenseits der Dammkrone wählen (sofern dort noch Schnee liegt).

Zillertaler Alpen

95 Torhelm, 2452 m
Von der Kühlen Rast im Gerlostal

3.15 Std.

1250 Hm

Abwechslungsreiche Skitour am Rand der Zillertaler Alpen

Die schattigen Nordhänge des Gerlostales sind trotz der relativ langen Anfahrt beliebte Tourenziele für Tourengeher aus Tirol und Bayern. Während die Pistentouren an der Gerlossteinwand eher von den Einheimischen aufgesucht werden und die langen Talmärsche durch Schwarzach-, Wimmer- und Schönachtal eher etwas für Einsamkeitssucher sind, gehört der Torhelm zu den gängigeren Tourenzielen im Zillertal. Weite, hindernislose Almhänge im unteren Teil und schön kupierte Osthänge im oberen Drittel bieten eine abwechslungsreiche Skitour, die darüber hinaus mit tollen landschaftlichen Eindrücken der Zillertaler Alpen aufwartet.

Der Ausgangspunkt am Eingang des Schwarzachtales liegt auf knapp 1200 Meter und ist durch seine schattige Lage recht schneesicher. Bei überlegter Routenwahl kann auch bei etwas kritischerer Lawinenlage noch eine sichere Aufstiegsspur angelegt werden, und für fast jede Schneelage und jede Könnensstufe lässt sich eine passende Abfahrtsvariante finden. Die benachbarte Seespitze stellt dazu eine lohnende Alternative beziehungsweise Fleißaufgabe dar.

Unmittelbar am Beginn der Skitour befindet sich das Gasthaus »Kühle Rast«, das sich auch als relativ preisgünstiger Stützpunkt im Gerlostal anbietet. So lässt sich der berüchtigte Stau am Samstagvormittag im Zillertal recht gut umgehen, wenn man bereits am Freitagabend anreist und noch eine zweite Tour am Wochenende anhängt – beispielsweise im Hochwinter den Roßkopf von Hochfügen (Tour Nr. 65) oder im Frühjahr den Gabler (Tour Nr. 96).

Durch diese schöne Skimulde führt die Abfahrtsvariante zur Schwarzachalm.

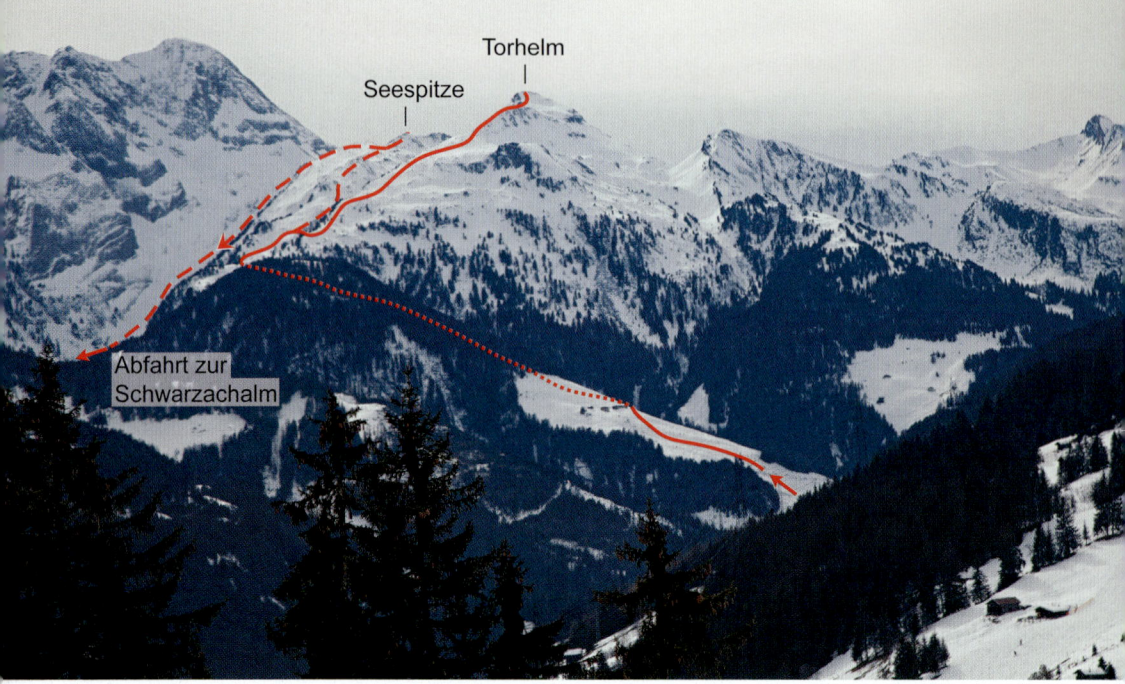

Übersicht über die Aufstiegsroute und Abfahrtsvarianten.

Ausgangspunkt: Von der Zillertalbundesstraße in Zell am Ziller nach links in Richtung Gerlospass. Kurz vor dem Ortseingang von Gerlos am Gasthaus »Kühle Rast« rechts ins Schwarzachtal. Parkplätze 200 m nach der »Kühlen Rast«, kurz vor der Schranke (1200 m). Die Parkplätze direkt an der Schranke sind für Gäste der Schwarzachalm reserviert.
ÖPNV: Mit dem Zug von München bis Jenbach im Inntal, weiter mit der Zillertalbahn nach Zell am Ziller und mit dem Ski- oder Regionalbus in Richtung Gerlos bis zur Haltestelle Kühle Rast (Fahrzeit 2.45 Std.).
Aufstiegszeiten: Kühle Rast – Weißbachlalm 45 Min., Weißbachlalm – Weißbachl-Mitterleger 30 Min., Mitterleger – Torhelm 2 Std.
Anforderungen: Konstant mittelsteile Hänge, die gelegentlich Spitzkehren erfordern, im Bereich des Vorgipfels auch an etwas exponierteren Stellen. Insbesondere bei den Abfahrtsvarianten sollte das Skifahren sicher beherrscht werden.
Hangrichtung: Hauptsächlich nordseitig, Gipfelrücken ostseitig.
Lawinengefährdung: Bei überlegter Routenwahl ist der Anstieg nur selten lawinengefährdet. Die Abfahrtsvarianten über die Obere Schwarzachalm erfordern hingegen durchweg sichere Verhältnisse.
Einkehr: Gasthaus Kühle Rast (1191 m), 200 m unterhalb der Parkplätze, ganzjährig bewirtschaftet, Tel. +43 5284 5201, kuehlerast.at.
Karten: f&b WK 0152, AV 34/1 Kitzbüheler Alpen West.

Aufstieg

Unmittelbar nach der Schranke steigen wir rechts über die freien Wiesenhänge hinauf bis zur Fahrstraße. Diese führt uns nun hinauf zur Weißbachlalm, wobei sich aber die Kehren oft in direkter Linie abkürzen lassen. Hinter der Alm zieht der Almweg nach Südwesten hinein in das Weißbachltal. Die schattigen Nordhänge leiten uns weiterhin links vom Talgrund zum Mitterleger. Oberhalb der Alm halten wir uns noch ein Stück links, bis wir oberhalb der Steilstufe nach rechts den Talboden einer schmalen, lang gezogenen Mulde erreichen. Diese zieht nun immer zwischen den beiden Nordrücken von Seespitze und Torhelm nach Westen. Um zum Torhelm zu gelangen, verlassen wir die Mulde gleich wieder nach rechts und halten uns immer an dem anfangs breiten Rücken. Nach oben hin wird dieser zunehmend schmäler, und bald stehen wir auf dem Vorgipfel. Wir rutschen kurz einige Meter hinab, und ein letzter Hang bringt uns hinauf zum höchsten Punkt.

Abfahrt

Die sicherste Abfahrtsvariante folgt der Aufstiegsroute. Vom Sattel zwischen Gipfel und Vorgipfel gibt es die Möglichkeit, direkt über einen steilen Südhang in die Mulde abzufahren und über diese zurück zur Aufstiegsroute zu gelangen. Bleibt man hingegen auf der Anstiegsroute, kann vom Ende des Rückens bei sicherer Schneelage direkt zum Mitterleger hinabgefahren werden.

Variante

Anstatt zum Torhelm aufzusteigen, kann man die Mulde ab 1900 m nach Westen verfolgen und über ihren linken Begrenzungsrücken zur Seespitze aufsteigen. Bei sicheren Verhältnissen besteht von dort die Möglichkeit, ein weiteres enges und steileres Tal zur Schwarzachalm abzufahren. Weiter geht es dann auf der Forststraße bzw. Rodelbahn zurück zum Parkplatz.

Winteridylle im Schwarzachtal.

Zillertaler Alpen

96 Gabler, 3263 m
Von der Finkau über die »Glatze«

5.00 Std.

1800 Hm

Ideale Skihänge im gewaltigen Gletscherkessel des Wildgerlostales

Eine der beliebtesten unter den vielen anspruchsvollen Skitouren der Zillertaler Alpen befindet sich ganz im Nordosten dieser ausgedehnten Gebirgsgruppe – am Gerlospass. Schon der Blick von der Passstraße hinein ins Finkautal auf den gewaltigen Gletscherkessel des Wildgerloskees räumt bei erfahrenen Tourengehern jede Zweifel aus. An die 1500 Höhenmeter hindernislose, endlos breite Ideal-Skihänge leuchten aus dem Talschluss hervor. Wie extra für die Tourengeher konstruiert, sieht die gleichmäßige Rampe der »Glatze« aus, die hinaufzieht bis an den Nordostgrat der Reichenspitze. Die letzte Graterhebung davon ist unser Gipfel – der Gabler, wobei aber der höchste Punkt nur selten betreten wird, da er nur in relativ heikler Kletterei erreichbar ist.

Die Tour zum Gabler gilt oftmals als klassischer Saisonabschluss. Der hohe Ausgangspunkt an der Finkau in Kombination mit dem tief eingeschnittenen, schattigen Tal sorgt an sich schon für Schneesicherheit bis weit in den April hinein. Wem das noch zu früh ist, der kann im Mai oder nach schneereichen Wintern sogar noch im Juni mit dem Bike auf der relativ gemütlichen Forststraße dem Schnee entgegenstrampeln und wird meist spätestens am Ende des Weges an der Talstation der Materialseilbahn zur Zittauer Hütte (Winterraum) auf den ersten Schnee treffen. Erst ab hier wird es dann auch skifahrerisch interessant – unterhalb beschränken sich die Abfahrtsfreuden in der Regel auf eine Schussfahrt, gelegentlich unterstützt von kräftigem Stockeinsatz. Trotz des langen Anmarsches und der beachtlichen 1800 Höhenmeter wird man am Gabler selten alleine unterwegs sein; es sei denn, man wählt eine eher ungewöhnliche Jahreszeit. Bei sicherer Schneelage ist die Tour trotz einer Gipfelhöhe jenseits der 3000 Meter auch etwas für den Hochwinter. Allerdings müssen dann absolut sichere

Der eindrucksvolle Abschluss des Wildgerlostales.

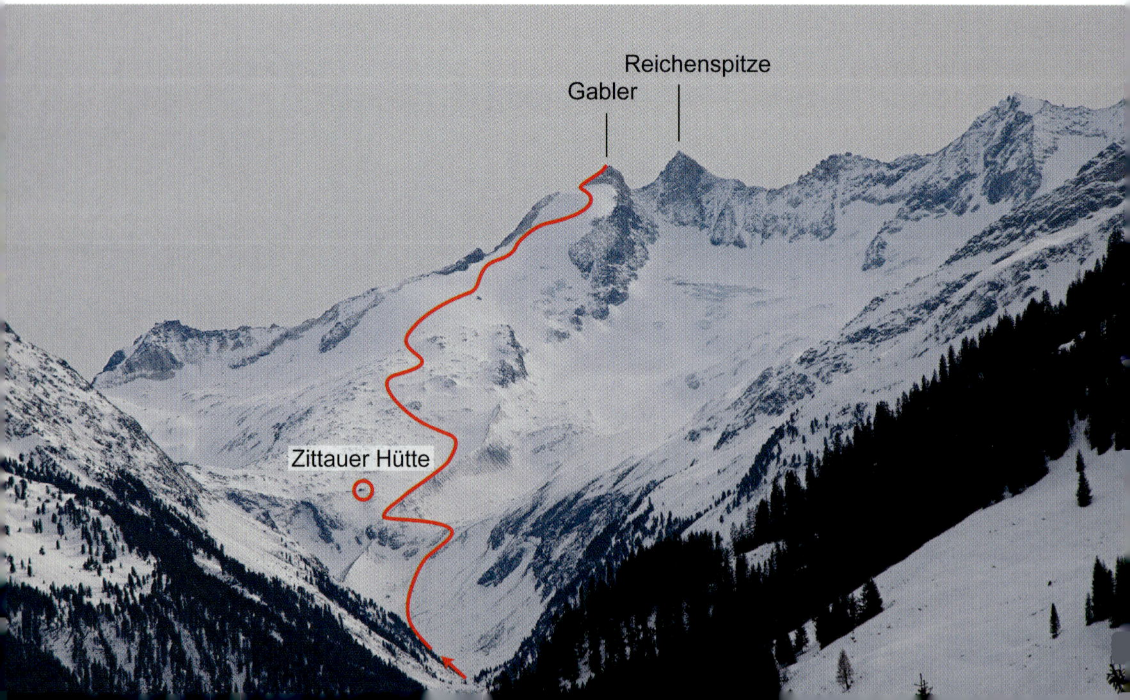

Endlose Abfahrtshänge.

Lawinenverhältnisse herrschen, da vor allem aus den Steilflanken des Finkautales Lawinen drohen und die Steilstufe oberhalb der Materialseilbahn ein Nordhang jenseits der 35 Grad ist. Wenn jedoch alle Voraussetzungen stimmen, dann gehört diese Tour sicherlich zum besten, was die »Münchner Skitourenberge« zu bieten haben.

Ausgangspunkt: Von Zell am Ziller Richtung Gerlospass bis zur Abzweigung der alten Landstraße nach Krimml. Auf dieser nach links und nach etwa 100 m gleich wieder rechts unter der Gerlosstraße hindurch (Ausschilderung »Finkau«). Am Stausee entlang in den Talschluss zu den Parkplätzen am Gasthof Finkau (1420 m).
ÖPNV: Der Ausgangspunkt ist im Winter nicht mit ÖPNV erreichbar. Gehzeit von der Bushaltestelle am Gerlospass ca. 1 Std.
Aufstiegszeiten: Finkau – Talstation der Materialseilbahn 1.30 Std., Talstation – Karboden 1 Std., Karboden – Gabler 2.30 Std.
Anforderungen: Bis zur Talstation der Materialseilbahn flache Forststraße. Steilstufe in den Karboden erfordert sichere Spitzkehrentechnik und solides Abfahrtskönnen. Weiterer Aufstieg durchgehend mittelsteiles Gelände mit viel Platz bis zum Skidepot. Gipfelanstieg teilweise heikle Kletterei. Spaltensturzgefahr entlang der Aufstiegsroute im Frühjahr gering bis mäßig.
Hangrichtung: Nord.
Lawinengefährdung: Gefahr von Spontanlawinen bis zur Materialseilbahn. Der folgende Steilhang erfordert unbedingt sichere Verhältnisse, ebenfalls der letzte Steilaufschwung zum Skidepot.
Einkehr: Alpengasthof Finkau (1420 m), Tel. +43 664 2613285.
Karten: f&b WK 0152, AV 35/3 Zillertaler Alpen Ost.

Eine begeisternde Abfahrt geht zu Ende.

Zillertaler Alpen

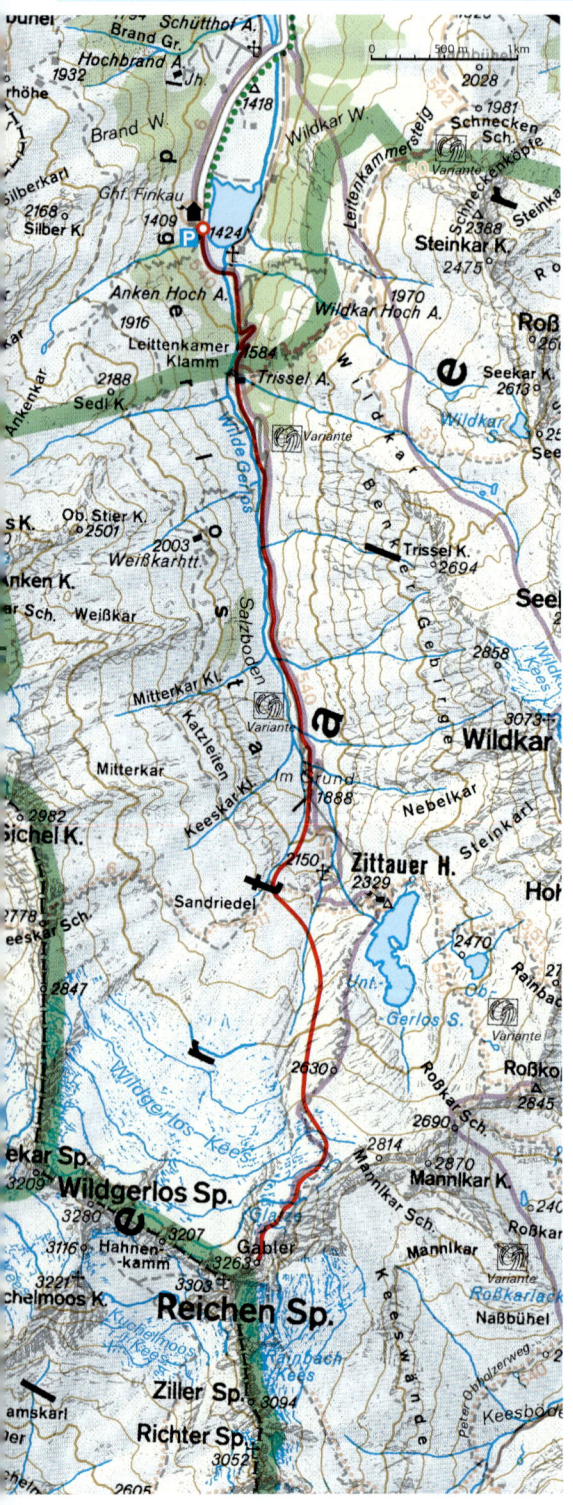

Aufstieg
Vom Gasthof folgen wir der Forststraße in einigen Serpentinen nach Süden hinauf zur Trisselalm, wo links oft eine Spur zur Wildkarspitze abzweigt. Wir hingegen orientieren uns weiterhin nach Süden entlang des Talverlaufs und erreichen nach einem flacheren Stück die Talstation der Materialseilbahn. Hier geht es etwas rechts haltend bis an die Steilstufe, die den Talschluss rundherum abschließt. Durch eine steile Mulde steigen wir nun nach rechts auf, und an ihrem Ende ziehen wir nach links hinaus in den flachen Talboden, den wir gleich noch nach Osten durchqueren und so die (östliche) Randmoräne überschreiten. Nun geht es auf der Moräne oder in der Mulde links davon nach Süden, bis wir links haltend zu den breiten Hängen nordwestlich der Mannlkarscharte aufsteigen können. In idealer Neigung steigen wir bis etwa 2900 m auf und ziehen dann ein Stück unterhalb des Grates deutlich nach rechts zu einem großen Windkolk. Diesen rechts umgehend gelangen wir zu einem letzten Steilaufschwung, der von links nach rechts aufwärts überwunden wird, bevor wir wieder deutlich flacher nach links zum Grat aufsteigen können. Vor und in der Steilstufe sollte man mit Gletscherspalten rechnen – in der Regel wird die Tour aber ohne Seil begangen. Am Ansatz des felsigen Nordostgrates unseres Gipfels wird ein Skidepot eingerichtet oder die Tour beendet. Der Gipfelanstieg führt über einen luftigen und teils plattigen Blockgrat mit heiklem Schlussstück (ca. Schwierigkeitsgrad III).

Abfahrt
Die Abfahrt folgt der Aufstiegsroute, wobei in dem riesigen Nordhang sehr viel Platz zur Verfügung steht. Allerdings sollte man bedenken, dass abseits der Aufstiegsroute (insbesondere westlich davon) deutlich mehr Gletscherspalten lauern.

Hohe Tauern

97 Großvenediger, 3660 m
Über die Kürsingerhütte im Obersulzbachtal

4.15 Std.

1200 Hm

Auf den Traumberg vieler Skitourengeher

Der Großvenediger gehört zu den Traum-Skibergen unzähliger Tourengeher. Bei vielen Hochwinter-Skitouren in den Bayerischen Alpen, im Karwendel und vor allem in den Kitzbühelern beherrscht seine markante Gestalt die Gipfelpanoramen. So ist es nicht verwunderlich, dass sich während des Tourenwinters so nach und nach der Wunsch verfestigt, zum Abschluss der Saison auf sein Haupt steigen zu wollen. Der natürlichste Zugang für die Skitouristen nördlich des Alpenhauptkammes erfolgt von Neukirchen über das Obersulzbachtal. Dieses landschaftlich herrliche Tal ist allerdings berüchtigt für seinen langen Zustieg. Vom Parkplatz am Hopffeldboden müssen satte zehn Kilometer bis in den Talschluss zurückgelegt werden, bevor es auf den letzten 700 Höhenmetern hinaufgeht zur Kürsingerhütte. Insgesamt fünf bis sieben Stunden sind dafür einzurechnen, in der Kombination mit dem schweren Rucksack oft der anstrengendste Teil der Venedigerbesteigung. Im Spätwinter und Frühjahr besteht die Möglichkeit, sich den Talhatscher mit dem Hüttentaxi der Postalm auf harmlose eineinhalb bis drei Stunden zu verkürzen.

Ist unser Tourenstützpunkt dann erst einmal erreicht, bietet er neben dem alles beherrschenden Venediger noch genügend Tourenmöglichkeiten für einen längeren Aufenthalt. Ein beliebter Akklimatisationsgipfel ist der Keeskogel unmittelbar oberhalb der Hütte, dessen 750 Höhenmeter am Tag nach dem Hüttenzustieg die Möglichkeit auf einen entspannten Tag bieten. Gegenüber in der Umrahmung des Obersulzbachkees finden sich weitere lohnende Ziele – vom Großen Geiger über das Ausweichziel des Gamsspitzl bis hin zur Schlieferspitze, deren 1400 Höhenmeter Ostabfahrt zu den Highlights der Hohen Tauern zählt. Diese bietet sich insbesondere für den letzten Tag des Hüttenaufenthalts an, da dann der Gegenanstieg zurück zur Hütte entfällt.

Morgenlicht am Obersulzbachkees.

Der majestätische Großvenediger von Norden.

Ausgangspunkt: Von Mittersill im Pinzgau talaufwärts nach Neukirchen und nach dem Ortsausgang links ins »Obersulzbachtal«. Im Hochwinter ist die Straße evtl. nur bis zum Ghs. Siggen bzw. zum Steinbruch befahrbar, im Frühjahr kann man bis zum Parkplatz Hopffeldboden (ca. 1100 m) fahren.
ÖPNV: Mit Zug von München über Wörgl nach Kitzbühel. Von dort mit dem Bus weiter nach Mittersill und umsteigen in Richtung Krimml bis zur Haltestelle Neukirchen-Rosental (Fahrzeit 4–5 Std.). Gehzeit bis zum Gasthaus Siggen ca. 20 Min.
Aufstiegszeiten: Gasthaus Siggen – Hopffeldboden 1.30 Std., Hopffeldboden – Berndlalm 1.15 Std., Berndlalm – Postalm 1.15 Std., Postalm – Materialseilbahn 45 Min., Materialseilbahn – Kürsingerhütte 2.30 Std., Kürsingerhütte – Venedigerscharte 3.30 Std., Venedigerscharte – Großvenediger 45 Min.

Anforderungen: Skitechnisch einfache Tour, die nur im sehr langen Hüttenzustieg (1500–1700 Hm!) auf dem letzten Stück und an der Venedigerscharte Spitzkehren erfordert. Am Gletscher mäßige bis erhebliche Spaltensturzgefahr; bei schlechter Sicht schwierige Orientierung. Dazu sollte auch die Höhe und das damit verbundene Potenzial für extreme Wettersituationen nicht unterschätzt werden.
Hangrichtung: Vorwiegend Nord, der letzte Hang im Hüttenzustieg ist südwestseitig orientiert, der Gipfelhang ostseitig.
Lawinengefährdung: Im Obersulzbachtal sind mehrere große Lawinenstriche zu queren, die insbesondere nach Neuschneefällen oder bei Erwärmung im Frühjahr gefährlich sind. Ansonsten ist nur am Aufstieg vom Gletscher zur Hütte und evtl. an der Venedigerscharte bei ungünstigen Verhältnissen mit Schneebrettgefahr zu rechnen.

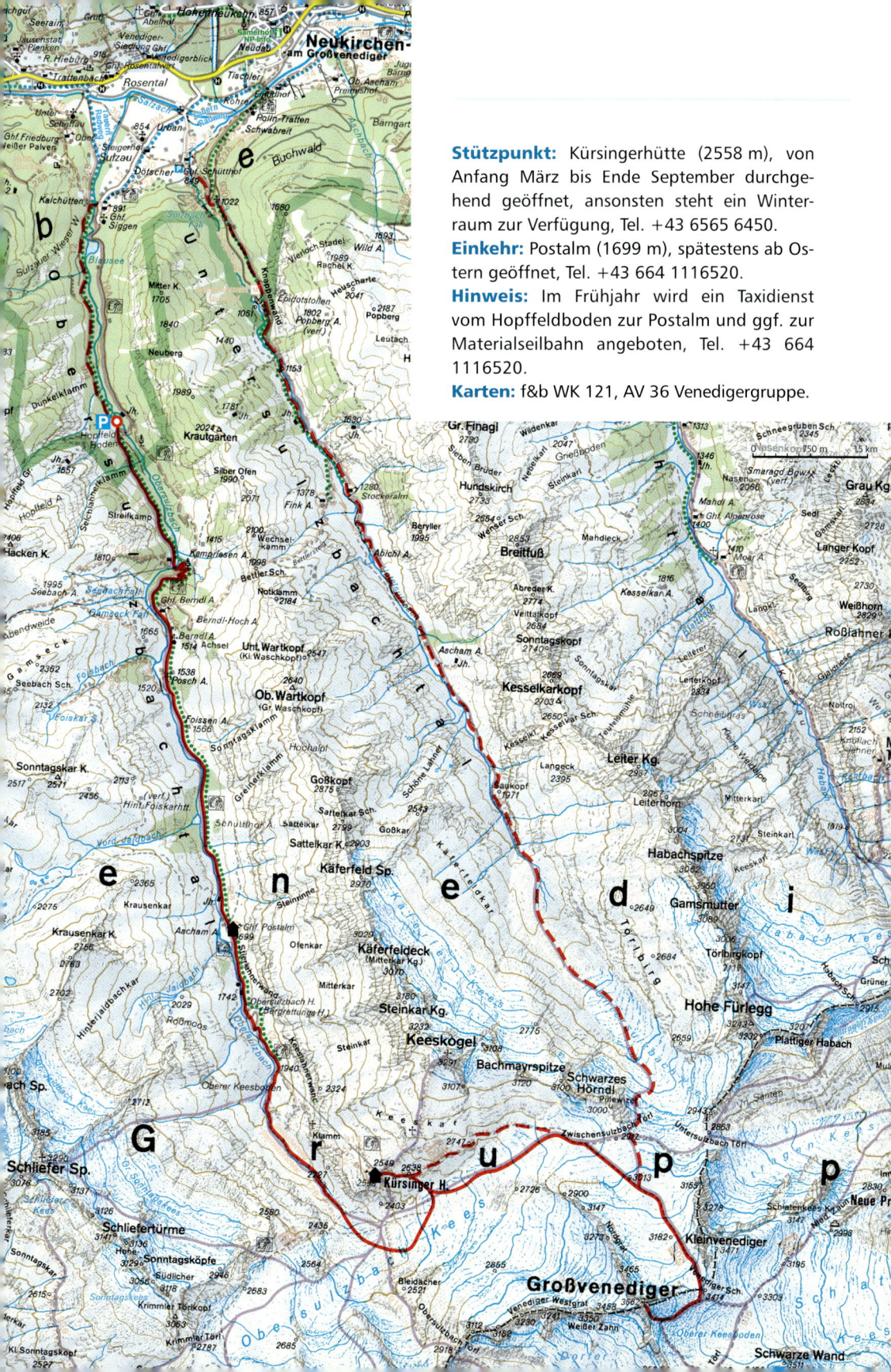

Stützpunkt: Kürsingerhütte (2558 m), von Anfang März bis Ende September durchgehend geöffnet, ansonsten steht ein Winterraum zur Verfügung, Tel. +43 6565 6450.
Einkehr: Postalm (1699 m), spätestens ab Ostern geöffnet, Tel. +43 664 1116520.
Hinweis: Im Frühjahr wird ein Taxidienst vom Hopffeldboden zur Postalm und ggf. zur Materialseilbahn angeboten, Tel. +43 664 1116520.
Karten: f&b WK 121, AV 36 Venedigergruppe.

Aufstieg zur Hütte

Im Hochwinter kann es erforderlich sein, bereits kurz hinter Neukirchen die Ski anzuschnallen und auf der nicht geräumten Fahrstraße zum Hopffeldboden aufzusteigen. Spätestens hier ist im Frühjahr Schluss mit dem eigenen Pkw, und auf der Fahrstraße geht es mit Ski, zu Fuß oder mit dem Mountainbike in relativ zügiger Steigung hinauf zur Berndlalm (ca. 1500 m). Hier weitet sich das Tal und wird sehr flach. Ohne spürbaren Höhengewinn folgen wir dem Fahrweg nach Süden in etwa 5 Kilometern zur Postalm (1699 m, während der Touren-Hauptsaison im Frühjahr ebenfalls bewirtschaftet, im Frühjahr bis hierher auch Taxiverkehr – je nach Schneelage evtl. sogar noch ein Stück weiter). Über oft große Lawinenkegel geht es nun über eine Talstufe links vom Bach hinauf zur Materialseilbahn der Kürsingerhütte (Rucksacktransport möglich).

Wir durchqueren den folgenden flachen Talboden und überqueren den Bach an einer Brücke vor der folgenden Talverengung, wo bis Mitte des letzten Jahrhunderts noch der eindrucksvolle Gletscherbruch der »Türkischen Zeltstadt« zu bewundern war. Jetzt befindet sich dort nur ein kurzer, steiler Hang, der in einen weiteren flachen Talboden übergeht, in dem sich inzwischen nur noch ein Schmelzwassersee befindet. Wir überqueren den zugefrorenen See (oder umgehen ihn rechts) und steigen dann nach Nordosten bis in eine Höhe von etwa 2500 m auf. Hier verlassen wir die Talsohle nach links, und über einen kurzen steileren Hang erreichen wir den Rücken, auf dem die Kürsingerhütte steht. Zur Hütte müssen wir auf diesem ca. 50 Höhenmeter nach links (Westen) abfahren.

Aufstieg zum Gipfel

Von der Hütte müssen wir zuerst auf das Obersulzbachkees gelangen: Ent-

Im Hüttenzustieg oberhalb der Postalm beherrscht der Große Geiger das Blickfeld.

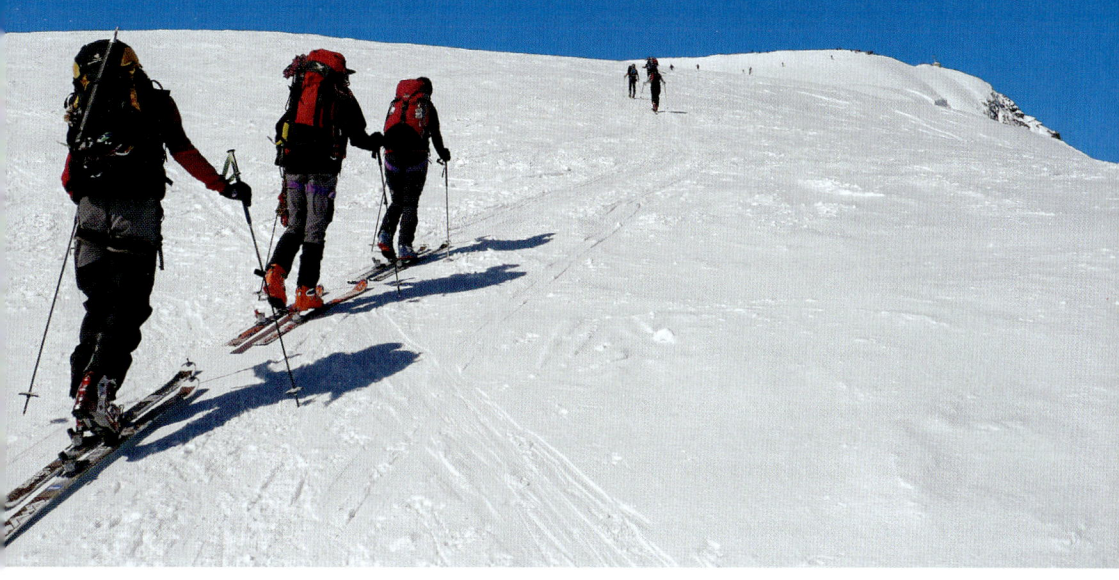

Der letzte Hang ist länger als er auf den ersten Blick aussieht.

weder auf dem Hüttenzustieg zuerst einige Meter nach Osten aufsteigen und dann in fallender Schrägfahrt nach Osten hinab zur Gletscherzunge. Sollte die Spaltenzone im Bereich 2700 m schlecht eingeschneit sein, kann man auch entlang des Sommerwegs an der Südwestflanke über dem Gletscher queren, wofür aber bei verharschtem Schnee sicheres Gehen mit Harscheisen Voraussetzung ist.

Auf dem Gletscher angelangt, folgt man diesem ohne Schwierigkeiten meist etwas rechts haltend aufwärts bis zu einer Spaltenzone. Durch diese je nach Schneelage oftmals eher von rechts nach links aufwärts bis in ein großes flaches Becken bei ca. 2900 m. Hier biegen wir nach Süden ab und in angenehmer Steigung erreichen wir einen kurzen steileren Hang unter der Venedigerscharte. Dieser wird eher links überwunden, und bald stehen wir in dem weitläufigen Gletscherplateau zwischen Klein- und Großvenediger. Nach rechts ziehen wir nun über den mäßig steilen Kamm hinauf zum Vorgipfel. Der Übergang am kurzen Grat zum Gipfelkreuz kann je nach Verhältnissen manchmal schmal und luftig sein.

Abfahrt
Die Abfahrt folgt der Aufstiegsroute, wer zurück zur Hütte möchte, muss nochmal kurz auffellen und über den Südhang ca. 100 Höhenmeter aufsteigen.

Variante
Es gibt auch die Möglichkeit, unterhalb der Venedigerscharte rechts über das Zwischensulzbachtörl ins Untersulzbachtal abzufahren. Im oberen Teil gibt es hier schöne Skihänge, aber relativ viele Spalten, nach unten hin wird das enge Tal aber aufgrund vieler Lawinenkegel deutlich anspruchsvoller und abenteuerlicher zum Abfahren als das Obersulzbachtal. Außerdem landet man in Neukirchen und kommt nicht am Hopffeldboden vorbei.

Einsamkeit ist woanders – Skidepot vor dem Gipfel.

Hohe Tauern

98 Großglockner, 3798 m
Vom Lucknerhaus über die Stüdlhütte

3.30 Std.
1000 Hm

Anspruchsvolle Skitour zum höchsten Berg Österreichs

Der Großglockner ist als höchster Berg Österreichs der Wunschtraum vieler Bergsteiger. Im Sommer ist er überlaufen wie nur wenige andere Gipfel, und auf seinem schmalen Gipfelgrat spielen sich oft haarsträubende Szenen ab. Aber auch als Skitour wird er von Jahr zu Jahr beliebter, was einerseits an der verbesserten Ausrüstung und Skitechnik der Tourengeher liegt, andererseits aber mit Sicherheit auch zu einem Teil an der hervorragenden Stüdlhütte. Deshalb können an schönen Wochenenden zur Skitourenzeit ähnlich chaotische Situationen entstehen wie im Sommer.

Wer diese meiden möchte, der sollte sich diesen Berg besser wochentags vornehmen – was nicht nur sicherer ist, sondern auch deutlich entspannter. Obwohl der Anstieg häufig als lange Tagestour durchgeführt wird, empfiehlt sich eine Übernachtung auf der Stüdlhütte. Dadurch lassen sich die 1900 Meter Höhenunterschied bequem auf zwei Tage verteilen, und ein früher Aufbruch bietet die Chance, die Gipfelfelsen vor der großen Masse zu erreichen. Insbesondere sollte man sich das außergewöhnlich gute Essen auf der Hütte nicht entgehen lassen.

Der Anstieg wird auch gerne im Zuge der sogenannten Glocknerumfahrung durchgeführt, die mit einer tollen Abfahrt über das Hofmannskees zur Pasterze hinabführt und über Oberwalderhütte und Teufelskampkees wieder auf die Südseite wechselt. Für Start und Ziel dieser kleinen Gebietsdurchquerung ist dabei die Franz-Josefs-Höhe eine Option, die ab der Öffnung der Großglockner-Hochalpenstraße etwa ab Anfang Mai erreicht werden kann.

Die futuristisch aussehende Stüdlhütte.

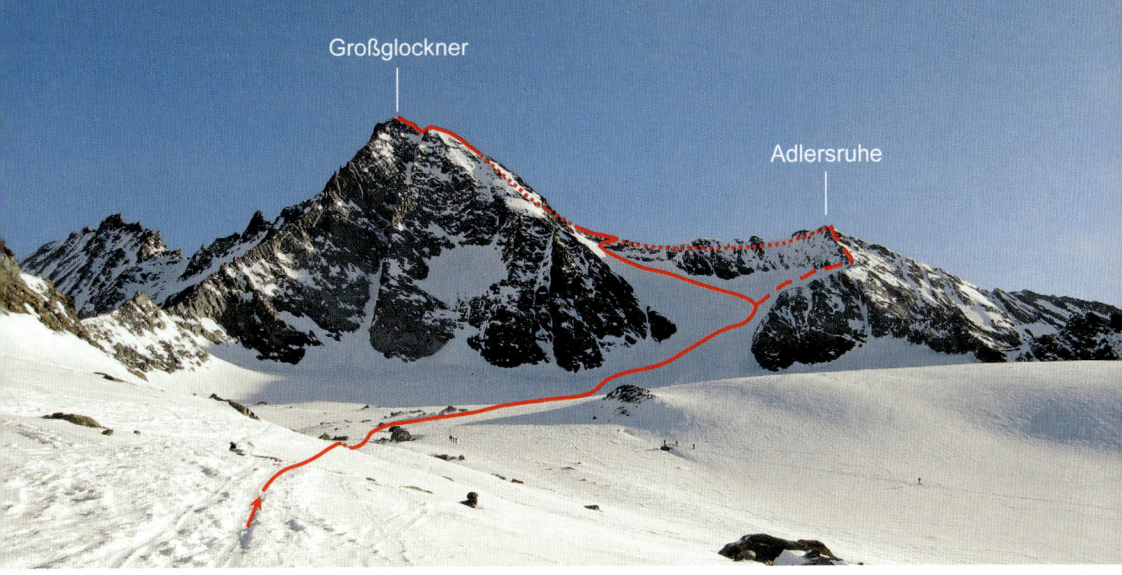

Der höchste Berg Österreichs von Süden.

Ausgangspunkt: Über die Felbertauernstraße (Mautgebühr am Tunnel) nach Matrei in Osttirol. Etwa 5 Kilometer nach Matrei zweigt nach links die Straße nach Kals ab. Von hier auf der Kalser Glocknerstraße in weiteren 7 km zum Lucknerhaus; großer Parkplatz (1920 m).
ÖPNV: Der Ausgangspunkt ist im Winter nicht mit ÖPNV erreichbar. Mit Zug von München über Wörgl nach Kitzbühel, mit Expressbus in Richtung Lienz bis Huben-Ort. Umstieg in Regionalbus nach Kals (Fahrzeit ca. 5.15 Std.). Von dort mit Taxi zum Lucknerhaus.
Aufstiegszeiten: Lucknerhaus – Lucknerhütte 1 Std., Lucknerhütte – Stüdlhütte 1.45 Std., Stüdlhütte – Ködnitzkees 30 Min., Ködnitzkees – Skidepot am Glocknerleitl 1.30 Std., Skidepot – Großglockner ca. 1–2 Std.
Anforderungen: Anspruchsvolle Skihochtour für fitte Allround-Bergsteiger. Bis zur Hütte über 900 Hm meist mittelsteile Hänge, die in verharschtem Zustand aber bereits sicheres Gehen mit Harscheisen verlangen können. Der Aufstieg am Ködnitzkees wird im obersten Teil sehr steil und erfordert sichere Aufstiegstechnik – bei ungünstigen Verhältnissen auch mit Steigeisen. Der Gipfelanstieg verläuft in sehr exponierter Lage in steilem Schnee und Fels bis zum II. Schwierigkeitsgrad. Sicheres Gehen mit Steigeisen im Schwierigkeitsgrad II und ggf. Seilsicherung sollte auf alle Fälle souverän beherrscht werden. Dies gilt umso mehr, wenn viel Betrieb ist, da dann durch oft haarsträubende Aktionen einzelner auch andere Personen gefährdet werden können.
Hangrichtung: Vorwiegend süd-, Glocknerleitl ostseitig.
Lawinengefährdung: Im Hüttenzustieg sind bereits sichere Schneeverhältnisse ratsam. Am Gipfelanstieg erfordert der Steilhang im Direktaufstieg zum Glocknerleitl sichere Verhältnisse, ebenso das Leitl selbst.
Stützpunkt: Stüdlhütte (2802 m), zur Skitourensaison von Anfang März bis Mitte Mai bewirtschaftet, Tel. +43 4876 8209; Lucknerhaus (1920 m), ab 25.12. geöffnet, Tel. +43 4876 8555, lucknerhaus.at; Oberwalderhütte (2972 m), Winterraum, in schneereichen Wintern muss mit stundenlangem Freischaufeln des Eingangs gerechnet werden.
Karten: f&b WK 123, AV 40 Glocknergruppe.

Aufstieg zur Hütte

Am Ende des großen Parkplatzes führt eine Brücke nach links über den Bach. Nun auf dem Fahrweg taleinwärts bis zu einer Gabelung. Hier wechseln wir wieder die Bachseite, steigen über einen steileren Hang auf und halten uns links zur Lucknerhütte (im Winter geschlossen). Wir folgen dem Talverlauf noch ein Stück in Richtung Norden bis zu einer Steilstufe. Diese wird links vom Bach überwunden. Im weiteren Verlauf folgen wir dem Tal hinauf zur Fanatscharte, in der sich die Stüdlhütte befindet.

Aufstieg zum Gipfel

Von der Hütte zuerst wenige Meter hinab in die Scharte und Querung nach Osten, bis nach links ein Aufstieg auf das Ködnitzkees möglich ist. Über den anfangs flachen und relativ spaltenarmen Gletscher geht es nach Norden auf den Ausläufer der Südflanke des Kleinglockner zu. Vor Erreichen der Felsen halten wir uns rechts und gelangen auf einen schmalen Gletscherast, der sich in einem Kar hinaufzieht bis zum Grat. Nach oben hin wird der Hang sehr steil und kann bei schlechten Verhältnissen problematisch sein, dann halten wir uns bereits bei etwa 3300 m rechts und steigen über den teils versicherten Felsgrat mit Ski am Rucksack hinauf zur (unbewarteten) Unterkunftshütte auf der »Adlersruhe« (im Winter nur Notlager, keine Heiz- und Kochmöglichkeit!). Bei guten Verhältnissen wird jedoch in der Regel durch das Kar direkt hinaufgestiegen und kurz vor seinem Ende auf einem schmalen Band nach rechts zum Anfang des »Glocknerleitls« hinausgequert. Von hier mit Ski noch so hoch wie möglich bis zum Skidepot. Das sich nach oben hin zu einer Rinne verengende »Glocknerleitl« ist im Winter meist einfacher als im Sommer, aber auch hier kommt durch den Eisrückgang immer mehr Fels zu Tage. Dafür sind die folgenden Felspassagen nach rechts hinauf zum Kleinglockner und nach einem kurzen Abstieg die Gipfelfelsen zum Großglockner in verschneitem oder gar vereistem Zustand evtl. heikler.

Abfahrt

Die Abfahrt folgt der Aufstiegsroute, wer nicht mehr zur Hütte zurück muss, kann gleich links haltend entlang der Langen Wand direkt zur Lucknerhütte und weiter ins Tal abfahren.

Glocknerumfahrung

Für erfahrene und konditionsstarke Skibergsteiger (und nur solche sollten sich eigenständig an den Großglockner wa-

Aufstieg über das zerklüftete Teufelskampkees (Glocknerumfahrung).

Skidepot am Fuß des vom Wind blankgefegten Glocknerleitls.

gen) bietet sich eine tolle Rundtour an. Anstatt über die Aufstiegsroute abzufahren, hält man sich am Glocknerleitl eher links und fährt geradeaus an der Adlersruhe vorbei über das Hofmannskees ab. Dabei orientiert man sich generell eher am rechten Gletscherrand. Am derzeitigen Gletscherende hält man sich eher links. Eine steile Rinne führt dann hinab auf die letzten Reste der Pasterze bzw. zum Gletschersee. Nun steigt man entweder über die Steilstufe des ehemaligen Hufeisenbruchs hinauf zum oberen Pasterzenboden und quert nach rechts zur Oberwalderhütte. Oder man überwindet am selben Tag noch das steile, mit Séracs gespickte Teufelskampkees bis zum Romariswandsattel und fährt von dort südseitig über's Teischnitzkees zur Stüdlhütte ab.

Insgesamt sind bei Durchführung an einem Tag 2100 Aufstiegs-Höhenmeter ab der Stüdlhütte zu absolvieren – der Abstecher zur Oberwalderhütte ist nur unwesentlich kürzer. In kürzere Etappen lässt sich die Tour im Frühjahr aufteilen, wenn die Glocknerstraße geöffnet ist. Dann startet man an der Franz-Josefs-Höhe und geht am ersten Tag entweder zur Oberwalderhütte oder über den Romariswandsattel zur Stüdlhütte. So bleibt am Gipfeltag nach der Abfahrt über's Hofmannskees nur der kurze Gegenanstieg (300 Hm) zurück zum Ausgangspunkt.

Hohe Tauern

99 Hoher Sonnblick, 3106 m
Von Kolm-Saigurn über das Schutzhaus Neubau

4.45 Std.

1600 Hm

Beliebter Anstieg zur höchsten Wetterwarte Österreichs

Neben dem Hocharn ist der Hohe Sonnblick (auch Rauriser Sonnblick) der Paradeberg im Talschluss von Kolm Saigurn. Einen breiteren Bekanntheitsgrad erfährt der Gipfel durch die dortige Wetterstation, die als eine der höchsten in den Ostalpen immer wieder für extreme Wettermeldungen gut ist – seien es die gemessene Schneehöhe, die Windgeschwindigkeiten oder die oft arktischen Temperaturen. Unmittelbar neben der Wetterwarte befindet sich das Zittelhaus der ÖAV-Sektion Rauris. Die Hütte ist zur Tourenhochsaison im Frühjahr meist an den Wochenenden bewirtschaftet und bietet so bei ungemütlichen Verhältnissen am Gipfel eine willkommene Einkehr.

Auch entlang der Aufstiegsroute finden sich zwei Unterkunftshütten, wobei aber die Rojacher Hütte im Winter generell geschlossen hat. Das Schutzhaus Neubau hingegen – eine gute Aufstiegsstunde oberhalb Kolm-Saigurn – wird gerne als Ausgangspunkt für die Sonnblick-Besteigung gewählt. So lassen sich die langen 1600 Höhenmeter dieser an sich relativ einfachen Skitour auf zwei Etappen aufteilen. Wer länger Zeit hat, kann von diesem Ausgangspunkt sogar noch weitere Ziele ansteuern – beispielsweise die Herzog-Ernst-Spitze oder den Goldbergtauernkopf.

Das weitläufige Gelände am Sonnblick bietet zahlreiche Variationsmöglichkeiten, die bei guten Verhältnissen meist auch alle gespurt sind. Weniger empfehlenswert ist hierbei der Direktaufstieg von der Rojacher Hütte entlang des Sommerweges, der oft eine heikle Tragestelle aufweist und dann den Einsatz von Steigeisen erfordert. Hier kommt es immer wieder zu gefährlichen Szenen, da die Anforderungen dieser Passage deutlich über der Schwierigkeit der Normalroute liegen.

Zittelhaus und Wetterwarte am Gipfel sind gleich erreicht.

Ein Teil des Anstiegs lässt sich vom Silberpfennig aus einsehen.

Ausgangspunkt: Von Taxenbach zwischen Bischofshofen und Zell am See ins Rauriser Tal. Am Bodenhaus beginnt eine Mautstraße, die ungefähr ab Mitte April geöffnet wird. Dann kann man bis zum Parkplatz Lenzanger fahren, ca. 1 km vor dem Talschluss Kolm-Saigurn (1550 m).
ÖPNV: Der Ausgangspunkt ist im Winter nicht mit ÖPNV erreichbar. Mit Zug von München über Salzburg nach Taxenbach, Umstieg in den Regionalbus nach Rauris bis Endhaltestelle Buchenben-Ort (Fahrzeit ca. 4.30 Std.). Von dort weiter mit Taxi oder Shuttle-Service der Unterkünfte von Kolm-Saigurn.
Aufstiegszeiten: Lenzanger – Kolm-Saigurn 15 Min.; Kolm-Saigurn – Schutzhaus Neubau 1.30 Std., Schutzhaus Neubau – Rojacher Hütte 1.30 Std., Rojacher Hütte – Sonnblick 1.30 Std.
Anforderungen: Der Aufstieg zum Schutzhaus Neubau führt durch teilweise recht steiles Gelände, das mit Felsstufen durchsetzt ist; hier ist im Aufstieg solide Spitzkehrentechnik und in der Abfahrt Kontrolle über die Ski erforderlich. Im weiteren Verlauf vorwiegend mittelsteile, hindernislose Hänge, die nur vereinzelt Spitzkehren erfordern. Am Gletscher geringe Spaltensturzgefahr.
Hangrichtung: Meist Nord-, am Goldbergkees Osthänge.
Lawinengefährdung: Sowohl der Aufstieg zum Schutzhaus Neubau als auch die steilere Stufe am Goldbergkees können bei ungünstigen Verhältnissen schneebrettgefährdet sein; ansonsten bei überlegter Spuranlage meist recht sicher gangbar.
Einkehr: Naturfreundehaus Kolm-Saigurn (1600 m), ganzjährig bewirtschaftet, Tel. +43 6544 8103, sonnblickbasis.at; Schutzhaus Neubau (2175 m), von Mitte April bis Mitte Mai geöffnet, Tel. +43 6544 8181, schutzhaus-neubau.at; Zittelhaus (3105 m), bewirtschaftet meist ab Mitte März, Tel. +43 6544 6412.
Karten: AV 42 Sonnblick.

Aufstieg

Vom Parkplatz leitet eine Fahrstraße nach Süden zum Naturfreundehaus Kolm-Saigurn. Hinter den Gebäuden zieht eine schräge Rampe von rechts nach links aufwärts, die den Aufstieg über die felsdurchsetzte Steilstufe der ersten 200 Höhenmeter vermittelt. Am Ende der Rampe halten wir uns links und erreichen eine Terrasse unterhalb der sog. Melcherböden. Der folgende Steilhang wird am besten eher rechts in der Nähe des Bachbetts überwunden, und bald erreichen wir das Schutzhaus Neubau der Naturfreunde. Von der Hütte folgt noch ein mittelsteiler Hang, der uns nach Süden in einen weiten, flachen Talkessel bringt. Wir folgen dem Talverlauf bis zu einem Aufschwung und steigen hier nach rechts hinauf auf einen Rücken. An einer Verflachung führt hier oft auch eine Spur nach links zum Goldbergkees und über dieses aufwärts. Wir bleiben aber erst noch rechts und steigen über den Rücken weiter und in einem Rechtsbogen auf eine Terrasse unterhalb der Rojacher Hütte. Hier queren wir nach Süden in den flachen Gletscherboden bis unter eine breite Steilstufe, die sich über die gesamte Breite des Hanges zieht. Am linken Rand ermöglicht eine mittelsteile Mulde einen Aufstieg, und in einer Rechtsquerung gelangen wir in den flacheren Gipfelhang. Ohne Probleme steigen wir nun das letzte Stück hinauf zum bereits sichtbaren Zittelhaus.

Abfahrt
Je nach Schneelage führen verschiedene Varianten zum Schutzhaus Neubau. Meist wird am rechten Rand des Gletschers direkt in den Talboden abgefahren.

Die weiten Hänge des Goldbergkees.

Hohe Tauern

100 Hocharn 3254 m
Von Kolm-Saigurn aus dem Rauriser Tal

4.30 Std.

1700 Hm

Gewaltige Abfahrt über den 1600-Meter-Osthang

Der Hocharn im Rauristal gehört zu den Parade-Skitourenbergen der Hohen Tauern. Mit einem mehr als 1600 m hohen, hindernislosen Osthang bildet er neben dem Sonnblick den imposanten Talschluss von Kolm-Saigurn. Sobald im Frühjahr die Mautstraße von der Bodenhütte bis zum Lenzanger öffnet, strömen ganze Heerscharen von Tourengehern auf den höchsten Gipfel der Goldberggruppe. Wer früher im Jahr dran ist, kann – sichere Lawinenlage vorausgesetzt – den Hocharn verhältnismäßig ruhig erleben. Dann lässt er sich nach einer Übernachtung im Naturfreundehaus oder im Ammererhof natürlich genauso besteigen. Die beiden Häuser bieten einen Shuttle-Service vom Parkplatz bei der Bodenhütte an – der Zustieg zu Fuß entlang der gesperrten Straße dauert etwa eineinhalb Stunden.

Der Aufstieg erfordert einen erfahrenen und konditionsstarken Skibergsteiger, der bei harten Verhältnissen sicher mit Harscheisen gehen kann. Ansonsten sind kaum Überraschungen zu erwarten. Der wenig spaltige Gletscher wird meist ohne Seil begangen, und nachdem die Tour sehr häufig begangen wird, sind fast immer Spuren zu finden. Allerdings sollte man die Höhe des Berges bedenken – auf über 3000 Meter kann es bei windigen Verhältnissen bitter kalt werden, und im Gegensatz zum benachbarten Sonnblick findet sich am Gipfel keine Unterschlupfmöglichkeit.

Die Abfahrt ist sowohl bei Pulver (sichere Lawinenlage vorausgesetzt) als auch bei Firn ein absolutes Highlight, das in den Hohen Tauern seinesgleichen sucht. Obwohl das inzwischen kein Geheimnis mehr ist, lässt sich trotz des großen Andrangs oft noch ein unberührtes Fleckchen für eine eigene Spur in den endlos weiten Hängen finden.

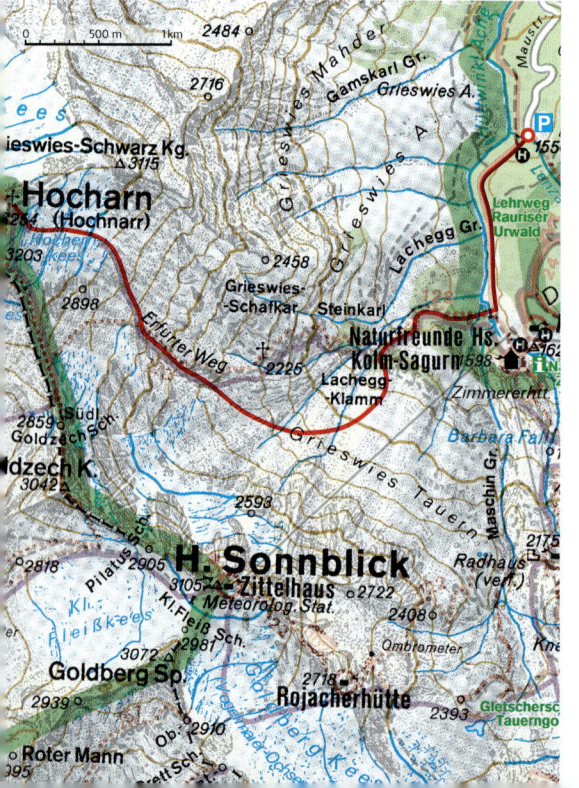

Ausgangspunkt: Von Taxenbach zwischen Bischofshofen und Zell am See ins Rauriser Tal. Am Bodenhaus beginnt eine Mautstraße, die ungefähr ab Mitte April geöffnet wird. Dann kann man bis zum Parkplatz Lenzanger fahren, ca. 1 km vor dem Talschluss Kolm-Saigurn (1550 m).
ÖPNV: Siehe Tour 99.
Aufstiegszeiten: Lenzanger – Hocharn 4.30 Std.
Anforderungen: Durchgehend mittelsteile bis steile, hindernislose Hänge. Häufig Spitzkehren erforderlich – bei hart gefrorener Schneeoberfläche sicheres Gehen mit Harscheisen. Am Gletscher geringe Spaltensturzgefahr.
Hangrichtung: Vorwiegend Ost, im ersten Drittel Nordost und Nord.
Lawinengefährdung: Die Tour erfordert sichere Lawinenverhältnisse. Nach größeren Neuschneefällen gefährden große Lawinen weite Teile der Route. Zahlreiche Steilstufen können darüber hinaus schneebrettgefährdet sein.
Einkehr: Naturfreundehaus Kolm-Saigurn (1600 m), unweit vom Ausgangspunkt, ganzj. bew., Tel. +43 6544 8103, sonnblickbasis.at.
Karten: AV 42 Sonnblick.

Der gewaltige Osthang des Hocharn.

Aufstieg

Vom Parkplatz leitet eine Fahrstraße nach Süden in Richtung Naturfreundehaus Kolm-Saigurn. Nachdem wir aus dem Wald herauskommen, führt uns rechts eine Brücke über den Bach. Über einen flachen Hang gelangen wir an den Fuß des Felsriegels, mit dem der rechte Teil der Hocharn-Ostwand nach unten abbricht. Links führt nun eine mäßig steile Mulde aufwärts unter die Nordflanke des Sonnblick. Auf einer Terrasse queren wir nach rechts aufwärts und über eine weitere Stufe erreichen wir den großen Kessel zwischen Hocharn und Sonnblick. Rechts vom Kessel zieht nun ein 1000-m-Hang ohne auffallende Flachstücke bis hinauf zum Gipfel. Anfangs steigen wir über den Rücken rechts des Kessels auf, dann entlang einer von links nach rechts aufwärtsziehenden Rampe. Ein etwas steiler Hang (knapp 35 Grad) bringt uns nun hinauf auf das wenig spaltige Hocharn-Kees und in einer Rechts-Links-Rechts-Schleife gelangen wir zum Gipfel.

Abfahrt

In dem gewaltigen Osthang sind im oberen Teil viele Varianten möglich. Allerdings sollte man bei schlechter Sicht entlang der Aufstiegsspur abfahren, da doch der ein oder andere Felsabbruch eingelagert ist. Insbesondere im unteren Teil ist es wichtig, weit genug rechts (in Abfahrtsrichtung) zu fahren, um nicht in gefährliches Gelände zu geraten.

Aufstieg vor der Kulisse des Hohen Sonnblick.

STICHWORTVERZEICHNIS

A
Abereck 146
Achenkirch 87
Achenpass 87
Achensee 104
Adlersruhe 323
Aiplspitze 127
Alpbachtal 188, 191
Alpeltal 170
Alpengasthof Finkau 313
Alpengasthof Häusling 307
Alpengasthof Lüsens 292, 295, 298
Alpspitze 71
Alpspitz-Ferrata 71
Amberger Hütte 268
Arlberg 247
Aschau 152
Auerspitze 127
Auffach 195
Augstenspitze, Nördliche 244
Auracher Graben 210

B
Bad Kohlgrub 62
Bamberger Hütte 199
Bärenbadalm 100
Bärenkopf 99
Berchtesgaden 163, 170
Berglasferner 282
Bernadeinlift 71
Berwang 36, 39, 45
Biberwier 64, 67
Bichlbach 40, 42
Bichlbächle 39, 42
Bichlbächler Alm 43
Birnhorn 175
Bleispitze 39, 42
Bliggspitze 258
Bodenhaus 326
Bodenhütte 328
Bodenschneid 124
Bodenschneidhaus 125
Branderschrofen 54
Brauneck 116
Brauneckhaus 117, 119
Brecherspitze 125
Breite Krone 244

Breitenstein 132
Breiter Grieskogel 271
Brennhüttental 47, 49
Brentersbachtal 49
Brünnsteinhaus 138
Brünnsteinschanze 137
Bschießer 30
Butzenjoch 45

C
Chalausferner 244
Christlumkopf 87
Coburger Hütte 70

D
Dammkar 81
Dammkarhütte 79, 82
Dreiländerspitze 241
Dresdner Hütte 275
Durchholzen 186

E
Edmund-Probst-Haus 25
Ehenbichler Alm 36
Ehrenberg 33
Ehrwald 67
Ellmau 179
Ellmauer Tor 178
Eng 90, 93
Engelspitze 48
Erfurter Hütte 105
Erl 143
Erlauer Hütte 202
Esterbergalm 108
Estergebirge 108
Ettal 56

F
Falkenmoosalm 87
Fallerschein 45
Faselfeiltal 48
Feichteck 146
Feichten 252
Feldalm 194
Feldalphorn 194
Fernpass 39
Finkau 312
Firstalm 125
Fischbachalm 183
Fischbachau 132

Fleck 114
Flirsch 247
Flirscher Ferner 248
Floch 207
Florianshütte 116
Forellenhof 301
Forggensee 54
Franz-Josefs-Höhe 320
Franz-Senn-Hütte 278, 282
Frasdorf 146
Freudenreichalm 124
Fricken, Hoher 108
Füssen 54

G
Gabler 312
Galtjoch 36
Galtür 241, 245
Gamsjoch 90
Gamskopf 191
Garmisch-Partenkirchen 71, 108
Gasthof Hanneburger 223, 226
Gasthof In der Au 304, 307
Gasthof Kühle Rast 310
Gasthof Steinberg 205
Gasthof Wegscheid 200
Gaudeamushütte 179
Geier 228
Geiereck 159
Geierköpfe 59
Geigelstein 149
Gemsspitze 244
Gepatschhaus 251
Gerlospass 312
Gerlostal 309
Giebelhaus 24, 27
Gilfert 220
Glocknerumfahrung 323
Glockturm 251
Gluckserhütte 231
Glungezer 231, 238
Glungezerhütte 231
Goinger Törl 181
Gorialm 153
Grastal 271
Graswangtal 56
Greiter Graben 188, 191

Gries im Sellraintal 288
Gries im Sulztal 268
Griesner Alm 181
Griesner Kar 181
Großer Daumen 24
Großer Galtenberg 188
Großer Gebra 210
Großer Geiger 315
Großer Rettenstein 207
Großer Traithen 140
Großer Wilder 27
Großvenediger 315
Grundschartner 303
Grünstein 67
Grünsteinscharte 67
Gumpenjöchl 91

H

Hagengebirge 166
Hageralm 186
Haggen 300
Halltal 96
Halsmarter 231
Hammerstiel 163
Heimgarten 110
Heiterwang 33
Herzogstand 110, 113
Heuberg 186
Heutal 155
Heutalbauer 156, 159
Hintere Goinger Halt 179
Hinterer Daunkopf 268
Hintere Schwärze 265
Hinterriß 93
Hintersee 160
Hinterstein 28
Hintertal 172
Hirschberg 122
Hirschbichlpass 173
Hirzer 223
Hocharn 328
Hochfeldscharte 162
Hochfügen 213
Hochglück 93
Hochglückkar 90, 93
Hochgrießkar 59
Hochkalter 160
Hochmiesing 127
Hochplatte 87
Hochries 146
Hochschrutte 51

Hochunnütz 102
Hochwannig 64
Hochwildalmhütte 211
Hohe Munde 76
Hoher Fricken 108
Hoher Göll 170
Hoher Riffler 247
Hoher Seeblaskogel 294
Hoher Sonnblick 325
Hohes Brett 170
Höllkopf 69
Hölltörl 67
Hopffeldboden 315
Hörnle 62
Hörnlebahn 62
Hörnlehütte 62
Hundsfällgraben 57

I

Imster Grubigjöchl 49
Inneralpbach 188, 192
Innere Sommerwand 278
Innerst 220
Innsbruck 231
Inntal 137

J

Jamspitzen 244
Jamtal 241, 244
Jamtalhütte 241, 244
Jennerbahn 166
Juifen 87

K

Kainzenkar 303
Kallbrunnalm 173
Kals 321
Kampenwand 152
Karkopf 146
Karwendelbahn 81
Kaunertal 251
Keeskogel 315
Kelchsau 196, 200, 202
Kelchsauer Tal 203
Kellerjoch 216
Kellerjochhütte 217
Kirchberg 207
Kitzbühel 210
Kitzbüheler Alpen 191
Klausenberg 146
Kleine Reibn 166
Kleines Pfuitjöchle 51

Kleines Törl 185
Kochelsee 110
Kolm-Saigurn 325
Königssee 163, 166
Kraspesferner 300
Kräulscharte 278
Kreuth 122
Kreuzeckhaus 71
Kreuzspitze 59
Krummgampental 251
Kübelkar 178
Kuchelmooskopf 306
Kuchelnieder 175
Kühkranz 174
Kuhscheibe 268
Kürsingerhütte 317
Kurzer Grund 196, 199

L

Lacherkar 134
Lacherspitze 134
Lager Walchen 229
Lähn 51
Laliderer Tal 90
Laliderer Wand 90
Lampsenspitze 288
Längenfeld 268
Längental 294
Langer Grund 202
Larstigtal 271
Lederstube 146
Lenggries 113, 114, 116
Lenzanger 326, 328
Leoganger Steinberge 175
Leutasch 76
Linderhof 56
Lisens 288, 291, 294, 297
Lisenser Ferner 291
Lisenser Fernerkogel 291
Lisenser Spitze 291
Lizumer Hütte 229
Lodron 196
Lofer 173, 175
Lösertalkopf 58
Lucknerhaus 320, 321
Luegergraben 188

M

Malgrübler 226
Manzenkar 199
Marienbergjoch 64, 67

Martin-Busch-Hütte 261, 265
Marzellferner 265
Märzengrund 190, 191
Maurach 100
Meißner Haus 239
Mittelberg 255
Mittenwald 81
Mittlerer Eiskastenferner 258
Mooslahneralm 84
Morgenkogel 238
Murnau 62

N

Namlos 45, 48
Namloser Wetterspitze 45
Naturfreundehaus Kolm-Saigurn 326, 328
Navis 234
Naviser Kreuzjöchl 234
Nebelhorn 24
Nesselwängle 30
Neuhaus 124
Neukirchen 315
Neuschwanstein 54
Niederthai 271
Nördliche Linderspitze 81
Nösslachjoch 287

O

Obere Bergalm 102
Oberlandhütte 208
Obernamloskar 45
Obersalzberg 170
Obersulzbachtal 315
Oberwalderhütte 321
Ofental 160
Ohlstadt 110
Osterfelderkopf 72
Ostrachtal 24, 27
Oswaldhütte 84
Ötztal 265, 268, 271

P

Pass Thurn 210
Patscherkofel 238
Paulerhof 285
Paznauntal 241
Peitingköpfel 155
Petersenspitze 254
Pfundsalm 213

Pill 220
Pirchnerast 216
Pitzenegg 51
Pitztal 254
Plankenstein-Reibn 119
Plankensteinsattel 120
Pleisenhütte 79
Pleisenspitze 78
Ponten 30
Postalm 315
Praxmar 288
Predigtstuhl 146
Priener Hütte 149
Proxenalm 216, 217
Pyramidenspitze 186

R

Raaz-Galtalpe 38
Ramkarkopf 205
Rauheckalm 122
Rauriser Sonnblick 325
Rauriser Tal 328
Rauth 37
Rauthhütte 76
Regalpscharte 185
Reutte 33
Riffltal 251
Rofanspitze 104
Rohnenspitze 30
Rohrkopfhütte 55
Rojacher Hütte 325
Rosenheim 140, 146
Roßkopf 213
Roter Stein 39
Rotgratferner 291
Rotlechtal 36
Rotwand 127
Rotwandhaus 128, 135

S

Sachrang 143
Sägertal 57
Salzburger Hochthron 158, 159
Samerberg 146
Sankt Sigmund 301
Schafreuter 84
Schafsiedel 199
Scharnitz 79
Schattwald 30
Scheinbergspitze 56

Schleching 149
Schlehdorf 110
Schlieferspitze 315
Schneibstein 166
Schönau am Königssee 166
Schönberg 113
Schöngänge 71
Schutzhaus Neubau 325, 326
Schwangau 54
Schwarzachtal 309
Schwarzenberghütte 24
Schwarzenkopf 59
Schwaz 216, 220
Schweinfurter Hütte 271
Seduck 279, 283
Seehorn 172
Seekarlspitze 105
Seespitze 309
Setzberg 119
Similaun 261
Similaunhütte 262
Sittersbachtal 160
Skischarte 164
Sommerbergjöchle 43
Sommerwandferner 278
Sonnenjoch 202
Sonnenspitze 233, 238
Sonntagshorn 155
Spertental 207
Spitzingsee 124, 127
Spitzstein 143
Spitzsteinhaus 144
Stahlhaus 167
Steilner Joch 140
Steinberg 102
Steinbergstein 204
Steinernes Meer 172
Steinkarspitze 38
Steinlingalm 153
Steintal 160
Steintalhörnl 160
Stempeljochspitze 96
Stubaital 274
Stüdlhütte 321
Stuibensee 72
Stuibental 30
Sudelfeld 134, 137, 140
Sulztal 268
Sundergrund 303

Sunnalm 64, 68

T
Tajakopf, Hinterer 68
Taschachhaus 254, 258
Tatzelwurm 137
Taubensteinhaus 128
Tegelberg 54
Tegelberghaus 55
Tegernsee 119, 122, 124
Teufelskampkees 320
Thaneller 33
Tiroler Heuberg 186
Torhelm 309
Tristmahlnschneid 145
Tschachaun 48
Tulfeinalm 231
Tulfes 231
Turmferner 282
Turmscharte 282

U
Umhausen 271
Unken 156
Unterammergau 62
Untersberg 158
Untersulzbachtal 319

V
Vent 261, 265
Vernagthütte 254
Viggarspitze 238
Viggartal 238
Vinaders 285
Volders 231
Vorderbrand 170
Vorderriß 84

W
Walchensee 110
Walchsee 186
Wallberg 121
Wallberghaus 119
Wankspitze 69
Wattener Lizum 228
Wattental 223, 226
Watzmann 166
Watzmannkar 163
Watzmannkind, Drittes 163
Weerberg 221
Wegscheid 116
Weirichtal 236
Weißbach 172, 175
Weißkopfkogel 212
Wendelsteingebiet 134

Westfalenhaus 294, 297
Westliche Karwendelspitze 81
Wiesing 104
Wilder Kaiser 178
Wilder Pfaff 277
Wildes Hinterbergl 282
Wildgerlostal 312
Wildschönau 194
Wildspitze 254
Wimbachbrücke 163
Windautal 204
Winklstüberl 133
Winnebacher Weißkogel 297
Wochenbrunner Alm 178
Wuhrsteinalm 149, 150

Z
Zahmer Kaiser 186
Zillergrund 303, 306
Zillerkar 306
Zillertal 213, 309
Zirleseck 30
Zischgeles 288
Zittauer Hütte 312
Zittelhaus 326
Zwölferkopf 99

Der Autor in Aktion.

Umschlagbild: Wintermärchen im Aufstieg zum Gilfert (Tour 67).

Bild Seite 2/3: Die letzten Meter zum Skidepot am Zuckerhütl (Tour 84).

Bild Seite 4: Höhepunkt einer Drei-Generationen-Skitour zum Glungezer (Tour 71).

Bild Seite 22/23: Blick über die Kellerjochhütte ins Inntal (Tour 66).

Bild Umschlagrückseite: Pulverschneeabfahrt ohne Ende am Gabler (Tour 96).

Bildnachweis:
Tobias Bailer S. 25, 27, 28; Ingrid Embacher S. 282, 284, 292, 293, 295, 301, 315, 319; Thomas Hauf S. 30, 31, 32; Manfred Kostka S. 53; Martin Küppers S. 88; Claus Lochbihler S. 240; Martina Mitterer S. 251, 253; Bernd Pörtl S. 39, 41, 68, 69, 70 oben, 229, 325; Till Rehm S. 70 unten rechts; Georg Tiefenthaler S. 77 unten; Markus Wechselberger S. 82, 263, 265, 267. Alle anderen Fotos stammen vom Autor.

Kartografie: Tourenkarten im Maßstab 1:50.000 und 1:75.000
Touren 1–13, 15–29, 31, 33–60, 62–83 und 85–100
sowie Übersichtskarte im Maßstab 1:1.000.000 © Freytag & Berndt, Wien
Touren 14, 30, 32, 61 und 84 © Bergverlag Rother, München
(gezeichnet von Angelika und Gerhard Tourneau)

Lektorat: Susanne Pusch und Birgit König
Umschlaggestaltung und Layout: Edwin Schmitt

Werk-Nr.: 3065

Die Ausarbeitung aller in diesem Führer beschriebenen Routenvorschläge erfolgte nach bestem Wissen und Gewissen des Autors.
Die Benutzung dieses Führers geschieht auf eigenes Risiko.
Soweit gesetzlich zulässig, wird eine Haftung für etwaige Unfälle und Schäden jeder Art aus keinem Rechtsgrund übernommen.

5., aktualisierte Auflage 2025
© Bergverlag Rother GmbH, München

ISBN 978-3-7633-3065-2